O-Ton Pina Bausch
Interviews und Reden

01

Band 1

O-Ton Pina Bausch
Interviews und Reden

Herausgegeben von Stefan Koldehoff
und der Pina Bausch Foundation
Redaktion Magdalene Zuther

Nimbus. Kunst und Bücher

Grußwort

Prof. Monika Grütters MdB
Staatsministerin für Kultur und Medien

Als 2015 anlässlich des 75. Geburtstags von Pina Bausch eine Sonderbriefmarke mit dem Porträt der Tänzerin, Choreografin und Theaterleiterin herausgegeben wurde, fand sich am Ort der Erstausgabe, dem Wuppertaler Opernhaus, eine große Menschenmenge ein. Die Schlange geduldig wartender Menschen wurde zu einem berührenden Bild dafür, wie sehr die anfängliche Skepsis des Publikums gegenüber dem Wuppertaler Tanztheater unter Leitung von Pina Bausch mit den Jahren und Jahrzehnten in eine ihren unerwarteten Tod überdauernde Liebe und Verehrung umgeschlagen ist. Aus diesem Bild sprechen auch Dankbarkeit und Stolz auf eine Künstlerin, die nicht nur den Namen einer Stadt in die Welt getragen hat, sondern die Kunstform Tanz revolutionierte.

„Tanz kann fast alles sein", hat Pina Bausch einmal geäußert und uns die Augen geöffnet für eine bislang ungesehene Vielfalt tänzerischer Ausdrucksmittel. Sie offenbarte uns ein bereicherndes Potenzial, das aus dem neuartigen Zusammenspiel von Tanz, Mimik, Sprache, Gesang, Musik, Bühnenlandschaften und Licht erwuchs. Gesten, Bewegungen, Situationen und Rituale des Alltags entfalteten in ihren Arbeiten ungekannte Poesie und theatralische Kraft. Liebe, Trauer, Glück, Hoffnung, Sehnsucht, Lachen, Weinen – die menschlichen Gefühlslagen waren der Kern ihres bewegenden Welttheaters. Und wie wohl kaum irgendwo sonst wurden künstlerische Erfahrungen im Tanzensemble wie in einer großen Familie weitergetragen, durften Persönlichkeiten mit ihren Rollen reifen. Wer ein Stück von Pina Bausch durchlebte, sah die Welt und sich selbst mit anderen Augen. Vielleicht ist das ein Grund dafür, dass ihre Arbeiten bei den zahlreichen Gastspielen überall auf der Welt verstanden wurden und bis heute ungebrochene Popularität genießen. Ihre Arbeitsweisen, ihre ästhetischen Ansätze waren darüber hinaus für zahlreiche Choreografinnen und Choreografen eine Art Initialzündung, eine Befreiung aus dem als zu eng empfundenen Korsett einer überkommenen Gattung.

In den gemeinsamen 36 Jahren des Wuppertaler Ensembles mit Pina Bausch entstanden mehr als 40 abendfüllende Programme, von denen viele immer wieder neu einstudiert wurden. Möglich wurde dies auch durch eine akribische Dokumentation jeder einzelnen Inszenierung und der meisten Aufführungen. Das so entstandene Film- und Dokumentenarchiv, dessen Digitalisierung und Aufarbeitung in einer gemeinsamen Anstrengung des Landes Nordrhein-Westfalen, der Dr. Werner Jackstädt-Stiftung und der Bundesrepublik Deutschland möglich wurde, bleibt auch weiterhin die wichtigste Grundlage dafür, das künstlerische Vermächtnis der Choreografin lebendig zu halten. Die vorliegende Publikation basiert auf Dokumenten, auf Reden und Interviews, die im Pina Bausch Archiv bewahrt werden. Sie bringen uns eine außergewöhnliche Künstlerin nahe, die als bedeutendste Choreografin ihrer Zeit galt und vor allem ein wunderbarer Mensch war.

Vorwort

Pina Bausch
als Gesprächspartnerin

Von Anne Linsel

Viele Jahre lang hielt sich das Gerücht unter Journalisten, dass Pina Bausch keine Interviews geben möge. Dass es zumindest schwierig sei, sie vor die Kamera zu holen oder sie für Print-Medien zu befragen. Und wenn sie denn zugesagt habe zum Interview, dann „hüllt sich die Choreografin in ein schönes, geheimnisvolles Nichts", fand die „Frankfurter Allgemeine Zeitung" noch 2006. Um so erstaunter war die Ballettkritikerin desselben Blattes dann allerdings: „Nun aber antichambriert ‚arte' und zeigt eine Pina Bausch, die wir nicht wiedererkennen. Da sitzt zwar dieselbe rührend schmale, ernste, alt gewordene Tänzerin, die unvermeidliche Zigarette in der Hand, aber sie spricht, als hätte sie nie etwas anderes getan als Interviews zu geben." Ein schönes Lob für Pina Bausch – und eine Korrektur zugleich für alle Vorurteile, Pina Bausch sei eine Gesprächs-Verweigerin.
Richtig ist: Pina Bausch hat sich nie zu Mikrofonen gedrängt. Kein schnelles Wort in eine Kamera. Kein flotter Satz in ein Radiomikrofon. Keine Phrasen, keine Parolen. Kein wohlklingendes Statement für den Medienbetrieb. Den hat Pina Bausch nie bedient. Sie hat sich ihre Gesprächspartner ausgesucht und sich dann mit vollem Einsatz (nicht immer mit großer Lust) und höchster Aufmerksamkeit auf die Fragen und ihre Antworten konzentriert. Auf ihre Art, die nichts zu tun

hatte mit den glatten, platten Worthülsen, die dem Zuschauer, Zuhörer oder Leser so oft um die Ohren fliegen. Ihre Art zu reden war genau so wie ihre Art zu arbeiten: langsam, ruhig, nachdenklich, ehrlich. Da gab es oft mehr oder weniger lange Pausen zwischen einzelnen Worten oder Sätzen (was für einen Filmschnitt nicht einfach war), oder Wiederholungen und Abbrüche von Sätzen. Die Geduld, die sie für ihre Tänzer aufbrachte – jeder schwärmt von ihrer unendlichen Geduld –, erwartete sie wie selbstverständlich auch von ihren Interviewpartnern. Wie sollte es auch anders sein?

Pina Bausch kam 1973 als Ballettdirektorin nach Wuppertal. „Ich kann es ja mal versuchen", hatte sie dem Werben von Wuppertals Generalintendant Arno Wüstenhöfer nachgegeben. Nie vorher hatte sie daran gedacht, Choreografin zu werden. Sie war Tänzerin und wollte es bleiben. Aber ihr Weg verlief anders. Zusammen mit Rolf Borzik, ihrem damaligen Lebensgefährten (er starb 1980), entwickelte sie ein Tanztheater aus Musik, Tanz und Schauspiel. Sie revolutionierte den Tanz, befreite ihn „aus der Sklaverei der Schönheit" – langsam, Schritt für Schritt. Kurt Jooss, ihr Lehrer und Vertrauter an der Folkwangschule in Essen, hatte sie einmal während des Studiums, als sie ein kleines Stück choreografierte, gefragt: „Kind, was kriechst Du immer auf dem Boden herum?" Was er meinte: Sie solle es sich nicht so schwer machen, sie solle schauen, was andere vor ihr gemacht haben, und darauf aufbauen. Das aber wollte Pina Bausch gerade nicht. Es war, so sagte sie, unmöglich, Bewegungsmaterial und Formen von anderen zu benutzen, um das auszudrücken, was ihr am Herzen lag. „Mich interessiert nur, was ich nicht weiß, was ich nicht verstehe, was schon gemacht worden ist, interessiert mich nicht", formulierte sie später einmal. Deshalb brachte sie sich „selber in Not" – und das täglich, ihr Leben lang.
In ihren Interviews, den frühen wie den späten, hat Pina Bausch immer wieder gesagt, dass sie keine Schriftstellerin sei, sondern Tänzerin und Choreografin. „Ich kann nicht frei erzählen. Ich bin sehr gehemmt, mich auszudrücken, ich mache das einfach auf der Bühne", sagte sie noch Ende der neunziger Jahre. Stets hat sie darauf verwiesen, dass Worte ihre Sache nicht sind, dass Worte einengen, zu eindeutig sind für Bewegungen, Stimmungen, Bilder auf der Bühne. Ihr

einziges Instrument sei ihr Gefühl – „mein Gefühl ist mein Computer". Worte spielten auch keine Rolle bei der Erarbeitung eines Stückes. „Ich mache bei Proben nicht viele Worte. Ich frage nie zu deutlich, nie direkt, da würde nie etwas entstehen."
Seit *Er nimmt sie an der Hand und führt sie in das Schloß, die anderen folgen*, einer Paraphrase auf Shakespeares *Macbeth* von 1978, entwickelte Pina Bausch ihre Stücke aus Fragen an ihre Tänzer. Bei *Macbeth* waren es ihre eigenen Fragen zum Stück. Von da ab folgten Fragen und Antworten zu den existentiellen Themen Liebe und Tod. Weder Pina Bausch noch die Tänzer wussten zu Beginn der Proben zu einem neuen Stück, wo und wie die Reise enden wird: Es gab keine Textvorlage, kein Bühnenbild, keine Musik.
Damit brachte Pina Bausch sich, wie sie sagte, „selber in Not" – täglich, ihr Leben lang. Denn von da an waren es ihre Fragen, die „etwas entstehen lassen": viele kleine Geschichten von der Suche nach Liebe und Zärtlichkeit, von Sehnsucht und Einsamkeit, von Schönheit und Schrecken. Die Probenarbeit waren intime Prozesse, für alle immer wieder neu. Pina Bausch blickte dabei mit ihren Tänzern weit zurück in die Kindheit, rief Erinnerungen und Erfahrungen wach, die in Bildern voller Poesie, aber auch Gewalt und Brutalität, Absurdität und Schrecken, immer vielschichtig und vieldeutig und oft mit wunderbarem Humor auf der Bühne sichtbar wurden. „Wenn ich etwas mit meinen Tänzern gefunden habe, etwas ganz Kleines, Schönes, dann berührt man das nicht, man lässt das in Frieden mit Worten." So Pina Bausch.
Pina Bausch hat ihre Stücke nie selbst als Ganzes interpretiert. Bei entsprechenden Fragen hat sie immer auf das verwiesen, was auf der Bühne passiere. Aber es war ihr wichtig, dass ihre Zuschauer sie verstanden. Schon 1970 sagte sie in einem Zeitungsinterview zu einer choreografischen Arbeit an der Folkwangschule, sie wolle das Publikum weder nur unterhalten, noch schockieren, sondern zum Nachdenken zwingen. Sie wolle aussprechen, „was jeder Zuschauer selbst empfindet". Diese frühen Sätze sollten für ihr gesamtes Werk gültig bleiben.

In den ersten Jahren ihrer Wuppertaler Zeit war nicht nur das Publikum irritiert und verstört. Auch die Kritikerzunft war mehrheitlich ratlos. Bei den Zuschauern schlug das Unver-

ständnis um in Aggression. Sie störten massiv die Vorstellungen, manchmal gab es tumultartige Szenen im Zuschauerraum. Später hat Pina Bausch einmal gesagt, das habe zwar weh getan. Aber sie sei kein Mensch, der einfach aufgebe. Sie laufe nicht davon, wenn eine Situation schwierig werde.
Genau diese Eigenschaften hatte ihr Lehrer und Vertrauter Kurt Jooss schon viele Jahre vorher prophezeit. In seinem Empfehlungsschreiben an den Deutschen Akademischen Austauschdienst (DAAD) für ein Stipendium in New York schrieb er 1958 unter anderem: „In ihrem Wesen mischen sich aufs glücklichste eine feine Sensibilität und reiche Phantasie mit einfacher Denkungsart, innerer Bescheidenheit und einem tief eingewurzelten Pflichtgefühl, bedenkenlose Opferbereitschaft mit einem zielbewussten Willen zu vollem Einsatz und höchster Leistung im Dienste der Kunst [...] Man muss und darf wohl hoffen, dass dieses vom Leben noch nicht stark berührte Wesen sich auch in harten und anspruchsvollen Situationen bewähren wird."

Ein einziges Mal ist Pina Bausch live in einer Talkshow aufgetreten: 1998 bei Roger Willemsen. Vorher und nachher hat sie alle Talkshow-Anfragen abgelehnt.
Da saß sie dann, schwarz gekleidet, schien keineswegs aufgeregt zu sein, beantwortete fast souverän Willemsens Fragen. In ihrer Art: mit einfachen Sätzen, längeren Pausen, Wortwiederholungen. Eine authentische Pina Bausch. Die journalistische Kollegen-Resonanz auf diesen öffentlichen Auftritt war höchst unterschiedlich. So empörte sich bei mir anschließend ein germanistisch geschulter Rundfunkredakteur (er sprach nicht, er schrie fast in mein Telefon): Er könne einfach nicht glauben, dass jemand, der so wenig mit der Sprache umgehen könne, sprachlich so ungeschickt sei, künstlerisch Bedeutsames zustandebringen könne. Nein, er wolle kein Stück von Pina Bausch sehen – welch ein Irrtum.
Der andere, Zeitungsredakteur, war begeistert, ja euphorisch urteilte er über die Sendung: „Eine Sternstunde des Fernsehens, kaum zu glauben, dass es so etwas noch gibt, wie wunderbar Pina Bausch sich gezeigt hat, so uneitel, anrührend in ihrer Ernsthaftigkeit, wie man ihr beim Nachdenken hat zusehen können – ein Geschenk." Ich müsse ganz schnell eine ganze Seite für die Wochenendbeilage über Pina Bausch schreiben.

Zu meinen Filmen über Pina Bausch und das Tanztheater gehörten immer kleinere Interviews an verschiedenen Orten und ein großes längeres Gespräch, ob in Wuppertal, Delhi, Lissabon oder Venedig. Da konnte es dann passieren, dass Pina Bausch, wenn sie unsere Kamera sah – im Theater, auf der Straße – ganz schnell wegeilte, um die Ecke, über die Straße. Oder sie ließ ausrichten: Heute lieber nicht. Vielleicht morgen. Ein Spiel, aber ein ernstes. Sie mochte im Grunde die Kamera nicht.
Es war bei einem Gastspiel des Tanztheaters in Venedig: Unser Kameramann kam auf die Idee, wir sollten mit Pina Bausch ein Interview in einer Gondel, also eine Gondelfahrt machen. Ich traute mich kaum, sie zu fragen, weil ich die Antwort kannte: Nein! Auf keinen Fall! Am späteren Abend die Überraschung: Pina Bausch sagte, sie habe es sich überlegt. Wir könnten es ja mal versuchen. Also los zur Gondelstation. Die erste war schon geschlossen – und alle anderen auch. Wir sind durch halb Venedig gelaufen. Kein Gondoliere mehr in Sicht. Ich habe nie erfahren, ob Pina Bausch enttäuscht oder erleichtert war.
Pina Bausch war Tänzerin. Auch als Choreografin hat sie „nie aufgehört zu tanzen". Sie hat ihre Liebe zum Tanz an andere weitergegeben. Dass zu ihrer Arbeit auch das öffentliche Sprechen gehörte, musste sie lernen. Sie hat diese Aufgabe meisterhaft gelöst. Und ist dabei immer authentisch geblieben, in den geschriebenen Gesprächen wie in denen vor der Kamera. Für beide, den Leser, wie den Zuschauer gilt, was ein Kritiker nach meinem Fernsehfilm *Pina Bausch* schrieb: „Wenn Pina Bausch über ihre Arbeit spricht, in kurzen, schmucklosen Sätzen, spürt der Zuschauer ihre Kraft und Verletzlichkeit, ihren Mut und ihre Angst, ihre Besessenheit und ihre Verzweiflung." Und ihren Humor, müsste man hinzufügen.

Pina Bausch

Kurt Jooss

Gabriel Sala

Ed Kortlandt

Joao Penalva

Monika Wacker

Neue Mitglieder des Wuppertaler Ballet

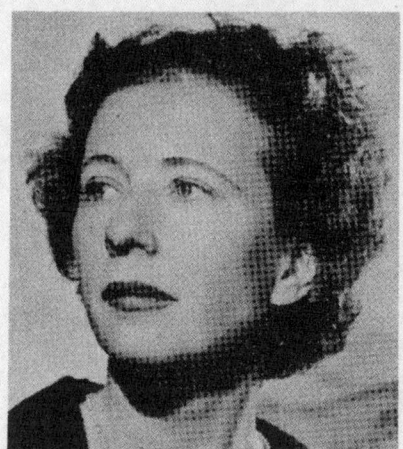

Agnes de Mille

Riitta Laurikainen

Heinz Samm

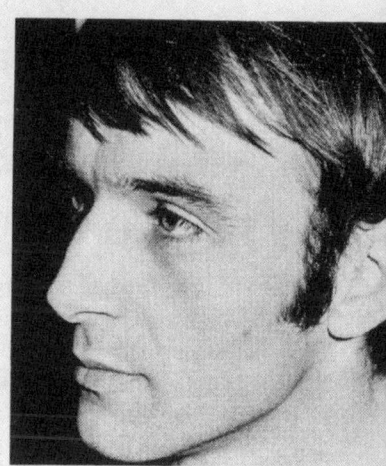

Hans Pop

Wolf-Werner Wolf

Charlotte Butler

1973

Zur Spielzeit 1973/1974 holte der damalige Generalintendant Arno Wüstenhöfer (1920-2003) Pina Bausch als Ballettdirektorin an die städtischen Wuppertaler Bühnen. Dort hatte ihr Vorgänger Ivan Sertic eine klassisch orientierte Ballettästhetik gepflegt, die vom Publikum sehr geschätzt wurde. Dass sich diese Ausrichtung mit Pina Bausch ändern würde, wusste Wüstenhöfer, der ihre Arbeit als Leiterin des Folkwang-Balletts in Essen ab 1968 verfolgt und sie Anfang der 1970er-Jahre auch mit Gastchoreografien für die Wuppertaler Bühnen beauftragt hatte (*Aktionen für Tänzer*, 1971; *Tannhäuser-Bacchanal*, 1972). Als sie nach längerem Zögern zusagte und so eine feste Bindung an ein etabliertes Stadttheater einging, erschien zu Beginn ihrer ersten Spielzeit in der „Vorschau" der Bühnen der folgende programmatische Text, in dem Pina Bausch zum ersten Mal ihre Ideen und Ziele für den neuen Wirkungsort beschrieb. Im Rückblick erscheinen diese wenigen Zeilen geradezu prophetisch: Fast alles, was sie darin ankündigte, ist später Wirklichkeit geworden. Der erwähnte erste Tanzabend fand am 5. Januar 1974 statt und brachte unter anderem die Uraufführung ihres Stückes *Fritz*.

Tanztheater in Wuppertal

Aus: Vorschau der Wuppertaler Bühnen 1973/74

Der Mensch mit seiner vielschichtigen Skala von Stimmungen, der Mensch allein, der Mensch mit Menschen, unter Menschen, fasziniert mich. Deshalb glaube ich, ist es sehr wichtig, außer der Pflege der traditionellen Werke auch Stellung zu den Fragen und Problemen der Menschen von heute und morgen zu beziehen. Damit meine ich, daß man sowohl in der szenischen als auch in der Bewegungssprache immer wieder neue Wege suchen muß. Diese Versuche können ein Wagnis sein, aber ich bin sicher, daß man wagen muß, wenn das Theater, und in meinem Falle die Tänzer, lebendig bleiben sollen.
Um die Pläne, die ich für die kommende Spielzeit habe, realisieren zu können, habe ich das Ensemble unter ganz bestimmten Aspekten zusammengestellt. Ich bin der Meinung, daß ein Tänzer heute nicht vielseitig genug sein kann. Er sollte sowohl die klassischen als auch die modernen Tanztechniken beherrschen. Erstrebenswert wäre es, wenn seine Möglichkeiten sich bis ins Schauspielerische, Pantomimische und Sängerische erstrecken würden. Das gleiche sollte für Sänger und Schauspieler im umgekehrten Falle gelten.
Aus dieser angestrebten vielseitigen Zielsetzung wird verständlich, daß ich das nur an die klassische Tanzform gebundene Wort Ballett durch das umfassendere Wort Tanztheater ersetzen möchte.
Um die Arbeit in einem so weit gespannten Rahmen durchzuführen, wie sie mir vorschwebt und wie ich sie für ein Opern-

WUPPERTALER BÜHNEN
1973/74

haus wie Wuppertal für angemessen halte, scheint es mir unerläßlich, möglichst viele wichtige Choreographen mit Werken des internationalen Repertoires nach Wuppertal einzuladen, um eine reiche Palette choreographischer Realisierungen dem Publikum zugänglich zu machen.

Unser erster Tanzabend ist bereits unter diesem Gesichtspunkt geplant. Es ist gelungen, Kurt Jooss für die Einstudierung seines bedeutenden Werkes *Der grüne Tisch* und Agnes de Mille für ihre choreographische Komödie *Rodeo* zu gewinnen. Im gleichen Programm möchte ich eine neue Choreographie zeigen als dritte Farbe neben diesen zwei stark kontrastierenden Werken; sie soll höchstwahrscheinlich *Fritz* heißen. Die zweite große Aufgabe in der kommenden Spielzeit für das Tanztheater soll eine dominierend vom Tanz her diktierte Inszenierung der Oper *Iphigenie auf Tauris* von Gluck werden.

Wir alle, die Tänzer und auch ich, erhoffen uns sehr viel von einem zusätzlichen Sonderprogramm. Dieses Programm soll mehr einen experimentellen Charakter haben. Hier sollen auch junge, begabte Tänzer Gelegenheit haben, ihre eigenen Ideen zu verwirklichen.

Um den Kontakt zwischen Publikum und Tänzern intensiver zu gestalten, würden wir gern einen offenen Samstag einführen, an dem jedem, der interessiert ist, es ermöglicht werden soll, der Arbeit der Tänzer zuzuschauen und in diesem Zusammenhang auch mit ihnen zu diskutieren. Außerdem werden Kinder und Laien, die Freude an der Bewegung haben, durch Unterricht von Tänzern aus dem Ensemble Gelegenheit erhalten, ihre Beziehung zum Tanz zu vertiefen.

Wir alle kommen mit großen Hoffnungen nach Wuppertal, jeder, um sein Bestes zu geben. Hoffentlich bin ich in der Lage, diesem Einsatz junger Menschen, mit denen ich arbeite, gerecht zu werden, und hoffentlich vermögen wir alle durch ein vielseitiges Programm Ihr Interesse und Ihre Aufgeschlossenheit dem Tanz gegenüber zu fördern.

Pina Bausch

1975

Das Tanztheater, mit dem Pina Bausch in Wuppertal ihr Publikum überraschte, beschäftigte sehr schnell auch die Fachkritiker in den Medien. Dass aus der Essener Folkwang Hochschule immer neue Impulse für den Tanz kamen, war keine Neuigkeit. Dass mit den Wuppertaler Bühnen aber ein etabliertes Stadttheater bereit war, diesen Innovationen institutionellen Raum zu geben, galt in der Bundesrepublik zu Recht als kleine Revolution auf der Bühne. Es sollte bald eine große Revolution für die internationale Tanzwelt werden, was sich damals jedoch erst in Ansätzen abzeichnete. Mit Edmund Gleede, der Dramaturg in Wuppertal war, sprach Pina Bausch 1975 sowohl über ihr allgemeines Verständnis von Theater als auch über die Bedeutung, die die Tanztradition für sie hatte. In einem seinerzeit aus Platzgründen nicht gedruckten Vorwort beschrieb Gleede auch die Umstände des Interviews: „Bezeichnend für das vierstündige Gespräch mit ihr ist mein Tonband: Nach jeder Frage von mir vergeht eine halbe, manchmal eine ganze Minute des Schweigens. [...] Nach etlichen Rückfragen hat sie den Gedanken, der die erhoffte Antwort bringen wird, vorsichtig eingekreist und abgesteckt, da gibt sie plötzlich die riesige Unternehmung einer wahrhaft zutreffenden Antwort auf und bricht ab mit dem entschuldigenden Satz: ‚ ... Ich kann das ganz schlecht sagen.' [...] Das folgende Interview ist nicht die Abschrift eines Tonbandprotokolls, es ist vielmehr das Konzentrat dieser langen Unterhaltung oder besser: der Versuch eines Gesprächs, denn recht eigentlich handelt es sich hierbei um eine Collage aus Gesprächsfetzen."

... ich empfinde Menschen sehr stark

Aus: Ballett 1975. Chronik und Bilanz des Ballettjahres
Herausgegeben von Horst Koegler. Gesprächspartner: Edmund Gleede

Edmund Gleede: Frau Bausch, für eine deutsche Ballettmeisterin und Choreographin gehen Sie ziemlich unkonventionelle Wege: Sie setzen einem nur klassisch-romantisch orientierten Ballettpublikum ohne einschlägige Vorbereitungen oder Einführungen ein „nur"-modernes Tanztheater vor, Sie machen aus Opern Ballette, und umgekehrt lassen Sie Ihre Tänzer singen. Warum machen Sie es Ihren Zuschauern, Ihren Tänzern und anderen Mitarbeitern wie auch sich selbst so schwer?

Pina Bausch: Ich finde, daß man es sich und den anderen auf der Suche nach der Wahrheit niemals leicht machen darf. Am Theater ist vieles so verlogen; und die Publikumserwartungen verführen ebenso wie der Theater-Produktionszwang dazu, daß man den Zuschauern nur ihre Erwartungen erfüllt und nichts Neues dazugibt. So etwas muß auf die Dauer zwangsläufig zur Stagnation führen, die niemanden von uns weiterbringt – am allerwenigsten den Zuschauer.

Edmund Gleede: Sie sind in den vergangenen beiden Spielzeiten von der deutschen Ballettkritik sehr gelobt worden und haben für Ihre Choreographien zu *Tannhäuser*, den beiden Gluck-Opern *Iphigenie* und *Orpheus* sowie zu Ihrem Mahler-Ballett zum Teil begeisterte Zustimmung geerntet. Aber das von beziehungsweise an Erich Walter, Alan Carter und Ivan Sertic geschulte Wuppertaler Ballettpublikum blieb trotz der Lobeshymnen der Fachkritik zuhause. Wie erklären Sie sich diese Angst der Zuschauer vor dem Neuen, dem Ungewohnten in Ihren Choreographien? Sind Ihre Ballette zu kompliziert oder zu unverständlich, oder ist das Publikum zu bequem und zu konservativ?

Pina Bausch: Wahrscheinlich werfen die meisten Leute das Ballett mit der Operette in einen Topf, das heißt, die klassischen Ballette werden oft und gerne als Quasi-Operetten-Ersatz angesehen. Ich habe nichts gegen die Kunstform Operette. Aber wer macht denn Operette schon gut? Was mich heute an dieser Form von Unterhaltung so stört, ist das billige Verkaufen einer Sache, die in dieser Sparte leider Usus geworden ist.
Ich finde Unterhaltung nur wichtig in Verbindung mit dem, was ich inhaltlich aussagen will. In jedem guten Krimi wird doch der Zuschauer ebenfalls angehalten mitzudenken. Warum also sollte der Tanz nicht auch Denkanstöße vermitteln? Und was das Sehen, das Zu- und Hinschauen anbetrifft, so kann man doch gerade im Tanz viel mehr beobachten, entdecken, erfahren, wenn die Tutus, die Blumen und Kronen einem nicht den Blick für das Wesentliche verstellen.

Edmund Gleede: Sie wollen also zum genaueren Hinsehen und Hinhören erziehen und zum Denken anregen. Und worüber sollen die Leute nachdenken?

Pina Bausch: Über sich selbst natürlich und in Bezug zu anderen. Die wenigsten Menschen wissen doch, was in ihnen vorgeht, weswegen sie bestimmte Gefühle haben, weshalb sie plötzlich unglücklich oder unzufrieden mit sich selbst sind, weshalb sie Depressionen haben und so weiter. Können wir es uns denn leisten, unsere kostbare Zeit mit operettigen Ablenkungsmanövern totzuschlagen, so als ob wir alle unsere Probleme längst gelöst hätten?

Edmund Gleede: Die Wahl Ihrer Themen, Stoffe und bestimmter Musiken befremdet und verblüfft die meisten Ballettliebhaber. Zum Beispiel dachte man zunächst bei Ihrem Mahler-Ballett (zu den *Kindertotenliedern* und dem *Adagio* aus der Zehnten Sinfonie): aha, jetzt reitet sie auch auf der Mahler-

Welle! – zumindest dachte man das bei der Ankündigung auf dem Theaterplakat. Aber dann sah man das Ballett und war betroffen. Ich habe selten eine so traurige, ge- und zerquälte Choreographie erlebt, selten so zerrissene, abgehackte Bewegungen, so schmerzhafte Zuckungen von Tänzern gesehen. Man hatte das Gefühl, daß da Menschen von unsichtbaren Folterknechten gemartert würden. Dementsprechend war das Publikum ratlos, verunsichert, verstört, aber wahrscheinlich war es ja gerade Ihre Absicht, zu unverunsichern. Die Frage ist nur, haben Sie damit Ihr Publikum nicht vielleicht doch überfordert?

Pina Bausch: Ich habe meine Zuschauer nicht überfordert, ich habe sie gefordert. Das Wichtigste war für mich natürlich die Musik und die Frage: Warum hat dieser Mann diese Musik geschrieben? Was steckt dahinter? Wo liegen die Gründe?

Edmund Gleede: Mit der Vertanzung zweier Gluck-Opern (*Iphigenie*, *Orpheus*), die noch dazu vom Komponisten nicht als Ballette gedacht waren, haben Sie eine starke Vorliebe für diesen Komponisten erkennen lassen. Weshalb haben Sie diese Musik gewählt?

Pina Bausch: Was mich an Glucks Musik so fesselt, ist diese Strenge, diese Zielstrebigkeit, der lange Atem, der große Bogen und der rote Faden – anders ausgedrückt: die Konsequenz, mit der er ein Thema gestaltet. Bei ihm gibt es nicht den Ballast von romantischem Schwulst, nicht das Ablenkungsmanöver von Divertissements, nicht das pittoreske Verweilen bei Nebensächlichkeiten, die vom Thema wegführen, auch nicht dieses instrumentale Brimborium, dieses arabeskenhafte Geklingel und Geklimper von ornamentalem Beiwerk. Bei ihm gibt es nur die Struktur und eine herrlich klare, schlichte und reine, dabei ungemein starke Musik und eine ebenso geradlinige Dramaturgie. Nicht umsonst war er der große Reformator der Oper (das hat er im Prinzip mit Mahler gemein, auch wenn letzterer nicht Opernkomponist, sondern „nur" Operndirektor war). Natürlich inspiriert mich Glucks Musik sehr, sie regt meine Phantasie an. Nach der Premiere der *Iphigenie* verstärkte sich in mir das Gefühl, daß ich mit diesem Komponisten einfach noch nicht fertig war. Durch Gluck habe ich viele Anregungen bekommen.

Edmund Gleede: Weil wir gerade vom Ballett mit Gesang sprachen: in Ihrem Schlagerballett *Ich bring Dich um die Ecke* haben Ihre Tänzer nicht nur hinreißend komisch getanzt, sondern mindestens ebenso komisch (aber keineswegs unfreiwillig!) gesungen. Was Sie also von Opernsängern nicht erwarten (nämlich, daß sie zugleich singen und tanzen), das haben Sie Ihren Tänzern abgezwungen. Wie haben sich eigentlich Ihre Tänzerinnen und Tänzer zu dem Ansinnen gestellt, daß ihre Chefin ihnen so etwas zugemutet hat? Hat denen die ungewöhnliche Arbeit Spaß gemacht?

Pina Bausch: Also meinem „Orpheus" Dominique Mercy hat sie soviel Spaß gemacht, daß er unsere Kompagnie jetzt verläßt, um Gesang zu studieren.

Edmund Gleede: Und wie hat sich die Gruppe verhalten?

Pina Bausch: Zuerst waren meine Tänzer natürlich ganz schön befangen. Aber ich habe ihnen ja nicht gesagt: Ihr müßt das tun! – Wenn sie das aus irgendwelchen Gründen nicht gekonnt oder nicht gewollt hätten, dann hätte ich diese Schlager wie bei meinen anderen Choreographien auch von einem Sänger singen lassen – und das wußten meine Tänzer auch. Ich habe nur gesagt: wir probieren das mal aus, und zwar ganz locker und spielerisch, und wenn es geht, dann machen wir es. – Dann hatten wir ein paar richtige Korrepetitionsproben, wie es bei Sängern üblich ist, also mit Pianist am Klavier mit Noten. Da merkte man schon, daß sie sich noch nicht so recht trauten und zum Teil ziemlich gehemmt waren. Aber als dann die choreographische Arbeit dazukam und sich die Tänzer wieder bewegen konnten, da fiel diese ganze Schüchternheit und Über-Bewußtheit von ihnen ab: über den Tanz vergaßen sie alle Skrupel. Sie wurden so richtig enthemmt.

Edmund Gleede: Ich habe Ihr Schlagerballett bislang dreimal gesehen und weiß immer noch nicht, worüber ich mehr gelacht habe: über die Albernheiten des Schlager-Blödsinns oder über die Komik der Präsentation.

Pina Bausch: Ich glaube, diese Komik war ein Abfallprodukt von dem, was ich hauptsächlich vorhatte. Natürlich wollte ich unterhalten, natürlich haben wir schon während der Proben gelacht, und die Zuschauer sollten selbstverständlich ebenfalls lachen (und das haben die ja dann auch mit einer wahren Wollust getan). Warum soll Kritik immer nur ernst, traurig oder unangenehm sein? Aber mein Hauptanliegen war das Thema des ganzen Abends, der sich mit der Isoliertheit und Einsamkeit des Menschen von heute beschäftigte. Das war in dem Kurt-Jooss-Ballett *Großstadt* ebenso der Fall wie in meinem Mahler-Ballett. Und in dem Mittelteil des Abends wurde das selbe Thema eben mit den vorwiegend heiteren Mittel der Persiflage auf die verlogene Schlagerwelt abgehandelt, in welcher immer und immer wieder falsche, weil unerfüllbare Spießbürger-Erwartungen und Illusionen verklärt oder bestätigt werden: Da sehnen sich seit nunmehr über hundert Jahren irgendwelche jungen Mädchen nach der ganz großen Liebe – und hinterher gehen sie eben doch bloß mit ihrem Teddybär ins Bett (was im Prinzip eher traurig als komisch ist). Ähnliches hatte ich mit der Mode intendiert; auch hier sollte denunziert werden. Daher hatte ich dieses Lied *Man tanzt Foxtrott* eingebaut. Das Wort „Foxtrott" war hier in diesem Zusammenhang natürlich als Chiffre zu verstehen. Foxtrott kann ja genauso gut etwas anderes heißen.

Edmund Gleede: Wie sieht denn Ihre choreographische Arbeit, daß heißt, der Arbeitsprozeß bei Ihnen überhaupt aus? Wie entstehen Ihre Choreographien?

Pina Bausch: Dies ist von Stück zu Stück verschieden.

Edmund Gleede: Gibt es bei Ihnen so etwas wie Bewegungs-Leitmotive?

Pina Bausch: Im Rahmen eines Werkes schon. Manchmal entwickelt sich überhaupt die ganze Choreographie aus einer einzigen Bewegung. Es gibt eine choreographische Keimzelle, aus der die ganze Inszenierung dann allmählich entsteht. Das ist fast wie mit einem Mosaik, bei dem das erste Steinchen das wichtigste ist.

Edmund Gleede: Liefern Ihnen denn Ihre Tänzer nicht auch so etwas wie das choreographische Rohmaterial für Ihre Ballette?

Pina Bausch: Natürlich besetze ich die Rollen nach den individuellen Fähigkeiten und Möglichkeiten meiner Mitarbeiter. Das nicht zu tun, wäre ja idiotisch. Aber auf meine Choreographien hat nur der Stoff, das Thema und die Musik Einfluß (und ich bin dabei so etwas wie der Transformator oder Katalysator). Es wäre aber doch ganz verkehrt, Zeichen in eine Choreographie einzubauen, bloß weil der Tänzer dieses Zeichen zufällig technisch besonders gut machen kann. Wenn man ein Bein hebt, dann muß dieses Zeichen eine Funktion haben; man kann so etwas doch nicht in eine Choreographie einbauen, bloß weil die Ballerina ein hohes Bein hat. Ich baue ja auch keine Sprünge in meine Ballette ein, bloß weil ich Tänzer habe, die vielleicht gut springen können. Man kann doch nicht sagen: Diese Choreographie ist mir noch nicht abwechslungsreich oder kurzweilig genug, da fehlen noch Sprünge! – Solche Details werden vom Stück bestimmt, und ich verstehe mich dabei lediglich als Sachwalter des Stückes beziehungsweise als Kontrollinstanz.

Edmund Gleede: Es gibt Kritiker, die Sie als die Meisterschülerin von Kurt Jooss bezeichnen. Trifft das zu?

Pina Bausch: Nein, denn schließlich habe ich ja nicht nur mit Kurt Jooss zusammengearbeitet, sondern auch mit Antony Tudor, José Limón, Paul Taylor, Jean Cébron, Lucas Hoving, La Meri, Paul Sanasardo, Hans Züllig und vielen anderen, von denen ich ebenfalls viel gelernt habe und denen ich sehr viel verdanke. Ich habe die Graham-Technik mit Graham-Schülern studiert. Damit ist überhaupt nichts gegen Kurt Jooss gesagt, den ich hoch verehre und dem ich viel verdanke. Aber die genannten anderen haben mich genauso stark beeinflußt wie er. Und dennoch bin ich noch lange nicht die Schülerin von irgendwem. Ich bin ich.

Edmund Gleede: Aber jeder lernt doch bei irgendwem seine Muttersprache. Kann man denn die Sprache, mit der man sich ausdrückt, selbst schaffen? Würden Sie von sich behaupten, daß Sie sich die choreographische Sprache, die Sie sprechen, selbst geschaffen haben?

Pina Bausch: Na ja, ich gebe zu, es klingt vielleicht überheblich, aber ich würde trotzdem sagen: ja!

Edmund Gleede: Ihr vorletzter Tanzabend hat Ihnen seitens Horst Koegler den Vorwurf „Wohnküchenmief" eingetragen.

Pina Bausch: Hat Herr Koegler vielleicht keine Küche?

Edmund Gleede: Das schon; aber er wohnt nicht in der Küche.

Pina Bausch: Na sehen Sie, das ist eben Koeglers Pech! Das ist eben sein Problem, wenn nicht gar sein Schicksal. Dann steht er eben draußen vor der Küchentür und kann mich nicht verstehen; aber da kann ich ihm auch nicht helfen. Meine Ballette spielen eben nicht im Prunksaal von Schloß Herrenchiemsee (übrigens hat uns ja Visconti in seinem Ludwig-Film gezeigt, wie ungemütlich es dort sein kann – wenn Sie nur an die Szene denken, in der die Romy Schneider ihren Lachkrampf kriegt). Ich erzähle nun mal keine Märchenballette und auch nicht die Biographien von irgendwelchen hochgestellten Persönlichkeiten. Ich mache Theater für Leute von heute, und zwar nicht für die High Society (wer auch immer das sein mag: ich jedenfalls bin's nicht und will das auch gar nicht sein), sondern für Menschen wie du und ich. Ich finde, daß wir uns alle sehr ähnlich sind: wir alle müssen essen, wir alle müssen schlafen, wir alle brauchen Küchen und Betten, wir alle haben die gleichen Bedürfnisse und Probleme. Das interessiert mich. – Diese romantischen Märchenballette in Ehren; aber ist das unsere Welt, unsere Wahrheit, unsere Realität?

Edmund Gleede: Das nicht, es ist wohl eher eine Gegenwelt, in die Sie ganz offensichtlich nicht entfliehen wollen. Sie sind also die Neorealistin des deutschen Balletts?

Pina Bausch: Das haben Sie gesagt.

Edmund Gleede: Ja, und damit wären wir dann auch gleich bei Koeglers nächster Bemerkung: „Diese Frau muß ja eine schreckliche Kindheit gehabt haben!"

Pina Bausch: So? Nicht, daß ich wüßte. Meine Kindheit war nicht schrecklich, sie war allerdings sehr phantasievoll. Ich bin als Wirtstochter in einem Gasthaus aufgewachsen. Da habe ich viele Menschen ein- und ausgehen sehen und schon frühzeitig zu beobachten gelernt. Ich habe schon als Kind ein tiefes Gespür für meine Mitmenschen und für das, was hinter ihrer Stirn vorgeht, entwickelt. Ich empfinde Menschen sehr stark.

Edmund Gleede: Glauben Sie, daß die Tanzkunst der weiblichen Kreativität, der schöpferischen Energie und Phantasie der Frau mehr entgegenkommt als dies andere Künste tun? Mit anderen Worten: ist Ihrer Meinung nach die Tanzkunst eine „weibliche" Kunst, eine Kunst für die Frau?

Pina Bausch: Das ist eine sehr schwierige Frage. Wahrscheinlich kann sich die Frau im Tanz mehr aus gesellschaftlichen Zwängen befreien, als sie es in anderen Künsten könnte. Das würde bedeuten, daß es sich hier um eine Frage nach der weiblichen Körperlichkeit handelt: vielleicht empfindet die Frau ihren Körper wie auch ihr Ge- und Befangensein in der Gesellschaft gerade durch den Tanz besonders stark. – Wenn Sie allerdings an Duncan und Graham denken, so müßte man doch dazu sagen, daß das ungeheuer starke Persönlichkeiten waren. Die Geschlechtszugehörigkeit hat bei ihnen wohl nur bedingt eine Rolle gespielt.

Edmund Gleede: Aber wenn das wirklich nur eine Frage der Persönlichkeit, des Charakters ist, dann müßte es doch auch mehr Komponistinnen geben. Es muß also doch wohl an der Mischung aus beidem, aus starker Persönlichkeit und weiblichem Geschlecht liegen, daß die großen Künstlerinnen ausgerechnet in der Tanzkunst auftauchen.

Pina Bausch: Ja, gerade weil sie ihren Körper, ihre Kräfte sehr fühlen, gerade weil sie starke Persönlichkeiten sind, können sie ihre Weiblichkeit in einer Männergesellschaft behaupten und sich durchsetzen.

Edmund Gleede: Sehen Sie in diesem Zusammenhang womöglich einen Grund, weshalb so viele männliche Tänzer homosexuell sind, beziehungsweise weswegen so viele Homosexuelle Tänzer werden wollen; denn nach Mae West's klassischem Ausspruch wohnt ja in jedem homosexuellen Mann die Seele einer Frau.

Pina Bausch: Homosexualität hängt ja wiederum sehr stark mit dem Körper und dem Gefühl für den Körper zusammen. Deswegen kann ich gut verstehen, wieso Homosexuelle zum Tänzerberuf tendieren, weil sie glauben, daß sie sich im Tanz freier bewegen können als in anderen Berufen, weil sie sich hier vielleicht eher geben können wie sie wirklich sind. Ähnlich wie im Falle der Choreographie sehen sie im Tanz ein Mittel zur Selbstbefreiung und zur Selbstverwirklichung. – Abgesehen davon stecken aber in jedem Menschen, zumindest aber in jedem großen Künstler weibliche und männliche Eigenschaften zugleich (wobei man sich darüber streiten könnte, was männlich und was weiblich ist), denn sonst könnte er ja nicht ein gleichermaßen männliches wie weibliches Publikum ansprechen. Ich kann mir einfach nicht vorstellen, daß ein nur-männlicher Mann und eine nur-weibliche Frau über die nötige Sensibilität verfügen, um alle Mitarbeiter innerhalb ihrer Kunst und alle Zuschauer ansprechen zu können. Dazu gehört immer beides.

1975

Vier der fünf ersten Stücke, die mit dem Tanztheater Wuppertal entstanden, choreografierte Pina Bausch zu klassischer Musik von Gustav Mahler und Christoph Willibald Gluck. Später erst collagierte sie, wie die Szenen ihrer Tanzabende, regelmäßig auch die Musik, für die sie sich der unterschiedlichsten Quellen bediente. 1973 schon hatte die von der Choreografin so genannte Tanzoper *Iphigenie auf Tauris* Premiere, die die deutschen Tanzkritiker zum Tanzereignis des Jahres wählten; zwei Jahre später folgte *Orpheus und Eurydike*. Die drei Hauptrollen Liebe/Orpheus, Tod/Eurydike und Jugend/Amor wurden dabei auf der Bühne gleichzeitig von drei Sängerinnen (Lois White, Ingeborg Krüger und Elena Bajew) und drei Mitgliedern der Kompanie (Dominique Mercy, Malou Airaudo und Marlis Alt) verkörpert. Über dieses Inszenierungskonzept gab Pina Bausch in dem längeren Gespräch mit Edmund Gleede vor der Uraufführung Auskunft. Den Textausschnitt verwendeten die Wuppertaler Bühnen für den Theaterzettel.

5 Fragen an Pina Bausch zu ihrer Inszenierung von Glucks *Orpheus und Eurydike*

Theaterzettel 4 der Wuppertaler Bühnen, *Orpheus und Eurydike.*
Tanzoper in 4 Bildern von Christoph Willibald Gluck, Spielzeit 1975/76
Gesprächspartner: Edmund Gleede

Edmund Gleede: Mit der Vertanzung zweier Gluck-Opern (*Iphigenie*, *Orpheus*), die vom Komponisten nicht als Ballette gedacht waren, haben Sie eine starke Vorliebe für Glucks Musik erkennen lassen. Sie teilen diese Vorliebe mit Ihrem Hamburger Kollegen John Neumeier, der mit seinen Choreographien zu *Orpheus und Eurydike* und *Don Juan* bei Publikum und Kritik ebenfalls große Anerkennung fand. Wenn ausgerechnet die beiden führenden unter den jungen, produktiven Choreographen in der BRD sich fast gleichzeitig so intensiv mit Werken Glucks auseinandersetzen, dann muß man doch aus dieser Tatsache schließen, daß Glucks Musik starke tänzerische Qualitäten besitzt – oder weshalb sonst haben Sie sich für Gluck entschieden?

Pina Bausch: Was mich an Glucks Musik so fesselt, ist ihre Strenge, diese Zielstrebigkeit, der lange Atem, der große Bogen, die Beharrlichkeit, mit der Gluck ein Thema gestaltet und nie von diesem Thema abweicht auf Nebensächlichkeiten. Glucks Musik beschreibt innere Zustände, also seelische Vorgänge, Gedanken und Emotionen. Ich versuche dasselbe mit choreographischen Mitteln. Deswegen kann ich keine Musik gebrauchen, die versucht, äußerliche Bewegungen und Handlungen, die im Ballett ja ohnehin auf der Bühne gezeigt werden, lautmalerisch zu „untermalen", das ist zu paraphrasieren (im Volksmund heißt das „doppelt gemoppelt!"). Glucks Musik hat mich deshalb so in ihren Bann geschlagen, gerade weil sie keine Ballettmusik im landläufigen Sinne ist.

Edmund Gleede: Wie sind Sie auf die Idee gekommen, die Hauptrollen Orpheus, Eurydike und Amor in jeweils zwei Kunstfiguren aufzuspalten – gleichsam in ihr gesangliches und in ihr tänzerisches Ich?

Pina Bausch: In dieser Musik steckt so unheimlich viel an Unaussprechlichem, was in konventionellen Opernaufführungen dieses Werkes verloren gehen muß. Denn es gibt keinen Tänzer, der wie ein Opernsänger singen kann, und umgekehrt auch keinen Sänger, der singen kann und sich dabei gleichzeitig noch wie ein Tänzer bewegen kann. Das wäre also der pragmatisch-formalistische Grund. Aber es gibt auch einen triftigen inhaltlichen Grund: Oft sind wir in Situationen, die die verschiedenen Seelen, die wir in der Brust haben, bis an den Rand der Schizophrenie treiben: ein schwerer Schicksals-Schlag kann einen in die Lage bringen, daß man aufschreien möchte – aber man ist so getroffen, daß man gar nicht schreien kann, und so fällt man in Ohnmacht oder bricht zusammen oder man steht ganz stumm, versteinert, wie gelähmt. Im Leben hat man gar nicht die Möglichkeit, dies alles gleichzeitig zu tun, obwohl man es wollte und müßte, um seinem Schmerz ein Ventil zu schaffen. In der Kunst hingegen ist die Sichtbarmachung von beidem gleichzeitig möglich. Deshalb also die Aufspaltung in den singenden und den tanzenden Orpheus, und deshalb auch die gleichzeitige Darstellung ein-und-desselben Schmerzes, gestaltet von einem Sänger, der vorn rechts auf der Bühne sein Elend herausklagt, während hinten links auf derselben Bühne sein zweites Ich (der Tänzer) völlig gebrochen in sich zusammensackt. – Aber diese Form der Aufspaltung eines Charakters in zwei (oder mehrere) Kunstfiguren ist gar nicht neu. Denken Sie zum Beispiel an die Aufspaltung der Anna in die Anna I und die Anna II in Bertolt Brechts und Kurt Weills Ballett mit Gesang *Die sieben Todsünden der Kleinbürger*, das ich noch in dieser Spielzeit inszenieren möchte.

Edmund Gleede: Ich werde immer wieder gebeten, Ihre Ballette zu „erklären", Ihre choreographische Zeichensprache verbal zu entziffern. Deshalb hier mal ganz simpel und provokant gefragt: Was haben Sie sich eigentlich bei Ihrem Ballett gedacht?

Pina Bausch: Es gab mal einen berühmten Maler, der hatte ein abstraktes Bild gemalt und bekam dieselbe Frage von einem Besucher seiner Ausstellung gestellt: „Was soll das bedeuten?" – Darauf gab der Maler zur Antwort: „Wenn ich das sagen könnte, bräuchte ich das Bild nicht zu malen." So geht es mir eben auch. Ich bin Choreographin, und wenn ich das, was ich mit tänzerischen Mitteln auf der Bühne auszudrücken versuche, in Worte fassen könnte, dann würde ich einen Aufsatz über *Orpheus und Eurydike* schreiben und kein Ballett machen. Deshalb wiederhole ich hier noch einmal: Das, was ich zeigen will, kann man nicht in Worten beschreiben. Es gibt viele Situationen im menschlichen Leben, wo eine einzige Bewegung mehr auszudrücken vermag, als es tausend Worte können: eine Umarmung, ein Kuß zum Beispiel ist viel ehrlicher, zutreffender und glaubwürdiger als jeder verbale Liebesschwur. Das kleine Kind, das sich durch einen Sturz verletzt hat, wird viel besser getröstet, wenn es von der Mutter aufgehoben und gestreichelt wird, als wenn der Vater sagt: „Ach, stell dich doch nicht so an, so schlimm ist es doch gar nicht!" Oder stellen Sie sich vor, Sie treffen Ihren Freund auf der Straße und fragen ihn, weswegen er denn ein Gesicht macht wie drei Tage Regenwetter – und der gibt zur Antwort: „Meine Freundin ist vor einer Stunde durch einen Autounfall ums Leben gekommen." Mit welchem Wort wollen Sie dann da trösten oder helfen oder wenigstens Ihr Mitgefühl äußern? „Oh, das tut mir aber leid"? „Mein Gott, das ist ja ent-setzlich"? „Herzliches Beileid!"? Wie arm sind solch leere Floskeln im Angesicht von soviel Leid! Und wieviel mehr können Sie trösten, wenn Sie diesen Freund dann einfach in die Arme nehmen und ihm so das Gefühl vermitteln, daß er nicht alleine ist und daß jemand ihn versteht und mit ihm fühlt. – In diesem Sinne möchte ich alles das, was ich in diesem Gespräch sage, als verbalen Annäherungsversuch betrachten, als Einkreisung von Unaussprechbarem. Und wenn dieses oder jenes Wort fällt, dann soll man mich nicht darauf festlegen, sondern wissen, daß es in etwa so gemeint ist, daß es nur ein Beispiel ist, welches aber viel mehr noch bedeuten kann.

Edmund Gleede: Das Neue an Ihrer Inszenierung von *Orpheus und Eurydike* scheint mir der Versuch zu sein, von einer vordergründig-aufgesetzten, naiven Erzählweise der Handlung, ja selbst von der Handlung selber, wegzukommen und mit tänzerischen Mitteln aufzuzeigen, was in den Personen der Handlung vorgeht, also sozusagen choreographische Psychogramme auf die Bühne zu stellen.

Pina Bausch: Natürlich habe ich mich bemüht, die Story zu erzählen, aber damit konnte und wollte ich mich nicht begnügen. Ich habe die Geschichte deshalb aus dem Blickwinkel des Orpheus erzählt; denn Orpheus ist eine mythische Gestalt: er steht für jeden von uns. Wir alle sind Orpheus. Außerdem habe ich nicht das äußere, sondern das innere Drama zu gestalten versucht. Daraus resultiert, daß ich unter der Unterwelt nicht die mittelalterliche Vorstellung von unterirdischer Hölle meinen konnte. Die Unterwelt, die Hölle steckt in uns drin, tief in unserem Unterbewußtsein. Das bedeutet dann im Prinzip, daß es gar nicht so wichtig ist, ob Eurydike gestorben ist oder nicht. Wichtig ist vielmehr, daß sie in Orpheus gestorben ist. Ein Mensch – oder vielmehr die Vorstellung, die wir uns von ihm machen – kann ja durchaus *in uns* sterben. Es geht hier nicht um äußere Dinge, sondern um das, was hinter unserer Stirn vorgeht. – Und in Orpheus stirbt eben nicht nur seine Geliebte, sondern mit ihr auch seine Idee von der Liebe überhaupt.

Edmund Gleede: Was hat Sie dazu bewogen, Orpheus als Inkarnation der Liebe, Eurydike als Verkörperung des Todes und Amor als Symbolfigur für Jugend zu interpretieren und das auch auf dem Programm-Zettel ausdrucken zu lassen?

Pina Bausch: Der Versuch, aus Orpheus das Prinzip „Liebe" zu machen, ist ein Mittel der Abstraktion bzw. der Vereinfachung. Orpheus steht in meiner Inszenierung für alle Liebenden, die um den Verlust ihrer Ideal-Vorstellung von Liebe trauern. Die Liebe von Orpheus ist so unermeßlich groß, daß sie über den Tod hinausreicht. Das ist ein Gedanke, der in anderer Form in *Romeo und Julia* oder wieder ganz anders in *Tristan und Isolde* auftaucht. Diesen absoluten Anspruch einer über Leben und Tod, Raum und Zeit hinausgreifenden, allumfassenden Liebe mit der Bereitschaft, alles dazugehörige Leid auf sich zu nehmen, verkörpert für mich Orpheus. Orpheus hat für mich etwas vom Schmerzensmann, von Christus, dessen Idee von der Liebe so groß ist, daß sie kein Mensch erfüllen kann. Und zu dieser Liebe gehört eben der Schmerz. Dagegen will Eurydike eine Liebe ohne Leid. Sie sehnt sich nach einem Ort, wo es diese Leiden nicht gibt, wo es nur Ruhe und Frieden, die Süße des Nirwanas gibt. Im Jenseits, losgelöst von allem Körperlichen, Irdischen, Vergänglichen, losgelöst also auch von allem Leid, gibt es diesen Frieden. So erklärt sich die unterbewußte Todessehnsucht der Eurydike, die nicht wieder ins Leben, ins „Jammertal" zurückkehren will, denn sonst würde sie sich auf dem Rückweg ins Diesseits nicht so mißtrauisch und vorwurfsvoll verhalten, sondern ihrem Orpheus vertrauen. Deshalb steht Eurydike in meiner Inszenierung für das Prinzip „Tod" – das heißt hier: ein Leben ohne Leid wie auch ohne Liebe, denn das Eine ist untrennbar mit dem Anderen verbunden. – Und den Amor habe ich deshalb zum Symbol der Jugend, zum Prinzip „Hoffnung" umstilisiert, weil er dem Orpheus in seinem tiefsten Leid Hoffnung macht. Es ist zwar eine trügerische, unbegründete Hoffnung, die aus einem naiven, lebensbejahenden Weltbild heraus erwächst, das nur Kinder haben können, die das Leid noch nicht kennen, aber es ist doch immerhin ein Hoffnungs-Schimmer, ohne den das Stück (wie das Leben) gar nicht in Gang käme. Nur eine kindliche Jugend, die noch nichts von den Schattenseiten des Lebens weiß, kann uns wieder Hoffnung machen und Trost spenden.

1978

Der Tanzkritiker Jochen Schmidt (1936-2010) zählt zu den wenigen Journalisten, denen Pina Bausch in langen Interviews immer wieder ihre Gedanken anvertraut hat. Indirekt schrieb er durch diese Gespräche maßgeblich an der Chronik des Tanztheater Wuppertal mit. In diesem Band sind deshalb gleich vier dieser Texte aus den Jahren 1978, 1982, 1983 und 1990 dokumentiert. Seit 1968 Autor der „Frankfurter Allgemeinen Zeitung", war Schmidt früh auf Pina Bausch aufmerksam geworden; wie kaum ein zweiter publizistischer Begleiter verfolgte er ihre Arbeit mit der Wuppertaler Kompanie. 1998 erschien seine Biografie *Tanzen gegen die Angst – Pina Bausch*. Seine Wertschätzung für die Choreografin, deren Stücke er durchaus unterschiedlich kritisierte, äußerte er 2009 noch einmal in seinem Nachruf: „Schon am Ende der siebziger Jahre stand der Name Pina Bausch für ein Theater der befreiten Körper und des befreiten Geistes, für ein Tanztheater der Humanität, das auf der Suche war nach Liebe, Zärtlichkeit und Vertrauen zwischen den Partnern – und nach einer tänzerischen Sprache, die in der Lage sein würde, jene Kommunikation zwischen den Menschen zu ermöglichen, zu denen die bekannten Sprachen nicht mehr fähig waren."

Nicht wie
sich Menschen bewegen,
sondern was sie bewegt

Gespräch mit Jochen Schmidt, 9. November 1978;
aus: Hedwig Müller, Norbert Servos, Gert Weigelt (Hrsg.):
Pina Bausch – Wuppertaler Tanztheater. Köln 1979, S. 5-8

Jochen Schmidt: Frau Bausch, als Sie 1973 das Folkwang Tanzinstitut verließen und hierher nach Wuppertal kamen, da haben Sie einmal gesagt, Sie hätten Angst, daß der Betrieb, der Theaterbetrieb, Sie auffrißt. Ist dieses Gefühl heute noch da?

Pina Bausch: Heute ist es ganz anders, als ich es damals gedacht habe. Damals dachte ich vielleicht, es ist überhaupt nicht möglich, irgend etwas Individuelles zu machen. Ich dachte an die Routine und die Bestimmungen und alles, was es gibt; dachte, das Theater muß so spielen wie gewohnt – davor hatte ich damals eine große Angst.

Jochen Schmidt: Und wovor haben Sie heute Angst?

Pina Bausch: Im Moment, ja so ein bißchen vielleicht vor der Situation, in die ich 'reingewachsen bin; daß ich überhaupt keine Zeit habe, 'mal zu sagen: „Also kann ich jetzt nicht mal 14 Tage einfach wegfahren." Nicht in Ferien – oder schon in Ferien, einfach ausspannen, mal einen Moment dem Druck, der Last nicht ausgesetzt sein; das hört einfach nie auf... Manchmal weiß ich nicht: Wie lang hält man das aus. Meistens erledigt es sich von allein. Wenn man sich oft freut über Sachen, oder man hat Spaß – ich meine jetzt in der Arbeit überhaupt –, dann (wie nennt man das?) regeneriert man sich selbst. Das ist an sich schön, ja, das finde ich eigentlich ganz toll bis jetzt. Also, ich wundere mich eigentlich, daß ich so viel Kraft habe. Woher kommt die sonst?

Jochen Schmidt: Könnten Sie in etwa sagen, wieviel Arbeitsstunden Sie pro Woche aufbringen müssen?

Pina Bausch: Die kann man gar nicht zählen, weil ... Es läßt sich nicht trennen. An sich ..., an sich arbeite ich immer. Es sind alles Arbeitsstunden und auch wieder nicht. Wie man das Wort wählt.

Jochen Schmidt: Belastet es Sie, daß mittlerweile der Erwartungshorizont des Publikums und der Kritik ungeheuer hoch ist?

Pina Bausch: Ich weiß nicht. Vielleicht hat sich das nie geändert. Eigentlich war es immer noch dasselbe Gefühl. Da kommt dann immer wieder der Moment, wo man so unsicher wird über das, was man gemacht hat, weil man dann auch den Abstand nicht mehr hat – und da ist die Angst davor, die ist sowieso da und die war immer da. Und es nützt auch gar nichts, zu sagen: „Ja, es wird schon werden, ich hab' ja schon ein paar Sachen gemacht." Die Angst ist immer dieselbe.

Jochen Schmidt: Würden sie denken, daß diese Angst auch in die Stücke eingeht, als Thema?

Pina Bausch: Nein, ich glaube nicht.

Jochen Schmidt: Haben Sie Themen? Bestimmte? Oder ändert sich das?

Pina Bausch: Naja, ich meine, das bewegt sich irgendwie im Kreis. Es sind immer dieselben Sachen oder ähnliche Sachen. Eigentlich sind es immer Mann-und-Frau-Themen oder Beziehungen, also unser Verhalten oder unsere Sehnsucht oder unsere Unfähigkeit, unsere Ohnmacht; bloß die Farbe, die wechselt manchmal. Das hab' ich schon gemerkt. Inzwischen finde ich oft die angeblich fröhlichen Dinge viel trauriger. Irgendwo hab' ich mich auch ein bißchen verändert.

Jochen Schmidt: Sie haben einmal gesagt, es interessiert Sie im Grunde wenig, wie Menschen sich bewegen; es interessiert Sie mehr, was die Menschen bewegt. Wie kommt jemand mit der Maxime zum Tanztheater?

Pina Bausch: Warum machen wir das denn? Warum tanzen wir überhaupt? Es ist ganz gefährlich, wohin sich das im Moment oder in den letzten Jahren entwickelt hat. Alles ist Routine, und niemand weiß mehr, warum macht man denn die Bewegungen? Da ist einfach nur noch so eine komische Eitelkeit, die sich von den Menschen immer weiter weg entwickelt. Und ich glaube, daß wir uns noch einmal näher kommen müßten.

Jochen Schmidt: Mit „Wir" meinen Sie den Tanz, die Choreographen?

Pina Bausch: Ja, und die Tänzer auch.

Jochen Schmidt: Woher kommen Sie, und wie kommen Sie zum Tanz?

Pina Bausch: Ich bin eine Wirtstochter und bin zum ersten Mal mitgenommen worden in ein Kinderballett.

Jochen Schmidt: Kinderballett heißt, daß Sie gleich Ballett gemacht haben, nicht, daß Sie erst irgendwo Ballett gesehen haben, so daß es ein Schlüsselerlebnis war?

Pina Bausch: Nein, ich hatte vorher nie Ballett gesehen.

Jochen Schmidt: Und es hat Ihnen von Anfang an Spaß gemacht zu tanzen?

Pina Bausch: Ich bin da mitgegangen und hab' also versucht, das zu machen, was die anderen da taten. Ich weiß noch irgendwie: Wir mußten auf dem Bauch liegen und hinten die Beine an den Kopf legen, und da sagte dann diese Frau, die sagte dann: „Das ist aber ein Schlangenmensch." Das klingt jetzt ganz blöd, aber irgendwie hat mich das unheimlich gefreut, daß mich da jemand gelobt hat. Als Wirtstöchterchen läuft man ja nur so mit; da ist man an sich immer ganz allein. Da gibt's auch kein

Familienleben. Ich war immer bis 12 oder 1 Uhr auf oder saß irgendwo unter'm Tisch in der Wirtschaft. Man aß auch nicht zusammen. Deswegen hatte ich eigentlich auch gar kein ... Meine Eltern hatten auch nie Zeit, sich viel um mich zu kümmern.

Jochen Schmidt: Nun ist es von da natürlich ein weiter Weg bis zu dem Entschluß dieses kleinen Mädchens, sie wolle nun Tänzerin werden.

Pina Bausch: Es war erst mal gar nichts. Ich bin einfach hingegangen und wurde dann immer für kleine Kinderrollen herangezogen, in Operetten als Liftboy oder ich weiß nicht was, im Harem der Mohr, der fächeln mußte, oder ein Zeitungsjunge, irgend so etwas. Und da hatte ich immer unheimlich viel Angst.

Jochen Schmidt: Zu dem Zeitpunkt wollten Sie aber immer noch nicht zum Theater?

Pina Bausch: Ich hab' das nicht überlegt. Wahrscheinlich hat das dann von allein angefangen. Ich hab' zwar immer viel Angst gehabt, etwas zu machen, aber ich hab' das unheimlich gern gemacht. Und gegen Ende der Schule, als man dann wirklich überlegte oder überlegen mußte, was wird, weil man wußte, die Schule ist zu Ende – da war das an sich schon klar.

Jochen Schmidt: Und Sie sind dann von der Schule zum Folkwang übergewechselt? Oder noch nicht gleich?

Pina Bausch: Ja, an sich schon; ich bin dann an die Folkwangschule gegangen.

Jochen Schmidt: Und wann wurde aus der Tänzerin eine Choreographin?

Pina Bausch: Damals an der Folkwangschule hatte man, viel stärker als jetzt – wie nannte man das damals? – Improvisationsstunden. Aber das waren gar keine Improvisationsstunden, sondern man komponierte so ein bißchen; machte so Tänzchen und kleine Studien. Jedenfalls war ich eine von den ein bißchen Aktiveren in der Hinsicht. Aber erst als ich aus Amerika wiederkam, als da Leerlauf war in der Gruppe, in der ich war, und ich mich sehr unbefriedigt fühlte als Tänzerin ... Ich hätte mich gerne einmal ganz anders formuliert, aber es gab diese Möglichkeit nicht. Wir hatten auch nicht viel zu tun; es passierte nichts Neues, und eigentlich aus einer Frustration heraus habe ich gedacht, vielleicht versuche ich einmal, etwas für mich selbst zu machen. Aber nicht, um Choreographie zu machen, sondern einziger Zweck war eigentlich, daß ich etwas tanzen wollte. Ja, ich wollte einfach für mich etwas machen, weil ich tanzen wollte.

Jochen Schmidt: Sie haben eben so ganz nebenbei erwähnt: Amerika. Sie haben mehrere Jahre in New York getanzt. War das nun eine unwichtige Episode in Ihrem Leben oder war das wichtig für Ihre Entwicklung?

Pina Bausch: Ich glaube, das war sehr wichtig. Überhaupt in so einer Stadt gelebt zu haben, war für mich sehr wichtig. Die Menschen, die Stadt, die für mich so etwas von Heute verkörpert, und wo einfach alles sich mischt, ob das jetzt Nationalitäten sind oder Interessen oder modische Dinge, alles nebeneinander. Irgendwo finde ich das unglaublich wichtig.

Jochen Schmidt: Aber leben möchten Sie da heute nicht?

Pina Bausch: Ich habe einen großen Bezug zu New York. Also, wenn ich an New York denke, dann habe ich richtig, was ich sonst überhaupt nicht kenne, ein bißchen Heimatgefühle, also Heimweh. Ganz komisch ist das.

Jochen Schmidt: An sich denkt man, daß Sie ein typisches Kind dieser Landschaft sind. Man hat so das Gefühl, Pina Bausch ohne das Bergische Land oder auch das Ruhrgebiet, ohne Essen, ohne Wuppertal sei im Grunde gar nicht möglich. Könnten Sie sich vorstellen, daß Pina Bausch Ballettdirektorin in der Bayerischen Staatsoper in München wäre?

Pina Bausch: Wenn ich die Möglichkeit hätte oder jemand es richtig finden würde, daß ich an ein ganz bestimmtes Theater gehe, egal ob das jetzt in München ist oder sonstwo, dann kommt es einfach darauf an, wie sehr ich glaube, daß es richtig ist, da hinzugehen. Aber ich glaube, ich könnte nur das machen, was ich denke, machen zu müssen. Wenn jemand sagt: „Sie können jetzt hierher kommen, aber Sie müssen das und das und das und das machen" – ich glaube, das könnte ich nicht.

Jochen Schmidt: Das, was Sie zum Beispiel nicht machen könnten, wäre ein traditionelles *Dornröschen*.

Pina Bausch: Ich will es nicht.

Jochen Schmidt: Als Sie davon sprachen, daß im Grunde Ihr Leben 24 Stunden Choreographie ist, Ballette machen ...

Pina Bausch: Na ja, Choreographie, weiß ich nicht ...

Jochen Schmidt: Gut, aber Sie sind rund um die Uhr, zweimal rund um die Uhr damit beschäftigt. Wie sieht das denn praktisch aus? Wie gehen Sie an ein Stück heran?

Pina Bausch: Ich leb' von der Hand in den Mund. Das ist so. Ja, so funktioniert das eigentlich auch: Wenn ein Prozeß abläuft, habe ich überhaupt keine Zeit – oder ich kann das nicht, kann das nicht teilen –, schon an das nächste zu denken. Das geht nicht. Ich muß erst das eine zu Ende machen, und dann fang' ich an, mich gleich mit dem nächsten zu beschäftigen. Ich spür' schon, was ich suche, aber ich weiß oft nicht vom Kopf her, was das eigentlich ist. Ich kann's nicht formulieren, vielleicht will ich es auch manchmal gar nicht formulieren. Manchmal begegnen einem auch Sachen zufällig, beim Lesen. Aber an sich suche ich schon irgendwo.

Jochen Schmidt: Und woher kommen die Stoffe dann letztlich?

Pina Bausch: Die dann auf der Bühne sichtbar sind? Na, das ist ein viel späterer Prozeß. Ich gerate immer in Panik anzufangen. Ich habe ganz große Angst anzufangen, also jetzt konkret zu sagen: Heute ist Probe. Und ich drück' mich davor. Ich schieb' das dann immer erst mal weg, solange es geht, und fang dann so um die Ecke an. Vielleicht bestelle ich mir dann manchmal nur einen Tänzer und sage: „Könnten wir vielleicht irgend etwas mal ausprobieren?" Oder ich spreche ein bißchen mit Leuten darüber. Aber an sich fällt es mir wahnsinnig schwer, den ersten Schritt zu machen, weil dann …, weil ich weiß, daß die Leute, die Tänzer, jetzt erwarten, daß ich ihnen jetzt schon erzähle, was ich will. Und davor habe ich eine panische Angst, auch vor diesem Erzählen, weil das oft noch so unkonkret ist. Ich kann zwar sagen: „Da bin ich jetzt" – inzwischen weiß ich das schon – „ich beschäftige mich mit ganz bestimmten Sachen", und vielleicht finde ich auch so ein Wort und sage: „Na ja, das ist jetzt unser Ausgangspunkt, und wir wollen mal sehen, wo sich das hinentwickelt." Das ist ja ganz toll, daß ich das überhaupt schon formulieren kann. Ich konnte das vor zwei Jahren noch nicht. So ein Wort wußte ich ja noch gar nicht. Das fiel mir wirklich verteufelt schwer, denn alles, was man sagte, war plötzlich – man hat sich so festgenagelt. Dann hat man plötzlich etwas gesagt und hat gehofft, daß der andere oder die anderen den Schlüssel finden, weil ich ja eigentlich etwas anderes meinte. Was ich erzählt hatte, war nur eine Hilfe, mich verständlich zu machen. Irgendwie ist da so eine Idee manchmal oder so ein Gedanke... Plötzlich habe ich das Gefühl, wenn ich zuviel darüber rede, dann habe ich es schon schmutzig gemacht. Ich weiß auch nicht, was das ist. Dann habe ich immer das Gefühl, ich muß das schützen. Ich muß das auch umreden, damit das erst einmal so unangetastet bleibt. Im Grunde genommen möchte ich gerne, daß die Leute ihre Phantasie benutzen. Wir machen ja immer noch nicht das, was wir wirklich machen wollen.

Jochen Schmidt: Und was wollen Sie wirklich machen?

Pina Bausch: Ja wir sind alle, glaube ich, immer noch gebremst. Ganz natürlich, denn wir wollen ja alle geliebt werden oder gemocht werden. Und da ist irgendwo, glaube ich, eine Bremse, man denkt, wenn man jetzt einen Punkt überschreitet, dann weiß man nicht mehr ganz genau, wohin das führt.

Jochen Schmidt: Ich habe immer eher das Gefühl, daß das Geliebtwerdenwollen keine Bremse ist für Sie, sondern vielleicht eher ein Antrieb Ihres Schaffens.

Pina Bausch: Ja, ja, ja, aber es ist auch beides. Denn das ist eben ein Prozeß. Das Geliebtwerdenwollen: Das ist bestimmt der Motor. Ich weiß nicht. Vielleicht wäre es anders, wenn ich alleine wäre. Doch das hat ja immer etwas zu tun mit anderen Menschen. Ich will ja auch keinen Zwang ausüben, sagen: „Jetzt mußt du das tun." Ich möchte ja – das war eigentlich das Ziel – gemeinsam irgendwo ankommen, daß auch die Leute, die gemeinsam arbeiten, auch Dinge wichtig finden, die mich beschäftigen. Das kann ich aber vielleicht jetzt nicht machen, weil wir in der Gruppe zusammen noch nicht da sind.

Jochen Schmidt: Sie sprachen von Prozeß. Prozeß meint Entwicklung. Sie haben sich ja ziemlich entwickelt. Beispielsweise haben Sie sich immer mehr vom Modern Dance in seiner klassischen Form wegentwickelt, hin zum Schauspiel, obwohl das den Prozeß sicherlich nur sehr oberflächlich beschreibt. Haben Sie eine Ahnung, wohin der Prozeß mit Ihnen geht oder wohin Sie gehen? Könnten Sie sich vorstellen, daß Sie dem Tanz ganz Ade sagen und dann beispielsweise Schauspiel-Regisseurin werden?

Pina Bausch: Das könnte sein. Ich weiß es nicht. Ich mach' ja immer, immer wieder mach' ich ganz verzweifelte Anstrengungen zu tanzen. Ich hoffe immer, daß ich wieder einen anderen Kontakt zur Bewegung finde. So, wie das mal war, kann ich das nicht mehr. Das ist, als wenn ich irgend etwas wiederhole, etwas Komisches.

Jochen Schmidt: Heißt das möglicherweise auch, daß Ihnen letzten Endes für die Dinge, die Sie sagen wollen, die Bewegung nicht mehr ausreicht, sondern daß man dazu vielleicht auch Worte braucht?

Pina Bausch: Worte? Das weiß ich nicht genau. Aber vielleicht ist es vielmehr auch eine Bewegung. Es ist einfach die Frage, wo fängt es an zu tanzen, wo nicht. Wo ist der Beginn? Wann sagt man Tanz? Das hat schon etwas mit dem Bewußtsein zu tun, mit dem Körperbewußtsein, und wie man etwas formt. Aber das braucht ja nicht diese Art von ästhetischer Form zu haben, es kann ja auch eine ganz andere sein und trotzdem Tanz bleiben. Eigentlich will man etwas sagen, was man nicht sagen kann. Man hat aber ein Gedicht gemacht, und eigentlich spürt man, was damit gemeint ist. So ist das Wort, finde ich, auch ein Mittel, ein Mittel also zum Zweck. Aber das Wort ist nicht der eigentliche Zweck.

Jochen Schmidt: Der eigentliche Zweck – wie wäre der zu beschreiben? Kommunikation? Oder doch Kunst?

Pina Bausch: Das weiß ich nicht. Das weiß ich nicht.

1979

Der Wechsel von vorgegebenen Stoffen zu den eigenen Themen, die Pina Bausch mit den Tänzerinnen und Tänzern ihres Ensembles selbst erarbeitete, beschäftigte 1979 den in den USA geborenen Journalisten Stephen Locke. Das Tanztheater hatte damals eine Gastspieleinladung nach Berlin angenommen und dort die Stücke *Blaubart. Beim Anhören einer Tonbandaufnahme von Béla Bartóks Oper „Herzog Blaubarts Burg"* und *Das Frühlingsopfer* auf die Bühne gebracht – zwei Produktionen mit Bezug auf bestehende Vorlagen. Nach diesem Gastspiel erlebte Locke Anfang Dezember 1979 in Wuppertal die Uraufführung von *Keuschheitslegende* und konnte vermutlich bei dieser Gelegenheit ein Gespräch mit Pina Bausch führen. Sechs Jahre nach Pina Bauschs Beginn an den Wuppertaler Bühnen nahm Locke auch wahr, wie stark die Vorbehalte des Publikums gegen die Entwicklung des Tanztheaters und dessen Abkehr vom klassischen Ballett weiterhin waren. Im Vortext zu seinem Interview schrieb er unter anderem: „Bei der Premiere der *Keuschheitslegende* saß ich eher kalt-distanziert da, versuchte, objektiv hinzuschauen und das Ereignis zu beurteilen, ärgerte mich über meine Nachbarn, meist Ehepaare in Abendkleidung, die reihenweise teils schweigend, teils lautstark das Theater noch vor der Pause verließen."

Lockes Gespräch mit Pina Bausch wurde im Februar und März 1980 vom Berliner Stadtmagazin „tip" in zwei Folgen veröffentlicht, die hier gemeinsam wiedergegeben werden.

Eine gewisse
Erregung dabei

Magazin „tip Berlin", Hefte 2 + 3 / 1980
Interviewdatum: Dezember 1979
Gesprächspartner: Stephen Locke

Stephen Locke: Bei den neueren Produktionen arbeitet ihr nicht nach vorgefertigten Vorlagen. Wie kommt ein solcher Tanzabend zustande, wie entsteht er?

Pina Bausch: Meistens so: Das sind Dinge, die irgendwie mit einem Thema zu tun haben, obwohl das Thema manchmal gar nicht abgesteckt ist. Da entstehen natürlich ganz viele, viele, viele Details, und es werden immer mehr Fragen, und man geht immer mehr woanders hin. Und dann sind diese ganzen kleinen Dingelchen, die man erarbeitet hat, da, und dann fängt irgendwo der Zeitpunkt an, daß man auch diese Verbindungen von diesen kleineren Dingen versucht, also wie sie einfach größer werden, in welchen Zusammenhang sie stehen. Es ergibt immer etwas völlig anderes, nach was ich was mache oder mit was zusammen. Auf jeden Fall werden auf diese Weise aus diesen kleinen Dingelchen ein bißchen größere Dinge, aber fast genau so viele. Lauter Steinchen, die dann zu einem Stück werden.

Stephen Locke: Werden diese dann thematisch zusammengefaßt oder ästhetisch aneinandergereiht oder choreographiert? Es ist einfacher, eine Choreographie zu erkennen als eine thematische Reihenfolge.

Pina Bausch: Also, eine thematische Reihenfolge hat es sicher nicht. Ich könnte natürlich versuchen – und das mache ich manchmal auch –, im Kopf was zu machen, also daß ich von einer sogenannten Logik hergehe, die man so gut versteht, also: was ist nach dem, was passiert jetzt, wie sieht dann das aus. Aber ich finde das furchtbar plumpig, weil ein Mensch eigentlich auch nicht so reagiert, überhaupt nicht. Wir denken ja auch anders. Uns kommt ja was in 'n Kopf und was anderes, und wir haben irgendwo ein Gefühl, und das ist ganz, ganz anders als die sogenannte Logik. Die interessiert mich nicht so sehr, weil: ich glaube eigentlich an eine andere Logik.

Stephen Locke: Ist das alles dann mehr assoziativ, also das eine führt zum anderen, oder auch assoziativ zur Musik …

Pina Bausch: Je, nee, also: das ist alles ganz, ganz genau geplant, ja?, aber trotzdem versuche ich das, was wir hier machen, zu verstehen, aber der Kopf ist eigentlich mehr die Kontrolle über das Ganze, was ich aber eigentlich woanders besser weiß.

Stephen Locke: Ich nehme an, daß die einzelnen Darsteller auch sehr unterschiedlich in ihrer Begabung oder in ihrer Phantasie sind, das heißt, daß die einen von sich aus Ideen haben zu dem, was sie machen könnten, und andere sind besser darin, daß sie irgendwelche Aufgaben lösen, die ihnen gestellt werden, nicht?

Pina Bausch: Ja, sicher, vor allen Dingen Leute, die auch ein bißchen begreifen: wo will ich jetzt hingehen?, die also eher mitgehen wollen und die Sache unterstützen.

Stephen Locke: Sind das also Vorstellungen von den Tänzern, die sagen: ah ha, ich glaube, ich weiß, was die Pina von mir verlangt, und das werde ich ihr anbieten?

Pina Bausch: Ich glaube, es hat sehr viel damit zu tun, was jeder selber wirklich will, wie weit jeder selber wirklich ist. Der eine will einfach etwas machen oder etwas von sich zeigen. Die Leute, die zaghaft sind und sich gerne so sehen, die machen das auch so, und das ist auch in Ordnung. Und jemand anderes geht eben einen anderen Schritt, und das ist auch in Ordnung. An sich hat jeder die Möglichkeit, seine Rolle zu machen.

Stephen Locke: Sind dann diejenigen, die sozusagen den zweiten und dritten Schritt machen, die Stars der Aufführung, die Meistbeschäftigten, eben weil sie mehr mitgebracht haben oder vielleicht mehr Begabung haben?

Pina Bausch: Das ist unheimlich schwer zu sagen, weil wir hier bei uns auch unterschiedliche Verträge haben, aber an sich kann jeder ... Es kommt einfach darauf an, was wir machen, und sicher auch auf mich, also wo ich etwas am richtigsten finde und am meisten spüre dabei. Manchmal ist es sicherlich auch so, daß plötzlich in einem so großen Feld, das man sich abgesteckt hat, sehr schöne und wichtige Sachen alle wegfallen müssen, weil sie plötzlich nicht mehr reinpassen.

Stephen Locke: Wir haben vorhin von den vielen Ähnlichkeiten mit früheren Stücken gesprochen. Was ist eigentlich das Neue an *Keuschheitslegende*?

Pina Bausch: Ich meine, jedes Stück hat natürlich eine Verbindung mit mir, so wie jeder seine eigene Handschrift hat, und für mich ist jedes Stück anders. Zunächst, daß es scheinbar viel komischer ist, unter anderem.

Stephen Locke: Und von der Thematik her?

Pina Bausch: Tja. Es ist ein bißchen so, wenn man Kind ist, das Gefühl, wenn man Äpfel klaut. Dieses schöne Gefühl des Risikos, des Ertappt-sein-Wollens, damit hat es auch für mich zu tun.

Stephen Locke: Und mit Keuschheit?

Pina Bausch: Ich finde es unheimlich erstaunlich: alle auf der Bühne, egal was sie machen oder wie weit sie gehen – bloß sie gehen gar nicht weit, es ist eben die Phantasie der Leute, die denkt, die gehen weit –, und das ist auch, was mich interessiert, weil die Leute auf der Bühne nicht weit gehen, sondern die Leute da draußen: die bilden sich ein, die gehen aber weit,

DER EMOTIONALE TANZ DER BAUSCH

eine Frau namens Pina
im zeitgenössischen
Arbeit ihrer Truppe wird
husiastisch gefeiert,
nadenlos verdammt.

weil deren Phantasie arbeitet und sie es glauben. Und für mich sind die auf der Bühne so keusch. Irgendwo. Und dann ist es so wie mit dem Apfelklauen oder so. Ich sehe das alles gar nicht so pessimistisch, wie die meiste Leute sagen. Ich find es eher ein Lust-Bejahen.

Stephen Locke: Bejahung der Lust?

Pina Bausch: Also, das ist jetzt zu dicke formuliert.

Stephen Locke: Ich habe es nicht so formuliert ...

Pina Bausch: Nee, nee, nee, ich meine ...

Stephen Locke: Ich glaube, es war die Renate Klett, die auch geschrieben hat, daß du ein pessimistisches Weltbild hast. Würdest du es auch so sehen?

Pina Bausch: Nee, nicht so sehr eigentlich ...

Stephen Locke: Es gibt schon Grund genug, pessimistisch zu sein ...

Pina Bausch: Ja, schon ... aber ...

Stephen Locke: Was ist eigentlich – ich will nicht unterbrechen, wenn du noch etwas dazu sagen willst ...

Pina Bausch: Ja, ich überlege noch. Der Rolf (Borzik), der hat gestern gesagt, für ihn ist das irgendwie so, als wenn man das Stück nicht für Zuschauer spielt, das ist so, als wenn man etwas macht für viel später, (vielleicht für Leute, die gucken) daß man etwas erzählt über etwas, was ausgestorben ist oder am Aussterben ist. Das ist nicht etwas, was man jetzt macht zum Gucken, sondern es könnte über etwas sein, das ausstirbt. Das hat der Rolf jedenfalls gestern gesagt.

Stephen Locke: Das ist seine Interpretation, oder meinst du das auch?

Pina Bausch: Ich hätte es nie so formuliert, aber ich verstehe ein bißchen, was er da so gesagt hat.

Stephen Locke: Es ist vielleicht auch im einzelnen, in einzelnen Handlungen ein bißchen wie Aussterben, das heißt, eine Sache wird angefangen und dann nicht ausgeführt, so wie kokettieren, die Männer reizen, und sich dann zurückziehen, oder auch das Necken im Striptease. Nicht ein Aussterben, aber ein Nicht-Ausführen von irgendeiner Handlung.

Pina Bausch: Ja, aber es geht gar nicht um die Handlung allein. Es geht eigentlich um was anderes. Es gibt ganz bestimmte Gefühle, die jemand erlebt, wenn er guckt – die unterschiedlichsten, es wechselt dauernd … Apfelklauen ist auch nicht Apfelessen. Es geht nämlich gar nicht ums Essen.

Stephen Locke: Geht es ums Klauen?

Pina Bausch: Nee, auch nicht. Es hat auch mit diesen Kindersprüchelchen zu tun. Ich meine, die Kinder, die wissen die Sprüchelchen. Die Eltern wissen die Sprüchelchen nicht oder sagen, sie wüßten sie nicht, naja, mit Ausnahmen.

Stephen Locke: Um die Sprüchelchen geht es wohl letztendlich auch nicht. Geht es vielleicht eher darum, was man dabei empfindet, wenn man auf die Idee kommt, Äpfel zu klauen, natürlich in einem aufs Erwachsensein übertragenen Sinn?

Pina Bausch: Ich meine, Äpfelklauen ist nur ein Beispiel, wenn Kinder zusammenstehen in der Schule oder sich irgendwelche Sachen erzählen, wo sie das Gefühl haben, daß das irgend etwas Unbekanntes, aber auch Reizvolles ist. Man kann es nicht erklären, was das ist, aber man empfindet eine gewisse Erregung dabei, weiß gar nicht genau, was das ist.

Stephen Locke: Es gibt kaum in der Bundesrepublik oder sonstwo ein so persönliches oder privates Theater oder vielmehr Theatererlebnis als hier im Wuppertaler Tanztheater. Es ist fast so, als könnte man den Eindruck bekommen, daß Pina Bausch ihre Kindheitserlebnisse oder Bedürfnisse oder Probleme oder sowas auf der Bühne darstellt oder darstellen läßt.

Pina Bausch: Das wird mir immer untergeschoben.

Stephen Locke: Ich weiß, deshalb will ich wissen, was du dazu zu sagen hast.

Pina Bausch: Sicher hat das was mit mir zu tun, wie das wahrscheinlich mit jedem in der Gruppe auch an verschiedenen Sachen zu tun hat, aber das Problem ist nicht mein persönliches Problem, sondern ich glaube, daß jeder irgendetwas damit zu tun hat, so auch ich. Aber eigentlich ist das nicht etwas, was wir hier in diesem Raum spielen, was uns allein betrifft, vor allen Dingen nicht nur meine Sachen, also wirklich nicht, sondern ich finde, das sind Dinge, die allgemein sind, wo jeder irgendetwas damit zu tun hat. Was habe ich für ein Interesse, meine Kindheitserlebnisse da spielen zu lassen?! Diese Gefühle, die ich habe, die haben andere auch. Das ist auch das, was mich daran interessiert: die Gemeinsamkeiten, die wir haben. Ich habe auch was damit zu tun, aber es hat nichts damit zu tun, daß ich meine privaten Erlebnisse oder Nöte darstelle, gar nicht.

Stephen Locke: Du bist in der Folkwangschule in Essen tänzerisch ausgebildet worden. Wie bist du eigentlich zum Tanz gekommen?

Pina Bausch: Tja, meine Eltern haben ein Restaurant gehabt, ein kleines Hotel in Solingen, wo mittags immer die Leute vom Theater essen gingen. Und ich bin immer durch die Wirtschaft geturnt und hab' einen Handstand an der Wand gemacht oder so – ich weiß es gar nicht mehr, man erzählt mir das nur. Und die fanden, ich bin gelenkig und müßte mal ins Kinderballett. Und dann haben sie mich irgendwann mal mitgenommen. Und so bin ich im Kinderballett gelandet. Ich bin da unheimlich gerne gewesen. Ich habe so die Kinderrollen gespielt.

Stephen Locke: Und du hast dann Ausdruckstanz in der Folkwangschule studiert?

Pina Bausch: Das ist eine Schule, wo alle möglichen Richtungen gelehrt wurden. Da gab's verschiedene moderne Stile, die man lernte, man hat eine klassische Ausbildung bekommen, alle möglichen Arten von Folklore wurden unterrichtet, von Musik über Tanzschrift. Das ist also nicht eine Ausbildung, wo man hingeht und einfach Ausdruckstanz hat. Es ist eine Ausbildung, in der man über mehrere Gebiete etwas lernt.

Stephen Locke: Möchtest Du heute noch tanzen?

Pina Bausch: Oh ja, ich habe das Tanzen eigentlich nur nicht gemacht, weil es halt so viele Leute gibt, die etwas tun wollen – einer muß ja gucken.

Stephen Locke: In diesen neueren Stücken in den letzten zwei oder drei Jahren gibt es immer weniger Tanz im üblichen Sinn und immer mehr das gesprochene Wort, Pantomime, kleinere Skizzen undsoweiter. Ist das eine Entwicklung weg vom Tanz?

Pina Bausch: Das kann ich nicht beurteilen. Vielleicht ist es eine hin zum Tanz, würde ich sagen. Ich weiß es nicht genau. Erstensmal, wo fängt Tanz an? Das, was man heute als Tanz bezeichnet, wird in einer Perfektion betrieben, daß man oft vergißt, wo der Tanz überhaupt angefangen hat. Es gibt wirklich Ausnahmen und wunderbare Tänzer, aber ich finde es sehr schade, wenn Tanz einfach nichts mehr damit zu tun hat, warum man tanzt, daß es also mit so viel Eitelkeit zu tun hat. Und ich glaube, man müßte mal wieder anfangen zu tanzen. Vielleicht ist es also doch eine Entwicklung hin zum Tanz.

Stephen Locke: Man hat auch gesagt, dass deine Produktionen als Provokationen gegen die Perfektionierung von klassischen Aufführungen zu verstehen sind.

Pina Bausch: Gegen etwas Perfektes oder gegen das Klassische habe ich gar nichts. Im Gegenteil, ich mag klassisch auch sehr, aber ich mag es eben nur ganz, ganz hervorragend, und wenn es Leute tun, die wirklich wissen, was sie tun, und eben diese Technik beherrschen. Sonst ist es für mich – schwierig.

Stephen Locke: Dann nimmst du aber auch Laiendarsteller, zum Beispiel Hans Dieter Knebel, der angeblich Bäcker war und auch Laientheater gemacht hat, oder Schauspieler, die keine tänzerische Ausbildung haben, wie etwa Mechthild Großmann. Ist das, weil es hier in Wuppertal nicht möglich ist, dieses Top-Niveau zu erreichen, oder weil du etwas anderes willst?

Pina Bausch: Das wollte ich ja gar nicht machen, weil mich mehr die Menschen interessieren. Wenn ich jemand auf der Bühne sehe, dann möchte ich ihn auch als Person spüren und erleben und nicht erst den Tänzer. Ich habe lieber den Menschen, der auch tanzt, als umgekehrt. Ich finde Leute gut, die ein neues Element dazu bringen, eine Bereicherung für die anderen, wie die Mechthild (Großmann), oder vielleicht was die Jo(sephine Ann Endicott) hat oder Meryl [Tankard] oder Hans Dieter (Knebel), der etwas anderes mit sich bringt. Das finde ich sehr schön, wenn das sich positiv auf eine Arbeit auswirkt. Ich hab' nur Angst vor Routine, vor „… das wissen wir, das können wir alles", daß man die Sachen so macht, daß man so genau weiß, wenn man das macht, dann bedeutet es halt das – davor habe ich schon Angst.

Stephen Locke: Ist das Neue auch als Entwicklung zu Multi-Media hin zu verstehen?

Pina Bausch: Ich muß mich das ja nicht fragen, ich weiß es nicht – sicherlich irgendwo. Ich weiß nur, daß der Raum für mich eine große Rolle spielt. Ich gucke sicherlich nicht nur die Menschen an und wie sie das machen, sondern es hat für mich immer damit zu tun, wo, wann, die Zeit – alles spielt eine Rolle. Ich gucke sicher auch, wie ein Maler guckt oder ein Photograph oder ein Architekt, bloß ist es hier eben halt etwas Flüchtiges, weil jeder Moment vergeht. Es ist eben nicht wie ein Maler – das sind Dinge, die man festhält.

Stephen Locke: Bis auf einen Abstecher nach New York nach der Ausbildung bist du beruflich, außer mit Gastspielen, kaum aus dem Ruhrgebiet – Solingen, Essen, Wuppertal – herausgekommen. Liegt das am Vertrag, daß du nicht mehr Gastchoreographien gemacht hast?

Pina Bausch: Nee, das hat etwas damit zu tun, daß ich einfach eine Verantwortung trage für die Leute, die hier sind. Wir arbeiten am Repertoire und machen neue Sachen. Deshalb ist es so schwierig, denn wenn ich weg bin, kann ich höchstens ein paar mitnehmen – was machen dann die anderen so lange hier? Die sind ja nur wegen mir hierher gekommen, nicht wegen der Stadt Wuppertal.

Stephen Locke: Es gäbe auch die andere Möglichkeit, anderswohinzugehen, vielleicht an eine größere Bühne. Was ich gehört habe, hast du es ohnehin nicht leicht mit den Zuschauern, mit den Lokalzeitungen, mit dem Kulturreferenten, sogar mit einem anonymen Anrufer, der eine Zeit lang tätig war. Ich könnte mir vorstellen, daß es Bühnen gibt, wo du mehr davon hättest und auch die Zuschauer.

Pina Bausch: Ja, das ist richtig irgendwo. Aber hier ist auch viel entstanden. Die ganze Arbeit hat hier stattgefunden. Und es ist nicht einfach, auch wenn man öfter zornig ist, zu sagen: Tschüss, nä?, weil so viel damit verbunden ist. Es dauert furchtbar lang, bis ich mich entschließe, dann tue ich's aber auch.

Teil II: Bin im Moment bei den Gefühlen

Stephen Locke: Was ist mit Berlin zum Beispiel? Was würde passieren, wenn etwa der Peter Stein sagen würde, wir haben ein schönes neues Haus, und wir brauchen eine Abteilung Tanztheater, und wir wollen Sie, liebe Frau Bausch! – eine rein rhetorische Frage natürlich.

Pina Bausch: Naja, ich meine ... aber das hat er nicht gefragt. Was soll ich dazu sagen?

Stephen Locke: Jedenfalls bist du nicht festgelegt, weil es eben Ruhrgebiet ist.

Pina Bausch: Nee, ich bin gar nicht festgelegt, überhaupt nicht festgelegt. Gar nicht.

Stephen Locke: Ich glaube, es war der Horst Koegler, der in „Theater heute" Verständnis für die Abonnenten zeigte, indem er meinte, es wäre in Wuppertal mit dem Tanz so, als würde man einem Opernpublikum nur noch Werke von Else Lasker-

Schüler vorsetzen. Sind die Zuschauer deinen Produktionen „ausgeliefert"?

Pina Bausch: Für Tanz sind wir hier am Haus die einzigen. Die Stadt Wuppertal hat kein Geld, um eine andere Truppe zu engagieren. Aber ob man aus Ronsdorf oder Vohwinkel hierhin kommt, oder ob diejenigen, die wirklich gern klassisches Ballett sehen, sich in den Zug setzen – die Stadt Wuppertal ist so lang, daß es gleich ist, ob man von da bis hierher kommt oder die 20 Minuten mit dem Zug nach Düsseldorf fährt. Das ist hier rein von der Zahl der Tänzer her nicht möglich, *Schwanensee* oder so etwas zu machen. Das ist doch in der Nähe, in jeder Ecke gibt es klassisches Ballett. Diesen Vorwurf finde ich also ungerechtfertigt. Man könnte einen Busverkehr arrangieren oder was weiß ich, daran soll es nicht liegen. Ich meine, so böse darüber zu werden, daß es das hier nicht gibt, da habe ich kein Verständnis dafür, weil es wirklich ganz nahe ist, wo es das gibt.

Stephen Locke: Und dieses Ensemble ist möglicherweise gar nicht in der Lage – und ganz bewußt nicht beabsichtigt –, diese Art von klassischem Ballett zu machen?

Pina Bausch: Dieses Ensemble ist nicht danach ausgewählt. Dazu sind wir alle viel zu verschiedenartig. Im klassischen Ballett beurteilt man nach ganz anderen Kriterien, um Leute zu engagieren. Dort sollen sie alle möglichst gleich aussehen. Und das ist eben mein Ideal überhaupt nicht, weil ich einfach Menschen bejahen will, wie sie sind, und der eine ist groß und der andere klein, der andere dicker, aber alle haben sie was ganz Tolles, und das finde ich schön.

Stephen Locke: Um auf das unangenehme Thema Frauentheater beziehungsweise -ästhetik zu kommen, worüber man in bezug auf deine Arbeit schon so viel geschrieben hat und wo du dich teilweise dagegen gewehrt hast – ist das trotzdem nicht ein Theater, das nur eine Frau machen könnte?

Pina Bausch: Ja, das kann ich nicht beurteilen, beziehungsweise ich meine, ich mach's, deswegen weiß ich ja nicht, wie es anders ist. Das kann man eigentlich gar nicht beantworten. Ich glaube nur, wenn man sagt, ich sehe das alles aus der Sicht einer Frau, übersieht man häufig, daß ich nicht nur so einseitig geguckt habe. Das stört mich, weil ich nicht nur so 'rumgeguckt habe, sondern von mehreren Richtungen geguckt. Und irgendwie dadurch, daß ich eine Frau bin, nimmt man das einfach so an, daß ich mich nur für Frauenprobleme interessieren würde, und das stimmt überhaupt nicht. Gar nicht. Kein bißchen sogar!

Stephen Locke: Man geht vielleicht davon aus, daß du viel bewußter die Männerproblematik angehen mußt.

Pina Bausch: Die ist auch mit dadrin, aber das Problem ist manchmal viel unkomplizierter als man glaubt. Das hat einfach auch was mit der Betroffenheit der Gruppe zu tun, mit Leuten, die in einer Spielzeit vorhanden sind. Es ist zufälligerweise – zufälligerweise! – oft so, daß ich sehr, sehr starke Frauen hatte. Ich habe auch ein paar starke Männer, aber trotzdem hat sich das ergeben.

Stephen Locke: Dadurch, daß du dich von diesem Etikett „Frauentheater" distanzierst, soll das bedeuten, daß du dich von der Frauenbewegung distanzierst?

Pina Bausch: Ich habe mich vielleicht öfter dagegen gewehrt, weil mir das immer untergeschoben wird. Deswegen habe ich immer deutlich gesagt: Nee, mich interessiert der Mann im Bezug zur Frau und umgekehrt, einfach beide interessieren mich. Ich kann nicht allein an eine Frau denken, ohne an einen Mann zu denken, und umgekehrt. Aber das heißt nicht, daß ich mich nicht für Dinge, die es gibt, die einfach vorhanden sind, nicht interessiere. Ich möchte, bitte schön, mich interessieren dürfen für beide.

Stephen Locke: Als ich deine Festwochen-Gastspiele *Blaubart* und Strawinskys *Sacre du printemps* in Berlin sah, glaube ich, daß sie meine Gefühle stärker angesprochen haben als die Premiere von *Keuschheitslegende*.

Pina Bausch: Ja, das ist auch was ganz anderes, klar. Dort hat der Zuschauer einen ganz bestimmten Ablauf, den ich im Gefühl nicht gestört habe. Und hier habe ich ihn immer unterbrochen.

Stephen Locke: *Blaubart* wurde auch in der Musik unterbrochen.

Pina Bausch: Aber trotzdem nicht unterbrochen.

Stephen Locke: Und warum ist es hier unterbrochen?

Pina Bausch: Ja, es ist nicht nur in diesem Stück, daß ich es hier unterbrochen habe.

Stephen Locke: Soll dadurch vielleicht die Bruchstückhaftigkeit oder Flüchtigkeit – um mit den Kritikern zu reden – dargestellt werden?

Pina Bausch: Es hat schon eher etwas damit zu tun, wie wenn ich jetzt auf die Straße gehe und auch gucke, was ich alles aufnehme und aufnehmen muß oder derjenige, der mir begegnet und dann ein anderer – was sich dann in den Menschen abspielt, was dann alles zusammen passiert, das man gar nicht genau orten kann. Das ist eben das, was mich mehr interessiert im Moment, als daß ich eine Geschichte erzähle. Das andere ist immer noch eine Geschichte gewesen.

Stephen Locke: Ist das vielleicht mit dem verwandt, was etwa Fassbinder in der *Dritten Generation* zu zeigen versucht, diese Fülle von äußerlichen Eindrücken, die ständig auf einen zukommen, eine Art Situationsbeschreibung?

Pina Bausch: Das ist bei mir keine Situationsbeschreibung. Ich finde nur, solange man etwas spürt und stark spürt, weiß man auch, daß man lebt. Es ist auch schön zu fühlen.

Stephen Locke: Aber hier werden diese Gefühle plötzlich abgebrochen.

Pina Bausch: Ja, aber da sind einfach wieder andere, nicht nur abgebrochene. Mich interessiert Geschichtenerzählen nicht. Bei einer Geschichte geht es so: sie fängt an, das und das wird gemacht, und so ist sie ausgegangen. Und das Ausgehen interessiert mich auch nicht. Mich interessiert viel mehr, wie es zu Geschichten kommt, Motive von Menschen, warum es Geschichten überhaupt gibt. Ich meine, ich mag *Blaubart* sehr, aber trotzdem finde ich die Geschichte des Blaubart oder alle Geschichten eine Anmaßung über Menschen, weil man eigentlich viel mehr Zeit haben müßte, die Geschichte zu erzählen, wenn schon. Man kann kaum mehr als 3 Stunden im Theater spielen, mehr geht einfach nicht.

Stephen Locke: Trotzdem erlebt man auch Geschichten, nicht nur Gefühle.

Pina Bausch: Ja, ja, sicher. Ich bin im Moment eben bei den Gefühlen. Das sind die kleinen Geschichten. Die Minigeschichtchen.

1980

Das Wuppertaler Jugendmagazin „Dilldop" (eigentlich „Dilldopp", rheinischer Mundartausdruck für einen Kreisel, aber auch für ein lebhaftes Kind) erschien nur in wenigen Ausgaben. Von Jugendlichen gestaltet und von der Evangelischen Kirche finanziert, berichtete es unter anderem aus dem kulturellen Leben der Stadt. Das Interview, das der damals 17-jährige Jörg Heynkes mit Pina Bausch für das erste Heft im Probenraum führte, bewahrte auch sie selbst in ihrem privaten Archiv auf. Von den Fotos, die der Autor während des Gesprächs machte, wurde eines als herausnehmbares „Poster" im Format DIN A 3 in die Mitte des Magazins eingeheftet. Das Interview erschien ohne Überschrift lediglich unter dem Stichwort „Kultur". Der hier gewählte Titel stammt von den Herausgebern und wurde deswegen – wie in allen weiteren analogen Fällen des vorliegenden Bandes – in Grau gesetzt.

Mit dem Theater wollte ich eigentlich nie etwas zu tun haben

Jugendmagazin „Dilldop", Wuppertal, 1. März 1980
Gesprächspartner: Jörg Heynkes

Jörg Heynkes: Frau Bausch, wie kam es, daß Sie in Wuppertal arbeiten, und warum bleiben Sie hier?

Pina Bausch: Ich bin in Solingen geboren und habe hauptsächlich in Essen und New York gelebt und gearbeitet. An die Wuppertaler Bühnen bin ich mehr durch einen Zufall gekommen. Und zwar durch Wüstenhöfer, der damals Intendant hier war. Er hat mich gefragt, ob ich Lust hätte, die Leitung des Balletts zu übernehmen. Ich habe früher in einer freien Gruppe gearbeitet, aber mit dem Theater wollte ich eigentlich nie etwas zu tun haben. Ich hatte eigentlich Angst vor dieser Form des Theaters. Aber Wüstenhöfer hat nicht locker gelassen und mir unheimlich viel Mut gemacht. Dadurch bin ich hier nach Wuppertal gekommen. Als er dann nach Basel gehen wollte, sollte ich eigentlich mitkommen. Aber die Arbeit hier war viel zu frisch, und es fing da gerade etwas an sich zu entwickeln.

Jörg Heynkes: Das Publikum ist Ihren Aufführungen gegenüber sehr kritisch eingestellt. Woran liegt das?

Pina Bausch: Man sagt, es wäre alles so leicht, wir sollten doch einfach nur fürs Publikum spielen. Aber das ist ja die Schwierigkeit, für welches Publikum? Das Publikum ist ja so verschieden.

Jeder sieht anders, jeder hat andere Gedanken. Also, für wen spielt man? Ich kann doch, wenn ich ehrlich bin, nur das zeigen und tun, wie weit ich mit meiner Arbeit bin.

Jörg Heynkes: Die Zeitungskritiken lassen Ihre Stücke meistens in keinem guten Licht erscheinen. Was könnten die Gründe dafür sein?

Pina Bausch: Es gibt zwar die Wuppertaler Presse, aber auch die überregionale. Und da sind die Kritiken doch sehr verschieden. Hier in Wuppertal hat man mich fast immer verdonnert. Ich meine, bis auf wenige Kritiker. Also wenn die gesamte Presse sich so einig wäre, daß wir so schlecht [sind], dann wären wir schon längst nicht mehr hier.

Jörg Heynkes: Welche Beziehung haben Sie zu den Mitgliedern des Ensembles?

Pina Bausch: Wir sind so ein ganz individueller Haufen, jeder ist ganz anders. Das ist irgendwo sehr schön. Es sind ganz verschiedene Menschen mit verschiedenen Wünschen und Sehnsüchten. Wir sind jetzt 24 Leute im Ensemble und kommen aus 15 verschiedenen Nationen. Das geht bei uns also völlig durcheinander mit der Sprache und so. Die Probensprache ist Englisch, und manchmal wird auch gegenseitig übersetzt. Das ist ziemlich kompliziert aber lustig. Diese ganzen tollen Leute, die hier alle zusammen tanzen. Und das ist manchmal gar nicht einfach. Wenn man zum Beispiel aus New York, Barcelona oder Paris kommt, dann hier in Wuppertal das Wetter, den Regen und soviel Grau sieht, dann ist Wuppertal oft sehr frustrierend.

Jörg Heynkes: Wie sieht es mit einem Wechsel der Tänzerinnen und Tänzer in ihrem Ensemble aus? Gibt es häufige Wechsel, und wenn ja, warum?

Pina Bausch: Das ist vollkommen verschieden. Manchmal wechseln fünf in einem Jahr, manchmal zwei, manchmal keiner. Das ist wie in anderen Theatern auch. Das häufige Wechseln der Tänzer liegt aber auch einfach daran, daß der Beruf des Tänzers unwahrscheinlich kurzlebig ist. Eigentlich kann ja jeder Beruf im Theater unabhängig vom Alter ausgeübt werden. Tänzer haben oft das Gefühl, sie müßten besonders schnell das finden, was sie wollen und suchen. Ein Tänzer läßt sich deshalb auch nicht so schnell irgendwo nieder.

Jörg Heynkes: Zum Schluß eine Frage, die mich persönlich interessiert. Und zwar: Haben Sie mit Jugendlichen in Wuppertal Kontakt?

Pina Bausch: Ich habe leider nicht besonders viel Kontakt zu irgendjemand, weil ich jeden Tag von morgens bis abends im Studio bin. Kontakte zu Jugendlichen oder Älteren entstehen nur dann, wenn die plötzlich mal zu uns kommen und fragen, ob sie mal bei einer Probe zuschauen dürfen. Der Kontakt entsteht, indem man guckt, wie wir arbeiten, und dann sehr oft große Lust entsteht wiederzukommen. Ansonsten habe ich eben überhaupt keine Zeit, andere Kontakte zu knüpfen. Das liegt also nicht daran, daß ich nicht will. Aber die Arbeit ist bei uns eigentlich so ziemlich offen. Das heißt, daß es keine allzu großen Schwierigkeiten macht, wenn jemand bei uns auf einer Probe zuschauen möchte. Es gibt da zwar auch bestimmte Probleme, zum Beispiel mit der Größe des Raumes. Aber solange man mich vorher anruft, will ich versuchen, das Probenzuschauen für jeden möglich zu machen.

Jörg Heynkes: Frau Bausch, ich möchte mich bei Ihnen im Namen der Redaktion und im Namen unserer Leser herzlichst bedanken.

1982

Während Pina Bausch in der ersten Zeit ihrer Tätigkeit in Wuppertal immer zwei, manchmal sogar drei neue Stücke pro Saison herausbrachte, folgte nach der Uraufführung von *Bandoneon* im Dezember 1980 eine längere Pause – zumindest im Hinblick auf eine neue Produktion. Auch durch die Geburt ihres Sohnes veränderte sich der gewohnte Arbeitsrhythmus. Das Privatleben, die Anforderungen an sie als Mutter beanspruchten ihre Zeit und Energie. Das Interview, das Jochen Schmidt acht Wochen vor der Premiere des neuen Tanzabends *Walzer* führte, erlaubt deshalb auch Einblicke in die private Welt des Arbeitsmenschen Pina Bausch. Ein halbes Jahr nach *Walzer* wurde in Wuppertal auch *Nelken* uraufgeführt, das zweite neue Stück im Jahr 1982.

Die Dinge, die wir für uns selbst entdecken, sind das Wichtigste

Gespräch mit Jochen Schmidt, 21. April 1982
aus: Norbert Servos: *Pina Bausch – Wuppertaler Tanztheater
oder Die Kunst, einen Goldfisch zu dressieren.* Seelze-Velber 1996, S. 295-296

Jochen Schmidt: Pina Bausch, es ist nun fast anderthalb Jahre her, daß Sie ihr letztes Stück *Bandoneon* produziert haben. Seit dieses Stück herauskam haben sich einige Dinge in Ihrem Leben verändert. Sie sind mittlerweile, wenn Sie es nicht schon waren, weltberühmt, und Sie haben, im Alter von 41 Jahren, Ihr erstes Kind bekommen. Wie hat das alles Ihr Leben verändert?

Pina Bausch: *Bandoneon* – ist das schon so lange her? Ja, danach haben wir *Blaubart* wieder aufgenommen ... Ob sich was verändert hat? In der Arbeit überhaupt nicht. Außer, daß ich immer noch nicht weiß, wie es wird, wenn ich anfange, an einem neuen Stück zu arbeiten. Im Augenblick ist immer noch Zeit das Problem. Die Anforderungen in der täglichen Arbeit sind nicht problematisch, aber die zusätzliche Zeit für Proben, die ich vorher immer hatte – diese totale Verfügbarkeit für die Arbeit –, das ist im Moment nicht möglich. In einer bestimmten Hinsicht bin ich gebunden, und da kann ich gar nicht sagen, wie es mein Denken beeinflußt. Das einzige was ich sagen kann, sind ganz banale Dinge – Dinge, die jeder kennt, der ein Kind hat: daß man sich Kindern gegenüber anders verhält, auch anderen Kindern gegenüber ...

Jochen Schmidt: Bringt das vielleicht eine hellere Farbe in Ihr nächstes Stück?

Pina Bausch: Das weiß ich nicht. Das kann ich wirklich nicht sagen ...

Jochen Schmidt: Sie wirken ruhiger, viel gelassener als früher. Kann das sein?

Pina Bausch: Eigentlich bin ich furchtbar müde, weil ich im Moment so wenig Schlaf bekomme. Bin ich ruhiger? Also, ich bin nie hektisch, wenn es keinen Grund gibt, hektisch zu sein. Normalerweise bin ich ... also, ich würde nicht sagen gelassen, aber ich denke, der Punkt, an dem ich hektisch werde, ist, wenn ich anfange, an einem neuen Stück zu arbeiten.

Jochen Schmidt: Vor dieser anderthalbjährigen Pause haben Sie ein Stück nach dem andern geschaffen, manchmal bis zu drei pro Jahr. Wie fühlen Sie sich nach dieser Pause? Gespannt, etwas Neues anzufangen – oder fühlen Sie sich unsicher?

Pina Bausch: Eigentlich habe ich ein bißchen Angst, vielleicht sogar mehr als nur ein bißchen; aber mehr oder weniger, das macht keinen Unterschied. Vorher hatte man einen Rhythmus, der hatte mit einem selbst zu tun, mit dem eigenen Kreislauf. Ich weiß nicht genau, wie ich das sagen soll. Ich weiß so wenig über das, was sich in mir verändert hat während der Pause – vielleicht ist das auch nicht richtig. Ich glaube, es wäre genausogut gewesen, hätte ich die Pause nicht gehabt. Der Grund, warum ich so lange nichts gemacht habe, ist ja nicht nur wegen der Geburt meines Kindes. Letzten Sommer war dieses große Festival in Köln (*Theater der Welt '81*). Ursprünglich sollten wir viel mehr dafür machen; da wäre es für uns gar nicht möglich gewesen, ein neues Stück zu machen.

Jochen Schmidt: Hat die Schwierigkeit, wieder anzufangen, vielleicht ein wenig damit zu tun, daß die Erwartungen inzwischen so hoch sind?

Pina Bausch: Meine Erwartungen?

Jochen Schmidt: Die des Publikums und der Kritik ...

Pina Bausch: Ja, aber meine sind auch gestiegen, meine eigenen Erwartungen. Ich bin strenger mit mir als jeder andere. Wenn ich daran denke, wieviel ich verworfen und weggelassen habe. Und jedesmal, wenn man anfängt, ist nichts da, womit man beginnen könnte. Aber das war eigentlich immer so, bei jedem Stück, das ich gemacht habe.

Jochen Schmidt: Sie haben einmal gesagt, Sie seien nie vollkommen zufrieden mit einem Stück, Sie seien immer nur glücklich über einzelne Teile. Ist das immer noch so?

Pina Bausch: Ja – aber dann mag ich auch wieder alle Stücke. Natürlich sehe ich auch ihre Schwächen, aber irgendwo habe ich zu jedem Stück eine besondere Beziehung. Dann gibt es natürlich Stücke... also, einige haben mehr Dinge, die ich nicht so gerne mag, und andere weniger. Aber ich habe eine ganz starke Beziehung zu all meinen Stücken.

Jochen Schmidt: Ändert sich das mit der Zeit?

Pina Bausch: Nicht wirklich... Eigentlich fühle ich mich mit den letzten Stücken besser, muß ich sagen.

Jochen Schmidt: Fühlen Sie sich generell mit den letzten Stücken besser?

Pina Bausch: Egal wieviel Stücke man schon gemacht hat, man fragt sich immer, ob man nochmal eins machen kann. Irgendwie bin ich dauernd erstaunt über mich selbst, wieviel Dinge aus einem herauskommen, auch wenn man denkt, es ist eigentlich gar nichts da. Vielleicht hänge ich deshalb so sehr an *1980* und an *Bandoneon*, weil nach Rolfs Tod (*Rolf Borzik, Pina Bauschs Lebensgefährte und Bühnenbildner, der im Jahre 1980 an Leukämie starb*) hatte ich solche Angst, ich könnte nicht weitermachen. Es war für mich ganz wichtig, direkt dieses Stück zu machen – genau an dem Punkt, damit ich überhaupt keine Gelegenheit hatte, mir Sorgen zu machen, ob ich vielleicht nicht mehr weitermachen kann...

Jochen Schmidt: Das Wort Angst war immer wichtig für Sie. Ist das eine Angst vor Fehlern?

Pina Bausch: Ja, ja. Wenigstens habe ich kein anderes Wort dafür.

Ich fühle wieder genauso. Es gibt wieder so wenig Zeit im Moment – wie früher. Ich bin wieder in so einer Lage, wo ich sagen muß: „Ich würde ja gern ... wenn ich bloß die Zeit hätte." Weil ... es ist ja schön. Ich mag es zu arbeiten. Aber wir haben wieder so wenig Zeit. Der alte Druck und die Panik sind wieder da. Andererseits, manche Dinge gingen wirklich ganz schnell. Aber oft war es einfach Glück, wenn es passierte. Das ist ja nicht etwas, das ich plane in einem kleinen Buch; oft hatte ich einfach Glück, Dinge zu finden.

Jochen Schmidt: Versuchen Sie später, Ihr Glück zu vergrößern? Arbeiten Sie nach der Premiere weiter an Ihren Stücken?

Pina Bausch: Ich hab' es versucht. Ich hab' es öfter versucht; aber dabei ist nichts herausgekommen. Ich meine, ich habe gearbeitet und gearbeitet an einer Szene, versucht sie zu verbessern – und am Ende kam heraus, daß das, was wir ursprünglich hatten, besser paßte, auch wenn ich es immer noch nicht mochte. Also haben wir es gelassen, wie es war. Manchmal haben wir Stücke nach der Premiere gekürzt, einige Nummern herausgenommen, um die Vorstellung eine Viertelstunde kürzer zu machen, manchmal unter dem Druck des Theaters. Ich denke, das war falsch, und ich habe vor, das zu ändern, wenn es die Gelegenheit dazu gibt, wenn das Stück wieder aufgenommen wird.

Jochen Schmidt: Manche Leute denken, es wäre gut für Sie, in einer anderen Stadt zu arbeiten. Können Sie sich vorstellen, noch in zehn Jahren in Wuppertal zu sein?

Pina Bausch: Oh Gott; so weit voraus kann ich nicht denken! Immer, wenn ich meinen Vertrag verlängere, ist es nur für ein Jahr, weil ich mich nicht gebunden fühlen möchte. Und manchmal denke ich: Irgendwann mußt du weggehen. Aber bis jetzt hab ich es nicht eilig mit einem Tapetenwechsel.

Jochen Schmidt: Kann es sein, daß die großen Tourneen, die Sie mit dem Wuppertaler Tanztheater in den letzten zehn Jahren unternommen haben – Asien, Lateinamerika und gerade erst Australien –, daß diese Tourneen teilweise ein Ersatz für einen Tapetenwechsel waren?

Pina Bausch: Ich bin sicher, ein bißchen. Die Reisen und die Erfahrungen, die sie mir gebracht haben, die Leute, die ich getroffen habe... Das hat mir unheimlich viel gegeben. Das ist ganz wichtig für mich.

Jochen Schmidt: Geht es der Kompanie genauso?

Pina Bausch: Ich glaube schon. Natürlich gibt es einige, die finden all diese Reisen ermüdend. Die würden lieber an einem neuen Stück arbeiten als in ein Flugzeug oder einen Bus steigen. Für die ist der Arbeitsprozeß das Wichtigste, die Dinge, die wir für uns selbst entdecken während der Proben. Das verstehe ich sehr gut. Aber die meisten genießen das Reisen sehr. Es hilft, die Kompanie zusammenzuhalten, und das ist nicht einfach. Wir haben eine Menge schöner Menschen in der Gruppe – ich meine nicht äußerlich... das natürlich auch –, und die bekommen natürlich dauernd neue Angebote für Film und Fernsehen. Manche gehen auch weg...

Jochen Schmidt: Und manche kommen zurück...

Pina Bausch: Ja, einige kommen zurück, glücklicherweise. Aber die Kompanie ändert sich dauernd, und das Reisen und all die neuen Eindrücke helfen, sie zusammenzuhalten.

Jochen Schmidt: Im Moment geben Sie jede Spielzeit mehr als hundert Vorstellungen, zwei Drittel außerhalb von Wuppertal. Das ist für deutsche Verhältnisse enorm viel und doch, verglichen mit internationalen Kompanien, nicht gar so viel.

Pina Bausch: Ich glaube, man kann uns nicht mit anderen Gruppen vergleichen. Nein, das kann man nicht. Jeder in unserer Kompanie ist praktisch in jeder Produktion. Für uns sind 105 Vorstellungen pro Spielzeit enorm viel. Wir könnten gar nicht mehr spielen, als wir es im Moment tun. Das wäre einfach nicht möglich. Es wäre nicht gut für die Tänzer, und es wäre nicht gut für die Vorstellung. Die Vorstellungen sollten nie zur Routine werden. Das wäre der Tod für meine Stücke, wenn sie zur Routine würden.

1982

Ende 1982 traf der Journalist und Kritiker Jochen Schmidt Pina Bausch erneut zu einem langen Interview. Das Stück *Walzer* hatte bereits im Juni seine Uraufführung in Amsterdam erlebt, die von *Nelken* im Dezember stand bevor. Der Autor traf die Choreografin also mitten in der Hochphase der Produktion, zwischen den Proben. Außerdem fanden Auslandsreisen statt, und der italienische Regisseur Federico Fellini (1920-1993) hatte Pina Bausch in seinem assoziativen Film *E la nave va* die Rolle einer blinden Principessa anvertraut. Ohne dass der Film Pina Bausch direkt beeinflusst hätte, war *Walzer* ebenfalls ein Stück, in dem die Choreografin mit Assoziationen arbeitete und die Szenen aus Fragen entwickelte, die sie ihren Tänzerinnen und Tänzern bei der Probenarbeit gestellt hatte.

Meine Stücke wachsen von innen nach außen

Aus „Ballett international", Heft 2 / 1983
Gesprächspartner: Jochen Schmidt
Interviewdatum: 26. November 1982

Jochen Schmidt: Sie haben die Spielzeit begonnen mit ausgedehnten Gastspielen in London und Rom; jetzt gehen Sie nach Rom, um bei Fellini einen Film zu drehen. Bleibt da noch genügend Zeit für kreative Arbeit?

Pina Bausch: Also: Die Zeit, die ist ganz, ganz knapp. Ich bin da natürlich in einem großen Konflikt gewesen, ob ich mir das eigentlich erlauben kann. Aber dann dachte ich, wahrscheinlich ist das doch etwas, was mir nie wieder begegnet: mit Fellini zu filmen. Ich habe alles andere erwartet, als daß ausgerechnet mich jemand so etwas fragt. Ich habe aber das Gefühl, daß ich selber das nötig habe, und als ich es mit meinen Tänzern besprach, fanden die genau wie ich, daß das wahnsinnig wichtig ist. Ich bin ein bißchen wie verdurstet hier ...

Jochen Schmidt: Was machen Sie genau mit Fellini?

Pina Bausch: Er macht einen neuen Film und hat mir angeboten, eine Rolle in diesem Film zu spielen.

Jochen Schmidt: Wissen Sie, was das für eine Rolle ist?

Pina Bausch: In einer Zeitung habe ich etwas von einer Großherzogin gelesen, und erzählt hat man mir, es handle sich um eine blinde Königin. Und da ich immer, immer hier bin und auch fast nichts sehe, wenn wir unterwegs sind, habe ich einfach das Gefühl, daß es für mich wichtig ist; auch was ich sehe, das ich vielleicht lernen kann, auch über Film, wie gearbeitet wird. Natürlich reizt es mich, daß da eine Person ist, die mich probieren möchte, und ich hoffe, daß daraus etwas wichtiges entsteht für die Arbeit wiederum. Deshalb denke ich, daß ich das machen muß, selbst wenn es im Moment so knapp ist mit der Zeit. Ich muß das eben machen, wie ich es manchmal schon gemacht habe ... Mir sind die Premierentermine eigentlich nicht so wichtig. Also: Wenn ich das kann, arbeite ich auch hinterher noch weiter an einem Stück, damit es ein Stück wird. Wenn einen Fellini fragt, kann man nicht einfach nein sagen. Das ist auch ein Kreislauf ... Auch in Bochum (an *Macbeth*) zu arbeiten war so wichtig für mich. Das war ein Zeitpunkt, an dem ich das brauchte. Ich verhungere ja hier ...

Jochen Schmidt: Ich wollte auch gar nicht so sehr auf die zehn oder vierzehn Tage mit Fellini hinaus. Nur: Sie sind immer mehr unterwegs. Bringt der Erfolg es nicht mit sich, daß die Arbeitsmöglichkeiten immer geringer werden?

Pina Bausch: (seufzt) Also: Das ist jetzt schon wieder besonders knapp. Es ist nicht so, daß die Probenzeiten für eine neue Produktion immer kürzer werden; knapp war die Zeit seit Jahren. In meinem Leben gab es immer Situationen, in denen es unmöglich schien, in so kurzer Zeit etwas zu schaffen; das war bei *Walzer* nicht anders als jetzt. Aber irgendwo ... Es ist so grau in Deutschland, auch das Wetter – und es ist auch gut, einmal etwas anderes zu sehen, auch wenn man fast nichts sieht, etwas zu riechen, andere Menschen auch ...

Jochen Schmidt: Weg zu sein?

Pina Bausch: Auch das Hiersein ist danach anders. Heimweh und Fernweh, das ist alles dasselbe wahrscheinlich, und manchmal muß man einfach durch ein Fenster schauen; ich weiß es auch nicht genauer zu sagen. Aber irgendwo ist es schon wichtig. Es ist schön, daß man die Chance bekommt, etwas anderes zu machen – obwohl man wirklich nicht weiß, wo ist eigentlich die Grenze ...

Jochen Schmidt: Die Grenze wohin?

Pina Bausch: Ich meine, ich frage mich, wann das einfach nicht mehr geht, wann meine Kraft für diese Arbeit nicht mehr ausreicht.

Jochen Schmidt: Das haben Sie mir vor fünf Jahren ganz ähnlich auch schon einmal gesagt. Seitdem haben Sie zwar etwas kürzer getreten, aber soviel auch wieder nicht.

Pina Bausch: Nö, eigentlich habe ich gar nicht kürzer getreten. Ich habe nur einmal ein Stück nicht gemacht, nicht machen können durch die Geburt meines Sohnes. Aber ich habe wie immer gearbeitet, immer, immer, immer; ich war nur mal für zwei Monate weg, das war alles.

Jochen Schmidt: Hat sich durch das Kind viel verändert in Ihrem Leben?

Pina Bausch: Das ist jetzt unheimlich schwierig zu sagen. Bestimmt hat sich vieles verändert. Mit der Zeit wird jetzt alles noch schwieriger. Da, wo ich früher Luft schnappte, abends, wenn all' die Proben zu Ende waren, und wir gingen irgendwohin, noch ein bißchen reden oder einen Wein trinken, das ist jetzt alles ganz schwierig. Das war früher der einzige Moment am Tag, an dem ich mich überhaupt entspannte. Irgendwo bedaure ich auch, daß das jetzt vorbei ist ... Nein, bedauern ist wohl das falsche Wort. Es ist eher so: In einer Arbeitsperiode, in der nichts gelingt, in der man blockiert ist, da kommt nun noch ein zusätzlicher Druck hinzu, weil mir ja auch bewußt ist, daß ich dann nicht mit meinem Kind zusammen sein kann. Also: Man möchte, daß es glattgeht, damit man mehr mit dem Kind zusammen sein kann.

Jochen Schmidt: So, wie Sie das sagen, klingt es fast wie eine Behinderung. Das haben Sie aber sicher nicht gemeint?

Pina Bausch: Nein, gar nicht. Sondern: Ich hab' dann vielleicht Schuldgefühle ...

Jochen Schmidt: In Ihr erstes Werk nach der Geburt, *Walzer*, sind eigentlich eher optimistische Töne hineingekommen.

Pina Bausch: Ohne daß es nun banal klingt: Das ist wirklich ein Wunder. Jeden Tag entdecke ich jetzt etwas, was mir fast unbegreiflich ist, etwas ganz Phantastisches, daß man plötzlich Zusammenhänge entdeckt, auch über den eigenen Körper. Da läuft man sein Leben lang mit einem Busen durch die Gegend, und natürlich weiß man, wozu der da ist, aber plötzlich spürt man seine Funktion. Ich weiß: Das sind ganz simple Dinge. Aber es ist eine große Erfahrung...

Jochen Schmidt: Und das setzt sich als Optimismus ins Werk hinein fort?

Pina Bausch: Das weiß ich nicht... Es setzt sich natürlich alles fort, glaube ich, was einem begegnet. Und vielleicht kämpft man dann immer mehr um die Liebe, wenn man älter wird?

Jochen Schmidt: Manche Leute werden bitterer mit der Zeit. Das ist bei Ihnen offenbar ganz anders?

Pina Bausch: Das wär' sehr schön; ich fänd' das phantastisch. Aber... (lacht).

Jochen Schmidt: Wie sieht das denn bei Ihrem neuen Stück aus? Kann man schon sagen, worum es da geht?

Pina Bausch: Ach, bitter sieht's aus (immer noch lachend). Es sieht ganz verzweifelt aus. Es tut sich sehr schwer. Ich komme mir im Moment vor wie eine Fliege im Leimtopf.

Jochen Schmidt: Über das Übliche hinaus?

Pina Bausch: Ich frag mich das manchmal selber: Ist es jetzt wirklich schlimmer als sonst oder nicht? Jetzt im Moment – aber ich bin im Moment in einem Loch –, jetzt im Moment denke ich, es ist schlimmer als je.

Jochen Schmidt: Sind Sie nicht bei jeder Produktion zu einem gewissen Zeitpunkt in einem Loch, aus dem Sie dann glänzend wieder auftauchen?

Pina Bausch: Ja, das stimmt, aber – ich bin diesmal vielleicht ein bißchen ... erschöpfter, weil ich einfach, einfach nie Ruhe hatte und zu wenig Zeit außerhalb der Proben, daß ich hätte überlegen können ...

Jochen Schmidt: Zurück zum neuen Stück: Worum geht es konkret?

Pina Bausch: Ich kämpfe um die Liebe, ich kämpfe schon wieder um die Liebe. Ich weiß, was ich sagen will, ganz tief im Inneren weiß ich das, in meinem Intellekt. Aber ich habe das Gefühl: Ich habe es noch gar nicht gefunden. Manchmal sind da Momente, wo ich etwas spüre, wo ich weiß: Da stimmt es, das ist das, was ich wirklich meine. Aber es ist noch sehr klein.

Jochen Schmidt: Aber es gibt doch sicher Dinge, die da sind: Musiken, Themen?

Pina Bausch: Natürlich habe ich Hunderte von Fragen gestellt. Die haben die Tänzer beantwortet, haben etwas gemacht ... Wenn man die Fragen sieht, weiß man schon, wo es langgeht, was ich suche. Aber das Problem ist auch, daß bei vielen Fragen gar nichts entsteht, daß da gar nichts kommt. Es ist ja nicht nur so, daß ich vielleicht denke, ich bin allein unfähig. Manchmal sind wir alle nicht fähig; es liegt nicht allein an mir.

Jochen Schmidt: Fragen zu stellen, ist die Ausgangsposition einer jeden Arbeit geworden?

Pina Bausch: Ja, damit fängt es immer an. Jeder überlegt und antwortet. Manchmal hat es etwas mit dem Formulieren zu tun, auch von verschiedenen Dingen; die gucken wir uns dann alle an ...

Jochen Schmidt: ... so daß die Stücke dann nicht mit einer Bewegung anfangen, sondern mit einem Bewußtseinsstand, eher im Kopf als in den Beinen?

Pina Bausch: Die Schritte sind immer woanders hergekommen; die kamen nie aus den Beinen. Und das Erarbeiten von Bewegungen – das machen wir immer zwischendurch. Dann machen wir immer mal kleine Tanzphrasen, die wir uns merken. Früher habe ich aus Panik, aus Angst, vielleicht noch mit einer Bewegung angefangen und habe mich noch gedrückt vor den Fragen. Heute fange ich mit den Fragen an.

Jochen Schmidt: Und was bedeutet das für den Arbeitsprozeß? Führt das eventuell auch zu Verzögerungen?

Pina Bausch: O ja, weil jeder einzelne gefragt ist. Jeder antwortet. Jeder macht etwas vor – und das nimmt ganz viel Zeit in Anspruch. Aber dafür hab' ich mir immer viel Zeit genommen, weil meistens nur ein Bruchteil des Gefundenen brauchbar war, von zehn Dingen, die alle machen, interessieren mich schließlich vielleicht nur zwei. Aber wir haben uns alles angeguckt.

Jochen Schmidt: Was haben Sie diesmal speziell gefragt?

Pina Bausch: Das kurz zusammenzufassen ist schwierig: Jemand hat neulich gesagt: Das war jetzt die 121. Frage.

Jochen Schmidt: An die erste erinnern Sie sich nicht?

Pina Bausch: Es könnte sein, daß ich nach Weihnachten gefragt habe. Ich frage immer nach Weihnachten – also: nicht immer, aber öfter mal; jedesmal anders. Diesmal haben alle Leute (des Ensembles) ihr Weihnachtsmenü beschrieben: Was sie gewöhnt sind zu essen. Gestern habe ich gefragt, ob jemand schon mal aus Angst in die Hose gemacht hat, wann, in welchem Moment man zum erstenmal fühlt, daß man ein Mann, eine Frau ist. Bei diesen schönen Fragen kam gar nichts 'raus. Manchmal denke ich, ich komme mit sehr schönen Fragen. Dann ist aber gar nichts. Und dann stelle ich manchmal eine ähnliche Frage ganz, ganz anders und schließlich noch anders – und manchmal kommt es dann auf Umwegen.

Jochen Schmidt: Das klingt nun alles wirklich nicht mehr sehr nach Tanz. Wie kommt es dann trotzdem zu etwas, das immer noch ein Tanzstück ist? Wie wird aus den Fragen Tanz?

Pina Bausch: Das ist letztlich dann die Komposition. Was man tut mit den Dingen. Es ist ja erst einmal nichts. Es sind nur Antworten: Sätze, kleine Szenen, die jemand vormacht. Alles ist erst einmal separat. Irgendwann kommt dann der Zeitpunkt, wo ich etwas, von dem ich denke, daß es richtig war, in Verbindung mit etwas anderem bringe. Dieses mit dem, das mit etwas anderem, eine Sache mit verschiedenen anderen. Wenn ich dann wieder etwas gefunden habe, das stimmt, habe ich schon ein etwas größeres kleines Ding. Dann gehe ich wieder ganz woanders hin. Es beginnt ganz klein und wird allmählich größer.

Jochen Schmidt: In Rom haben Sie auf einer Pressekonferenz gesagt, Ihre Stücke wüchsen nicht von vorn nach hinten, sondern von innen nach außen. Wann wissen Sie, wann außen fertig ist? Bestimmt das nur der Premierentermin? Würden Sie immer weiter basteln, wenn kein Termin drängte?

Pina Bausch: Ich glaube, es ist schon gut für mich, daß es Termine gibt. Wenn ich plötzlich ein Jahr lang Zeit hätte für ein neues Stück: Ich glaube es wäre nicht gut. Wenn es zu lange dauerte, hätte ich sicher das Gefühl, daß es nicht mehr aus einem Guß wäre. Es hätte dann manches nichts mehr mit mir zu tun. In einem Jahr fühle ich schon wieder anders. Da stimmt das, womit ich angefangen habe, vielleicht schon nicht mehr mit meinen Gefühlen von heute überein. Wenn ich nach einem Jahr immer noch am selben Stück säße, würde das einfach nicht mehr stimmen. Ich würde etwas ganz anderes machen wollen als damals, als ich glaubte: Das ist jetzt richtig. Aber ich weiß es nicht genau.

Jochen Schmidt: Gelegentlich taucht der Vorwurf auf, Sie drehten sich in letzter Zeit etwas im Kreise. Wie denken Sie selbst dazu?

Pina Bausch: Bei dem Vorwurf kriege ich so zweierlei Gefühle. Auf der einen Seite werde ich böse. Auf der anderen sehr traurig. Ich glaube nicht, daß ich mich im Kreise drehe – und wenn es ein Kreis ist, dann ist es mein Kreis. Es handelt sich immer noch um mich, um meine Person, die natürlich auch immer dieselbe Person sein wird. Dann kann ich nur denken, daß ein Mensch, der mir das vorwirft, gar nicht begreift, was ich tue.

Jochen Schmidt: Wenn jemand von Ihnen verlangte, Sie sollten sich verhalten wie ein Chamäleon, heute so, morgen so...

Pina Bausch: ... das fände ich furchtbar. Das wäre ja völlig unglaubwürdig. Das würde ja gar nicht stimmen, hätte auch gar nichts mit etwas Wirklichem zu tun. Ich glaube, dann stimmt nix.

Jochen Schmidt: Wie wichtig ist es für die Kompanie, durch die großen Tourneen und vielen Gastspiele aus Wuppertal, aus der Enge hier, herauszukommen?

Pina Bausch: Das ist sehr unterschiedlich. Manche leiden sehr, hier zu leben. Leute, die aus Ländern kommen, wo die Sonne viel mehr scheint, für die ist es hier sehr schwer. Die sehnen sich nach Farben, nach Sonne, nach Wärme. Aber dann gibt's manche Leute, die finden das Herumreisen einfach zu viel. Die würden viel lieber hier bleiben und arbeiten, weniger reisen.

Jochen Schmidt: Und was hält die Truppe zusammen, die Arbeit? Oder auch der Erfolg?

Pina Bausch: Ich glaube, die Arbeit. Ich glaube, wenn es mir schlecht ginge, würden die meisten noch eine ganze Weile warten, sie würden nicht sofort abwandern; sie brauchen die Arbeit hier.

Jochen Schmidt: Erfolg ist nicht so wichtig?

Pina Bausch: Ich weiß es nicht. Ich glaube, daß man die Dinge tun muß, die man für richtig hält. Manche Leute hier bei uns ärgert es ja schon, daß man es uns zu einfach macht, zum Beispiel Jan (Minarik). Er meint, es geht jetzt zu glatt, die Sache. Er hat das ja viel lieber, wenn das etwas schwieriger funktioniert.

Jochen Schmidt: Das sehen Sie aber anders?

Pina Bausch: Ich sehe es insofern anders, als unsere Stücke doch immer eine ziemlich lange Zeit gebraucht haben, bis sie vom Publikum akzeptiert wurden. Das war sogar noch mit *Walzer* so, in Holland. Das war ja zunächst auch nicht einfach. Jedes Stück hatte so seinen Weg, und auf einmal ist es scheinbar einfach. Aber das finde ich auch schön an Jan – und auch ermutigend immer wieder, daß manche die leichten Erfolge gar nicht wollen. Das hat einfach etwas damit zu tun: Wo geht man hin, wo steht man, was macht man – und wo sind wiederum die neuen Grenzen. Das muß man ja finden; das fällt ja nicht vom Himmel. Das muß man ja erarbeiten, immer wieder neu finden, schrittchenweise.

Jochen Schmidt: Das ist Ihr zehntes Jahr in Wuppertal …

Pina Bausch: Ja, ich glaube, im nächsten Jahr haben wir Jubiläum, wir machen schon immer unseren Spaß darüber …

Jochen Schmidt: Haben Sie denn das Gefühl, daß Sie weiter gekommen sind seit Ihrem Anfang?

Pina Bausch: Das kann ich kaum beantworten. Ich kann manchmal nur ganz gemischte Gefühle beschreiben, die ich habe, wenn ich Vorstellungen sehe, der ältere Stücke, meine ich. Manchmal bewundere ich diese Stücke und kann mir kaum noch vorstellen, daß ich das einmal machen konnte. Ich denke wirklich: Wie hast du das nur geschafft? Aber gleichzeitig ist da etwas, daß ich mir sage: Gut, du könntest das nicht mehr machen – du wolltest es aber auch gar nicht mehr. Ich finde das schön, wenn meine alten Stücke gut gebracht werden. Aber trotzdem würde ich so ein Stück nie wieder so machen. Jedes Stück ist auch so schnell entstanden, daß ich fast nicht mehr weiß: Wie ist das denn nun gekommen? Es hat einen ja selber überrumpelt. Man mußte sich immer unheimlich auf seinen Instinkt verlassen, auf Kopf und Instinkt gleichzeitig. Manche Dinge könnte ich wirklich nicht mehr machen, vom Können her nicht, aber vom Willen her auch nicht. Ich würde mich nicht mehr in einer so brutalen Weise ausdrücken wollen wie zum Beispiel im *Blaubart*, im Moment jedenfalls. Vielleicht anders, vielleicht in einer anderen Form von Brutalität.

Jochen Schmidt: Das heißt aber nicht, daß die intimste Beziehung immer zum letzten Stück besteht – oder doch?

Pina Bausch: Ja – und die schwierigste gleichzeitig.

Jochen Schmidt: Gibt es Lieblingsstücke?

Pina Bausch: Ich hab' viele Lieblingsstücke, muß ich ehrlich sagen. Das ist unterschiedlich; es hängt auch vom Gelingen einer Vorstellung ab.

Jochen Schmidt: Können die Vorstellungen so stark differieren, daß sie Ihre Meinung zu Ihren eigenen Stücken beeinflussen?

Pina Bausch: Die Stücke bleiben natürlich dieselben. Aber getragen und zum Spüren gebracht werden die Stücke von den Darstellern – und manchmal kann man ein Stück nicht richtig spüren, und manchmal spürt man es absolut richtig – was ist das dann? Komisch: Bei uns ist das immer so, daß die ersten Vorstellungen viel schlechter sind als die zweiten. Immer. Ganz komisch.

Jochen Schmidt: Sehen Sie immer noch jede Vorstellung Ihrer Kompanie?

Pina Bausch: Die meisten.

Jochen Schmidt: Können Sie die, die Sie versäumt haben, noch zählen?

Pina Bausch: An den Fingern nicht mehr, aber sonst: Ja. Ich habe durch die Geburt des Kindes einige Vorstellungen versäumt, sonst nur wenige, höchstens wenn ich mal meine, mich in den Ballettsaal zurückziehen zu müssen, um ein Problem zu durchdenken...

Jochen Schmidt: Weshalb müssen Sie immer noch in jeder Vorstellung sitzen?

Pina Bausch: Vielleicht denke ich (lacht), ich bin der Talisman; ich weiß es nicht genau. Doch: Ich will ja auch dazugehören. Wenn man mir den Platz in der Vorstellung verweigern würde, hätte ich das Gefühl, ich gehöre gar nicht mehr dazu; dann wäre ich beleidigt. Das gehört alles zusammen: das Stück, das Ensemble, ich; da muß ich dann einfach auch sein. Die anderen sind auf der Bühne: ich bin da und gucke, wie immer; irgendwie habe ich das Gefühl, es ist auch meine Vorstellung.

Jochen Schmidt: Nutzen die Stücke sich für Sie selbst in unterschiedlichem Maße ab? Möchten Sie manche manchmal gar nicht mehr zeigen?

Pina Bausch: Ja – das hat aber damit zu tun, daß manche Stimmungen – etwa nach Umbesetzungen – einfach nicht mehr stimmen. Daß man dann enttäuscht ist, weil man das spürt. Immer wieder sind mal Stücke 'runtergerutscht. Aber plötzlich waren sie dann auch wieder da, und es stimmte wieder alles.

Jochen Schmidt: Sie geben jetzt über hundert Vorstellungen pro Saison, zwei Drittel davon außerhalb von Wuppertal. Das ist sehr viel für deutsche Verhältnisse, verglichen mit internationalen Ensembles aber immer noch nicht besonders viel.

Pina Bausch: Ich denke, wir sind mit anderen Gruppen nicht zu vergleichen. Nein, das darf man nicht machen. Bei uns ist praktisch jeder in jeder Produktion. Da sind 105 Vorstellungen in einer Spielzeit sehr viel. Mehr als wir jetzt tun, könnten wir gar nicht machen. Das ginge gar nicht. Es ware nicht gut für die Tänzer und nicht gut für die Vorstellungen. Die Aufführungen sollen ja keine Routine werden. Das wäre ja der Tod meiner Stücke, wenn sie zur Routine würden.

1983

Zehn Jahre nach dem Beginn in Wuppertal, wo das Publikum sie nicht nur positiv empfangen hatte, waren Pina Bausch und ihr Ensemble längst international bekannt und geschätzt. Die Frage, ob die gefeierte Choreografin, ihre Tänzerinnen und Tänzer weiterhin in der deutschen Provinzstadt bleiben wollten, stellte sich deshalb nicht nur ihnen allein. Und es gab auch durchaus Anfragen und Angebote aus dem Ausland. Pina Bausch hat aus ihrer Zuneigung zu Wuppertal, der Nachbarstadt ihres Geburtsortes Solingen, nie ein Geheimnis gemacht. Dass sie im Herbst 1983 die Leitung der Tanzabteilung an der Folkwang Hochschule in Essen, ihrer einstigen Ausbildungsstätte, übernahm, band sie zusätzlich an die Region.
Im Dezember des Jahres bilanzierte Jochen Schmidt deshalb mit Pina Bausch die ersten zehn Jahre in Wuppertal und fragte auch nach den künstlerischen Perspektiven.

Ich bin immer noch neugierig

Gespräch mit Jochen Schmidt, 23. Dezember 1983
aus: Norbert Servos: *Pina Bausch – Wuppertaler Tanztheater
oder Die Kunst, einen Goldfisch zu dressieren.* Seelze-Velber 1996, S. 302-303

Jochen Schmidt: Wenn man Ihnen vor zehn Jahren gesagt hätte, daß Ihre Arbeit in Wuppertal einmal ins zweite Jahrzehnt gehen würde: Hätten Sie dann ironisch gelächelt?

Pina Bausch: Ganz bestimmt. Das hätte ich nie gedacht. Ich habe bis jetzt sogar so gelebt hier in Wuppertal, als ob ich morgen ausziehen würde.

Jochen Schmidt: Sie haben Ihre Verträge immer von Jahr zu Jahr verlängert. Hat sich daran etwas geändert?

Pina Bausch: Nein, das ist immer noch so. Das hat aber nicht nur mit meinem eigenen Wunsch zu tun, sondern auch mit der Sorge um die Kompanie. Weil das ja auch sein kann, daß plötzlich alle weglaufen und niemand ist mehr da, und dann kann ich auch nicht mehr diese Arbeit tun.

Jochen Schmidt: Sehen Sie denn eine Chance, Ihre Arbeit woanders fortzusetzen?

Pina Bausch: Es gab mehrmals Gelegenheiten. Aber die betrafen eigentlich mich persönlich und nur ein paar der Leute. Deswegen hat das, auch aus finanziellen Gründen, nie funktioniert, die ganze Gruppe zu versetzen. Aber im Moment sehe ich nichts, nein.

Jochen Schmidt: Für den Außenstehenden wirkt es so, als schwämme das Wuppertaler Tanztheater nach zehn Jahren auf der großen Woge des Erfolges. Sehen Sie das selbst mittlerweile auch so?

Pina Bausch: Ich kann nur sagen, daß wir jeden Tag ganz viel arbeiten. Genau so ist es damals gewesen, weil wir nie wissen, was es... Wir stehen da und arbeiten; schwimmen tut man dann, glaub' ich, nicht, wenn man arbeitet. Da sind immer die ganz vielen kleinen Sorgen, auch kleine und große...

Jochen Schmidt: Heißt das, daß sich in zehn Jahren überhaupt nichts verändert hat?

Pina Bausch: Vielleicht hat man durch etwas, was man tut, eine andere Sicherheit gewonnen. Ich zum Beispiel – obwohl ich mich immer noch nicht gut formulieren kann –, kann mich vielleicht doch ein bißchen besser formulieren, was ich früher gar nicht konnte, wo ich Angst hatte; man hat sehr viel mehr Ahnung von Dingen, die nicht nur einen allein betreffen, sondern eine ganze Organisation. Aber wenn es darum geht, ein Stück zu machen, da ist nichts zum Festhalten, da ist man immer wieder von neuem mit nichts da. Das ist schwer. Insofern lernt man da nie etwas.

Jochen Schmidt: Sie haben früher einmal gesagt, wenn Sie ein Stück neu anfangen, haben Sie die einfachsten Schritte vergessen?

Pina Bausch: Ja, so ist es ja auch.

Jochen Schmidt: Bloß, daß es bei Ihnen mittlerweile mit Schritten gar nicht mehr anfängt? Ihre Arbeitsprozesse haben sich in den zehn Jahren entscheidend verändert.

Pina Bausch: Ja, es ist scheinbar nicht mehr so viel Tanz darin. Aber das stimmt nicht ganz genau und ist eigentlich auch nicht beabsichtigt, weil ich doch immer viele Dinge mit in die Proben bringe, an Bewegungsphrasen. Aber hinterher bei einem anderen Prozeß, wenn man anfängt ein Stück zu machen, verschwinden viele von den Sachen erst mal wieder, verdrängt von Formen, die besser das treffen, was man sagen will. Es ist nicht so, daß die nicht da sind in dem Arbeitsprozeß; sie fallen weg, weil bestimmte andere Dinge gefunden sind, die ganz simpel sind, ganz einfach manchmal. Aber ich gebe die Bewegung nicht auf, ich will ja eigentlich tanzen. Aber der Zusammenhang ist ein ganz schwerer, wo das richtig ist. Daß es nicht einfach eine Einlage ist, sondern richtig gerechtfertigt. Daß Tanz etwas mit dem zu tun hat, was man sagen will. Das ist sehr schwierig, mit diesen Themen.

Jochen Schmidt: Sie haben in diesen zehn Jahren in Wuppertal mit ihren Tänzern einen ganz neuen Stücktyp entwickelt, den es vorher auf der Tanzbühne und im Theater nicht gab. War das ein bewußter Prozeß?

Pina Bausch: Nein, das war nie bewußt. Das ist einfach entstanden...

Jochen Schmidt: Entstanden woraus? Aus Ungenügen am Alten?

Pina Bausch: Nö, eigentlich eher, weil man die Notwendigkeit fühlte, etwas sagen zu müssen, und ein Mittel suchte, um dem nahezukommen, was man sagen wollte. Dadurch haben sich die Mittel von selbst ergeben; dadurch ist das entstanden. Da ist zwar manchmal eine Verwandtschaft oder irgend etwas. Aber grundsätzlich geht das immer woanders hin: Wie so ein Wasser, das fließt.

Jochen Schmidt: Das Tanztheater Wuppertal hat in den letzten Jahren unterwegs, in der ganzen Welt, ungefähr doppelt so viele Vorstellungen gegeben wie in Wuppertal selbst. Das ist sicherlich ein großer Erfolg für die Truppe. Hat dieser Erfolg die Truppe verändert? Hat er dazu beigetragen, sie auch beisammen zu halten, zu festigen?

Pina Bausch: Ich glaube, daß die meisten im Ensemble sich sehr freuen, wenn wir unterwegs sind, bei anderen Menschen und in anderen Ländern. Jeder hat da ein ganz natürliches

Interesse und ein ganz natürliches Fernweh. Manchmal habe ich auch gehofft, daß es für Tänzer aus Ländern, in denen die Sonne scheint und der Himmel blau ist, leichter wird, in Wuppertal zu bleiben. Wenn aber jemand gehen wollte, haben die Tourneen ihn nicht gehalten. Nein. Nie.

Jochen Schmidt: Haben die vielen Reisen mittlerweile vielleicht auch negativen Einfluß auf die Arbeit? Geht dabei zu viel Zeit drauf, die besser in Arbeit zu investieren wäre?

Pina Bausch: Manchmal kann man so denken, manchmal. Ganz genau weiß ich's nicht. Man macht ja die Stücke, um sie gemacht zu haben; dieser Prozeß ist natürlich der allerwichtigste, der Entstehungsprozeß, bis zu dem Moment, in dem man sagt: Okay, das ist es jetzt, was du zeigen willst. Danach passiert ja noch eine andere Arbeit, und die braucht einfach Aufführungen. Wenn wir nur in Wuppertal bleiben würden, mit diesem großen Repertoire inzwischen, würden wir ja nur ganz wenige Vorstellungen von jedem Stück tanzen, und manches würde verschwinden. Durch die vielen Vorstellungen und die Reisen ist es ja auch möglich, daß wir viele Stück spielen können und sie behalten. Die hätten wir sonst gar nicht mehr. Insofern finde ich persönlich die Reisen wichtig.

Jochen Schmidt: Nun haben Sie sich in diesem Herbst noch eine zusätzliche Arbeit aufgeladen: die Leitung der Tanzabteilung der Folkwang Hochschule in Essen. Wie läßt sich das mit der Leitung des Wuppertaler Tanztheaters vereinbaren?

Pina Bausch: Das war ein Wunsch, den die Essener schon lange hatten, daß ich die Nachfolge von (Prof. Hans) Züllig antrete. Ich habe es zuerst immer weggeschoben und geglaubt, ich kann es gar nicht machen; ich habe keine Zeit, hier ist genug zu tun. Ich habe im Grunde ja schon zu wenig Zeit, manchmal, für die Dinge, die hier passieren sollen. Aber irgendwo, irgendwo ist es ja wahnsinnig schwierig, einen Leiter für eine Schule zu finden, der weiß, was diese Schule war oder ist oder was sie sein könnte – und irgendwo habe ich da immer eine Verantwortung gefühlt. Ich hab' gesagt, ich versuche das, und die Zeit wird ergeben, ob ich das verantworten kann. Ich glaube, bis jetzt, in den ersten paar Monaten, war es nicht schlecht, was da passiert ist, und ich habe auch das Gefühl, es war richtig, und ich merke auch, es fängt schon an, mir Spaß zu machen, daß es eigenständig wird. Ich sehe das sehr in einer Verbindung. Nicht daß ich denke, da sind jetzt Schüler, die können dann mal in unser Ensemble kommen – so gar nicht. Trotzdem ist da eine Verbindung, die schon organisch geworden ist inzwischen. Es ist gar nicht mehr so fremd, plötzlich. Vorher habe ich das immer wie zwei Sachen gesehen, zwei Städte…

Jochen Schmidt: Und wie geht das technisch vor sich?

Pina Bausch: Ich habe zwei Stellvertreter: einen, der die organisatorischen Dinge erledigt und ständig mir in Kontakt ist, und in künstlerischen Dingen den Jean Cébron. Soviel ich kann, bin ich in Essen, gucke und unterrichte; ich habe die zwei höchsten Klassen zusammengenommen und gebe Unterricht, und einmal in der Woche kommen diese beiden Klassen auch nach Wuppertal. Ich möchte gern einen Kontakt zu den Schülern haben. Ich möchte nicht nur eine Leitung sein, die da unterschreibt. Ich möchte die Studierenden auch kennen und mit ihnen arbeiten, etwas mit ihnen machen.

Jochen Schmidt: Ist das für Sie schon so etwas wie eine Rückkehr zu den Wurzeln, zu den eigenen?

Pina Bausch: Nö, also …, nein, überhaupt nicht. Ich bin neugierig, also – im Gegenteil, das wäre ja furchtbar. Ich möcht' mich noch nicht irgendwo festsetzen, ich möchte einfach noch ganz viele andere Sachen tun, die ich noch nie getan habe…

1987

Im Mai und Juni 1987 gab das Tanztheater Wuppertal seine ersten Gastspiele in der DDR. An zwei Abenden wurde im Metropol-Theater in Berlin *1980 – Ein Stück von Pina Bausch*, danach dann in Gera, Cottbus und Dresden die aus zwei Stücken bestehende Produktion *Café Müller / Das Frühlingsopfer* aufgeführt. Nach den Gastspielen fand in der Berliner Akademie der Künste der DDR ein Werkstattgespräch mit Pina Bausch vor Publikum statt, das die Regisseurin und Choreografin Ruth Berghaus (1927-1996) moderierte. Die Schülerin von Gret Palucca und ehemalige Intendantin des Berliner Ensembles war damals an der Staatsoper Berlin engagiert und Ordentliches Mitglied der Akademie der Künste der DDR. 1988 veröffentlichte der „Verband der Theaterschaffenden der DDR" das Gespräch in seiner Schriftenreihe *Material zum Theater*. Das Heft enthielt zudem Gespräche mit Antonio Gades, Maurice Béjart, John Neumeier und Patricio Bunster. Der Text stellte eine gestraffte, thematisch gruppierte und redaktionell bearbeitete Version der Diskussion dar und war zum Druck von Pina Bausch auch autorisiert worden. Da sich jedoch das Originaltonband des Anlasses erhalten hat, wird dieses hier wiedergegeben.

Die Rechte an den Beiträgen von Ruth Berghaus konnten nicht abschließend geklärt werden, so dass ihre Voten hier sinngemäß zusammengefasst werden.

Wenn wir anfangen, gibt es gar nichts außer uns

Werkstattgespräch in der Akademie der Künste der DDR,
Berlin (Ost), 29. Mai 1987

Ruth Berghaus *begrüßt die Besucher im Namen der Akademie der Künste und nimmt Bezug auf die Vorstellungen des Tanztheaters, die man an den beiden Vorabenden in Berlin habe mitverfolgen dürfen. Sie bezeichnet die gesehenen Darbietungen als ‚großartig', zugleich aber auch als ‚ungewöhnlich' und ‚wunderlich', insgesamt aber als ‚wunderschön'. Sie schließt daran die Frage an, wie Stücke dieser Art, die sie mehr als ‚Entäußerung auf der Bühne' empfindet, in der Praxis entstünden.*

Pina Bausch: Es hat sich natürlich, die Arbeit die hat sich ... verändert, also der Arbeitsprozess, wie man zu einem Stück kommt. Am Anfang, als ich anfing, hab' ich alles viel mehr geplant. Also, auch aus lauter Angst geplant, ganz genau. Ich wollte es sehr gut machen. Hab' mir überlegt: Der macht das, und die Kostüme und das Bühnenbild und so weiter.
Und dann, während dieser Arbeit ... sah ich dann plötzlich Dinge, irgendwelche Dinge, die passierten, die mich dann unheimlich interessierten, und Ja, irgendwann stellte sich die Frage: Folge ich meinem Plan, oder folge ich dem, was ich jetzt *da* neu gesehen habe. Und ja, ich bin immer dem andern gefolgt. Ich bin da nie hingegangen, habe nie meinem Plan gefolgt. Ich dachte, das, was ich da sah, das war viel wichtiger. Obwohl ich überhaupt nicht wusste, wo das hingeht.

Ruth Berghaus bezeichnet in einer kurzen Zwischenbemerkung das Ungeplante an Pina Bauschs Vorgehen als ‚brisant politisch'.

Pina Bausch: Das ist unheimlich schwierig [Ruth Berghaus lacht], weil es ist … ne, ne, das ist *sehr, sehr* schwierig, wenn man nicht weiß, *was* man tut, und es ist auch ganz komisch, wenn man Stücke macht, und die Tänzer fragen … Und man gar nichts sagen kann … Man ist also ganz … nackt und bloß irgendwie … Und dann habe ich einfach irgendwann … sagen wir mal, den Mut gehabt, die Planung nicht zu machen. Und, was ich dann eigentlich tue … Ich bin mir sehr *bewusst*, dass in *dem* Moment, wenn ich ein Stück mache, dass es *jetzt* ist, jetzt in dieser Zeit, also … und dass ich eigentlich versuche … zu *fühlen*, was ich fühle …

Ruth Berghaus interpretiert dies in einem kurzen Einwurf als Bewusstmachung.

Pina Bausch: … ja. Und aus diesem *Bewusstsein*, oder … diesem Gefühl … Also, irgendwo stelle ich dann Fragen an die Tänzer, also 'ne Frage … und dann … und jeder denkt darüber nach. Es sind ganz ganz einfache Fragen. Also irgendwo, kann die jeder beantworten … Und dann, jeder einzelne zeigt das da, zeigt oder sagt was dazu, oder auch nicht … Und dann schreiben wir uns das auf … Also, ich merk' mir alles! *So* ungefähr … Und jeder Einzelne behält alles, also das, was er gemacht hat. Und dann das Nächste, und das Nächste, und dann kommen andere Dinge hinzu, irgendwelche Ideen, und dieses und jenes. Oder ich erarbeite Bewegungsphrasen, und die lernen dann alle … Und *das*, alles zusammen ist erst einmal nur ein Material, eine Materialsammlung, es ist noch gar kein … Stück. Und dann, aus diesem … Material … Da gibt's dann … verschiedene kleine Dinge, die damit zu tun haben, was ich eigentlich suche, was ja noch gar kein Bild hat, keine Form.

Ruth Berghaus greift das Stichwort ‚Form' auf und fragt sich – angesichts des Zusammenwirkens verschiedener Kunstformen und der ‚ungeheuren Perfektion' des Gesehenen –, wie die Arbeit mit den Tänzerinnen und Tänzern aussehe: Ob sie durch Pina Bauschs Fragen ihre klassisches Schulung besser einbringen können oder diese eher vergessen sollen.

Pina Bausch: Es ist sehr verschieden. Also sie haben gar keine einheitliche Schule, weil die Leute von ganz anderen Orten kommen. Und, es ist jeden Tag ... also, der Morgen fängt natürlich an mit einem Training, und meistens also das *klassische* Training. Also, es gibt beides eigentlich, aber es ist hauptsächlich das klassische Training. Und in diesen Proben ...

Ruth Berghaus *will wissen, was Pina Bausch mit ‚beides' meine.*

Pina Bausch: [Zu dem klassischen auch ein] modernes Training.

Ruth Berghaus *fragt, ob die Trainingsmethode im wesentlichen auf Kurt Jooss zurückgehe.*

Pina Bausch: Ja, also, es ist ein entwickeltes Training. Eigentlich ist entweder ... Hans Züllig ... und Jean Cébron, die vornehmlich ... unterrichten.
Aber während diese[m] Fragen spielt das alles überhaupt keine Rolle, weil das sind ganz andere Dinge, außer die Bewegungsphrasen, die ich dann einbringe, oder so etwas, oder ganz spezielle Dinge, die man dann wiederfindet.

Zuschauerin: Ich möchte Sie was fragen, denn Sie sprachen von Angst. Hat diese Art zu arbeiten Angst abgebaut bei Ihnen, oder geht es da um andere Ängste, von denen Sie sich befreien, also auf diese Weise zu arbeiten?

Pina Bausch: (Stöhnt) Also ich weiß nicht ... Also, man freut sich immer sehr, wenn man ein Stück macht. Weil alles ist auch so offen, und ... Aber irgendwo ist da schon ... also, bei mir jedenfalls, ich weiß nicht, wie das bei jemand anderem ist, also ... ich hab' auch Angst davor, ne? Also, dass ich ... Und die ist auch immer, ich glaube, die ist egal geblieben, die hat sich nicht ... nicht gesteigert oder so etwas.

Zuschauerin: Ich fragte nur, weil sie von Ihren Plänen sprachen, die sie zunächst getroffen haben, und dann ...

Pina Bausch: ... Ja, das hatte vielleicht ... Also, es gibt ja verschiedene Ängste. Es gibt also die Angst, dass man das Stück nicht machen kann, oder dass man das, was man sich wünscht,

machen zu können, dass man [dazu] nicht in der Lage ist, oder so... Und das andere, die andere Angst ist, dass man Angst hat, mit Leuten nicht umgehen zu können. Und das ist ja noch... also, das ist ja wieder ein anderes Kapitel eigentlich, nicht?
Also, weil: Ich bin nicht jemand, der jetzt schöne Sachen erzählen kann, und alle sind sie... Das kann ich überhaupt nicht. Meistens sage ich ganz wenig, schrecklich wenig, und das ist... Und, wenn man da einander nicht versteht, also dann ist das kompliziert glaube ich. Und dann wird man unsicher, oder gegenseitig passieren da Dinge, die kann man gar nicht genau erzählen, ne? Die so plötzlich dann also... Dass man dann eigentlich in diesen Dingen hängenbleibt, anstatt im Stück weiterzugehen, ne?

Ruth Berghaus *greift das Wort ‚Stück' auf und fragt, wie dessen Thema, d.h. dessen Frage entstehe.*

Pina Bausch: Die Frage?

Ruth Berghaus *hakt nach und fragt, wie aus der Planlosigkeit bzw. der Suspendierung des Planens ein Thema entstehe – die reine Offenheit ergebe ja noch kein Stück. Sie verwendet dabei die Begriffe ‚Thema' und ‚Frage' synonym.*

Pina Bausch: Ja, was ich eben sagte, aus dem Gefühl heraus, dass ich versuche zu fühlen, was ich fühle, in *dieser* Zeit. Also irgendwo, aus diesem *Da* heraus kommen die Fragen. Und natürlich durch das, was ich sehe kommen auch neue... Fäden, neue Gedanken, irgendwo, weil ich... (Lachen aus dem Auditorium)

Ruth Berghaus *versucht, etwas zu fragen, wird aber unterbrochen.*

Pina Bausch: Bitte etwas lauter sprechen. (Lacht)

Ruth Berghaus *merkt, dass Pina Bausch aus akustischen Gründen den Zuschauer nicht verstanden hat.*

Zuschauer: Mit der Zeit, wie machen...? Die Inszenierung ist dann aber sieben Jahre alt. Wie wird das technisch gemacht, dass das über so eine lange Zeit erhalten bleibt?

Pina Bausch: Indem wir es spielen. (Aus dem Publikum Lachen und Applaus) Ja, das ist, es ist sehr, sehr schwierig, weil ... Wir haben höchstens ... wir haben Videos, um Dinge, die verloren gehen, oder wenn Wechsel passieren, oder etwas, das jemand lernen kann [anzusehen].
Aber im Grunde nur, indem wir es spielen, weil das ist ja sehr mit der Gruppe entstanden, und wenn dann jemand plötzlich weggeht und ... Das ist ... sehr kompliziert, das wieder neu zu *besetzen* und zu *finden*, also, wie das richtig ist, ne?
Das ist ein Problem: weil, das ist überhaupt nicht richtig aufgeschrieben und gar nichts, es hat ... und niemand hat Zeit, wir haben keinen, niemand, der dafür zuständig ist, das aufzuschreiben, so geht es eigentlich nur, indem wir alle *hoffen*, wir *beieinander bleiben* und irgendwie (lacht) ... und spielen und ... es nicht vergessen.

Zuschauer: Darf ich mal fragen, wie Sie ... der Text entsteht? Werden die [Texte] auf der Probe oder im Spiel oder ... in einer Inszenierung ... entstehen die dort oder werden die vorher ausgearbeitet oder wie entsteht so ein Text?

Pina Bausch: Die Texte entstehen auch in diesem selben Arbeitsprozess. Das ist dann also zum Beispiel [...] wär' dann auch 'ne Frage gewesen, also, was gestern ja auch vorkam: Also, sagen Sie in drei Worten ... beschreiben Sie das Land also in drei Worten, aus dem Sie kommen. Das ist 'ne Frage.
Und dann: Manches ist gleich so, wie's geworden ist. Und manchmal sucht man hinterher noch, weil [es] nicht, natürlich nicht bei allen, also es nicht stimmte. Oder: Im Laufe der Zeit haben sich die Worte auch verändert, weil, wenn wir das zum Beispiel ... in Frankreich oder in Italien spielen, dann sind bestimmte Begriffe ... nicht bekannt. Aber ich glaube, das, was zum Beispiel gestern war, das ist überall, das kann man überall sagen. Also, das war aber vorher manchmal nicht. So hat sich das dann doch ... noch ... verändert.

Zuschauerin: Entschuldigung, ich frage noch mal was. Ich wollte ... Ich nehme an, dass Fragen entstehen mit dem Arbeitsprozess, aber meine Frage ist: Fragen Sie eine bestimmte ... Ein bestimmtes ... Bringen Sie am Beginn ein bestimmtes Thema oder Stoff oder auch nur eine Frage ein, also, wenn

Sie so bei Null anfangen bei einem neuen Stück oder neuen Arbeit?

Pina Bausch: Eigentlich nicht, außer, dass etwas ganz klar ist, dass ich mich immer mit demselben beschäftige (lacht). Also irgendwo, irgendwas ist... irgendwas...

Zuschauerin: Das heißt, Sie haben auch die Geduld, mit ihren Leuten zusammenzukommen und einfach nur zu sitzen und gar nichts... nach dem dem Training also auch so, dass man mal sitzt und plötzlich gar nichts macht, oder so, oder einfach dann nur...

Pina Bausch: Nee, nach dem Training, dann treffen wir uns, dann stell' ich 'ne Frage (lacht). Und dann (lacht) zum Beispiel.

Zuschauerin: Also die erste Frage kommt dann doch von Ihnen.

Pina Bausch: Ja, ja, ja, die Fragen kommen alle von mir. (Gelächter)

Zuschauerin: Ja.

Pina Bausch: Ach so, das habe ich nicht verstanden.

Zuschauerin: Entschuldigen Sie. (Lacht)

Pina Bausch: Ja, ne, das... (lacht) ... habe ich nicht verstanden.

Zuschauerin: Danke.

Zuschauerin: Ich wollte doch nochmal zu der Frage der Angst kommen. Ich hatte das große Glück, bei den Proben zu sein. Und hab' da... bei den letzten fünf Antworten gemerkt, wie alle auf der Bühne zusammen sind. Und als ich dann die Vorstellung gesehen habe, war mir irgendwie auch das Thema des Abends dann klar, als diese Fragen der Angst kamen. Der Abbau der Angst, der bösen Angst. Man muss ja vielleicht unterscheiden zwischen einer guten Angst, die wichtig ist, um miteinander umzugehen, und einer bösen Angst, dieser aggressiven Angst, die aggressiv macht und böse. Und die, schien mir, wurde abgebaut. Und auf der Probe hab' ich gemerkt, wie die ganzen Mitglieder zusammen waren. Und dass auf der Bühne eine Atmosphäre war, die man hier so oft vermisst, also genau das, was du fragst, ja. Die waren ... Ob die sich alle nun mögen oder nicht. Aber sie sind miteinander umgegangen. Und auch die ganzen Fragen dienen ja dazu, dass man sich öffnet. Dass diese furchtbare Angst voreinander, die hier auf der Bühne ja dazu führt, dass keiner mehr miteinander umgeht, und nur noch Angst ... Also die Schauspieler hier haben eigentlich nur noch Angst, miteinander umzugehen und sich zu öffnen. Und diese Fragen zu beantworten. (Einwürfe aus dem Publikum: Und die Regisseure ... also Ängste ...) Wenn mich dann einer fragen würde in einer Inszenierung, wovor hast du Angst, dann würd ich sagen: Also zuerst mal vor Ihnen, vor dem Regisseur oder so ... oder ...

Pina Bausch: Das ist doch 'ne schöne Antwort (lacht).

Zuschauerin: ... Ja, das würde ich zum Beispiel sagen, ja. Weil, wenn er mich zwingt, 'ne ... und ich hab ... dieses Zwingen und ... Diese Fragen, das ist ja das Von-innen-heraus-Kommen. Und ich glaube, die Fragen sind ja eben von den Leuten auch ganz persönlich formuliert, nicht? Und das merkt man eben. Und das merkt man auch, wenn sie miteinander umgehen. Und die ganze Beziehungslosigkeit. Oder die Angst. Alles Ängste ... Das waren ja eigentlich alles Ängste, die dargestellt wurden und die wieder ... also auch beantwortet waren. Für mich war das Schöne an dem Abend, das eben nicht nur das Böse und die Angst gezeigt wurde, sondern auch die Möglichkeit, sie wegzukriegen, indem man sich in den Arm nimmt oder indem man zärtlich ist miteinander, und ... und das ist, glaub' ich, so werden sie wohl arbeiten 'ne? Die Leute, einfach ...
Bei uns gibt es da einen ganz furchtbaren Begriff dafür, der heißt *Aufbrechen*. Dieses *Aufbrechen*. Also in der Schauspielschule heißt es immer, wir müssen dich aufbrechen, damit du dich öffnest, ja. Das ist das Furchtbarste, was ich kenne an schauspielerischer Begriffsbestimmung für das, was sie machen und ... Das Wort *Fragen* – das ist es glaube ich, 'ne? Es hat so ...

Pina Bausch: Naja, das ist natürlich ... gar nicht so einfach, nicht? Also weil ... Ich meine, wenn Sie in einer Gruppe sind und sie reisen jetzt irgendwohin und spielen ein Stück, da haben Sie sowieso auch so wenig Zeit. Sie werden also sich auf das reduzieren: Sie wollen diese Vorstellung schön machen. Und … das hat nicht nur mit dieser Form, der äußeren Form, zu tun, sondern irgendwie müssen [sie] auch das finden … also … was das ist, nicht? Aber das heißt nicht, dass zum Beispiel auch bei uns nicht Konflikte sind oder so was, nicht? Das ist also … Und was man da vielleicht … aufbrechen nennt, oder so? Das ist natürlich was anderes.

Ich merke auch manchmal, wenn zum Beispiel jemand ganz neu kommt, kommt irgendwoher und hat sehr lange in einer bestimmten Gruppe gearbeitet – und irgendwie, und irgendwo plötzlich, werden so Fragen also beantwortet, und da kommen … sind alle, alle Klischees dabei, die man sich vorstellt. Das ist nämlich gar nicht so einfach, 'ne Frage einfach nur beantworten. Man versucht das ja so gut zu machen, dass es alles gar nicht stimmt, verstehen Sie was ich meine? (Lacht) Und … das dauert dann manchmal, sehr lange, dass jemand also … einfach Sachen ablegt und die plötzlich nicht mehr braucht oder so.

Ich weiß nicht ganz genau, was das ist. Das geht nicht von heut' auf morgen. Und ich hab' dann immer festgestellt, irgendwie der Weg geht immer durch … über eine unheimliche Frustration, ne? Dass jemand wirklich *entsetzlich* traurig wird, und irgendwie plötzlich *da,* von *da unten* irgendwo … Plötzlich fängt irgendwas *richtig* an. Aber das kann man nicht erzwingen … das passiert einfach so, ne? Und bei manchen braucht das ganz … also braucht das …

Zuschauerin: Aber Sie lassen den Leuten die Zeit?

Pina Bausch: … ja, ja …

Zuschauerin: … bis es soweit ist, bis es eigentlich wie so 'ne Frucht gewachsen ist. Das hab' ich gemerkt, dass die Leute auf der Bühne, dann, wenn sie es zeigen … dass sie auch wirklich zeigen und dass sie dann auch den Mut haben, es zu zeigen. Also auch dazu stehen. Und ich hab' noch eine Frage zu den Zuschauerreaktionen: In meiner Vorstellung haben die Leute vor der Pause unheimlich viel gelacht – an Stellen, wo ich fast geweint hätte. Wenn die da so rumrennt mit dem Tuch und immer schreit: Ich bin müde, ich bin müde, ich bin müde, ja? Da haben die Leute furchtbar gelacht. Hat Sie das verwundert, dass so Reaktionen kamen auf Dinge ... Und, oder haben Sie solche Reaktionen öfter, dass also so ...

Pina Bausch: ... Ja ... also das ist ja ein seltsames Stück. Also irgendwo ist es traurig und trotzdem ... also ... sind ja viele Dinge zum Lachen. Und ich glaube, die Menschen lachen gerne, und irgendwas ist auch schön, dass man plötzlich zusammen lacht, ne? Aber, das ist dann ganz verschieden. Wir haben mal dieses Stück in Australien gespielt, und die Leute in Australien, die lachen *so* gerne – das gibt's ja gar nicht, ne, so was. (lacht und Gelächter im Publikum) Also ... die nehmen ja – was ich *fantastisch* finde. [...] *Jedes Ding* fanden sie *so komisch*. Also *so* ... (Gelächter im Publikum) Aber, aber gut also ne? *Positiv*, nicht? Und sie haben sich amüsiert, ne? Und ich hab' dann ... war dann ... irgendwo ... *Das* war dann doch so viel, dass ich dann irgendwie am Ende ... Ich war so verzweifelt. Ich dachte: Haben die denn überhaupt gesehen, dass das auch traurig ist? Also, dass das noch was anderes hat?
Das finde ich ganz schön, dass einfach, finde ich, jeder reagiert, wie er reagieren ... also wie es kommt. Das find' ich ...

Ruth Berghaus *weist darauf hin, dass Lachen aus verschiedenen Gefühlen stammen kann.*

Pina Bausch: ... ja ...

Ruth Berghaus *fährt in ihrer Bemerkung zum Lachen fort, das nicht nur aus Belustigung entstehe, sondern manchmal auch dazu diene, eine Art Abstand zu schaffen.*

Pina Bausch: ... auch ...

Ruth Berghaus *führt ihren Gedanken weiter und weist auf die Nähe von Lachen und Weinen hin: dass man bisweilen ersteres tue, um letzteres zu umgehen. Bei dem gesehenen Stück von Pina Bausch sei dies besonders augenfällig und zugleich besonders geheimnisvoll. Und aus diesem Grund lasse es sich auch nicht ‚einordnen' und passe in keinerlei ‚Schubfach'.*

Zuschauerin: Ich möchte auch dazu was sagen. Ich glaube, dass da die Zuschauerreaktionen auch gar nicht einheitlich

sein können, weil jeder irgendwie mit anderen Erfahrungen arbeitet, lebt, das Stück anguckt und … bei manchen Sachen also sehr betroffen ist, an denen man vielleicht selber gerade knabbert und, während andere darüber hinweg sind, und hinterher über sich selber auch lachen können und dann auf der Bühne auch diese Sachen auch belachen können, oder so.
Aber mir ging das so: Ich war manchmal so betroffen, und ich fühlte mich auch manchmal angegriffen, so dass ich bei einer … perfekten artistischen Leistung nicht lachen konnte, weil ich dachte: Was ist denn hier los? Hier bin ich doch vielleicht auch gemeint. Da macht man sich über mich lustig oder so. Sind solche Reaktionen beabsichtigt? Oder entsteht so was vielleicht im Zuschauer zufällig durch Kombination von Bildern?

Pina Bausch: Ich hab' das jetzt nicht verstanden, muss ich sagen … also …

Zuschauerin: … Also, ganz konkret gestern: Als der Zauberer auftrat und seine Zauberstückchen vollführte, und im Hintergrund spielten die Kinder dieses Kinderspiel, und die wurden nicht müde zu spielen, während bei der Erwachsenengruppe allein der Zauberer aktiv war und die anderen alle passiv das Spiel genossen. Und dann trat das TV auch noch auf. Also das hat mich so … zu ganz bestimmten Gedankengängen gebracht.

Pina Bausch: Ja, das ist ja gut, aber ich meine, ich hab' nicht verstanden, ich hab' die Frage nicht verstanden.

Ruth Berghaus *versucht die Fragerichtung der Zuschauerin zu verdeutlichen, ob Pina Bausch bestimmte Wirkungen auf die Zuschauer beabsichtige.*

Zuschauerin: Ob es vielleicht beabsichtigt ist, ob Sie die Zuschauer manchmal auch provozieren?

Pina Bausch: Ja was heißt Zuschauer: Ich bin ja … *ich* bin ja der Zuschauer immer. Wenn ich ein Stück mache, bin ich ganz alleine der Zuschauer, nicht? Also, irgendwo, da ist ja gar keiner. Und ich weiß ja auch gar nicht: Zuschauer … Ich weiß ja gar nicht, wer im Theater ist, da gibt's ja … Also für mich sind da ganz viele Einzelne, einzelne Menschen im Theater. (Applaus) Und ich nicht weiß: Also, für wen soll ich jetzt das Stück machen? Ich kann nur ganz, ganz von hier aus … Also … *ich* sitz' da, und *ich* bin das Publikum. Und ich fühle, und ich lache, und ich hab' Angst, oder ich bin traurig – oder, ich weiß nicht: alles mögliche, was mir passiert, ne? Und das … ich glaube, das kann ich dann eigentlich nur anbieten, nicht? Und dann versetzen und dann gucken, was passiert. Aber ich, ich bin das Thermometer gewesen, ne?

Zuschauerin: Ich möchte fragen: Wie lange kennen sich die Leute? Jahre, Wochen, Monate?

Pina Bausch: Also, diese Gruppe, die ist vor 14 Jahren, vor fast 14 Jahren entstanden, und fünf haben angefangen … in dieser Zeit. Und dann ist das sehr unterschiedlich, da sind Leute dabei: zehn Jahre, acht Jahre, sechs Jahre, vier Jahre – und einige … seit einem Jahr. Wir sind mehr; das Ensemble ist etwas größer, als was gestern auf der Bühne zu sehen war. In diesem Stück waren nicht alle.

Zuschauerin: Nehmen Sie noch Leute in ihre Truppe auf? (Lacht. Gelächter und Applaus im Publikum) Ne, ich will wissen, was für Bedingungen, aber auch … [der weitere Wortlaut ist unverständlich].

Pina Bausch: Ja, also wir … Es gibt 26 Positionen. Und … dann weiß ich nicht, ob sich einer der Tänzer entscheiden wird, etwas anderes zu tun oder, für eine *Weile* etwas anderes zu tun. Das weiß ich dann eigentlich … Also, dass ist so … dass man das bis zum Oktober sagt für das kommende Jahr. Und danach richtet sich das eigentlich, also, was ich an neuen Positionen offen habe. Und das ist dann ganz frei, was ich dann – Dann suche ich wieder. (Lacht)

Ruth Berghaus *erteilt einer Zuschauerin das Wort.*

Zuschauerin: Ich habe noch eine Frage zu dem Lachen und dem Zauberkünstler. Bevor der Zauberkünstler vor der Pause – der war ja mehrmals da – kam, war eine Situation, in der ich, als

Zuschauer, wie Sie damals in der Probe … vielleicht … also mir die Tränen irgendwo standen. Und jetzt ist meine Frage: Haben Sie den Zauberkünstler eingesetzt, um den Zuschauer … dass er mal wieder durchatmen kann, dass er locker wird, oder um diese Verkrampfung zu lösen, weil man ja … ich glaube … so kann man ihn vielleicht nicht in die Pause entlassen. Aber irgendwie muss man da ja … wieder ein bisschen lösen. War das bewusst *so* eingesetzt? Oder hatte der Zauberkünstler vielleicht gar nicht diese Aufgabe, also Heiterkeit und Lockerheit zu bringen?

Pina Bausch: Also die Idee überhaupt, dass es einen Zauberkünstler gibt, das hatte damit zu tun … Tja, weil der ja so Wunder vollbringen kann … eigentlich. (Lacht) Und … in diesem Moment, da wenn diese Gruppe dort steht, und da sitzt eine Frau auf 'nem Stuhl, und eigentlich zaubert er für sie. Und ich hab' dem Zauberer immer gesagt: Das muss … Also, als ich ihn kennenlernte, da hat er auch ganz anders sich bewegt: schnell und viel gesprochen, und *da, da, da* … ich wollte das alles ganz so haben, hab ich gesagt: wie *Salbe* (betont langsam, lacht). Verstehen Sie? (Lacht) Also, das ist nicht einfach 'nen Intermezzo.
Also, es ging mir auch eigentlich darum: Es gibt drei Herren in dem Stück, die mitspielen. Das ist der Zauberer, der nicht jung ist. Dann gibt es diesen Turner, und der ist siebenundsiebzig, und das finde ich unheimlich schön, dass dieser Herr, dieser alte Herr – also, der kann ganz toll turnen, nicht. Und ich finde das unheimlich schön (lacht), irgendwie. Und … dieser Geiger, nicht? Also, irgendwie … ja, ich find das schön.

Zuschauerin: Vielleicht könnten Sie zu der Frage: Zusammenarbeit mit den Leuten – Sie sagen: Man geht ja irgendwie auf die Suche. Wonach gucken Sie die Leute so raus, mit denen Sie arbeiten?

Pina Bausch: Ja, das kann man mit Worten sehr schwer erklären. Ich hoffe natürlich, 'nen guten Tänzer zu finden. Aber das ist nicht so einfach … Weil: Erstens mal gibt es dieses große Repertoire, was wir haben. Wir haben sehr, sehr, sehr viele Abende, und wenn jemand weg ist, dann bedeutet das also einmal, dass ich irgendwie auch erahnen muss, also jemand

in diesen ganzen Stücken zu sehen. Also, es hat sehr was mit dem ... also, wie so 'ne Gruppe aussieht, nicht? Das ist nicht etwas Bestimmtes jetzt, aber trotzdem.
Und ... Ich weiß auch nicht, ich kann jetzt höchstens manchmal, nachträglich [...] erahnen, was ich da so instinktiv gewählt habe, nicht? Ich *versuch'* das zu verstehen, und *bewusst*, aber letztlich: Manchmal weiß ich gar nicht ganz genau, was denn die Entscheidung war. Warum ich dann sag: Ja, wir probieren [es], ne? Und seltsamerweise hab' ich mich auch noch nicht getäuscht. Aber das ist eigentlich ... Es spricht oft ganz vieles gar nicht dafür – und stimmt irgendwie. Also, die Gruppe hat manchmal nicht verstanden, dass ich jemanden engagiert hab'. Haben das nicht verstehen können, was ich denn an dieser Person finde. Und ... zwei Jahre später haben sie es dann gesehen. (Lachen im Publikum) Ist wahr! Also, ich kann das auch nur hoffen, dass – ich weiß es nicht ganz genau. Das ist schwierig. Aber ich bin schon sehr ... Also, ich muss da auch neugierig sein. Ich mag alle sehr, und irgendwie lern' ich auch von jedem ganz viel, ne? Also, nicht lernen in dem Sinne von: irgendein Wissen oder so etwas. Sondern: Das sind so kleine Dinge. Irgendwo merk' ich auf einmal, wenn die da sind – plötzlich merk' ich, dass ich das eigentlich auch alles in mir habe, und hab' das überhaupt nie gewusst, ne? Hab' immer gedacht: Och, ich bin so ... Und plötzlich merk' ich: Hier hab' ich so 'ne Ecke und hier und hier, und dann, man ist ja viel *farbiger*, man hat so viele *Farben*, das ahnt man gar nicht. Und das lern' ich und erfahr' ich eigentlich auch durch diese Menschen. Und ich glaube auch, möglicherweise jeder von *denen* auch durch das, was er abgibt. Das find' ich ... das ist ... wichtig. (Lacht)

Ruth Berghaus *hebt hervor, dass es doch eine Verantwortung bedeute, wenn man neue Mitglieder ins Ensemble aufnehme.*

Pina Bausch: ... ja ...

Ruth Berghaus *fährt fort und fragt, wie die Integration neuer Tänzer in eine Gruppe mit so starker Eigenart funktioniere, ob es auch schon zu Trennungen gekommen sei und ob Pina Bausch die entsprechende Verantwortung als belastend empfinde.*

Pina Bausch: Ja, das gibt es manchmal.

Ruth Berghaus *will wissen, ob Leute, die die Gruppe verlassen, nicht den Boden unter den Füßen verlieren und in ein ‚Loch' fallen.*

Pina Bausch: ... also ... die paar Male, wo es irgendwo während meiner Arbeit passiert ist, war das überhaupt nicht der Fall. Wahrscheinlich wenn jemand ein Riesenproblem gehabt hätte, hätt' ich mich, glaub ich, nicht so verhalten. Da war einmal ein Problem, das war gar keins. Sondern es war einfach *besser*. Das war, es stimmte nicht, die Arbeit. Es ist besser, er macht etwas anderes. Oder jemand findet einfach, er muss sich mehr *bewegen*, mehr *tanzen*, also mehr *drehen* und *springen*. Dann ist das gut, dann tut er das besser woanders, nicht? – als unglücklich zu sein, also mit dieser Arbeit. Oder manchmal ist jemand *schrecklich verliebt* oder so, ne? Oder da gibt's ganz andere Probleme, warum jemand plötzlich [weggeht]. Den muss man *schützen* manchmal (lacht). Das ist – ich geh' da ganz, ganz verantwortungsvoll mit um, weil – an sich passiert das nicht. Das sind einfach so Dinge, die ... Also es fällt mir auch *furchtbar* schwer.

Ruth Berghaus *nimmt eine Information Pina Bauschs vom Vortag auf, dass manche Tänzer auch die Gruppe verlassen, um frei zu arbeiten.*

Pina Bausch: ... ja ...

Ruth Berghaus *schlussfolgert, dass Pina Bauschs Ensemble auch ein Ort sei, sich weiterzubilden, die persönliche Eigenart zu finden und diese dann selbständig weiter zu verfolgen, beispielsweise auch als Choreograf.*

Pina Bausch: ... Ja ja. Manche haben eigene Soloabende gemacht. Verschiedene. Und manche haben mit Gruppen eigene Abende gemacht. Also, das fand ich unheimlich schön. Und da sind noch viele in der Gruppe, die sind, denk' ich, sehr kreativ.

Ruth Berghaus *wertet den Wechsel im Ensemble auch als Prozess der Selbsterneuerung und fragt, ob dies so stimme.*

Pina Bausch: Aber wahrscheinlich *anders*, und das finde ich auch sehr ...

Ruth Berghaus *korrigiert die Richtung ihrer Frage, dass es dabei nicht nur um die Gruppe selbst gehe, sondern auch darum, die Ideen des Tanztheaters nach außen zu tragen.*

Pina Bausch: Ja. (Lacht) Hoffentlich. (Lacht)

Ruth Berghaus *wirft die Frage auf, wie das Tanztheater über sich selbst hinaus stilbildend wirken könne, zumal der moderne Tanz in so hohem Maß ‚individualistisch' sei und ganz auf der Besonderheit seiner jeweiligen Protagonisten aufbaue. Wie unter solchen Bedingungen eine ‚Schule' entstehen könne, und zwar auch in dem Sinn, dass man diese – unabhängig von der jeweiligen Eigenart der Personen – durchlaufen und abschließen könne. Es dürfe dabei zwar nicht um ein ‚Schema' gehen, aber…*

Pina Bausch: Man kann höchstens was…

Ruth Berghaus *fährt fort, ob es in dieser neuen Form von Ensemble – im Gegensatz zu seiner ‚Schule' – nur die Alternative von Identifikation oder ‚Ausbrechen' gebe. Wie Pina Bausch das sehe, die ja selber eine Schule durchlaufen habe.*

Pina Bausch: … Na ja, aber das…

Ruth Berghaus *bleibt bei der Frage, was im modernen Tanz eine ‚Schule' sein könne und was diese für den weiteren Weg der Tänzer allenfalls bedeute.*

Pina Bausch: Ja, das ist eigentlich ganz natürlich. Ich würde sagen, das ist irgendwo der Sinn dieser Schule gewesen, weil, wenn man durch das klassische Ballett [geht], die verschiedenen Moderne-Tanzstile, oder europäische Folklore und so weiter, oder viele andere Dinge, die dazukommen einfach… Es ging eigentlich immer darum, alles ganz *aufzumachen*. Und: Warum tut man das? Überhaupt: Im Grunde genommen ist es so auf, dass man dann eigentlich irgendwo selber finden muss, was man… wo man hingehört, nicht? Deshalb ist das auch ganz offen, wie ich das jetzt verwende. Es ist eine Basis da, aber was mache ich jetzt damit?

Ruth Berghaus *bekundet ihre Zustimmung.*

Zuschauerin: Ich hab' keine große Frage, aber ich möchte sagen, dass ich die Ehrlichkeit und die Warmheit, die dort passiert ist auf der Bühne, dass die mich sehr betroffen gemacht hat. Weil: Ich glaube auch, was Sie beschreiben, dass eben eine Lösung von einer Schule oder eine Lösung von einem Plan ein wirkliches Sich-selber … Ich will vorsichtig sein, das klingt zu psychologisch, wenn man sagt: sich selber ausleben, ja? Aber Kreativität ist wohl dann im letzten Moment die absolute *Wahrheit*, und da, glaub' ich, sind diese Fragen, zu denen wir uns zwingen und zu denen wir uns im Moment zwingen. Weil wir jetzt erst mal ein Angebot aufgenommen haben, werden die für uns jetzt sehr schwierig und problematisch. Weil, wenn man fragt: *Wie* haben Sie das gemacht? *Wo* haben Sie angesetzt?, erfährt man nichts. Für mich. Ich erfahre nur, wenn ich mehr sehe und wenn man jetzt sich noch einbringen könnte. Nicht *ich* mich einbringen, sondern das eben immer miterleben könnte. Verstehen Sie, was ich meine? Es ist jetzt keine Frage, es ist nur eine Beschreibung.
Und um noch was Konkretes zu sagen: Es waren nicht Tänzer, in dem Sinne, wie ich gelernt habe: Das sind Tänzer auf der Bühne. Es waren für mich eben auch Persönlichkeiten oder Individualisten oder Leute, die schauspielerisch oder … [unverständlich]. Schon alles, was man benennt, stimmt schon nicht mehr, weil die Bilder, die sind entstanden, die waren plastisch, oder die waren – assoziativ haben die gewirkt. Und in *der* Form hab ich noch kein Erlebnis gehabt, und ich kann nur sagen, dass das eben sehr an die Substanz geht. Und frage, vielleicht dann noch eine Frage: Wie kann man mit so einer großen Wahrheit … wie kann man die – wie kann man das aushalten im Alltag? Wenn man jetzt sich künstlerisch *nicht* artikulieren kann oder weniger Möglichkeiten hat: Wie hält man das aus?

Pina Bausch: … Boah … (Gelächter im Publikum)

Zuschauerin: Ja?

Pina Bausch: Ich? Also: Gucken (lacht). Viel gucken. Also, ich weiß nicht, weil ich glaube: Das ist einfach etwas, das so toll ist und so spannend. Und irgendwie *da*, das alles, und hören.

Zuschauer: Können Sie sich noch mal erinnern, wie das war, so vor 14 Jahren, als Sie begannen. Da muss doch der Punkt, der jetzt durchschritten worden ist, gekommen sein: Jetzt muss ich ganz was anderes machen. Das konventionelle Ballett, das ist irgendwie, das gefällt mir nicht, oder ich muss da raus. [Unverständlich] Was war das für ein Impuls oder für Beweggründe? Vielleicht könnten Sie für uns nochmal ...

Pina Bausch: Ja, also als ich zum ersten Mal versuchte, eine Choreografie zu machen – also, ich hatte überhaupt nie, ich hab' überhaupt nie gedacht, ich mache eine Choreografie oder ich will mal Choreograf sein oder irgendetwas. Ich habe irgendwann angefangen, etwas zu machen, weil ich tanzen wollte. Ich hatte ... Ich fühlte mich unausgelastet oder sowas ähnliches, ich weiß nicht genau, wie ich das nennen soll. Und, ich weiß auch nicht ... wollte irgendwelche Dinge, die ich fühle, oder irgendetwas wollte ich, also ich weiß nicht. Auf jeden Fall *wollte* ich, also habe ich etwas angefangen. Und da war auch Zeit, und dann gab's noch ein paar andere Leute, die wollten einfach mitmachen, und dann haben wir einfach was gemacht. Aber es war der alleinige Grund eigentlich zum Tanzen. Und das nächste Stück auch so. Bloß hat es Spaß gemacht, also es war schön, dass man sowas machte. Und so ist das entstanden. Und dann muss ich noch sagen: Ich habe nie gedacht, ich muss das klassische Ballett ... Oder ich muss jetzt so, weil das ist so – überhaupt nicht. Weil, ich habe eigentlich mich sehr, sehr gern in dieser Form bewegt. Und ich habe das aber ... Nur wenn ich was Eigenes machte, war es so. Ich habe auch, bin auch ... Als ich nach Wuppertal kam, da war vorher eine klassische Ballettgruppe, und es ging auch nicht darum, dass ich jetzt nun dachte, also jetzt muss ich's mal ganz anders machen. Oder ich muss es jetzt ... oder *langsam* anders machen, damit das Umgewöhnen organisch passiert oder so. Sondern ich hab einfach versucht, das zu machen, was ich dachte, ich machen muss, oder so. Aber überhaupt nie mit irgendeinem ... also jetzt irgendwas verbessern zu wollen oder etwas anderes ablehnen zu wollen. Also gar nicht, das ist überhaupt nicht so entstanden.

Ruth Berghaus unterstützt Pina Bauschs Ausführungen und warnt vor der bloßen Umsetzung vorgefasster Absichten; statt dessen müssten die Dinge aus sich selbst heraus, d.h. aus einer inneren

Notwendigkeit ‚entstehen', so belastend die Unwägbarkeiten eines solchen Prozesses auch seien, zumal sie meist länger dauern. Diese Arbeit könne eben nur jemand auf sich nehmen, der es ‚muss'.

Zuschauerin: Ich habe die Frage: Gab es da nicht anfangs große Widerstände, jetzt meinetwegen vom Intendanten, als man merkte, dass Sie eigentlich was völlig Selbständiges machen? Und ich staune und frage mich, woher hat die Frau eigentlich den Mut genommen? Vielleicht ob ... ich kann mir vorstellen, dass es anfangs auch vom Ensemble, von den Tänzern her nicht so ganz einfach war, so mit[zu]machen, den Weg, den Sie gehen wollen, und keinen Plan zu machen und frei zu arbeiten. Das ist doch eigentlich ... Wie sind Sie eigentlich über dieses Risiko hinweggekommen?

Pina Bausch: Es war eher umgekehrt, also der Wunsch des Intendanten war ja – des damaligen Intendanten, als ich zum ersten Mal da war – Dieser Intendant *hatte* den Mut, zu sagen: „Hier, mach! Such' Dir eine Gruppe, und such' die Leute, mit denen Du arbeiten willst." Bloß, *ich* hatte ihn nicht. Aber dieser Intendant *hatte*. Weil: Ich hatte mich überhaupt noch nicht ausprobiert. Ich hatte nur ganz kleine Stückchen gemacht. Ich hatte überhaupt keine Ahnung, ob ich das kann oder nicht. Aber *er* hat daran geglaubt irgendwie und hat so lange gefragt, bis ich dann irgendwann sagte, ich werde es probieren. Und im Grunde genommen *gegen* die Stadt und *gegen* viele Leute. Es hat den meisten erstmal, glaube ich, sehr missfallen, die Idee. Das war eigentlich hauptsächlich der Intendant und auch später die anderen Intendanten, die mich haben arbeiten lassen. Also mit dem Publikum ist [es] was anderes, aber ich glaube, dass ... Und ich habe auch das Glück gehabt, dass also keiner der Intendanten mir sagte: Kannste's nicht ein bisschen *anders* machen? Oder so. (Gelächter) Ich weiß nicht wie, also ne? Das ist irgendwie unglaublich: Das hat noch *niemand* zu mir gesagt. Das ist irgendwo ... Ich weiß nicht, wie ich *reagiert* hätte, aber ... (lacht, Gelächter im Publikum) Aber, das ist schon sehr schön.

Ruth Berghaus *erteilt einem Zuschauer das Wort.*

Zuschauer: Welche Rolle spielen für Sie die anderen Künste, zum Beispiel die Filmkunst? Also in dem Sinne, von der Anregung.

Pina Bausch: Ja das (seufzt), es gibt ja so fantastische Filme, es gibt unglaubliche Dinge. Aber was soll ich dazu sagen? Das ist 'nen anderer Traum. Also was ganz anderes. Nicht, weil das ist ja was …

Zuschauer: … Entschuldigung, vielleicht mal an einem Beispiel?

Pina Bausch: Beispiel? Wenn Sie fragen nach einem Beispiel, fällt mir immer gerade keins ein. (Lacht)

Zuschauer: Wie war denn die Arbeit mit Fellini?

Pina Bausch: Die Arbeit mit Fellini? Ja, das war sehr schön (lacht. Lachen im Publikum). Nein, wirklich. Ich habe ja leider nicht dabei sein können während einer ganzen Filmproduktion. Sondern ich bin eigentlich immer nur ganz kurz hingefahren, weil ich ja selber eigentlich gar keine Zeit habe. Aber ja, das hat großen Spaß gemacht (lacht).

Zuschauerin: Ich habe eine allgemeinere Frage, nicht nur auf das Werk bezogen: Wenn Sie vom Leben also was wollen, oder was in ihnen drin ist, haben Sie eine fertige oder vielleicht auch eine zwischenfertige Idealvorstellung? Oder reagieren [Sie] eigentlich nur auf das, was von außen reinkommt, also, ich meine es jetzt wirklich auch auf das Leben insgesamt bezogen.

Pina Bausch: Das ist … Ich weiß nicht, was 'ne Idealvorstellung ist. Weil …

Zuschauerin: … Na, ich meine es im Bezug auf Didaktik zum Beispiel. Mir ist es sehr sympathisch, dass ich die total vermisse bei dem, was ich gesehen habe im Stück. Aber, ich denke, es könnte auch 'ne Lebenseinstellung sein.

Pina Bausch: Da weiß ich gar nichts drauf zu sagen (lacht).

Zuschauerin: Ich weiß es selbst nicht so richtig. Es ist schwierig damit … Ich meine, ob man überhaupt danach strebt, von irgendwas eine fertige Vorstellung haben zu wollen, oder ob man vielleicht irgendwann mal im Leben dahin kommt.

Pina Bausch: Ich glaub', also etwas, was man ... Es sind ja immer Dinge wo ... Da ist noch etwas drin, da ist ja etwas *enthalten*, ne? Also, das ist ja nicht ... Wenn das jetzt ein Bild ist oder irgend etwas Bestimmtes, dann ist ja nicht ... Dann ist in bestimmten Zusammenhängen, oder 'ne Musik oder [ein] Geruch oder ich weiß nicht was. Oder mit Worten, oder wer das nun ist, oder – da passiert ja etwas, das geht ja über das Bild *hinaus*. Das kann man ja gar nicht sagen, was das ist. Das kann man ja gar nicht in Worten einfangen. Und ich glaube, das verrutscht auch immer. Das geht also irgendwo ... Ich glaube, also wenn man über 'nen idealen ... das ist ja nie, das ist ja nicht *fassbar*. Also das ist ja ... Ich glaub', das *verändert* sich ja auch *täglich*. Das ist aber irgendwie, glaube ich ... Ich weiß nicht genau, ob ich Sie verstanden habe überhaupt?

Zuschauerin: Ja, das ist genau das. Also, das ist eigentlich auch meine Erfahrung, dass es *so* ist. Aber für mich ist eben interessant, ob sich vielleicht irgendwann mal, wenn man sich irgendwann mal wirklich intensiv *genug* mit allem auseinandersetzt, was da an [unverständlich] kommt, wo man irgendwelche Sachen dann festmachen kann ...

Pina Bausch: Ich glaube, je mehr Sie sich damit auseinandersetzen, je mehr werden Sie feststellen, dass das immer nur Teilchen, winzige Teilchen sind, die Sie wissen. Es wirkt immer größer, und dann merkt man: Man weiß überhaupt nichts, glaub' ich (lacht).

Ruth Berghaus *erteilt einer Zuschauerin das Wort.*

Zuschauerin: Ihre Tänzer sind auch so fantastische Schauspieler, und mich würde mal interessieren, ob Sie sich sie auch unter diesem Aspekt aussuchen oder ob das in der Arbeit entsteht, das auch an sich [zu] entdecken. Oder wissen Sie das schon am Anfang, dass sie auch solche Begabungen haben?

Pina Bausch: Nein, das weiß ich am Anfang *nicht*, was ich da zu sehen kriege. Weil, zum Beispiel: Wenn ich ein Vortanzen mache, dann machen wir ein klassisches Training, ein ganz normales – ganz Company Class. Und dann nehmen wir aus *Sacre* 'ne Bewegungsphrase, also 'ne ganze Phrase, die alle lernen. Da kann ich sehr viel sehen an diesen Dingen. Und dann aus verschiedenen Produktionen kleine Stückchen. Da kann ich sehr, sehr gut sehen, wie sich Leute... Also, da kann ich sehr viel sehen. Aber da kann ich überhaupt nichts sehen über Sprache, da kann ich nichts sehen über Schauspiel eigentlich. Also, nicht genau. Das ist dann eigentlich immer die Überraschung, wie das rauskommt, nicht? Das ist... Ich lass' mir eigentlich auch nie was vortanzen oder so etwas. Also, wenn jemand meint, dann...

Zuschauerin: Da gab es eine exzellente Sprecherin. Hat sie denn eine Sprachausbildung?

Pina Bausch: Ja, Mechthild Großmann ist eine Schauspielerin –

Zuschauerin: Sie hatte eine männlichen Stimme.

Pina Bausch: [Die] mit der tiefen Stimme.

Zuschauerin: Aber die anderen waren ja auch...

Pina Bausch: Ja, Lutz Förster, der 'ne sehr besondere Sprache... Auch Sylvia Kesselheim, die nur Englisch sprach an diesem Abend.

Zuschauerin: Aber sie spricht auch Deutsch in der Gruppe?

Pina Bausch: ... Ja, hervorragendes Deutsch (lacht), ja, sie spricht sehr gut. Aber das ist zum Beispiel... Sie ist nicht die Originalbesetzung. Die Originalbesetzung war eine Australierin, die Englisch sprach, und so hatte Sylvia die ganze Rolle auf Englisch gelernt.

Zuschauer: Können Sie etwas Näheres noch dazu sagen, wie eine Besetzung entsteht bei Ihnen? Also, wer tanzt? Wir haben erfahren, nicht die ganze Gruppe tanzt mit. Wenn Sie es schon mal erarbeitet haben. [Unverständlich]
Und, [können Sie uns noch] einige Erfahrung darüber [mitteilen], wann Sie entscheiden, wer – oder ob die Gruppe das entscheidet –, wer welchen Part spielt? Wird es dann immer so sein, dass der, der es erfunden hat, dass dann auch spielt?

Pina Bausch: Ja, also normalerweise spielen alle mit, eigentlich. Ich hab eigentlich nur zwei Stücke in der ganzen Zeit gemacht, wo ich einmal dachte: Jetzt muss ich mal mit weniger Leuten arbeiten. […] Und sonst hatte das etwas damit zu tun, dass wir in dem Zeitraum eigentlich dann nicht *mehr* waren. Oder jemand hatte … also, wenn wir zum Beispiel mal ein Problem, ein großes Problem, und meint, er braucht mal 'ne Pause. Oder irgend etwas. Wenn's zu viel wird, dann kann ich eigentlich immer nur anbieten: Lass mal eine Produktion aus. Weil: Ich kann ja nicht sagen: Du kannst keine Vorstellung machen. Dann kann [ich] also höchstens mal jemand entlasten und sagen: Ok, hier, also so auf diese Art und Weise entsteht das, dass vielleicht da mal jemand nicht im Stück war oder dass jemand weggegangen ist, weil wir hier weniger sind. Nun kommt dazu, dass also zum Beispiel bei *Sacre* – es sind mehr Leute, als wir eigentlich sind. Also, da kommt dann noch von der Folkwangschule … kommen noch ein paar dazu. Sie haben noch was anderes gefragt, oder?

Zuschauer: Ja, wie wächst das innerhalb der Gruppe? Wenn Sie etwas erarbeiten; die Gruppe erarbeitet etwas.

Pina Bausch: Ja, wer was macht?

Zuschauer: Sind Sie immer derjenige, der es … Einer erfindet ein Wort, einen Satz. Das ist sein Satz …

Pina Bausch: Ja, ganz einfach, völlig einfach: Das ist ganz offen für jeden. Es kommt darauf an, was entsteht. An sich ist das, was derjenige gemacht hat … das stimmt auch dann mit der Person. Manchmal … Es gibt aber auch Dinge plötzlich, dass alle das machen, was der gemacht hat. Oder, da kann man auch mit rumspielen. Oder aus irgendeinem Grund stimmt das plötzlich auf einmal gar nicht mehr zu dieser Rolle. Plötzlich landet es bei jemand anderem. Das ist auch oft. Aber im Grunde genommen gehört es dahin, wo es entstanden ist. Obwohl das trotzdem offen ist, also, ob das geht. Aber das sind ja dann, was dann in so 'ner Vorstellung ist, das ist dann ein geringer Prozentsatz von dem, was da eigentlich an Material war. Das sind ja nur so …

Ruth Berghaus erteilt einer Zuschauerin das Wort.

Zuschauerin: Mich interessiert, wie die Stimmung und das Arbeitsklima des Ensembles untereinander ist. Ich hatte sehr das Gefühl, dass da eine große Einheit besteht. Die Frage ist, ob Konkurrenzkämpfe und Neid, wie sie oft im Theater in Ensembles herrschen, ob das auch ein Problem ist.

Pina Bausch: Also, ich denke, da gibt es unterschwellig alle Gefühle, die es immer überall gibt. Glaube ich. Bloß kümmere ich mich *nicht* darum. (Gelächter) Da muss ja jeder mit klarkommen irgendwie. Weil er hat … Ich glaube, eigentlich hat keiner einen Grund. Ich versuche wirklich, alle zu sehen. Aber ich kann das unheimlich verstehen, weil: Gefühle kommen ja. Die sind ja … Ich glaub, die kommen … Es ist auch ganz natürlich, dass sie kommen, ne? Aber irgendwo muss er's ja auch selber bewältigen. Ich kann da also schwer helfen. Ich glaube, ich kann einfach nur helfen, indem ich's einfach … sie für mich … das nicht existiert, glaube ich. Ich weiß es auch nicht genau … Ne, ich glaube, das ist am schnellsten so zu überwinden. Das er also irgendwo … Aber ich …

Zuschauerin: Entstehen am Abend auch neue Dinge? Das ist, wenn ich Sie richtig verstehe, schauen Sie ja immer zu. Wenn es spielt. Und, erleben Sie auch, ich mein' jetzt nicht so kleine Veränderungen, sondern so kräftigere, also das Maß von … Oder ist das sehr genau dann letztendlich doch gearbeitet? Oder … ergänzend dann meine Frage dazu: Ich hatte gestern plötzlich für einige Momente ein starkes Verlangen, der Tänzerin oder Schauspielerin zu folgen, die sagte: „Komm' doch, ich bin so allein." Da dachte ich: Wenn ich jetzt hingehe zu der. Ich hab' mich dann nicht richtig getraut. Aber wenn ich den Mut gehabt hätte, was wär' denn mit dem dann passiert? Oder ist sowas überhaupt schon passiert?

Pina Bausch: Ich weiß nicht, das ist dann eine spontane Entscheidung, wenn es passiert, was dann ist. Da ist nicht etwas überlegt, was man dann tut. Wenn jemand kommt oder so. Ich glaube, es ist sehr oft der Wunsch da, dass man sich ganz nah kommt oder hingeht oder so. Aber seltsamerweise hat's noch nie jemand getan. (Gelächter im Publikum) Also, es gab eigentlich nur in der ganzen Zeit vielleicht zweimal, dass jemand, also wenn ich das jetzt richtig erinnere, dass jemand die Bühne betreten hat. Aber das war eigentlich ... das waren Aggressionen. Das war also nicht in diesem Stück, in anderen Stücken. Einmal in einem Stück kam jemand auf die Bühne, nahm sich vom Tisch 'nen Apfel und ist rausgegangen. (Gelächter im Publikum) Hat das Theater verlassen. Kam auf die Bühne, nahm einen Apfel – und raus.

Ruth Berghaus wertet die Sache als einen ‚harmlosen' Zwischenfall.

Pina Bausch: Das war harmlos. Aber einmal, das war schon sehr schlimm, weil: Da stand jemand vorne mit 'nem Eimer Wasser auf der Bühne, und da kam jemand auf die Bühne plötzlich, nahm den Eimer Wasser und schüttete das Publikum nass. (Gelächter im Publikum)

Ruth Berghaus fragt ungläubig nach, ob wirklich das Publikum nass gespritzt worden sei.

Pina Bausch: Das Publikum! Und dann hat das Publikum gedacht, das gehört zur Inszenierung. (Schallendes Gelächter im Publikum) Die waren natürlich entsetzt und dachten, das gehört zum Stück.

Zuschauer: Ich wollte fragen: Wie machen Sie das mit dem Raum? Die Räume in denen Sie arbeiten sind – im Gegensatz zu vielen anderen, bei Bühnen, die ich gesehen habe, wo die Architektur dekorativ ist, zum großen Teil – sind es bei Ihnen sehr konkrete Räume.
Wenn Sie jetzt in der Art und Weise arbeiten, wie Sie das geschildert haben, wie funktioniert das mit diesem Raum? Weil das doch sehr sinnliche, sehr konkrete Räume sind.

Pina Bausch: Sie meinen jetzt das Bühnenbild, die Bühne, oder meinen Sie den Probenraum?

Zuschauer: Den Bühnenraum.

Pina Bausch: Bitte?

Ruth Berghaus *wiederholt zur Verständigung, dass der Zuschauer den Bühnenraum gemeint habe.*

Zuschauer: Den Bühnenraum.

Ruth Berghaus *wirft die Frage ein, ob der Zuschauer das Bühnenbild meine.*

Pina Bausch: Ich hab' erst verstanden, da wo wir probieren.

Zuschauer: Nein. Wie das wächst? Wenn Sie, also bei Null praktisch anfangen mit ihrer Arbeit.

Pina Bausch: Also, wenn wir anfangen, gibt es keinen Raum, keine Bühne, keine Musik – gar nichts, außer wir. Wir wissen, wir werden jetzt das Stück versuchen (lacht). Das entsteht eigentlich, glaube ich, nach einiger Zeit, wenn man so sieht, wo irgendwas überhaupt *hingeht*. [...] Dann kann man überhaupt erst anfangen: Was ist das denn für ein Raum, wo das dann passieren muss oder kann? Aber das ist ja erst nach 'ner ganzen Zeit. Das geht ja gar nicht früh genug... Weil, man weiß ja gar nicht, was es ist. Und *dann*, wenn man sich dann entschieden hat, passieren ja dann andere Dinge – auch mit dem *Bewusstsein*, dass es das ist. Aber vorher nicht.

Ruth Berghaus *fragt nach den ‚Kostümen' und ob es jemanden gebe, der dafür verantwortlich sei.*

Pina Bausch: Kostüme... Also in den Proben, wir machen das meisten so: Wir schleppen einfach 'nen Haufen Sachen an, ne? Und dann, bei diesen Sachen, die da erarbeitet werden. Und dann zieht sich der eine *das* an und der andere *das* – oder auch nicht. Und dann bleibt das eine hängen bei dem. Oder das plötzlich. Oder man überlegt sich etwas: Macht man dieses speziell? Wir versuchen dann immer Kleider Second Hand zu kaufen. Und so weiter. Aber das entsteht dann eigentlich auch ähnlich, nicht? Plötzlich sind dann auch Kleider... die müssen alle wieder weg – es stimmt überhaupt nicht.

Ruth Berghaus *ist sich nicht im klaren, wie in diesem ungesteuerten Prozess des Probierens und Verwerfens jemand eine klare Funktion* haben könne, auch wenn die Namen der Zuständigen im Programmheft dies suggerierten. Welche Aufgabe sie denn tatsächlich hätten.

Pina Bausch: Welche, welche Namen?

Ruth Berghaus *präzisiert, dass sich ihre Frage auf die Verantwortung für die Kostüme beziehe.*

Pina Bausch: Ach so. Ne, das ist klar, wer das macht.

Ruth Berghaus *bestätigt, dass es ihr um diese Frage gehe.*

Pina Bausch: Wer dann verantwortlich dafür ist.

Ruth Berghaus *unterstreicht, dies gemeint zu haben.*

Pina Bausch: Ja ja.

Ruth Berghaus *versucht es auf den Punkt zu bringen, ob die Kostümbildnerin bei allem mitwirke.*

Pina Bausch: Ja ja. Eigentlich ja. Ja.

Ruth Berghaus *erteilt einem Zuschauer das Wort.*

Zuschauer: Aber so wie ein Bühnenbild entsteht, also entsteht, mit den Gedanken des Stücks, so wie jeder am Ende auch Kostümteile mitbringt, und sie geordnet werden am Ende, wie entsteht nun die Musikalisierung der Inszenierung? Sind Sie die Prinzipalin, die dann ihre Lieblingsstücke mitbringt und dann einwirft, oder sind das auch die Darsteller, die sagen wir haben also …

Pina Bausch: Ne, das war dann eben ein Missverständnis. Die Darsteller bringen nicht die Kostüme mit. Das ist dann organisiert bereits von … Das ist identisch. Marion Cito macht seit *1980* also eigentlich … ist meine Assistentin, aber sie ist auch verantwortlich für die Kostüme. Und, sie *sorgt* dafür und fragt mich und so weiter. Oder jeder kann dann beitragen, so kann … Aber es ist nicht so, dass jetzt jeder von zu Hause was mitbringt oder so, nee.

Und mit den Musiken: Das ist sehr schwierig, weil ... Also, ich suche eigentlich ständig Musiken. Und das ist auch in jedem Stück ganz, ganz, ganz anders. Wir fangen an, auch ohne Musik, und dann irgendwann spielen wir auch verschiedene Musiken. Oder Matthias Burkert, der sich um solche Dinge kümmert, der fragt mich dann etwas wieder, was ich jetzt denke so ungefähr. Ja, und dann sucht man in der Richtung, und findet manchmal lange nichts. Ich hab' auch manchmal Musiken, die möchte ich irgendwann verwenden und kann sie gar nicht verwenden. Die stimmen dann nicht im Stück. Manchmal, nach fünf Jahren plötzlich, landet die Musik erst im Stück, wo es plötzlich irgendwie zusammen ... wo es stimmt. Das ist sehr, sehr schwierig. Es ist ja so was *Genaues* mit der Musik. Wenn Sie dieselbe Szene mit zehn verschiedenen Musiken spielen, das ist jedesmal wirklich eine völlig andere Geschichte. Ich bin sehr darauf angewiesen, da auch immer wieder neue ...

Ruth Berghaus *versucht den Kern der Zuschauerfrage zu verdeutlichen: Ob denn irgendwann darüber entschieden werde, wie man Musik und Kostüme einsetze.*

Pina Bausch: Ja ...

Ruth Berghaus *ist anscheinend froh, dass Pina Bausch nicht auch noch an der Notwendigkeit, Entscheidungen zu treffen, rütteln will.* (Gelächter im Publikum)

Zuschauerin: Ich muss leider jetzt gehen, aber ich möchte doch nicht versäumen, für das Stück Pina Bausch zu danken, das sie uns dagelassen hat. Denn so ist ja der Titel wohl auch zu verstehen. Es wird uns noch lange beschäftigen.

Pina Bausch: Dankeschön.

Ruth Berghaus *erteilt einem Zuschauer das Wort.*

Zuhörer: Das mit der Musik ... dass es teilweise Jahre später erst zusammenpasst, hat ja zu tun mit der nicht konkreten Thematik, die das festlegen würde. Das heißt, es entsteht etwas im Prozess des miteinander Arbeitens, aber dieser Prozess ist ja eine Entwicklung, die ja irgendwann zu einem Ende kommen muss. Das heißt, irgendwann unterbrechen Sie ja diesen Prozess, um zu sagen: Diese Form, dieser Abend ist soweit, ihn so zu belassen. Wann kommt es bei Ihnen dazu, oder kommt es in der Gruppe allgemein dazu, oder sind Sie der Initiator, der diesen Prozess unterbricht?

Pina Bausch: Ja, ich dann natürlich. Also, ich hab' ja eben schon mal so ein bisschen versucht, zu erzählen, wie dieses Material zustande kommt. Im Grunde genommen ist es ähnlich mit den Musiken, die dann plötzlich da sind, aber wo dann trotzdem nicht klar ist, sind die da drin, oder so. Und wenn zum Beispiel ich diesen Prozess abschließe, wenn ich sage: Jetzt kann ich nicht mehr weitersuchen, weil... Eigentlich möchte ich immer weitersuchen. Weil, ich habe auch dann immer Angst, das aufzuhören, denn wenn ich jetzt anfange, mich festzulegen, dann wird's ja so schwierig. Wenn man anfängt, irgendetwas verkehrt... was jetzt passiert... also kleine Dinge miteinander zu verbinden. Also, versuche ich diesen... am liebsten schiebe ich das sehr raus, ne? Aber das geht ja nicht, weil es irgendwo termingebunden ist.
Und dann habe ich natürlich im Laufe der Zeit, parallel dazu, zu dieser ganzen Arbeit, dieses Material abgecheckt, sowieso, was da ist. Und dann sagen wir mal, dann ist es ungefähr so, dass ungefähr die Hälfte von alldem... das kann ich schon mal vergessen. Und dann eine andere Hälfte – das frage ich dann wieder, also eigentlich wird das jetzt wiederholt. Nicht der Reihe nach, aber so dieses und jenes. Und dann möchte ich das nochmal sehen, und das ist dann sehr kompliziert, weil: Jeder soll es sich ja sehr gut merken, also irgendwo auch, das zu finden. Aber es funktioniert eigentlich relativ gut. Aber wenn ich es dann sehe, also so gebündelter dann inzwischen, weil da sind ja nicht mehr die Wartezeiten des Überlegens da. Es verkleinert sich im Grunde genommen. Also was dann – dieses Material wird eigentlich weniger. Obwohl es trotzdem viel zu viel ist, wird es weniger. Und dann: Alles, was ich dann überhaupt nicht brauche, ist erstmal weg. Und dann fang ich an, dann sag ich: Kannst du mal *dieses*, versuchen wir doch mal *das* mit *dem* zu verbinden. Mal gucken, was das ist, und dann gucken wir das an ob das... Oder dasselbe jetzt mal mit *dem*. Und dann plötzlich finde ich vielleicht etwas Kleines, das mir sehr viel bedeutet – nur zwei Dingelchen. Und dann fang' ich

ganz woanders an. Im Grunde genommen: Ich fang' überhaupt nie von vorne an. Ich arbeite nicht von vorne nach hinten, sondern irgendwo mit kleinen Teilchen, die dann irgendwie langsam so ein bisschen größer werden und die also irgendwo... Das setzt sich dann so zusammen, und das wächst dann so nach außen, das Stück. (Lacht) Und dann irgendwann weiß ich: Ach, jetzt müsste ich eigentlich... Also irgendwann ist es dann irgendwie auch... Hinterher habe ich – sagen wir mal – zehn Teile plötzlich. Also: das sind dann schon Riesenteile geworden. Und noch viele Einzeldingelchen oder sowas. Aber dann erst fange ich an, oder kann ich überhaupt überlegen, wie fang' ich denn überhaupt an. Dann erst. Also, bei mir geht das so.
Aber es gibt so viele Wege. Das ist mein Weg, nicht? Das heißt ja nun gar nichts. Das soll ja auch nicht... Ich kann das auch nur sagen... Das habe ich einfach... Ich musste das so machen, um es zu finden. Ich kann es leider nicht anders. Und ich bin *schrecklich* gründlich, *furchtbar* gründlich. *Schrecklich, entsetzlich* ist das, weil ich... *jedes* Ding drehe ich um und gucke. (Lacht) Ich mach's mir ganz schwer. Ich geh' da nicht einfach so... *ach*... Nee, *jedes* Ding... furchtbar!

Ruth Berghaus *konstatiert, dass dabei aber etwas ‚herauskomme'.*

Zuschauer: Vor Jahren, da hab' ich *Blaubart* in einem Fernsehmagazin... Das hab ich mit Freunden zusammen gesehen, und wir fanden das eigenartig und haben auch darüber gelacht, als der Mann das Tonband zurückgespult hat. Sie sagen selber, sie sind froh, dass die Leute auch lachen können über die Sachen. Und auf der anderen Seite sagen Sie, zeigen Sie, dass Sie ernst und kritisch sind, dass Sie nicht humoristisch sind, sondern dass sie auch die ernsten Seiten, auch die schrecklichen Dinge zeigen wollen.
Läuft man da nicht Gefahr, dass man falsch verstanden oder interpretiert wird oder etwas hineininterpretiert wird. Dass die Leute glauben, es gehört dazu, wie mit dem Eimer Wasser.

Pina Bausch: Na, das haben wir natürlich aufgeklärt, dass das nicht dazu gehört.

Ruth Berghaus *bemerkt, dass man in darstellenden Berufen grundsätzlich immer die ‚Gefahr' besteht, missverstanden zu werden.*

Pina Bausch: … Ja, immer, und wird dauernd missverstanden. Das kann ich gar nicht verhindern, weil irgendwann … Ich hab' mich schon sehr oft geärgert, aber inzwischen ärger' ich mich gar nicht mehr, weil ich mich überhaupt nicht mehr damit beschäftige. Wenn man anfängt, sich damit zu beschäftigen, dann hat man gar keine Zeit mehr zur Arbeit. (Applaus) Ja, es ist wahr, weil es frisst einen auf sonst.

Zuschauer: Wenn jetzt an irgendeiner Stelle rauskommt, dass das Publikum was gewollt hat, was gemeint hat, dass es versteht … Ihre Art, es zu interpretieren – das kann doch nicht sein, dass das Publikum völlig andere Gedanken, als Sie gehabt haben bei der Inszenierung des Stückes – wenn an einer Stelle rauskommt, dass es etwas völlig anderes dabei denkt. Verstehen Sie mich?

Ruth Berghaus *fragt Pina Bausch leise, ob sie antworten dürfe.*

Pina Bausch: Ja.

Ruth Berghaus *betont, wie wesentlich es sei, mit welcher Einstellung man in die Vorstellungen gehe: Ob man sich dafür offen zeige oder Vorurteile pflegen wolle. Nur durch wirkliche Offenheit könne man bei den Darbietungen „Genuss" empfinden und überhaupt Gefühle entwickeln. Vorgefasste Meinungen hingegen würden jegliche Empfindung verhindern.*

Zuschauer: Ich wollte Sie fragen: Es gibt doch sicher nach den Jahren, in denen Sie das machen, einen ziemlichen Erwartungsdruck von der Öffentlichkeit. Ist der genau so abzubauen in der Arbeit, wie wenn Sie sagen: Was sollen wir uns darum kümmern, wenn man uns nicht versteht, man muss einfach arbeiten. Das ist doch ein Markenzeichen mittlerweile: Pina Bausch – man erwartet doch bestimmte Dinge in der Öffentlichkeit. Immer die Männer mit dem Schlips und Kragen. Man weiß schon ungefähr, was …

Pina Bausch: … Aber das sind ja auch so Klischees, ne? So dumme.

Zuschauer: Aber ich meine: Die Presse, die Öffentlichkeit erwartet doch bestimmte Dinge. Können Sie da völlig raus, wenn Sie wollen? Und wollen Sie da raus? Sehen Sie 'ne Möglichkeit, das wegzuschieben in der Arbeit? Zu sagen, wir fangen immer wieder bei Null an?

Pina Bausch: Wir fangen immer wieder bei Null an.

Zuschauer: Geht das?

Pina Bausch: Ja. Das muss gehen, sonst stimmt es ja auch gar nicht.

Ruth Berghaus *hebt hervor, dass die Voraussetzungslosigkeit beim Beginn der Arbeit nur das eine sei, das andere aber die besondere Eigenart und Persönlichkeit von Pina Bausch, die sich in allem zeige und zum Audruck komme. Sie könne einfach gar nicht anders, weswegen sich daraus aber auch kein Rezept ableiten lasse. Andere würden es denn auch „anders machen" können, sollen, wollen.*

Zuschauerin: Ich wollte fragen: Wie wirkt sich die Arbeit in der Gruppe auf das Leben in der Gruppe aus? Ist es verwirrt, verändert die Arbeit die Gruppe auch? Welche Auswirkung hat das auf den Umgang miteinander, die Beziehung, und lebt man zusammen? Oder ist es so, dass, wenn die Probe zu Ende ist, geht man auseinander? Oder trifft man sich? Oder lebt man auch miteinander?

Pina Bausch: Nein, jeder macht eigentlich das, was er machen möchte. Manche tun sich zusammen, je nachdem. An sich ist ungefähr bis zwei [Uhr Probe] und dann ungefähr ab sechs, ungefähr bis zehn – irgendwas Fließendes. Und wir sind halt ganz, ganz viel zusammen in der Arbeit, aber darüber hinaus … Eigentlich hat jeder seinen Bereich oder das, was er …

Zuschauerin: Sie sind also nicht immer zusammen?

Pina Bausch: Wir arbeiten gerne zusammen, aber das ist auch … Wir sehen uns ja so oft. Wir sehen sehr gerne auch andere Leute (lacht), wir brauchen uns nicht, wir sehen uns ja genug! Das ist sehr schön, mit anderen Menschen zu sein.

Ruth Berghaus *bekräftigt Pina Bauschs letzten Satz und dankt herzlich für das Gespräch.* (Applaus)

1987

Anlass für die erste Reise des Tanztheater Wuppertal in die DDR war 1987 die 750-Jahr-Feier Berlins, für die in beiden Teilen der Stadt auch ein umfangreiches Kulturprogramm vorbereitet worden war. Über die Reaktionen des Publikums auf die Aufführungen in Berlin, Gera, Cottbus und Dresden berichtete die staatliche Nachrichtenagentur ADN unter anderem: „Erstmals in der DDR gab das Wuppertaler Tanztheater Pina Bausch am Mittwoch im Berliner Metropol-Theater ein vielumjubeltes Gastspiel. Das in vielen Ländern bekannte Ensemble mit derzeit rund 40 Mitgliedern stellte *1980 – Ein Stück von Pina Bausch* vor."
In Berlin gab Pina Bausch ein Interview für die Wochenzeitung „Sonntag". Ingrid Seyfarth, eine der profiliertesten Theaterkritikerinnen der DDR, nutzte die Gelegenheit, ihren Lesern ein grundsätzliches Bild der Arbeit des Tanztheater Wuppertal zu vermitteln.

Ich bin das Publikum

Sonntag. Unabhängige Wochenzeitung für Kunst und modernes Leben,
Berlin (Ost), 28. Juni 1987
Gesprächspartnerin: Ingrid Seyfarth

Ingrid Seyfarth: Wie entstand und wuchs Ihre Vision von einem Theater der Gefühle, das die Grenzen der Kunstgattungen überschreitet, mit allen Genres arbeitet? Ein totales Theater, bei dem der ehrlich seine Empfindungen mitteilende Darsteller und nicht ein technischer Riesenapparat vorherrscht. Waren Sie unzufrieden mit der Situation des Tanzes, der Tänzer? Reichen Bewegung und Musik, in welchem Verhältnis sie auch immer zueinander stehen, welche Schule oder Stilrichtung sie bedienen, heute nicht mehr aus, um sich mitzuteilen?

Pina Bausch: Es hatte nichts mit Unzufriedenheit zu tun. Ich habe nie gedacht, daß ich etwas gegen das klassische Ballett unternehmen müßte, denn ich habe mich selbst lange und sehr gern in dieser Form bewegt. Eigentlich hatte ich auch nie gedacht, Choreografin zu werden. Als ich dann doch begann, war der Grund, daß ich etwas tanzen wollte, das ich fühlte, das mit mir zu tun hat. Das habe ich gemacht, weil ich glaubte, es machen zu *müssen*, nicht aus der Ablehnung. Ich kann nicht genau sagen, was das ist. Ich wollte nicht reden, nicht schreiben, sondern mich ausdrücken, wie ich es vermag. Man hat so viele starke Gefühle in sich, von denen man nicht weiß, was das genau für Kräfte sind. Diese Kräfte wollte ich einsetzen, sie dabei ergründen, in mich hineinhören. Daher kam es, daß ich anfing. Und weil mir das dann viel Spaß gemacht hat und sich andere, die auch etwas tun wollten, mir angeschlossen haben, arbeitete ich weiter.

Als ich dann viel später vom Wuppertaler Intendanten Arno Wüstenhöfer das Angebot bekam, dort eine Gruppe zu leiten, wollte ich das eigentlich nicht. Ich hatte eine unheimliche Angst, daß ich das nicht kann. Ich hatte ja das klassische Ballett studiert, die europäische Folklore, verschiedene moderne Tanzstile... Das hatte immer so zu sein und nicht anders, das war immer von anderen vorausgedacht und mußte erfüllt werden. Als ich dann anfing, Stücke zu machen, ging es darum, Formen, Bilder zu finden für etwas, was mit mir zu tun hatte, mit Dingen, die mich beschäftigten, die ich weiß. Weniger mit dem Intellekt weiß. Die ich mir, die wir uns alle erst während der Arbeit bewußt machen. Zu einem Teil vielleicht, sicher nur einem kleinem. Unsere Quelle ist die Wirklichkeit, das Leben, nicht die Kunst. Die Dinge sind entstanden, weil ich nie etwas ganz Bestimmtes sagen will. Ich habe am Anfang nur Fragen, die versuchen wir uns gemeinsam zu beantworten. Dabei arbeiten wir nicht von vorne nach hinten, sondern beginnen irgendwie mit kleinen Teilchen, die wir zusammensetzen, sehr vorsichtig. Ich schöpfe in dem Moment, indem ich gerade lebe, zu einer anderen Zeit sieht das vielleicht anders aus. Die schwerste Arbeit ist es, am Ende die Teile zusammenzusetzen, immer wieder auszusortieren, weil sonst die Stücke zu viele Stunden dauern würden. Trotzdem nehmen wir uns Zeit für unsere Arbeit, weil wir im Leben alles so verknappt und schnell tun.

Ingrid Seyfarth: Aber am Anfang ist doch das Thema. Wird es von Ihnen vorgegeben? Es fällt auf, daß es immer wieder menschliche Grundfragen berührt, daß es mit Kindheit und Tod, Liebe und Haß, Erinnerung und Vergessen, immer wieder mit menschlicher Deformation und Verletzung vor allem in der Mann-Frau-Beziehung, daß es viel mit Ängsten zu tun hat. Aber es deprimiert nicht, weil es mögliche Schönheiten von Gemeinsamkeit entstehen läßt.

Pina Bausch: Das Thema ist da. Aber nicht in dem Sinne, daß ich es habe und aufschreiben kann. Es ist in mir, in uns, in dieser ganz bestimmten Zeit. Im Moment des Suchens sind wir dann nicht Tänzer und Choreografen, sondern Menschen. Daß wir das Handwerk beherrschen, spielt dabei zunächst einmal keine Rolle. Ich will keine Geschichte erzählen, weil wir uns hinter ihr verstecken könnten, anonym wären. Unsere Themen, Motive haben mit Wünschen zu tun. Damit, daß wir alle geliebt werden wollen. Und wenn ich in *1980* frage, wovor wir Angst haben, dann deshalb, weil wir alle Angst *haben*. Jeder vor etwas anderem. Die Worte und Sätze kommen dann von jedem von uns. Sie sind entstanden in vielen Gesprächen, vielen Stunden und Tagen, weil etwas Bestimmtes ausgedrückt werden soll. Das ist in jedem Stück anders. Aber es geht ja auch nicht um die Worte, nicht darum, ihren Anteil abzuwägen, sondern um das, was daraus entsteht an Beziehungen auf der Bühne. Wo fängt Tanz an, wo hört er auf...

Ingrid Seyfarth: Sie haben vor 14 Jahren Ihr Tanztheater nicht in einer der traditionellen Kunstmetropolen der BRD gegründet, sondern in Wuppertal. War das bereits Programm? Wie hat das dortige Publikum Ihre Arbeit angenommen, es ist ja der wichtigste Adressat, auch wenn Sie ein Drittel der jährlich 100 Vorstellungen bei Tourneen in aller Welt zeigen?

Pina Bausch: Wuppertal war nicht Programm sondern Realität, weil mich Wüstenhöfer unbedingt wollte, an mich glaubte und uns die besten Bedingungen bot, mir vertraut hat, mich wirklich machen ließ. Die Stadt liegt sehr günstig, in der Nähe von Köln, Frankfurt, Düsseldorf und Holland. Da kamen zunächst viele Besucher von außerhalb, die sich für so eine Art von Arbeit interessiert haben. Sonst hätten wir unser Programm vielleicht nicht durchführen können. Aber heute noch gibt es in Wuppertal – auch bei den Gastspielen – Begeisterung wie Ablehnung, eng nebeneinander.
Das einzige was ich tun kann, weil ich ja „das Publikum" nicht kenne, ist: *Ich* bin das Publikum, wenn ich ein Stück mache. Ich bin das Thermometer. Was ich fühle, sehe, woran ich Spaß habe oder was mir Angst macht, das zeigen wir dann. Und das Interessante ist, daß bei aller Unterschiedlichkeit die Gefühle unheimlich identisch sind. Bei denen, die sich für so eine Art Arbeit interessieren, ensteht meist viel Gemeinsamkeit, Liebe, Respekt. Aber ich kann nicht für alle sprechen. Die Stücke sind ja auch so gemacht, daß jeder im Publikum sein Eigenes suchen und vielleicht finden kann. Der Zuschauer wird selbst kreativ in dem Zustand oder der Bewegung, oder in der Stimmung, in

der er sich gerade befindet. Beim erstenmal sind die meisten Zuschauer irritiert; eigentlich sind die Stücke auch nicht für einmal gucken gedacht.

Ingrid Seyfarth: Was ist für Sie der ideale Typ des Tänzers, disponiert für Ihre Arbeit? Erwarten Sie den aktiven Mitarbeiter oder den naiven Ausführer Ihrer Intentionen? Wie ist die Gruppe entstanden, die so viel über Zeitgefühl, über Menschen in dieser Zeit zeigen kann?

Pina Bausch: Ja, wenn ich das alles wüßte. Ich bin oft nach Kriterien befragt worden, aber das ist nicht meßbar, etwas schwer Definierbares. Ich hoffe, ich habe gute Tänzer. Aber das allein würde nicht genügen. Ich glaube, es sind alles Menschen, die Menschen lieben. Die entsetzlich traurig sind, aber auch ganz viel Humor haben. Sie sind auch so etwas wie schamhaft. Sie haben alle große Wünsche, sie wollen mit der Kraft, die sie haben, etwas anfangen. Wichtig ist, daß ich neugierig bin, von ihnen lernen kann. Manchmal nur durch ihre bloße Gegenwart, wenn ich merke, daß ich fühle wie sie. Viele Dinge werden erst durch die Zusammenarbeit bewußt.
Da ist so ein Instinkt, den ich habe. Man muß ja erahnen, wie einer in der Gruppe aussieht, auch in den vielen Stücken, die inzwischen in unserem Repertoire sind. Es dauert ja oft Jahre, bis jemand ganz in die Gruppe gehört, in ihr aufgeht. Und es ist bei uns auch keine Altersfrage, wann einer aufhört; natürlich dann, wenn er ein körperliches Problem hat oder sich verändern will. Ich finde es schön, daß es bei uns so viele unterschiedliche Menschen gibt. Kleine, Dicke, Große, Ältere, und die Menschen vieler Nationalitäten bringen sehr Unterschiedliches mit. Ich finde sie alle schön und mag sie unheimlich. Egal, wie einer privat aussieht, plötzlich ist er auf der Bühne so schön, plötzlich stimmt alles mit ihm und um ihn herum, und man denkt, so muß es sein, man empfindet mit ihm. Und das hat ja mit mehr zu tun als nur mit Äußerlichkeiten wie Maßen, Gewicht und sogenannten Idealvorstellungen von Tänzern.

Ingrid Seyfarth: Sie haben mal gesagt, daß Sie beim Tanz das Warum, den Anlaß, immer öfter vermißt haben. Warum also tanzt man?

Pina Bausch: Ich meinte nicht, daß es grundsätzlich so ist. Aber oft geht es nur darum, wie hoch das Bein ist, dabei wird ein ganz bestimmter Ehrgeiz entwickelt. Natürlich ist die Technik sehr, sehr schwer. Es gibt auch immer wieder klassische Tänzer, die einen plötzlich ansprechen, ungeheuer empfinden lassen über eine Geste, über ihre Musikalität. Wir wissen ohnehin zu wenig darüber, wodurch wir angesprochen werden, was da für Dinge passieren mit Tönen, mit Berührung. Ich glaube, daß auch im klassischen Tanz Phantastisches passieren kann, wenn etwas zusammenkommt, was dieses Warum plötzlich beantwortet. Aber es sind immer nur ganz wenige, die uns das fühlen lassen.

Ingrid Seyfarth: Maurice Béjart hat Sie kürzlich, in einem Interview mit unserer Zeitung (22/87), als „große Fortsetzerin der Arbeit der drei Schöpferinnen des modernen Tanzes" – Isadora Duncan, Mary Wigman und Martha Graham – bezeichnet. Worin sehen Sie Gemeisamkeiten, worin die Forsetzung der Arbeit?

Pina Bausch: Das sind unglaubliche Personen. Aber es ist unheimlich schwer zu sagen, ob und was es da Gemeinsames gibt. Möglicherweise, daß wir aus der Wirklichkeit schöpfen, nicht aus schon geformter Wirklichkeit, aus Kunst. Sie zählten nur Frauen auf, ich denke da auch an meinen Lehrer Kurt Jooss und an Menschen aus den anderen Künsten. Von ihnen einzelne hervorzuheben würde mir schwerfallen. Das wichtigste ist, man muß selber finden, wo man hingehört, wie man ehrlich arbeiten kann, wie man das, was man in sich und mit anderen hört und erspürt, darstellen kann. Und: daß die Menschen immer den großen Respekt empfinden, den wir vor ihren Gefühlen haben, vielleicht mit uns atmen können. Da ist es nicht wichtig, darüber nachzudenken, *wen* man fortsetzt. Ich glaube, das ist für Frau Graham auch nicht so interessant.

1990

Auch Stücke, die nach Aufenthalten in anderen Ländern entstanden, wurden in der Regel zuerst in Wuppertal uraufgeführt – häufig noch ohne Namen. Erst danach kehrte das Ensemble damit in jene Städte zurück, die Pina Bausch und ihre Tänzerinnen und Tänzer dazu inspiriert hatten. So auch im Winter 1989/1990, als *Palermo Palermo* zunächst am 17. Dezember in Wuppertal und dann auf Sizilien Premiere hatte – die zweite internationale Koproduktion überhaupt, und, wie schon 1986 bei *Viktor* und Rom, wieder mit einer italienischen Stadt. Der Journalist Veit Mölter, Italienkorrespondent verschiedener deutscher Blätter, war zur Premiere im Teatro Biondo nach Palermo gefahren, um darüber zu berichten und mit Pina Bausch zu sprechen.

Alle meine Informationen entstammen dem Gefühl

Westfälische Rundschau, 4. Januar 1990
Gesprächspartner: Veit Mölter

Veit Mölter: Eine Stadt als Stimulans und Katalysator: *Palermo Palermo* könnte mit gleichem Recht auch „Pina Pina" heißen, so stark ist Ihre Handschrift.

Pina Bausch: Durch diese Arbeit sind unglaublich viele Dinge zustande gekommen oder vertieft worden, die vorher im Ansatz vorhanden waren. Um von der Musik zu sprechen: Mein Interesse ist in den vergangenen Jahren in den Süden gerutscht, nur daß ich keine Ahnung davon hatte. Mir sind hier viele Dinge bewußt geworden.

Veit Mölter: Wie kam Ihr Palermo-Bild zustande? Gut, Sie waren im Vorjahr drei Wochen mit dem Ensemble hier, aber über Sizilien gibt es auch brillante Bücher wie Lampedusas *Leoparden* ...

Pina Bausch: Ich muß alles aus meinem Kopf tun; was ich gelernt habe, hilft mir nichts – kein Buch, kein Film. Das ist eine unheimlich präzise, schwere Arbeit mit Gedanken und Gefühlen. Man ist ganz offen für Einflüsse, Eindrücke. Bücher geben Information über Zurückliegendes, das wohl wieder mit der Gegenwart zusammentreffen kann. Aber wir leben jetzt, können nichts nachmachen, sondern müssen selber fühlen.

Veit Mölter: Gefühle – klingt das nicht mehr nach Bauch?

Pina Bausch: Es ist erstaunlich: Man denkt mit dem Gefühl. Es ist untrüglich, so exakt! Immer wieder stellt sich dasselbe Gefühl ein. Meine ganzen Informationen stammen daher, und das Gefühl ist auch der Nenner, von dem man ausgeht, um etwas gemeinsam zu unternehmen und zu versuchen. Das finde ich so wichtig, weil im Unterbewußtsein was ganz anderes vor sich geht als im Bewußtsein.

Veit Mölter: Haben Sie deshalb Palermo-Klischees wie die Mafia ausgeklammert?

Pina Bausch: Ich weiß, wo ich bin. Aber in Palermo gibt es nicht nur die Mafia, sondern viel mehr. Außerdem bin ich nicht kompetent, um über so große Probleme zu sprechen.

Veit Mölter: *Palermo Palermo* beginnt mit dem Einsturz einer mächtigen Mauer. Das deutsche Publikum denkt an Berlin, das italienische an die Mafia …

Pina Bausch: Das kann jeder nur für sich beantworten, und ich finde es nicht richtig, mit zwei oder drei Sätzen die Mauer zu erläutern. Das Stück läßt sich nicht in Einzelteile zerlegen – sogar jeder Zuschauer, also auch ich, gehört dazu. Die Mauer ist für jeden an jedem Tag etwas anderes.

Veit Mölter: Eben. Für Palermos mutigen Bürgermeister Orlando ist sie die Mauer, die Sizilien von Europa trennt und durch die Kultur aus dem Lot kippt.

Pina Bausch: Von ihm kam die Frage, ob ich Lust hätte, ein Stück über Palermo zu machen. Ich habe sehr spontan zugesagt.

Veit Mölter: Bei der Vorpremiere in Wuppertal beklagten die Kritiker, *Palermo Palermo* sei noch unausgereift.

Pina Bausch: Inzwischen haben sich verschiedene Dinge gefestigt, im ersten Akt sind Kleinigkeiten, im zweiten größere Szenen hinzugekommen. Ich wollte noch mehr einfügen, aber in Wuppertal konnten wir nicht mehr auf die Bühne, und auch hier gab's Schwierigkeiten. Es ist ja kein einfaches Stück.

Veit Mölter: Eine weitere Kritik lautet, Sie würden sich wiederholen. In den Gesten…

Pina Bausch: Eine Wiederholung ist für mich einfach eine Wiederholung, und jede hat ihren Sinn, weil immer etwas ganz anderes und nie dasselbe entsteht.

Veit Mölter: … und in den Themen.

Pina Bausch: Sie sind oft ähnlich, aber immer gibt es da einen neuen, anderen Aspekt. Weil immer alles im Jetzt spielt und die Zeit fließt, so wie die Leute im Ensemble wechseln. Es ist alles unendlich. Das hat was zu tun mit dem Bild, das ich suche; daß ich weiß, was ich suche.

1990

Nach der Aufführung von *Palermo Palermo* im Teatro Biondo der sizilianischen Hauptstadt erschienen die Interviews, die Veit Mölter mit Pina Bausch geführt hatte, in zwei verschiedenen deutschen Tageszeitungen. „Ich fand's sehr herzlich, ich bin erleichtert", wird sie darin jeweils im Vorspann zitiert. Die beiden gedruckten Gespräche enthielten zum Teil gleiche, zum Teil unterschiedliche Fragen und Antworten zur Stadt Palermo als Inspirationsquelle wie zur Abgrenzung von explizit politischen Motivdeutungen. Aus diesem Grund sind hier beide Fassungen dokumentiert.

Die Mauer ist jeden Tag für jeden anders

Abendzeitung, München, 12. Februar 1990
Gesprächspartner: Veit Mölter

Veit Mölter: Eine Stadt als Stimulans und Katalysator: *Palermo Palermo* könnte auch „Pina Pina" heißen …

Pina Bausch: Durch diese Arbeit sind unglaublich viele Dinge zustandegekommen oder vertieft worden, die vorher im Ansatz vorhanden waren. Um von der Musik zu sprechen: Mein Interesse ist in den vergangenen Jahren in den Süden gerutscht, nur daß ich keine Ahnung davon hatte. Mir sind hier viele Dinge bewußt geworden.

Veit Mölter: *Palermo Palermo* beginnt furios mit dem Einsturz einer mächtigen Mauer. Das deutsche Publikum denkt an Berlin, das italienische an die Mafia …

Pina Bausch: Das kann jeder nur für sich beantworten, und ich finde es nicht richtig, mit zwei oder drei Sätzen die Mauer zu erläutern. Das Stück läßt sich nicht in Einzelteile zerlegen – sogar jeder Zuschauer, also auch ich, gehört dazu. Die Mauer ist für jeden an jedem Tag etwas anderes.

Veit Mölter: Aber hinter der kaputten Mauer tut sich eine weitere mit vermauerten Fenstern auf, türmt sich der Abfall, in dem ein hungriger Hund wühlt; es regnet Erde vom Himmel – Ihre Erinnerung an einen Scirocco-Sturm voller Sahara-Sand.

Pina Bausch: Auch das Schreckliche gehört zu dieser Arbeit. Ich bin intuitiv und neugierig wie ein Kind, besitze kein Schema. Manchmal geht man irgendwo hin, weil es einem jemand gesagt hat. Dann gibt es den Zufall und Dinge, wo man sagt, ich hab' sie gar nicht gemacht. In den Leuten hier steckt eine Kraft, die überströmt. Man hat so viel gehört von Sizilien: Daß die Menschen verschlossen sind und man sie nicht berühren kann. Vielleicht stimmt das, aber es stimmt auch überhaupt nicht. Wir haben eine ganz andere Erfahrung gewonnen.

Veit Mölter: In *Palermo Palermo* findet, wie in allen Ihren Stücken, der Krieg der Geschlechter statt. Mit dem Unterschied, daß der Akzent zugunsten der Sizilianerinnen verschoben ist. Sie fordern die Männer und treten nach ihnen.

Pina Bausch: Stimmt, aber es könnte genauso gut anders sein. Es hat sich bloß so ergeben, weil die Männer der Company auf eine unheimlich schöne Weise reagierten. Weil sie auf gewisse Probleme der Frauen so schwer eine Antwort finden können, versuchen sie, sich in Humor und Komik zu retten – eine Lösung ist auch, wenn man lachen kann. Manchmal war ich ganz traurig darüber, aber ich denke, daß auch eine gewisse Zärtlichkeit in diesem Verhalten steckt.

Veit Mölter: Ihre Sizilianerin wirkt sinnlich.

Pina Bausch: In Palermo gibt es Frauen, die man auf dem Balkon sieht, stolze Schönheiten auf der Straße, ganz kleine Mütterchen, die irgendwo einkaufen. Es gibt jede Farbe, jede Sparte, und trotzdem heißt das auch, daß man sich selbst fragen muß. Man kann nicht einige von ihnen auf die Bühne stellen und Realismus machen – das sieht lächerlich aus. Aus ihrer Umgebung gerissen, sind sie ganz anders. Nein, man muß eine neue Figur erfinden.

Veit Mölter: Bei der Uraufführung in Wuppertal beklagten manche Kritiker, Sie würden sich wiederholen. In den Gesten …

Pina Bausch: Eine Wiederholung ist für mich einfach eine Wiederholung, und jede hat ihren Sinn, weil immer etwas ganz anderes und nie dasselbe entsteht.

Veit Mölter: ... und in den Themen?

Pina Bausch: Sie sind oft ähnlich, aber immer gibt es da einen neuen, anderen Aspekt. Weil immer alles im Jetzt spielt und die Zeit fließt, so wie die Leute im Ensemble wechseln. Es ist alles unendlich. Das hat was zu tun mit dem Bild, das ich suche; daß ich weiß, was ich suche.

Veit Mölter: Da werden auch ganz simpel Geschichten erzählt, die manche für überflüssig halten.

Pina Bausch: (lachend) Man sagt, daß ich in meinen Stücken zuerst erzähle, worum es geht. Dann passiert das, worum es geht. Und dann wird erzählt, worum es ging. Das ergibt sich spontan. Man kann es weglassen. Man kann auch das ganze Stück weglassen. Ich mag halt die Tänzer so gerne. Und wenn mir einer eine Geschichte so schön erzählt, möchte ich sie auch haben.

Veit Mölter: Was bedeutet *Palermo Palermo* für Ihr Schaffen? Sie haben jetzt ein ähnliches Angebot für Barcelona.

Pina Bausch: Wir haben hier getankt, aus einen Bach getrunken. Es ist ja nicht nur Palermo. Es ist einfach das passiert, was auch sonst passiert, irgendwo. Danach weiß man nicht, wo das hingeht. Das fließt weiter.

1990

Der Buchautor, Kritiker, Choreograf und Mitgründer des Magazins „Ballett International", Norbert Servos, zählt zu den konsequentesten und kompetentesten Begleitern der Arbeit von Pina Bausch und dem Tanztheater Wuppertal. In zahlreichen Gesprächen dokumentierte Servos nicht nur die Entwicklung von Choreografin, Tänzerinnen, Tänzern und der sich ständig verändernden gemeinsamen Arbeit an den Stücken. Er interessierte sich immer wieder auch für die Details: für die Pflege des Repertoires, für die Bühnenbilder, die Kostüme, die Musiken und den Prozess, all diese Elemente schließlich zusammenzuführen. Die Erstpublikationen seiner Interviews konnten nicht in allen Fällen lokalisiert werden, so dass sie hier nach Publikationen wiedergegeben werden, die teilweise mehrere Jahre nach den Gesprächen erschienen sind. Näheres dazu im Editorischen Bericht und im Quellennachweis.

Tanz ist die einzig wirkliche Sprache

Interview mit Norbert Servos, 16. Februar 1990
aus: Norbert Servos: *Pina Bausch – Wuppertaler Tanztheater oder Die Kunst, einen Goldfisch zu dressieren.* Seelze-Velber 1996, S. 304-306

Norbert Servos: Wenn ich mich an die Anfänge zurückerinnere, gab es sehr heftigen Widerstand gegen die Arbeit des Wuppertaler Tanztheaters, vom Publikum, zum Teil auch von der Presse. Wie hält man das aus, gegen solche Widerstände zu arbeiten?

Pina Bausch: Widerstand betraf immer bestimmte Leute, bestimmte Gruppen, der war nicht generell. Es war nicht so, daß da überhaupt niemand war, der eine solche Arbeit respektierte. Manchmal ist das natürlich schwierig gewesen; aber wenn man ein Stück macht, dann kann man nicht fragen: Welchem Publikum gefällt das? Publikum setzt sich ja aus ganz vielen verschiedenen Menschen zusammen. Also welches Publikum? Für wen? Das weiß man nicht. Ich kann nur versuchen zu zeigen, zu sagen und zu finden, was mir am Herzen liegt. Das ist das Entscheidende: Was man sagen möchte. Das finde ich schon so schwierig, daß jemand das richtig formuliert oder ahnen läßt, worum es geht, daß man sich ohne Worte verständigt, durch Taten. Das sind immer Dinge, wo man vielmehr ahnt, was dahinter ist. Aber das ist etwas absolut Konkretes. Es ist das einzige Maß, das man hat: Das zu erreichen, was man sucht, es in eine Form zu bringen.

Norbert Servos: Manchmal waren die Reaktionen aber doch sehr böse.

Pina Bausch: Es war oft ein Mißverständnis, weil Leute manchmal dachten, ich wollte irgendeinen herausfordern oder irgendeine Art von Kritik üben. Ich wollte gar keinem weh tun. Wenn sich da jemand verletzt fühlte, dann lag das einfach in der Sache.

Norbert Servos: Sie haben nie daran gedacht aufzuhören?

Pina Bausch: Manchmal habe ich schon daran gedacht, etwas anderes zu machen, aber auch da war nie das Publikum der Grund. Nie. Was ich mache, ist ja für ein Publikum. Das war nie der Grund, wenn ich mal Anwandlungen von Verzweiflung hatte.

Norbert Servos: Am Anfang war es sicher auch für die Tänzer nicht leicht umzulernen, eine Arbeitsweise zu entwickeln, bei der man sich zeigen muß.

Pina Bausch: Am Anfang ist es sicher sehr schwierig gewesen. Das Wort tanzen war verbunden mit ganz bestimmten Begriffen. Daß der Tanz in einer anderen Form stattfindet, ist ganz schwer zu begreifen. Es ist ja nicht so, daß Tanz eine bestimmte Technik ist. Das wäre eine wahnsinnige Arroganz zu glauben, so vieles andere wäre kein Tanz. Außerdem glaube ich, daß ganz viele sehr einfache Dinge nur ein sehr guter Tänzer tun kann. Das ist alles sehr delikat. Ich frage ja nie etwas Privates; ich frage etwas Genaues. Wenn ein Tänzer das beantwortet, ist das etwas, das wir alle haben. Wir wissen darum, aber nicht vom Intellekt her.

Norbert Servos: Aber es war ein ganz anderer Vorgang, Fragen zu stellen. Bis dahin bedeutete zu choreographieren, daß ein Choreograph da steht und die Schritte zeigt.

Pina Bausch: Die Schritte zeige ich auch. Das ist etwas, das ich erarbeite. Das gehört genauso zum Arbeitsmaterial wie die vielen Varianten, die dazu kommen: die vielen Bewegungen, die Gesten … Das klassische Ballett, das waren früher auch Gesten. Das waren nicht nur einfach Bewegungen, von denen viele Tänzer heute gar nicht mehr wissen, woher sie kommen.

Norbert Servos: Inzwischen hat sich das Publikum sehr verändert. Bei Premieren gibt es oft Szenenapplaus. Man kommt nach Wuppertal, weil das Tanztheater berühmt ist.

Pina Bausch: Ich kann nicht für ein Publikum sprechen, aber die

Arbeiten haben eigentlich nichts damit zu tun. Ich freue mich darüber, wenn ich merke, die Leute haben verstanden, worüber ich sprechen möchte. Da ist gar kein Buh angebracht. Jeder ist ja ein Teil der Aufführung: Um zu gucken, was man denkt, was man fühlt oder welche Sprünge da manchmal im Kopf passieren. Wenn dann ein Mensch fühlt, daß wir uns getroffen haben, finde ich das sehr schön. Aber Beurteilung von Choreographie – darum geht es doch gar nicht. Es geht um eine Menschlichkeit. Es gibt ja keine Effekte; es ist nichts auf der Bühne, was nicht dorthin gehört. Jedes Ding hat einen Zweck. Es ist alles weggelassen. Nicht, daß ich nicht auch andere Dinge machen könnte. Es ist bewußt auf alles verzichtet.

Norbert Servos: Haben Sie nicht manchmal Lust, wieder ein Stück ganz aus der Bewegung zu schöpfen?

Pina Bausch: Ich glaube, daß sich das ganz alleine entwickelt. Ich habe immer Lust zu bewegen. Vielmals ist es so gewesen, daß da sehr viel Bewegung war; und aus irgendeinem Grund habe ich das immer mehr reduziert und es nur da gelassen, wo es stimmt. Oder der Tanz passiert so, daß man es gar nicht merkt. Es ist immer, wie es aus der Not oder aus der Lust passiert. Nicht, daß man denkt: Ich bin Choreograph, jetzt sollte man mal wieder tanzen. Das sind keine Kriterien. Der Tanz ist ja viel zu wichtig. Bloß sehe ich viel mehr Sachen als Tanz an.

Norbert Servos: Was gehört alles dazu?

Pina Bausch: Es kann fast alles Tanz sein. Es hat mit einem bestimmten Bewußtsein, einer bestimmten inneren, körperlichen Haltung, einer ganz großen Genauigkeit zu tun: Wissen, Atmen, jedes kleine Detail. Es hat immer etwas mit dem Wie zu tun. Es gibt so viele Dinge, die sind Tanz, auch ganz gegensätzliche Dinge. Tänze sind auch aus Nöten entstanden, nicht nur aus Freude, aus ganz verschiedenen Umständen. So leben wir auch heute in einer ganz bestimmten Zeit, in der der Tanz richtig geboren werden muß. Sicher nicht aus eitlen Gründen.

Norbert Servos: Sie haben einmal gesagt, die Stücke erscheinen heute viel komischer, das habe man früher nicht so gesehen.

Pina Bausch: Man hat nie gedacht, daß ich Humor habe. Man hat einfach übersehen, daß alles viel vielschichtiger ist. Aber die Stücke sind wie Musiken: Sie sind nicht für einmal Gucken gemacht. Ich sehe die Stücke ganz oft und weiß, wie verschieden das ist, was einem da passieren kann, wie jede kleine Nuance etwas verändert.

Norbert Servos: Kann es nicht sein, daß man vieles früher schockierend fand, weil man es so noch nicht gesehen hatte?

Pina Bausch: Das war der erste Blick. Aber das hat auch etwas mit der Haltung zu tun, warum man Humor überhaupt hat. Ich glaube, ich bin ein unheimlich realistischer Optimist. Nicht einfach irgendeiner. Aber das ist die einzige Realität, die es gibt: über ein Verständnis zu reden. Der Humor hat etwas mit einer Kritik, aber auch mit einer Liebe zu tun. Das ist etwas ganz Feines, worüber man gemeinsam lächeln könnte – etwa ein Wissen darum, wie schwer es ist. Das ist für mich etwas Reales, zumindest nicht etwas Utopisches. Viele Dinge finde ich gar nicht optimistisch, weil sie gar nicht da sind. Es ist nur ein Traum. Das kann auch ganz schön sein; aber es kommt darauf an, wie man arbeitet. Ich arbeite an etwas, das mit dieser Zeit zu tun hat.

Norbert Servos: Mittlerweile ist das Wuppertaler Tanztheater ein Klassiker geworden. Ist das auch eine Last?

Pina Bausch: Das ist halt eine sehr, sehr schwere Arbeit. Das ist es immer gewesen und ist es nach wie vor: diese Ständigkeit, auch diese Stücke zu pflegen. Manchmal ist es schwirig, diese Kraft aufzubringen, daß die Lust wieder überwiegt.

Norbert Servos: Was bedeutet für Sie Erfolg?

Pina Bausch: Das Wort Erfolg – darüber denke ich nicht nach. Erst einmal denke ich, es ist schon ein großes Wunder, daß wir mit so einer Arbeit durch die ganze Welt reisen – wie man sich überall berührt, daß man sich wirklich treffen kann. Das ist wirklich wunderbar, daß eine solche Arbeit nichts mit Grenzen zu tun hat, daß sich die Menschen begreifen können. Gleichzeitig ist es für mich eine Möglichkeit, lernen zu dürfen: Lebensweisen, Musiken, Tänze... Auch zu sehen, wie durch solche Stücke Energien dorthin gehen, wo es einen positiven Sinn macht. Es bewegt etwas. Das ist etwas Genaues, die Sprache, die da gesprochen wird. Wir versuchen mit unserem Kopf zu begreifen, was immer schon verstanden wird, ganz genau. Das ist die einzig wirkliche Sprache.

Es stellen sich ja immer genau die gleichen Sachen ein, bei der gleichen Musik, an der gleichen Stelle. Das ist etwas ganz Genaues, bloß ist es nicht zu sehen.

Norbert Servos: Sie sind jetzt seit 17 Jahren in Wuppertal, haben Sie keine Angst, daß die kreativen Quellen einmal versiegen könnten?

Pina Bausch: Eigentlich nicht. Das ist nicht schwieriger als vorher. Das kommt ja irgendwoher, und wir wissen gar nicht, woher. Irgend etwas darin ist auch unendlich. Das kann ich nur an meiner Lust sehen. Wenn ich Lust habe, ist alles in Ordnung. Diese Prozesse, diese Tiefen passieren eigentlich bei jedem Stück. Das ist immer so gewesen. Immer wenn ich ein Stück gemacht habe, habe ich Lust, sofort danach noch eines zu machen. Dann scheitert es an den Gegebenheiten. Erst einmal sind wir alle ganz müde, oder die Vorstellungen sind geplant... Aber man müsste eigentlich direkt weitermachen.

Norbert Servos: Bleibt bei all der Arbeit noch Zeit für ein Privatleben?

Pina Bausch: Das ist alles so ineinandergewoben, da weiß ich nicht, wo das eine anfängt und das andere aufhört. Das ist einfach mein Leben. Das ist ganz schwierig, aber ich muß es so machen.

Norbert Servos: Sie vermissen nichts?

Pina Bausch: Ab und zu möchte ich schon ein bißchen mehr Zeit haben. Aber auf der anderen Seite habe ich dann so einen Drang, dann möchte ich auch etwas tun. Und ich bin sehr gern in anderen Ländern. Ich bin erstaunt, daß ich mich in so vielen Ländern gut fühle.

Norbert Servos: Es gibt kein Heimweh?

Pina Bausch: Ich weiß nicht, ob Heimweh nicht zugleich auch Fernweh ist. Manchmal denke ich, es ist dasselbe. Ich komme gerne zurück, und ich gehe auch gerne weg. Aber diese Sehnsüchte, die man hat...

Norbert Servos: Sind die zu benennen?

Pina Bausch: Ich werde mich hüten, das zu benennen. Das kann man doch wohl in allen Stücken sehen. Da müßte ich ja Dichter sein, um das wieder ahnen zu lassen.

1990

Zwischen Oktober 1987 und April 1988 drehte Pina Bausch mit *Die Klage der Kaiserin* in und um Wuppertal ihren ersten und einzigen, Spielfilm (Länge 108 Minuten). Wie schon ihre Stücke für die Bühne erzählt auch der Film keine kohärente Geschichte; er entspricht vielmehr dem Collageprinzip von Pina Bausch und reiht – fast ohne Text – traurige, lustige, befremdliche Szenen aneinander. „Ein großes, nie weinerliches, oft sanft komisches Lamento über die Welt, das Leben – also über dich und mich", beschrieb der Kritiker Rolf Michaelis in der Wochenzeitung „Die Zeit" seine Eindrücke. „Anderes, neues, ungewohntes, befremdendes, unerklärliches Sehen zwingt zum Nachdenken – und schon beginnen die verwunderlichen Bilder im Kopf des Zuschauers zu gären, gewinnen frische Energie und neues Leben – in jedem ein anderes." Von den Fernsehsendern ZDF (Deutschland), Channel Four (Großbritannien) und La Sept (Frankreich) unterstützt, entstanden eine für die Ausstrahlung gedachte Videofassung und eine Fassung auf 35-Millimeter-Filmmaterial. Nach den Schnittarbeiten war der Film ab 8. März 1990 in den deutschen Kinos zu sehen. Seine Uraufführung hatte er drei Wochen zuvor erlebt: am 17. Februar, beim Internationalen Forum des Jungen Films im Rahmen der 40. Internationalen Filmfestspiele Berlin. Zu diesem Anlass erschien ein vierseitiges Informationsblatt, das neben technischen Daten, Besetzung und dem Versuch einer Inhaltsbeschreibung auch ein Interview enthält, das die Filmwissenschaftlerin Eva M. J. Schmid mit Pina Bausch über deren Erfahrungen und Umgang mit dem für sie neuen Medium Film geführt hatte. In einer leicht gekürzten Fassung wurde das Interview auch in einem Presseheft abgedruckt, das die Verleihfirma „Pandora Film" zum Film herausgab.

Ich wollte Bilder,
die ich sah, die ich fühlte,
die ich fühlen wollte

Informationsblatt zum Film *Die Klage der Kaiserin*
zur Uraufführung am 17. Februar 1990 bei den
40. Internationalen Filmfestspielen Berlin.
Gesprächspartnerin: Eva M. J. Schmid

Eva M. J. Schmid: Seit 1974 haben Sie kontinuierlich Ihren Tanztheaterstil entwickelt und sind mit Ihren Bühneninszenierungen weltberühmt geworden. Warum nun: Film?

Pina Bausch: Warum Film? Auf der einen Seite bin ich natürlich seit vielen Jahren mit diesen Dingen beschäftigt, was ein Bild ist, ein Bild, das lebt, aber das ist natürlich noch kein Film. Es ist die Bühne, viel größer, und es ist natürlich wahnsinnig schwierig, etwas, was auf der Bühne passiert, umzusetzen in etwas Filmisches oder ein Videobild, ein kleines Bild. Oftmals hab' ich auch gedacht, daß eine der ganz schweren Sachen ist, wenn man von einer Situation in eine andere Situation kommen will. Auf der Bühne ist das sehr schwierig, wenn der Vorhang nicht runtergeht oder das Licht aus, wie man das dann macht, aus dem einen in das andere zu gehen, wie also die Wechsel passieren. Und dann habe ich auch in meinen Stücken viele Dinge, von denen ich glaube, sie haben was mit schwarz/weiß zu tun. Stimmungen.

Eva M. J. Schmid: Sie haben ja auch in Ihrem Film schwarz/weiße Szenen, nicht viel, aber Sie haben Sie?
(Pina Bausch ist zu höflich, um zu widersprechen. Aber ihr Film hat keine schwarz/weißen Bilder. Sie fährt fort, über ihre filmische Arbeit zu sprechen. Eva M.J. Schmid)

Pina Bausch: Es hat mich interessiert, mal zu versuchen, das filmisch umzusetzen. Das war schön, man lernt sehr viel dabei. Es ist natürlich ganz was anderes: Bisher habe ich alles ganz allein gemacht, war nicht auf andere angewiesen. Das war sehr schwer für mich, nicht alles selber zu machen. Normalerweise mache ich alles selber, und plötzlich kann ich das nicht, bin ich abhängig –

Eva M. J. Schmid: – vom Kameramann?

Pina Bausch: Nein, mit dem kann man sich verständigen.

Eva M. J. Schmid: Mir ist da etwas aufgefallen: Sie haben oft nur eine Person im Bildfeld oder zwei, selten mehr, und es gibt eine Diskrepanz zwischen der vorherrschenden Horizontale des Bildfeldes und den Vertikalen der Figuren. Ist das möglicherweise Folge der wesentlichen Einschränkungen gegenüber der Bühne, wo Sie ja viel mehr Raum haben? Das Filmbild ist flach. Haben Sie wegen der Bedingungen des Formats oft darauf verzichtet, die Beine Ihrer Personen zu zeigen, die Füße, oder hat sich das ergeben?

Pina Bausch: Das hat sich ergeben. Die Takes waren oft ganz lang, die Personen haben sich der Kamera angenähert. Auch wenn man dann auswählt, dann ergeben sich solche Eindrücke. Das, was vor der Kamera passierte, war ja gar nicht von vornherein für Film gedacht. Ich wollte einfach mal versuchen, mal gucken, ganz klein anfangen. Alles war für ein sehr kleines Bild gedacht, kam aus der Vorstellung des Fernsehbildes. Ich hatte nicht an große Bilder gedacht, ich wollte Bilder, die ich sah, die ich fühlte, die ich fühlen wollte –

Eva M. J. Schmid: – aber manche Bilder wirken sehr groß –

Pina Bausch: – die auch die Leute spüren sollten. Und dann gibt es natürlich auch viele Takes, da sind die Füße drauf.

Eva M. J. Schmid: Ganz auffallend: das Schreiten, die Beine mit den roten Schuhen und der Tango, den nur die Beine zu tanzen scheinen. Das fällt im Zusammenhang deshalb so sehr auf, weil hier nur Beine gezeigt werden. Absicht? Oder zufälliges Ergebnis?

Pina Bausch: Das ist alles Absicht, hat mit dem zu tun, was in den Takes da war. Sie waren alle sehr viel länger, ich hatte viel mehr Material, ich könnte daraus noch zwei Filme machen. Wenn man anfängt, mit den Takes zu arbeiten, beschränkt sich das Material von selbst. Man weiß, dies muß drin sein, und das muß drin sein, und kann dann nicht mehr überall hingehen. Oder man müßte ganz was anderes machen. Und daß es halt so geworden ist, wie es vorgeführt wird, hat auch zu tun mit vielen Schwierigkeiten. Man möchte nicht „modisch" sein, man will keine Effekte, will sich nicht beeinflussen lassen, will finden, was man selber zu finden hat. Auf der anderen Seite reden einem Leute da rein, und dann beginnt man – ich weiß es nicht genau – sich ein bißchen festzuhaken an etwas. Sowas geschieht, wenn man vermeiden will, sich auf etwas einzulassen, was einem zu früh und falsch gesagt wird. Man muß selber finden, was man mag und nicht mag. Manchmal verhakt man sich durch die Abwehr von Ratschlägen in etwas, das man nur deshalb will, weil die anderen es nicht wollen. Man ist dann nicht mehr frei, weiß nicht: Wollt' ich das nun immer so haben, oder entstand es aus Widerspruch? Es ist sehr kompliziert. Am besten redet einem gar niemand dazwischen. Das ist das allerbeste. Das bin ich auch gewöhnt, wenn ich ein Stück für die Bühne mache. Beim Filmen dies viele „mal so, mal so", „mal gucken", dann denken, „das wird aber nichts" – das tut überhaupt nicht gut. Dem Film nicht und mir nicht. Ich muß es selber finden.

Eva M. J. Schmid: Haben Sie ähnlich gearbeitet, wie Sie das bei den Vorbereitungen zu Ihren Stücken für die Bühne machen? Und dann aus dem gesammelten Material, den Vorschlägen und Eindrücken ein Konzept entwickelt?

Pina Bausch: Ähnlich – ein bißchen. Ein Konzept entworfen – nein. Ein Konzept ist da, ist vorhanden, wenn auch noch nicht sichtbar. Das weiß man ja alles viel früher, als man es im Kopf weiß. Das ist wie ein Nenner von irgendwas, was man eigentlich sucht. Aber es gibt noch kein Bild, es hat noch keinen Namen.

Eva M. J. Schmid: Wie ist das mit dem Anfang? Was ist das für eine Maschine, die das Laub fegt? Eine Laubmaschine? Und die kann auch pusten? Ich hatte eine Assoziation, die sich auf den

Titel des ersten langen Films von Werner Schroeter bezieht *Eika Katappa*. Man kann das in der Bedeutung von „Hingestreute Bilder" lesen. Sie haben vielleicht mit der Laubszene etwas Ähnliches angesprochen: ausgestreute Bilder? ausgestreute Blätter?

Pina Bausch: Ja, aber damit wären die Sprünge zwischen meinen Bildern zu betont, die natürlich da sind, aber jedes Bild ist doch aus einem ähnlichen Motiv geboren, und es sind nicht nur Bilder. Es sind die Jahreszeiten enthalten: Herbst, Winter, Frühling – chronologisch in dieser Reihenfolge.

Eva M. J. Schmid: Auch die Elemente, nur das Feuer fehlt.

Pina Bausch: Ja, ich weiß. Der Film hat viel mit der Natur zu tun.

Eva M. J. Schmid: Das ist die Ebene, die Sie so auf der Bühne nicht haben können, die Landschaft, die Erde, den Wald, die Wiese. Es scheint mir übrigens, daß es bei den Außenaufnahmen sehr kalt war. Nicht, daß nun ein „kalter" Film entstanden wäre, aber man merkt bei den Bewegungen der Figuren die eisige Atmosphäre, in der gedreht wurde, auch das Licht hat eine gewisse Kühle. Der Film hat dadurch eine Clarté bekommen, die ich sehr schön finde.

Pina Bausch: Man spürt die Verzweiflung. Der Film ist ja eine Klage. Ich wollte nicht Sommer spielen im Winter. Es ist was anderes, wenn man in der Kälte dreht. Das hat was mit dem Ausdruck zu tun, wenn man im Winter im dünnsten Sommerkleidchen in den Schnee geht, das bedeutet was. Auch wenn jemand auf den Acker läuft, auch das heißt etwas. Das ist aber keine Handlung. Das ist, was es ist.

Eva M. J. Schmid: Nun zur Musik…

Pina Bausch: Das geht um die Welt, Lieder der Völker. Trauermärsche, aus dem Libanon, aus Sizilien. Die Musik am Anfang, die durchgängig viele Bilder begleitet und gegen Ende des Films nochmal wiederkommt, das ist ein sizilianischer Trauermarsch. Das meiste sind traditionelle Musiken, Volksmusiken. – Mit der Musik habe ich viel probiert. Manches konnte ich nicht nehmen, es wäre zu teuer gewesen. Aber dadurch hat sich nichts entscheidend verändert.

Eva M. J. Schmid: Der Film hat mich an *Sommernachtstraum* und *Wintermärchen* erinnert. Natürlich ist er mehr *Wintermärchen*.

Pina Bausch: Er ist eine große Klage, etwas ganz Herbes, eine große Not. Aber es sind viele Bilder drin, die sind wie Märchenbilder. Es ist wie ein Bilderbuch. Ich hab' nie versucht, hin- und herzuschneiden, die Szenen bleiben ganz, sie werden gezeigt, wie Blatt auf Blatt. Ich habe nur mit einer Kamera gedreht: das Herbstlaub, den Wald, den Acker –

Eva M. J. Schmid: – und dann kommt die Häsin –

Pina Bausch: (lacht) Nein, das ist kein Hase, das ist jemand, der mit dem Theater zu tun hat und plötzlich kostümiert und maskiert auf den Acker läuft. Dieser Mensch ist in Not. Er ist irgendwo, wo er nicht hingehört. „Hase", das würde in eine Story gehören, und eine Story gibt es nicht.

Eva M. J. Schmid: Ist es eigentlich notwendig, daß man Ihre Tänzer wiedererkennt, wenn sie in verschiedenen Szenenkomplexen auftreten?

Pina Bausch: Es ergibt sich manchmal so etwas wie ein Faden – aber sich dazu an den Darstellern zu orientieren – nein.

Eva M. J. Schmid: Wenn man zum ersten Mal filmisch arbeitet, ist die Versuchung groß, mit lang dauernden Einstellungen zu arbeiten. Damit will ich nicht sagen, daß zu häufiges Schneiden nicht genauso verführerisch wäre. Dieser zweiten Gefahr sind Sie instinktiv ausgewichen. Allerdings benutzen Sie die Kamera nur als Aufzeichnungsgerät. Alles, was geschieht, geschieht *vor* der Kamera. Sie schwenkt und fährt zwar, aber sie mischt sich nicht aktiv ein, sie „tanzt" nicht mit.

Pina Bausch: Ich wollte ganz einfach sein. Die Kamera so einzubeziehen – das müßte man mal ausprobieren – vielleicht im nächsten Film – aber ich habe Angst, es wirkt wie ein Gag. Vielleicht ist auch mein Respekt vor dem Apparat zu groß, ich will mal gucken, ganz einfach und artig.

Eva M. J. Schmid: Was mir an Ihrem Film sehr gut gefällt, ist das Arbeiten mit Bildern. Sie arbeiten nicht literarisch, folgen nicht der Logik der Worte, sondern der Logik der Bilder.

Pina Bausch: Was ist literarisch? Logik der Worte? Die Dichter – folgen sie der Logik der Worte?

Eva M. J. Schmid: Da gibt es Grenzfälle. Die Lyriker gehen vermutlich zunächst nicht von Worten aus. Das Gefühl ist nicht „nächtlich" sondern rhythmisch „— ◡". Aber das Gedicht besteht aus Worten, ist eine Arbeit mit Worten, und da gibt es einen Unterschied zum Film, oder es sollte ihn geben; denn die meisten Filme, die wir zu sehen bekommen, arbeiten mit literarischen Strukturen – Sie arbeiten mit *Bildern*, und das ist es, was mir gefällt –

Pina Bausch: – daß die Bilder was erzählen –

Eva M. J. Schmid: – die Bilder, die Personen auf den Bildern, in den Bildern, die Bewegungen der Personen, der Schnitt, die Zusammenfügung – übrigens: Gegen Ende des Films wird rascher und häufiger geschnitten als am Anfang.

Pina Bausch: Ja, es gibt ein Crescendo, aber am Ende kommen wieder lange Takes, wenn der sizilianische Trauermarsch wiederholt wird, gibt es große Abläufe, und da folgt der Film der wirklichen Zeit, nicht einer Film-Zeit, sondern der realen Zeit: Der Mann sitzt da und hört der Musik zu, die Tänzerin in der Schwebebahn, wie sie spricht, und die Frau am Ende, die tanzt, und wir sehen und hören zu. Für manche Betrachter wird es vielleicht zu lang erscheinen – ich weiß nicht.

Eva M. J. Schmid: Das ist sicher individuell sehr verschieden. Wenn man sich wirklich aufs Sehen einläßt, hat man Vergnügen an diesen Szenen. Es verändert sich ja auch was, die Beleuchtung, die Farbe.

Pina Bausch: Die Farben sind im Video sicher schöner als in der Filmfassung, und es sollte eigentlich schon im Video sehr viel schöner werden. Oft ist es gelungen, aber manchmal wurde es nicht so, wie ich es wollte. Ich hatte ja noch keine Erfahrung, und auf manches hätten die Techniker mich aufmerksam machen müssen. Zum Beispiel läuft jemand durch den Wald mit einer Thermoskanne, und der Deckel, der Becher blinkt. Den hätte man anmalen müssen. Dieser Wald war unbeschreiblich mit seinen grünen Stämmen, so was hab' ich noch nie gesehen, das sah fast künstlich aus. Aber durch das Blinken mußte das Bild reduziert werden, damit es in die Norm paßte. Überhaupt sieht jetzt vieles aus, wie zur selben Tageszeit und beim selben Wetter gedreht. Aber es war viel unterschiedlicher, die Kontraste viel größer.

(Es folgen Fragen nach den Texten, die im Film gesprochen werden, und die Pina Bausch aus Vorschlägen von Raimund Hoghe und Mechthild Großmann auswählte: „Bin ein schöner Knabe", Gedicht von Pasolini; „Wollte mir ein König geben ...", Alceste im Misanthrop *von Molière; „Mich wundert, daß einer stirbt ...", Gedicht von Scheich Saadi, aus* 101 Gedichte aus dem Rosengarten; *„Ich sprach, Du bist mein Leben ...", Gedicht von Hafis; „Laßt uns alle Arten von Lebewesen zeugen ..." ist einem Bildband über Schiwa entnommen; „Singt mich tot und herzt mich tot, küßt mir aus der Brust das Leben" ist von Heine. Außerdem wird aus dem Grimmschen Märchen* Brüderchen und Schwesterchen *zitiert. Fast alle diese Texte kommen nicht komplett im Film vor, sondern werden so zitiert und collagiert, daß sie sich zum Teil wie fortlaufend verflechten.)*

Eva M. J. Schmid: Es gibt Szenen in Ihrem Film, wo ich dachte, jemand ist tot, etwa die mit dem liegenden Mädchen vor der Schafherde?

Pina Bausch: Ja – das muß nicht tot sein. Es ist was passiert, und dann kommen die Schafe und klagen, und daß sie tot wäre – nein, sie läuft ja nachher wieder.

Eva M. J. Schmid: Sie haben Szenen, die ganz stumm sind.

Pina Bausch: Ja, dieser Gasballon, und dann der Bach – der Ballon, wie ein Mond –

Eva M. J. Schmid: Die stummen Bilder sind in sich so stark, daß Ton hier das Sehen stören würde.

1992

Mit zunehmendem weltweitem Erfolg interessierte die Öffentlichkeit neben der Choreografin natürlich auch der Mensch Pina Bausch. Aus ihrem Privatleben hat sie zwar nie ein Geheimnis gemacht: Dass ihre Partnerschaft mit Rolf Borzik nicht nur beruflicher, sondern auch privater Art war, kam in Interviews ebenso zur Sprache wie die Geburt ihres Sohnes und die Auswirkungen, die die Mutterrolle auf ihre Arbeit hatte. Allerdings ging Pina Bausch mit Informationen, die nur einen geringen Bezug zu ihrer Arbeit hatten, sparsam um. Als das Tanztheater Wuppertal im Mai 1992 mit *1980 – Ein Stück von Pina Bausch* bei der „Münchner Ballettwoche" gastierte, gab sie dem Theaterkritiker Gert Gliewe (1944-2013) Auskunft über persönliche Vorlieben.

Meine Seele weiß genau, was ich will

Abendzeitung, München, 22. Mai 1992
Gesprächspartner: Gert Gliewe

Gert Gliewe: Ihr Tanztheater hat bei aller Stilisierung dennoch einen hohen Wiedererkennungswert. Irgendwo in Ihren Stücken findet man sich auch selbst.

Pina Bausch: Meine Stücke haben ja immer irgendwie damit zu tun, was uns allen gemeinsam ist, was wir fühlen und wissen; das kommt bei mir aber nicht unbedingt aus dem Kopf. Und die Dinge sind nicht einfach aus der Realität übernommen. Ich versuche zu erreichen, daß man etwas ahnen kann, ja, etwas ahnbar machen, daß will ich.

Gert Gliewe: Sie stellen Ihre Arbeiten oft in überarbeiteten Fassungen als Wiederholung vor, warum?

Pina Bausch: Es sind so viele Geschichten darin, daß mir die Wiederholungen nicht oft genug sein können. Die Stücke sind nicht zum einmal Gucken gemacht.

Gert Gliewe: Kennen Sie den Krisenpunkt, daß einem mal gar nichts mehr einfällt?

Pina Bausch: Ja, aber meistens ist es anders, wenn ich arbeite, dann ist da so ein Rhythmus am Fließen, den ich gar nicht stoppen kann, dann möchte ich nach dem Neuen gleich wieder etwas Neues machen. Ich mache Stücke über Menschen, über Nöte, Sehnsüchte, Ängste. Das kann ja nie zuende gehen, man kann es nur immer besser versuchen zu formulieren. Ich frage mich, was fühle ich, und versuche das dann umzusetzen. Mein Gefühl weiß immer ganz genau, was ich will.

Gert Gliewe: Sie arbeiten ja als „Mutter" der Wuppertaler Company mit einem riesigen Verein ganz unterschiedlicher Menschen, das ist gewiß auch eine starke psychische Belastung.

Pina Bausch: Das ist eine gegenseitige Vertrauenssache. Auch für die Tänzer ist das nicht einfach, weil die mir ja was zeigen müssen, da muß man auch Scham überwinden, Dinge ganz aus sich heraus holen, auch wenn es Mist ist. Was man dann davon nimmt, ist meistens nicht mehr als fünf Prozent. Das geht nur, wenn man voreinander Respekt hat.

Gert Gliewe: Diese menschliche Belastung halten Sie gut aus?

Pina Bausch: Ja, ich halte das aus, weil ja auch die ganze Freude daher kommt.

Gert Gliewe: Sie arbeiten in Wuppertal, beeinflußt der Standort Ihre Arbeit?

Pina Bausch: Ich finde es eigentlich ganz schön, weil Wuppertal so alltäglich ist, so schmucklos; und da wir sehr viel reisen, habe ich ja auch das andere.

Gert Gliewe: Wenn Sie sich aussuchen könnten, wo Sie leben wollten, wo würden Sie dann gerne sein?

Pina Bausch: Ich habe jetzt in Rom, Palermo und Madrid gearbeitet. Es gibt so viele Orte, wo ich es schön finde. Ich glaube, ich bin ein Zigeuner.

Gert Gliewe: Haben Sie eigentlich auch Interesse für den klassischen Tanz?

Pina Bausch: Man wollte ja mal eine klassische Ballerina aus mir machen, aber ich habe mich dabei nie wohlgefühlt: Mir kamen die Spitzenschuhe immer vor wie Boxhandschuhe, ich muß meine Füße frei wie Hände spüren, alles fühlen können. Die Technik des klassischen Tanzes ist allerdings auch für meine Arbeit wichtig, das ist eine phantastische Basis. Aber es ist nie gut, wenn es keine Seele hat.

Gert Gliewe: Im Zeitalter der Medien, der allgegenwärtigen optischen und akustischen Reize, hat da ein elitäres Tanztheater überhaupt eine Chance beim Publikum?

Pina Bausch: Ich bin überrascht, was da so passiert ist, daß unsere Arbeit offenbar so viele, auch sehr junge Menschen offenbar berührt. Vielleicht ist das meine Ernsthaftigkeit, die sich überträgt. Ich nehme die Dinge des Lebens sehr ernst. Ich versuche niemandem etwas vorzugaukeln. Eigentlich suche ich im Komplizierten das Einfache.

Gert Gliewe: Sie sind sehr diszpliniert, nehme ich an.

Pina Bausch: Ja, das bin ich. Vielleicht zu sehr.

Gert Gliewe: Und immer ganz in Schwarz, warum?

Pina Bausch: Ja, warum schwarz? Ich liebe eigentlich Farben; ich käme nie darauf ein Stück in Schwarz zu machen. Für mich persönlich gibt es allerdings fast nur Schwarz – die Farbe des Chaos, in der alles enthalten ist; ich finde es neutral, es gibt mir Raum um mich herum. Vielleicht habe ich viel zu viel Respekt vor der Farbe, als daß ich mich farbig kleiden könnte.

1992

Für ein längeres Fernsehfeature über Pina Bausch und ihre Arbeit begleitete die Journalistin Eva-Elisabeth Fischer, Ballett- und Theaterkritikerin und Redakteurin der „Süddeutschen Zeitung", die Choreografin und das Tanztheater Wuppertal 1992 auch zu einem Gastspiel nach Venedig. Etwa eine Stunde lang sprach sie dort mit Pina Bausch auf dem Balkon des Teatro La Fenice, in dem aus Anlass des 200. Geburtstages des Opernhauses *Viktor* aufgeführt wurde. Kurz zuvor erst hatte das Ensemble in München mit *1980 – Ein Stück von Pina Bausch* gastiert. Von dem rund einstündigen Gespräch, das in Venedig entstand, fand nur etwa die Hälfte Eingang in den Film. Im folgenden wird der Wortlaut des gesamten Rohmaterials wiedergegeben und erstmals vollständig publiziert.

Das hat nicht aufgehört mein Tanzen

Gespräch für den Fernsehfilm *Das hat nicht aufgehört, mein Tanzen …*
von Eva-Elisabeth Fischer und Frieder Käsmann
für den Bayerischen Rundfunk. Sendung: 1994.
Gesprächspartnerin: Eva-Elisabeth Fischer. Aufnahmedatum: Mai 1992

Eva-Elisabeth Fischer: Wo schaust du bei einer Tänzerin, bei einem Tänzer hin, was willst du sehen an einem Tänzer?

Pina Bausch: Mmh. Schwierige Frage (lacht). Ich weiß nicht, ob man das mit Worten beschreiben kann, also ganz logisch ist es natürlich, wenn ich mit Tänzern arbeite, dass ich auch möglichst Tänzer habe, die ihr Handwerk, also das, was sie können, ihre Technik, dass sie gut genug sind. Das ist immer wünschenswert. Aber das alleine bedeutet noch gar nichts. Aber das kann ich sehr schwer beschreiben, was das ist, die Person, das Gefühl, warum der Mensch … und was er ja selber gar nicht sagen kann. Es ist ja auch anders, ob ich mit jemandem arbeite und etwas entwickelt sich, manchmal schnell, manchmal langsam, oder ob ich jemanden suche. Also, wenn ich jetzt jemanden ganz Neuen suche, ist es ja ganz anders, als wenn wir uns bereits entschieden haben, zusammenzuarbeiten zu versuchen.

Eva-Elisabeth Fischer: Wie geht das, siehst du meistens Leute, die du in deiner Company haben willst? Du sagst, du suchst Leute. Nach welchen Kriterien werden die dann ausgewählt?

Pina Bausch: Nach welchen Kriterien. Also normalerweise, weil ich nicht so viel Zeit habe, mache ich auch Audition, also

Vortanzen. Und was ich dann mache, was auch wichtig ist, glaube ich, ist, die Leute in einer ganz normalen Stunde zu sehen. Ganz normales Training ist das allererste, ganz normales, klassisches Training. Und dann mache ich meistens kleine Teile aus verschiedenen Stücken oder erarbeite eine kleine Phrase von *Sacre*. Und da weiß ich eigentlich sehr genau, was ich will, da habe ich auch eine ziemliche Erfahrung inzwischen. Man sieht sehr viel, sehr sehr viel. Und dann, wenn ich das Gefühl habe, da hat sich irgendwie was herauskristallisiert, ist es natürlich am schönsten, wenn man denjenigen nochmal trifft. Denn eigentlich möchte ich ihn gerne im Zusammenhang mit der Company sehen, mit der Gruppe. Das ist irgendwie auch sehr wichtig, so alle zusammen zu spüren. Das ist ja gar nicht so einfach – und dann das große Repertoire, die vielen Dinge, die wir tun. Mal ist es Sprechen, mal ist es der Charakter, mal ist es die Technik. Also, es ist sehr schwierig, jemanden zu finden. Das ist nicht so einfach.

Eva-Elisabeth Fischer: Von den Kriterien, wie Tänzer für die Company ausgewählt werden oder was sie erfüllen müssen: Wie siehst du dann, dass sie sich bewähren? Das ist ja noch ein Unterschied. Manche Leute sind beim Vortanzen sehr gut, und wenn sie dann in einer kontinuierlichen Arbeit stehen, zeigen sich ganz andere Seiten.

Pina Bausch: Man kann höchstens ahnen oder hoffen, was sich vielleicht entwickelt. Und manchmal fühlt man etwas, was auch die Leute selber nicht wissen, was man vielleicht vermutet, dass es da sein könnte. Und das ist oft ein langer Weg. Manche Leute sind ganz schnell in der Lage, sich zu öffnen, oder manche fangen erst an, sich selber zu entdecken. Am wunderbarsten ist es, wenn es ein Verhältnis wird, wo beide ... Also, für mich ist das langweilig, wenn ich nicht lernen kann, ja? Also, irgendwie finde ich das unheimlich wichtig. Immer wieder entdecke ich, dass das, was die anderen haben, jeder andere und alle total unterschiedlich, dass ich das eigentlich auch habe. Also, man entdeckt immer Neues in anderen Leuten, aber in sich selber auch. Und ich glaube, wenn ich alles schon weiß, wie das wird, dann ist das so langweilig. Und die schönsten Sachen sind ja ganz versteckt, das ist ja ein großes Schamgefühl, nicht? Das spielt auch eine ganz große Rolle, glaube ich.

Es ist ja nicht so, dass man plötzlich einfach alles macht. Es ist jedes Mal was ganz Feines, was ganz Vorsichtiges, die Überwindung. Und das macht demjenigen viel aus, und es braucht unglaublich viel gegenseitiges Vertrauen, Dinge miteinander zu versuchen.

Eva-Elisabeth Fischer: Béjart hat mal gesagt: Choreografieren ist was Ähnliches wie ein Liebesakt. Würdest du das auch sehen, so von der Intimität her?

Pina Bausch: Das ist sehr schwierig zu sagen. Es kommt vielleicht auf die Art und Weise an, wie man Choreografie macht. Ich glaube, wenn man sich auf jemanden einlässt und macht Bewegungen und erarbeitet sich Phrasen, ist das sicher sehr anders, als ich arbeite, nicht? Und das braucht ein großes Vertrauen, das ist sehr schwer für einen Choreografen. Man weiß ja auch, wenn etwas gar nicht stimmt, wenn man probiert. Aber man muss weiter probieren, um es auch wieder wegschmeißen zu können. Einfach, um irgendwie etwas zum Fluss zu bringen, nicht? Und wenn dann nicht das richtige Gegenüber da ist, also jemand, der diesen Versuch hemmt, dann ist das schon, glaube ich, nicht einfach für einen Choreografen – und insofern kann ich das auch sehr gut verstehen. Bei mir ist das auch so, dass das sicher sehr viel Vertrauen erfordert. Ich kann meinen Tänzern so schlecht was erzählen, nicht? Also, inzwischen wissen sie das, dass ich nicht viele große Worte machen kann, aber es gab eine Zeit, da war das ganz schön schwierig. Also, ich kann plötzlich irgendetwas ganz Tolles erzählen, was wir machen – und dann habe ich immer das Gefühl, das, was dann kommt, ist gar nichts. Weil die Worte so groß waren. Also sage ich gar nichts. Oder ich sage sehr wenig. Und komischerweise ist da auch mit vielen ein Einverständnis da, also man versteht, alle haben gesehen: Da war was ganz Kleines, sehr schön. Aber das berührt man dann nicht, man lässt das in Frieden mit Worten.

Eva-Elisabeth Fischer: Wie lockst du die Leute aus der Reserve? Gibst du Situationen vor, oder wie passiert das?

Pina Bausch: Das ist auch nach vielen Jahren immer schwierig. Das ist nichts, was man plötzlich lernt, und dann kann man das. Wenn ich zum Beispiel eine Frage stelle und sich jeder überlegt,

was ihm dazu einfällt oder was das mit ihm zu tun hat, dann ist das total unwichtig, ob das jetzt lang oder kurz ist. Vielleicht ist es auch gar nichts Besonderes, aber dass man das dann mal eben zeigt. Also, man steht auf und macht das, was man da gedacht hat. Und das dauert oft lange, bis das einfach auch fließt oder dass sich etwas entwickelt. Aber bei diesem Aufstehen und Zeigen muss man ja eine große Hemmschwelle überwinden. Das einzige ist, dass es alle tun müssen, also dass alle es tun. Sie müssen nicht, niemand ist gezwungen, wenn mir jetzt nichts einfällt, tu ich nichts, aber an sich ist es schon gut, wenn man es versucht. Und wenn es noch so dumm ist, nur um diese Hemmschwelle zu überwinden und vielleicht etwas kommen zu lassen. Und wir lachen auch dauernd, nicht? Also, das passiert zum Anfang, wenn das noch ziemlich weit weg ist – und das macht einfach unheimlichen Spaß, nicht? Es wird noch kein Ernst. Der Ernst ist zwar da, aber es steht alles noch nicht unmittelbar. Insofern ist es Ernst, als es alles ist, was wir haben, und damit müssen wir jetzt machen. Es ist eine Suche, eine materiale Arbeit irgendwie. Und am schönsten ist das, wenn es einfach Spaß macht. Da lacht man sich gegenseitig aus oder freut sich mit dem anderen und denkt: „Ach, das war aber wirklich gut." Oder der lacht selber über sich, weil das so blöd war. Und es geht ja immer nur um die ganz kleinen Momentchen, die dann vielleicht wichtig waren oder die man sich merkt.

Eva-Elisabeth Fischer: Inwieweit hält sich die Waage – gerade bei Leuten, die lange in der Company sind – zwischen Spontaneität und einer gewissen Erwartungshaltung, die sie bei dir voraussetzen können? Ich kann mich auch an eine Sequenz eines Stückes erinnern, in der Jan Minarik immer sagt: „Die Pina hat gesagt." Also du doch als jemand, die vorne steht, die erwartet, und nach vielen Jahren ergibt sich daraus sicherlich auch eine kreative Konvention. Wie kann man so eine Konvention oder eine Übereinkunft oder auch eine gewisse Routine vermeiden?

Pina Bausch: Wenn ich etwas suche, dann weiß ich genau, ich fühle genau. Ich weiß, was ich suche, aber ich weiß es eher mit meinem Gefühl als mit meinem Kopf. Wenn ich es treffe, also diesen Moment, weiß ich ganz genau: Das gehört dazu.

Das ist ein ganz ganz genaues Gefühl. Und es ist ein Versuch, sich mit Fragen an etwas heranzutasten. Und ich kann auch nie zu deutlich fragen. Das wird plump. Wenn ich direkt fragen würde, würde nie etwas entstehen. Es ist sehr kompliziert. Eigentlich kann ich das formulieren, aber es geht nicht, das zu formulieren, weil es total plump wäre, was da rauskäme. Aber es ist so kompliziert, denn keiner möchte sich wiederholen. Also schon wiederholen, aber dich in anderen Zusammenhängen. Und eine Routine kann eigentlich [nicht] entstehen, man kann höchstens traurig sein, dass man weniger erfindungsreich ist. Aber das ist nichts, worauf man sich berufen kann. Also auch jede Erfahrung, die man gemacht hat, hilft einem höchstens zu verstehen, dass alles noch viel komplizierter ist (lacht). Also, es wird einfach immer komplizierter – und wenn man es ernsthaft meint, gibt es keine Routine. Und das, was man dann versucht zu tun, ist sowieso so winzig, wie wir das tun können, nicht?

Eva-Elisabeth Fischer: Inwieweit speist sich die Erfahrung, die du als Tänzerin gemacht hast – du hast ja jahrelang getanzt – inwieweit speist die die Arbeit mit deinen Tänzern? Wie schlägt sich die nieder?

Pina Bausch: Meine Tanzerfahrung steht nach wie vor im Vordergrund (lacht), viel mehr im Mittelpunkt, als man glaubt, nicht? Also meine Art zu bewegen, warum bewegen, oder bestimmte Qualitäten, das ist für mich ungeheuer wichtig. Das ist schon so, weil ich selber tanze, und ich fühle, dass mein Tanzen auch nicht aufgehört hat, auch wenn ich nicht zu sehen bin. Ich bin dann höchstens oft frustriert über die anderen, also irgendwie: „Ja, mein Gott. Also wirklich. Sollt' ich lieber selber machen!" Also so rum. Es macht mich dann vielleicht manchmal traurig, dass ich das einfach nicht so sehe, wie ich das eigentlich möchte.

Eva-Elisabeth Fischer: Was hat dich tanzen gemacht? Irgendwann hast du ja angefangen, wahrscheinlich als Kind, nehme ich an? Was war der erste Impuls?

Pina Bausch: Was war der erste Impuls. Ich hab als kleines Kind getanzt, ich hab mich immer bewegt. Da wusste ich gar nicht, dass es ein Theater gibt. Und es war immer ein ganz wichtiger Ausdruck für mich, Bewegung tanzen. Und alle die Gefühle, die ich hatte, die konnten da enthalten sein in diesen Bewegungen, alles, was ich auch ... was vielleicht keinem andern verständlich machen konnte, aber ich wusste, das ist enthalten. Das war der Ort, wo das alles enthalten sein konnte: in einer Bewegung.

Eva-Elisabeth Fischer: Und wenn man dann aber in eine Tanzschule kommt, dann ist das doch eine ganz andere Erfahrung als die spontane Bewegung. Das heißt, da wird etwas kanalisiert. Wie hast du das empfunden? Als angenehm, dass dir jemand eine Richtung gibt – oder hast du das eher als Korsett empfunden, aus dem du irgendwann wieder ausbrechen musstest?

Pina Bausch: Nö, ich habe das zunächst überhaupt nicht als Korsett empfunden. Höchstens, wenn man etwas nicht so schnell verstehen konnte. Ich bin nicht sehr schnell. Dann ist man wahnsinnig traurig und denkt, man ist nicht fähig. Aber an sich hab ich das wahnsinnig gerne gelernt, also alles mögliche und irgendwie total offen. Ich war da gar nicht kritisch. Und wo ich dann als Kind vielleicht getanzt habe, im Kinderballett, hab' ich dann später im Theater immer gleich so kleine Rollen gespielt, also das war nicht nur der Tanz, sondern das war einfach auch vieles, was da zusammenkam: das Spiel, die Atmosphäre oder der Gesang oder die Musik, oder ich weiß nicht was. Oder die Illusion. Das war ja viel mehr als nur der Tanz, was da alles war, nicht? Und das machte ja eher die Fantasie auf, das weckte eher alle möglichen Fantasien, als dass ich dachte, ich sei in einem Korsett. Also, es war eher befruchtend als einengend, denke ich. So hab ich das empfunden. Höchstens irgendwo später, wenn man studiert, also wo man dann die Grenzen, seine eigenen körperlichen Grenzen spürt, nicht? Also nicht für die Seele die Grenzen, aber diese bestimmten Voraussetzungen, die es gibt, also in Formen und so und seine eigenen körperlichen Möglichkeiten, nicht?

Eva-Elisabeth Fischer: Eine andere Frage ist die der verschiedenen Traditionen. Du hast ja sehr viele verschiedene Tanzstile gelernt, und die wichtigsten Einflüsse, nehme ich mal an, waren ja sicher die Folkwangschule und die Erfahrungen mit dem Modern Dance in New York. Was davon ist für dich als wertvollstes Gepäck geblieben, von diesen Traditionen?

Pina Bausch: Von diesen Traditionen? Das kann ich nicht einfach so auseinandernehmen. Das ist einfach so vieles gewesen, was wichtig war. Und ich habe da auch, glaube ich, ein wirklich sehr großes Glück gehabt mit den Menschen, mit denen ich gearbeitet habe. Aber das kann man gar nicht auseinandernehmen. Wenn ich jetzt atme, weiß ich auch nicht genau, wo dieser Luftzug in mir geblieben ist (lacht). Oder wenn ich esse: Wo ist das hin, die Möhre oder so. Ich weiß nicht, das kann man ja gar nicht auseinanderhalten, nicht? Also mit allem zusammen. Ich meine, in Essen gab es natürlich – das war ja auch die Qualität von Jooss – so viele verschiedene wichtige Dinge. Ob es jetzt der klassische Tanz war oder die europäische Folklore. Aber da war halt Jooss, und da war Züllig, und dann hab ich sehr viel mit Cébron gearbeitet, nicht? Und Trude Pohl, das ist eine ganze Liste an Leuten im Klassischen und im Modernen. Also, es war nicht einfach nur eine Linie. Das wichtigste war, dass in der Folkwangschule – Jooss war ja einer der Mitbegründer dieser Idee – alle Künste unter einem Dach waren. Es gab nicht nur die Performing Arts, gut, es gab den Tanz, es gab Schauspiel, Oper, alle Arten von Musik, Kirchenmusiken, alle Instrumente, Pantomime und so weiter. Und es gab die Fotografen, die Grafiker, die Maler, die Bildhauer, Textildesigner, alles mögliche. Die alle waren unter einem Dach zusammen, das war das Unglaubliche. Und das finde ich, glaube ich, was ganz Wichtiges. Später hat man die Schule ja dann geteilt. Da waren dann nur noch die Performing arts, und die andere Schule war woanders. Und da kann man sich nicht befruchten. Ich kann es nicht genau sagen (lacht). Wenn ein Tänzer da ist und ein Schauspieler und ein Sänger und ein Musiker, ist die Verbindung ganz anders, als wenn ich plötzlich mit Malern zu tun habe. Oder mit Fotografen. Das macht etwas anderes, und das fand ich ganz wichtig. Und so war das in New York eigentlich auch, nicht? Also nicht nur der Tanz. Oder Lehrer wie Limón und Tudor oder, ich weiß nicht, sehr sehr viele Leute, mit denen ich gearbeitet habe. Das war die Stadt New York mit all diesen Nationalitäten, die Art und Weise, wo man war. Alles das war prägend, nicht? Das kann ich nicht als Tanz alleine sehen, das war einfach ein ganzes Paket an Dingen, da war die ganze Welt drin.

Eva-Elisabeth Fischer: Danach wollte ich sowieso noch fragen, welchen Einfluss Umgebung auf die Stücke, die du machst, ausübt. Es ist doch sicher ein Unterschied, ob du ein Stück in Wuppertal erarbeitest, in Rom oder in Madrid.

Pina Bausch: Ja ja, das ist schon anders, wenn man sich einen Teil seiner Arbeitszeit da aufhält, weil das ja auch das Thema des Stücks war. Da fließt etwas zusammen, der Ort, das Leben dort, auch aus meiner persönlichen Sicht und in Bezug zu dem, wie ich selber bin, oder alles, was halt ist in diesem Moment, wenn ich das Stück mache oder meine Ängste oder Wünsche. Und es ist ganz klar, wenn plötzlich so eine Arbeit mit Rom oder Palermo oder Madrid ist, fließt da etwas sehr Wichtiges ein. In Wuppertal ist vielleicht das Thema dann ein bisschen anders. Es hat sich einfach dahin entwickelt, was sehr schön ist, also, das habe ich nicht gesucht, das ist einfach so entstanden. Also auch organisch entstanden.

Eva-Elisabeth Fischer: Inwieweit ist Wuppertal eine emotionale Basis?

Pina Bausch: Eine emotionale Basis (lacht). Ja, was gut ist an Wuppertal, ist, dass es wirklich das Bewusstsein prägt, wie Arbeit und Leben ... also, dass das wirklich Alltag ist. Es ist kein Sonntagsberuf, es ist ein wirklicher Alltagsberuf. Alltag und viel viel Arbeit. Und manche Leute leiden vielleicht darunter, wenn sie sich nicht genug ablenken können. Man muss sich halt die Sonne und alles mögliche in den Raum holen und seine Fantasie (lacht). Man macht es sich also da, wo man arbeitet, nicht? Ich weiß auch nicht, einfacher ist es nicht, nee.

Eva-Elisabeth Fischer: Ich wollte nochmal auf die Traditionen zurückkommen. Nun hat ja Deutschland keine besonders herausragende Tanztradition, und das bisschen, was vor dem Krieg aufgebaut worden ist, ist ziemlich rüde durch zwölf Jahre Hitler unterbrochen worden. Siehst du dich als jemanden, die versucht hat, Fäden wiederaufzunehmen aus der Zeit, eben dadurch, dass du auch bei Jooss studiert hast, beziehungsweise auf etwas Verlorengegangenem aufzubauen?

Pina Bausch: Also, ich muss sagen, ich hab mir eigentlich nie was vorgenommen. Ich hab auch gar keine Absicht, irgendeinen Stil oder irgendein Theater zu erfinden. Das ist eigentlich immer irgendwie aus der Notwendigkeit entstanden, was einem wichtig ist zu sagen. Und ich glaube, das ist die allerwichtigste Frage, also der Ausgangspunkt der Arbeit, und wozu ich dann vielleicht in der Lage bin oder was plötzlich hinzukommt zu einer Arbeit, weil ich vielleicht doch irgendwas finden möchte, und wie ich das in dem Moment am richtigsten sagen kann. Das ist ja dann, was man sucht. Ich kann mich ja da nicht nach jemandem richten. Und ich glaube, den anderen vor mir ging es auch so, nicht? Jeder muss da selber … das kann man nicht nachmachen, man muss das selber versuchen, glaube ich. Ich denke auch, dass da jeder immer wieder seinen eigenen Weg finden muss. Wenn ich zum Beispiel plötzlich ein Drama erzähle, dann kann ich das mit einem Zitat machen, da weiß jeder: Ach, hier ist es aber traurig oder spannend oder schrecklich. Ein Zitat reicht, dann wissen ja alle Bescheid: Hier ist es jetzt traurig. Aber wenn man ein Drama so machen will, dass das gerade plötzlich passiert, dass es darum geht, dass man dieses Gefühl erlebt, dass das Gefühl da ist, dann muss man in jeder Zeit andere Zusammenhänge suchen, wie man das fühlen kann. Und nicht nur das Zitat benutzen. Ich kann mich schlecht ausdrücken; kannst du verstehen, was ich meine? Das ist ja was ganz anderes, nicht? Ich kann mir ganz leicht vorstellen: Och, hier ist es glücklich, oder hier ist es traurig, und ja, das war aber eine schöne Geschichte. Nicht? Aber wenn man jetzt den Schreck kriegt oder dass man wirklich entspannt, wenn die Gefühle da sein sollen, dann muss man auch irgendwo suchen, wie man das machen kann, dass das auch passiert. Und das muss man jedes Mal neu versuchen. Da kann man sich nicht auf etwas, was da ist, berufen. Obwohl alles da war. Es sind immer nur Zusammenhänge – oder wie oder was, weiß ich nicht genau.

Eva-Elisabeth Fischer: Aber was da ist, das sind die Menschen, das ist die Sprache, das ist die Bewegung, das ist die Musik, das sind die Requisiten, das sind die Kostüme und so weiter und so fort. Aber welches dieser Mittel ist das wichtigste? Ist die Bewegung das wichtigste und das andere, beispielsweise die Sprache, etwas Zusätzliches? Ist die Bewegung erstmal der Motor oder das Hauptausdrucksmittel? Und sind die anderen Ingredienzien, also Sprache, Requisite und Musik und so weiter, Mittel, die eingesetzt werden, wenn die Grenze der Bewegung erreicht ist?

Pina Bausch: Es hat immer Momente gegeben … Es kommt drauf an, über was man spricht. Also nicht spricht, sondern was man machen möchte. Und wenn man etwas Bestimmtes sagen möchte, oder eigentlich nicht sagen möchte, sondern es ist ja alles nur ein Ahnbar-Machen von etwas. Auch wenn ich Worte benutze, geht es ja gar nicht um die Worte. Es ist ja alles nur ein Beitrag, um vielleicht was ganz Bestimmtes ahnen zu lassen. Und wenn das in dem Moment richtig ist, dass ich das benutze, dass das wichtig ist, oder wenn das so entstanden ist in der Arbeit mit den anderen zusammen, dann finde ich das auch sehr wichtig. Ich glaube, manche Dinge kann ich vielleicht nicht alleine mit der Bewegung sagen. Ganz bestimmte Dinge. Aber es kommt natürlich auch, dass es irgendwo wieder Situationen gibt, wo man wirklich sprachlos ist, nicht? Wo also entsteht, wo man wirklich nichts mehr sagen kann. Das ist auch meine Hilflosigkeit, und ich glaube, da fängt dann auch wirklich der Tanz wieder an. Weil also wirklich alle Worte überflüssig sind, also, ich kann das nicht sagen, aber diesen Tanz … Das ist aber ein anderer Grund zu tanzen. Das ist dann wirklich auch das Motiv, ja? Und das ist dann wirklich das Gegenteil von Eitelkeit. Das ist wirklich unglaublich, wie die Musik. Die Musik und der Tanz. Und auf der anderen Seite ist es so, dass ich auch Objekte, also Dinge, schön finde. Ich finde toll, wenn Dinge riechen. Ich finde es schön, wenn man Dinge fühlen kann oder wie sie sich anfühlen. Also auch mit einem Bühnenbild, wenn es nur eine Wiese ist. Dann geht man auf der Wiese, und alles ist geräuschlos. Da ist der Geruch, da sind ja ganz andere Dinge, die da alle hinzukommen, nicht? Oder im Wasser, jeder Schritt … also, es sind ja Dinge, wo sich auch der Körper jedes Mal anders verhalten muss. Was sehr kompliziert ist. Oder plötzlich fällt eine Mauer um, lauter Steine, und alle sind da in Stöckelschuhen und müssen das jetzt machen. Aber das ist auch ein Erleben, ja? Das ist schön, das ist etwas miteinander. Es sind nicht nur wir alleine, die Menschen, sondern wir sind mit etwas, das ist ja auch alles da.

Eva-Elisabeth Fischer: Du hast früher, als du in Wuppertal angefangen hast, ja doch eher konventionelle, schon vorhandene Opern beziehungsweise Stücke als Vorlagen genommen und hast sie sehr unkonventionell bearbeitet. War das für dich eine Art Eselsbrücke, um dann zu deinen eigenen Kreationen zu kommen?

Pina Bausch: Ich wusste doch gar nicht, wo ich hingehe. Also, das kann ja keine Eselsbrücke gewesen sein (lacht). Also, ich glaube, dass ich dann irgendwann tatsächlich diesen Entschluss gefasst habe, *Iphigenie auf Tauris* oder danach *Orpheus* zu machen. Das hatte schon damit zu tun, weil ich da, also auch in dieser Musik und in diesem Thema, in der *Iphigenie* irgendetwas ganz Starkes fühlte, was mit mir zu tun hat. Ich hab' mir ja nicht einfach irgendeine Oper ausgesucht, sondern ich war unglaublich beeindruckt von Gluck. Ich fand das ganz großartig. Und ich hatte auch große Angst davor, mit meinen kleinen Versuchen vorher so ein Werk anzutasten. Und dann hab ich noch einen Brecht-Weill-Abend gemacht. Ich habe einfach versucht, das zu machen, mein Gefühl und mit ganz wunderbaren Leuten zusammen. Ich hatte ja auch immer so wunderbare Tänzer in meiner Gruppe (lacht). Aber wo das hinführte, wusste ich ja gar nicht. Bloß, manchmal macht man etwas und danach möchte man … Nach *Orpheus* hatte ich einen großen Wunsch, was ganz anderes zu machen. Das war auch wichtig, um diesen starken Wunsch zu fühlen, nicht? Den hab' ich mir ja nicht konstruiert, das ist ein Resultat gewesen, eine Reaktion auf diese Arbeit, dass ich dann so plötzlich ein Stück wie *Blaubart* oder *Sacre* machte.

Eva-Elisabeth Fischer: Gut, das sind aber feste Vorgaben, sei es nun erstmal vom …

Pina Bausch: Ja, aber die habe ich nicht nur … ich habe immer auch gleichzeitig andere gemacht. Im ersten Jahr in Wuppertal hab' ich *Iphigenie* gemacht, aber davor habe ich ein Stück gemacht, das heißt *Fritz*. Also es ist nicht so, dass ich das erst später gemacht habe. Das war immer beides.

Eva-Elisabeth Fischer: Ist es nicht leichter, mit einer festen Vorgabe zu arbeiten?

Pina Bausch: In einer gewissen Weise schon, klar. Da fällt sehr viel weg an Not, an Suchen. Das ist gar nicht einfach, eine Musik, also die Dinge alle selber zu finden. Man weiß nicht den Anfang, man weiß nicht das Ende, man hat keine Musik, man hat gar nichts. Das ist einfach so, nicht? Und wenn ich weiß: Das ist das Stück … Es gibt viele Stücke, die ich wunderbar finde, aber da ist kein Platz mehr für mich drin. Also, ich kann das gar nicht sagen. Ich suche auch immer etwas und finde es gar nicht. Die sind dann schon so besetzt, nicht? Dann habe ich das Gefühl, ich vollziehe das nach, was da eigentlich schon ist, aber es bleibt für mich kein Platz. Und das fand ich auch unglaublich bei Gluck: Da war viel Platz für mich. Das hat auch was damit zu tun.

Eva-Elisabeth Fischer: Das bringt mich auf die Frage der Form. Die Form eines Stückes muss den Inhalt oder die Aussage transportieren. Ich meine, es gibt ja auch andere Choreografen, die sind nur interessiert an Tanzformen, ohne irgendetwas anderes vermitteln zu wollen.

Pina Bausch: Aber das ist auch Inhalt, nicht? Ich denke, auch das ist ein Inhalt. Es ist nicht nur eine Form. Ich denke, jedes Ding ist sehr wichtig, bloß … Nur mal eine ganz kleine Geschichte, ja? Über *Café Müller*. In diesem Stück hab ich ja auch mitgetanzt, so im Hintergrund. Und das ist ein Stück, wo immer die Augen geschlossen sind. Und dann haben wir wieder *Café Müller* gemacht, und ich konnte mein Gefühl nicht finden, ein ganz bestimmtes Gefühl, das für mich so wichtig war. Ich habe das Gefühl, das war da, aber trotzdem: Etwas ganz Bestimmtes konnte ich nicht fühlen, also nicht finden. Und das lag nicht an der Musik oder an etwas. Ich habe probiert, aber ich konnte dieses Gefühl, das für mich so wichtig war, nicht wiederfinden. Das hat eine ganze Zeit gedauert, und auf einmal hab ich dann festgestellt, dass es ein großer Unterschied ist, ob ich meine Augen, wenn ich sie geschlossen habe, also hinter dem Lid, ob ich nach unten gucke oder ob ich nach vorn gucke. Und das war der ganze Unterschied. Auf einmal war es wieder richtig. Nur weil meine Augen … also der Unterschied von nach unten und nach vorn gucken. Das ist unglaublich, nicht? Dass das so entscheidend ist. Das muss man erstmal finden, nicht? Also, ich meine, daran kann man sehen, wie wichtig alle Kleinigkeiten sind, jedes Ding. Alles ist eine Sprache, man kann eigentlich alles lesen, wenn man dazu in der Lage ist, nicht?

Eva-Elisabeth Fischer: Das hört sich an wie ein großes Puzzle, und deine Stücke werden ja wohl auch in der Art zusammengesetzt. Wie gehst du da vor? Du hast viele Materialien, du hast viele Einzelteile. Wie setzt du sie zusammen?

Pina Bausch: Tja, das sind Mirakel (lacht). Ja, das kann man sehr schwer erklären. Theoretisch kann man da was sagen, wie man das macht, nicht? Ich meine, von dem, was man sich dann so erarbeitet hat, kann man meistens 95 Prozent wieder vergessen. Es handelt sich dann immer um dieses kleine bisschen, was man da raussucht. Meistens ist es so, dass ich irgendwann wage... Den Zeitpunkt schiebe ich auch immer sehr weit raus, weil, das ist eigentlich der Moment der größten Angst, wenn man plötzlich anfängt, etwas zusammenzutun. Das ist so entscheidend. Bis dahin ist alles noch offen, aber plötzlich wird das so konkret, und das ist schon ein beängstigender Moment. Ich versuche, den immer noch wegzuschieben, solange es geht, aber irgendwie weiß ich ja dann doch, dass ich diese kleinen Versuche machen muss. Dann versuche ich vielleicht mal, zwei Dingelchen zu verbinden, und dann nehme ich denselben kleinen Moment, mache einen anderen Moment, und dann nehme ich wieder denselben mit vielen verschiedenen. Und manchmal ist etwas plötzlich sehr schön, oder manchmal gibt es drei, die mir gefallen haben, und das erinnere ich dann, das wird alles gemerkt. Und dann geh ich ganz woanders hin. Also irgendwie ist es dann so, dass ich aus diesen ganz kleinen Momentchen oder Teilchen vielleicht ein paar etwas größere Teilchen gemacht habe oder so (lacht). Und das macht man dann irgendwann auch wieder mit etwas anderem, und das ist sehr schwierig, weil es durch alles, was danach oder davor kommt, immer etwas anderes bedeutet. Das ist immer anders. Und wenn sie jetzt diese Musik dazu spielen oder diese Musik oder diese Musik, es ist jedes Mal was ganz anderes. Es ist toll, aber es ist wahnsinnig schwierig, nicht? Und wozu ich mich dann entscheide: Das kann ich nicht sagen, warum und wieso das so ist. Und manchmal auch mit Zweifeln. Mal bin ich ganz sicher: Das ist schön, da frage ich auch gar nicht weiter, das ist so. Und ein andermal zweifle ich, und viele Dinge gucke ich dann auch hundertmal an, nicht? Und wenn ich sie genug geguckt habe, schmeiß ich sie weg. Dann brauche ich sie nicht mehr, wenn sie mich nicht bis zum Ende interessieren. Dann müssen sie auch weg. Das muss schon halten, auch unter den ungünstigsten Bedingungen. Die Wahl trifft sich dann auch selbst. Auch wenn jemand was macht, wenn das nicht hält. Das sortiert sich von alleine. Vieles sortiert sich einfach.

Eva-Elisabeth Fischer: Kennst du das Ziel bei einem Stück?

Pina Bausch: Das Ziel? Gibt es ein Ziel? Ich meine, wo ist das Ziel? Ich weiß es nicht genau (lacht).

Eva-Elisabeth Fischer: Oder andersrum gefragt: Wann ist ein Stück fertig?

Pina Bausch: Tja. Manchmal da gibt es Stücke, wo ich weiß: Das kann ich im Moment nicht … also mit dem, was da ist. So ist das halt. Da glaube ich nicht, dass ich da eine andere Lösung finden könnte. Und dass es auch Dinge hat, die, selbst wenn ich an ihnen hänge, sehr reduziert sind, Füllsels. Und manchmal kann man auch nicht Hand anlegen an manche Stücke. Nach drei Jahren kann ich höchstens was rausnehmen aus einem Stück. Ich bin ganz anders drei Jahre später, also kann ich nicht plötzlich drei Jahre später da was wegnehmen und da was neu dazu machen. Irgendwas funktioniert immer nie. Komisch, das ist dann nicht mehr antastbar. Manchmal habe ich auch lange gebraucht, da habe ich es immer wieder anders versucht, bis ich dann finde: So bleibt es jetzt. Aber fertig? Also ich meine, sowieso jedes Stück ist auch schon wieder eine Fortsetzung, ein Resultat von all dem, nicht? Es gibt ja kein fertig. Wenn es das gäbe, brauchen wir wahrscheinlich gar nichts mehr machen. Das ist wahrscheinlich auch der unendliche Wunsch, das Motiv oder der Motor, das besser oder richtiger sagen zu können, etwas, das man selber verstehen möchte.

Eva-Elisabeth Fischer: Kann man von deinen Stücken denn eigentlich von Einzelstücken reden, oder sind das nicht viel mehr Teile von einem großen ganzen Stück?

Pina Bausch: Ja, auf der einen Seite ist es natürlich ein großes Stück, genau wie auch mein Leben. Einmal fange ich an zu leben und lebe immer noch. Das ist auch ein Stück irgendwie (lacht). Und ich glaube, die ganzen Arbeiten haben einen ähnlichen Zusammenhang. Es gibt Veränderungen, aber trotzdem hat das einen großen Zusammenhang, glaube ich.

Eva-Elisabeth Fischer: Das Leben an sich stellt ja für einen selber keinen logischen Sinnzusammenhang her. Sind Stücke ein Hilfsmittel, diesen fehlenden Sinnzusammenhang irgendwie herzustellen?

Pina Bausch: Das könnte ich gar nicht, glaube ich, ich bin dafür zu klein. Ich glaube, es ist schon sehr sehr viel, wenn man irgendwie unsere Ähnlichkeiten erkennt, also unsere ähnlichen Gefühle oder die Gründe für Gefühle. Das ist so schwierig. Die Gefühle, die sind so genau. Das ist ja sowas Präzises, diese Art Wissen, wofür ich gar keine Worte habe. Das ist ja nicht nur ein Gefühl, nicht? Sondern wir versuchen ja auch immer nur mit unseren Worten zu beschreiben, was wir fühlen. Eigentlich fühlen wir es ja, oder wir wissen es ja vorher schon, aber woanders. Es ist ein anderes Wissen, wirklich ein anderes, ganz genaues Wissen.

Eva-Elisabeth Fischer: Du hast von der Unantastbarkeit von älteren Stücken gesprochen, eben weil du selber eine Entwicklung machst. Nun ist es ja auffällig, dass du immer wieder Stücke wieder aufnimmst, das heißt, auch ein Stück deiner Vergangenheit wieder auf die Bühne stellst. Welchen Wert hat das für dich? Willst du da deine eigene Entwicklung nachvollziehen?

Pina Bausch: Nö, also ich glaube, wenn ich das Stück sehe, und es gefällt mir nicht mehr und sagt mir nichts, dann lassen wir es. Aber es ist irgendwie doch erstaunlich, dass ich die Stücke immer noch mag (lacht). Das ist ganz einfach (lacht). Und dann finde ich es einfach sehr schön und unglaublich, was manche

Tänzer machen. Also die Spanne, die jemand hat: das und das und das. Das ist ja auch eine ganz große Welt von jedem einzelnen der Tänzer, wie sie in diesem Stück sind, nicht? Und ich finde es sehr schön, auch die Möglichkeit zu haben, den Tänzern in dieser Gruppe die Möglichkeit zu geben, diese Palette an Dingen zu zeigen. Also, das finde ich auch wichtig. Und sich versuchen zu können, wo dann der Weg weitergeht. Also nicht weitergeht, weil man sich das im Kopf sagt, sondern einfach so ... Ich kann es nicht gut ausdrücken. Und ich finde es auch schön, *Viktor* zu sehen und in zwei Wochen *Iphigenie*. Und Dominique [Mercy] da zu sehen und Dominique dort zu sehen oder irgendjemand anderen. Auch für die Tänzer, die noch nicht so lange in der Gruppe sind, um zu sehen, wo bestimmte Bewegungsabläufe herkommen, und zu sehen: Das ist mein Körper, sind meine Bewegungen. Besser kann ich das meinen Tänzern auch nicht vermitteln als dadurch, ihnen diese Realität zu geben. Ich glaube, dass so eine Arbeit auch durch eine Praxis geht, nicht nur durch ein theoretisches Wissen.

Eva-Elisabeth Fischer: Nun ergibt sich doch manchmal das Problem bei Wiederaufnahmen, dass Rollen eben ganz speziell mit einem Tänzer, mit einer Tänzerin erarbeitet worden sind, und die Tänzer tragen ja meistens auch ihre privaten Namen auf der Bühne. Das heißt, ein neuer Tänzer muss ja sozusagen in die Haut eines Fremden schlüpfen. Wie funktioniert das?

Pina Bausch: Was ich eben schon sagte: Das Erstaunliche ist ja, das ist oft gar keine fremde Haut. Das Erstaunliche ist immer, dass wir plötzlich merken, dass das auch ein Teil von uns ist. Das ist alles bekannt. Das ist was ganz Irres eigentlich, was ich vorhin schon mal sagte: Dass man plötzlich entdeckt, dass ich plötzlich Qualitäten habe, von denen ich nie geglaubt habe, dass ich sie habe. Die waren immer ganz weg und gar nicht da, und plötzlich wissen wir: Wir haben viel mehr, als wir glauben. Ich denke, manchmal ist das wunderbar, und manchmal ist es ganz schwierig. Dann kann man nur sehr schwer jemanden ersetzen. Manchmal ist es wirklich hochkompliziert, sich zu finden. Oder man hat noch nicht gefunden oder traut sich nicht, das umzubesetzen. Und manchmal wächst das auch mit jemand Neuem. Da gibt es kein Prinzip.

Eva-Elisabeth Fischer: Eine letzte Frage: Was ist Tanz?

Pina Bausch: Was ist Tanz. Das kann ich nicht gut sagen, aber vielleicht fällt mir was dazu ein. Ich war mal in Griechenland mit einer griechischen Freundin. Wir haben Zigeuner besucht. Und das war so schön, das war so unglaublich, wie wir da aufgenommen wurden. Und irgendwann wurde getanzt, und ich war natürlich sowas von ängstlich und schüchtern und schämte mich, weil die alle so unglaublich wunderbar tanzten und ich so viele Hemmungen und so viele Knubbel im Kopf hatte, nicht? Also, ich konnte gar nicht so eine Spontaneität entwickeln. Aber die wollten natürlich, also, man musste tanzen, das ging gar nicht anders. Also musste ich halt auch tanzen. Und da war so ein kleines Mädchen, die war so elf, und die sagte dann, meine griechische Freundin hat mir das dann übersetzt: „Dance, dance, otherwise we are lost." Das finde ich unglaublich, nicht? „Tanz, tanz, sonst sind wir verloren." Und einmal habe ich einen Mann gesehen in einem kurdischen Restaurant in Wuppertal, ein alter Herr. Und er hat mir von seiner hundertjährigen Mutter erzählt, und sie hat immer zu ihm gesagt: „Nicht weinen, singen."

1995

Natürlich hatte ihr Publikum zwei Jahrzehnte nach Gründung des Tanztheater Wuppertal denselben Anspruch wie Pina Bausch selbst: Mindestens einmal im Jahr sollte ein neues Stück auf die Bühne kommen und neben Wuppertal auch in anderen Städten weltweit zu sehen sein. Dabei verlor Pina Bausch aber nie das Repertoire aus den Augen, das sie seit 1973/74 mit ihren Tänzerinnen und Tänzern erarbeitet hatte. Die inzwischen fast 30 Stücke und Tanzabende durch Wiederaufnahmen – zum Teil mit neu besetzten Rollen – lebendig zu halten, war eine ebenso wichtige Aufgaben wie die Auseinandersetzung mit neuen Fragestellungen. Mit Norbert Servos sprach Pina Bausch 1995 über die Repertoirepflege und über die Rolle, die Musik, Bühnenbild und Kostüme für ihre Arbeit spielten.

Man muß ganz wach, sensibel und empfindsam sein

Ballett international / tanz aktuell, Heft 12 / 95
Gesprächspartner: Norbert Servos
Interviewdatum: 30. September 1995

Norbert Servos: Pina Bausch, Sie haben vor ungefähr zehn Jahren begonnen, Ihr gesamtes Repertoire zu rekonstruieren ...

Pina Bausch: Nein, eigentlich habe ich das immer schon gemacht. 1977 oder 1978 haben wir das schon in der Tanzwoche gemacht. Ich habe immer versucht, das Repertoire zu behalten. Sicher gingen manchmal Stücke verloren, dadurch das Leute weggingen – in den ersten beiden Jahren zum Beispiel ...

Norbert Servos: Aber Sie haben dann angefangen, pro Spielzeit nur ein neues Stück zu machen und ein altes wiederaufzunehmen.

Pina Bausch: Das fing an nach der Geburt meines Sohnes, daß ich nur noch ein Stück pro Spielzeit gemacht habe.

Norbert Servos: Weil es zuviel wurde?

Pina Bausch: Vielleicht am Anfang, aber dann war es so, daß das Repertoire immer größer wurde, so wie es gewachsen war, und daß immer mehr Reisen anfingen und man dafür das eine oder andere Stück brauchte. Das nahm einfach eine unglaubliche Zeit in Anspruch, weil Stücke verloren gegangen waren. Das ist anders, wenn ich sie einfach erhalten kann. Das habe ich eigentlich immer versucht, aber manchmal ging das nicht, weil die Arbeit einfach zu groß war. Wenn man dann ein, zwei Jahre wartet, ist es eine richtige Wiederaufnahme; das macht viel Arbeit.

Norbert Servos: Wie ist das bei der Wiederbegegnung mit alten Stücken, denken Sie da manchmal: Das würde ich heute nicht mehr so machen?

Pina Bausch: Ich kann das gar nicht so formulieren. Ich würde eher sagen: Leider kann ich das nicht mehr so machen. Es ist nicht so, daß ich das nicht mehr so machen würde, das kann ich gar nicht so denken, sondern ich bin gar nicht mehr in der Lage, das zu machen, was ich gemacht habe. Man ist einfach ganz woanders. Wir sind ja jetzt ziemlich weit zurück gegangen – bis zu *Iphigenie* und *Orpheus* –, und ich habe mich schon ein bißchen gefürchtet, mich mit diesen Arbeiten zu konfrontieren. Da hab' ich dann auch gedacht, vielleicht werd' ich das ganz schrecklich finden. Aber dann war das ganz erstaunlich, wie nah sich das anfühlt – mit Malou (Airaudo) und Dominique (Mercy). Das war, als ob es vorgestern war. Wenn solch eine Einstudierung beendet ist, dann ist es ganz erstaunlich, daß all die Sachen sich wieder einstellen, die man mal gefühlt hat. Jedes Stück ist halt so gewachsen in der Zeit, und ich finde es schön, daß man es dann auch so erhält. Ich kann es auch gar nicht mehr antasten. Ich hab' die Hand nicht mehr dafür einzugreifen. Ich kann manchmal etwas wegnehmen, aber ich kann nichts mehr hinzufügen, das stimmt dann nicht. Ich muß es einfach so belassen.

Norbert Servos: Wenn Sie sagen: Sie sind heute woanders – was interessiert Sie im Moment am meisten?

Pina Bausch: Die Formen, die man wählt – das wächst von alleine so, das ist nicht etwas, was man konstruiert. In den letzten Jahren hat mich vor allem interessiert, wie man Tänze herstellt, so wie ich vorher die Tänzer durch Fragen motiviert habe, bestimmte Dinge zu finden. Das ist für mich ein neues Kapitel gewesen: Wie die Tänze gebaut werden. Die Art Fragestellung, die ich gebe, das ist etwas ganz anderes als vorher, als ich nach Gesten oder anderen Dingen gesucht habe. Da gehören *Tanz-*

abend II, *Das Stück mit dem Schiff* und *Trauerspiel* für mich zusammen.

Norbert Servos: In diesen Stücken hat der Tanz etwas Endloses.

Pina Bausch: Ja, die Tänze sind darin wie Rosenkränze (lacht). Das ist etwas Unaufhörliches, Immer-Weiter-Gehendes. Es kommt immer wieder jemand Neues. Aber ich könnte es auch wiederholen und von vorne anfangen. Da ist ein Bogen, ein Kreis darin.

Norbert Servos: Wie hat sich denn die Arbeitsweise, Fragen zu stellen, entwickelt?

Pina Bausch: Vielleicht fing das zum ersten Mal an bei *Blaubart*. Da hatten wir Konflikte in der Gruppe, wo ich dann auch sehr erschüttert war. Ich fühlte mich ein bißchen verletzt. Wir hatten gerade den Brecht-Weill-Abend gemacht, und plötzlich hieß es dann, das sei ganz schrecklich, was ich da gemacht hätte. Das hat mich unglaublich getroffen...

Norbert Servos: Dabei war das Stück sehr erfolgreich...

Pina Bausch: Aber unabhängig davon war das so. Da habe ich nicht gefühlt, daß ich ein neues Stück machen konnte mit den Leuten. Ich habe mich zurückgezogen mit vier Tänzern in das kleine Studio von Jan Minarik, und dann haben wir angefangen zu arbeiten – mit ganz wenigen Leuten. Und dann sind sie alle von alleine irgendwann wiedergekommen, aber nur wenn sie wollten. Ich wollte keinen mehr haben, der nicht arbeiten wollte. Bei dieser Arbeit habe ich angefangen, Fragen zu stellen, meine eigenen Fragen in dem Kreis zu formulieren: Was für mich eine Frage war und für die anderen ebenso. Das habe ich nur in dem kleinen Kreis gewagt. Ganz deutlich geworden ist es dann bei der Arbeit in Bochum...

Norbert Servos: ... beim *Macbeth*-Projekt...

Pina Bausch: Da waren vier Tänzer, vier Schauspieler, eine Sängerin; und die Tänzer tanzten nicht, die Schauspieler spielten nicht, und die Sängerin sang nicht. Da habe ich mich dazu durchgerungen, mit *Macbeth* zu arbeiten, als Basis. Das war ein Weg zu gucken, wie wir alle zusammen arbeiten konnten. Da konnte ich ja nicht plötzlich mit einer Bewegungsphrase im Raum kommen. Das war ein wichtiges Stück für das Finden der Arbeitsweise.

Norbert Servos: Wie komponieren Sie dann die Antworten auf die Fragen? Wie fügen sie sich zusammen?

Pina Bausch: Da fügt sich erst einmal gar nichts zusammen. Das ist erst ein ständiges Weitersuchen und Material-Sammeln. Währenddessen arbeite ich natürlich auch mit anderen Dingen. Ich notiere alles auf; auch die Tänzer müssen alles notieren, was sie machen, damit ich sie irgendwann wieder fragen kann. Dann fange ich an zu sortieren.

Norbert Servos: Wie wissen Sie, wie die Dinge dann zusammengehören? Gibt es bestimmte Themen, die sich herauskristallisieren? Wenn man das Ergebnis sieht, ist ja alles ganz genau komponiert. Kommt das alles aus dem Bauch?

Pina Bausch: (Lacht)... Ja klar – Bauch und viel Arbeit, das ist ein Gemisch aus beidem.

Norbert Servos: Und worin besteht die Arbeit?

Pina Bausch: Das ist eine schwere Arbeit; das ist: jedes Detail ausprobieren, nicht nur so, sondern auch alle anderen Möglichkeiten. Ich nehme es nur dann, wenn ich es wirklich schön finde. Aber manchmal gibt es nicht nur eine, sondern vielleicht fünf Möglichkeiten, und dann warte ich erst einmal und drehe es hinten und vorne um, aber ich setze es noch nicht zusammen. Das ist eine riesengroße Arbeit, da muß man einen unheimlich klaren Kopf haben.

Norbert Servos: Und woher wissen Sie dann, wann es stimmt?

Pina Bausch: Die anderen wissen es noch weniger als ich, weil sie es ja nicht sehen. Aber wenn ich mich freuen kann, dann weiß ich, daß es stimmt. Das Stimmen fühlt man, und das Nicht-Stimmen fühlt man auch. Aber wie man dahin kommt, das ist eine ganz andere Frage. Das kann ich nicht sagen. Auf einmal macht es Klick, da führt kein gerader Weg hin, das sind Sprünge. Manchmal führt logisches Denken dahin, und manchmal macht man Sätze dahin, und man weiß gar nicht, wieso kann man das denken. Das sind Riesensätze; das kann ich nicht begründen, weshalb die kommen. Das läßt sich alles nicht erzwingen. Man kann immer nur mit Geduld weiterarbeiten.

Norbert Servos: Wie finden Sie dann die passenden Musiken?

Pina Bausch: Matthias Burkert arbeitet schon seit so vielen Jahren mit mir, der kennt meinen Geschmack, also er weiß, was mir nicht gefällt. Genauso wie ich immer Musiken suche oder Leute anspreche, so ist auch Matthias beauftragt, Musiken zu suchen; auch die Tänzer bringen Musiken mit.

Norbert Servos: Haben die Musiken auch etwas mit einer Erinnerung, nicht mit Nostalgie, aber mit einem großen Repertoire ganz unterschiedlicher Stimmungen zu tun?

Pina Bausch: Das kommt darauf an, was man will. Es ist auch schön, mit Musik von einem einzigen Komponisten zu arbeiten. *Bandoneon* habe ich damals fast ausschließlich mit Musik von Carlos Gardel gemacht. Aber ich habe ganz viele Musiken, die ich vorher gar nicht gekannt habe, bei denen ich ganz tief fühle. Und die Vielfalt – das ist genauso, wie ich auch 26 verschiedene Leute in der Kompanie habe: Man macht doch auch eine Harmonie zusammen. Die ganze Welt ist so; sie besteht aus verschiedenen Dingen.

Norbert Servos: Und wie werden die Musiken dann komponiert?

Pina Bausch: Wie soll ich das sagen: Das ist alles Gefühl. Es wird alles angeschaut, ob schrecklich, ob schön – wir tun uns das alles an. Manchmal zerreißt es einem das Herz. Manchmal weiß man es, manchmal findet man es; manchmal muß man alles wieder vergessen und von vorne anfangen zu suchen. Da muß man ganz wach, sensibel und empfindsam sein; da gibt es kein System. Das ist eine ganz intensive Periode; man hat eine große Fähigkeit, daß man in so kurzer Zeit so viele Umwege weglassen kann – durch Nöte.

Norbert Servos: Wie finden Sie dann die Bühnenräume? Wenn es keine Innenräume sind, ist es oft ein Stück Natur: Schnee, Erde, Wasser, ein Feld voller Nelken, eine Wiese, Laub, Steine ... Was normalerweise draußen ist, wandert nach innen. Dabei kann man sehr oft sehen, daß man in einem Theater ist. Die Bühne ist bis zu den Brandmauern offen. Kennen Sie das Bühnenbild schon am Anfang der Proben?

Pina Bausch: Nein, das kommt viel später. Erst wenn man ein bißchen weiß, wo's langgeht, kann man sich Gedanken darüber machen, in welchem Raum es spielt. Ich kann nicht denken: Das ist das Bühnenbild, und dann mache ich ein Stück darin. Ich kann nur erst einmal spüren, was ist da, was wächst da in mir; dann kann ich erst denken: Wo ist das denn? Das ist ganz wichtig, daß man das irgendwann weiß. Danach ist es eine andere Arbeitsweise. Für mich spielen dabei viele Sachen eine Rolle: Was das macht mit dem Körper: eine Wiese – man geht darauf, und es ist kein Laut zu hören, und sie hat einen bestimmten Geruch. Oder Wasser – plötzlich werden die Kleider ganz lang und naß, und das Wasser wird kalt, die Geräusche, die es macht, oder es spiegelt sich im Licht. Das lebt anders. Oder die Erde – plötzlich klebt das alles am Körper, wenn man schwitzt. Das sind ja alles Sinnlichkeiten. Ich mag das so, auch weil es so anders ist, weil es so ausgestellt ist auf der Bühne. Ich war mir immer bewußt: Ich bin im Opernhaus. Es braucht auch den anderen Ort, daß es wie ein Fremdkörper ist.

Norbert Servos: Und dazu tragen die Tänzer nie die „passenden" Kostüme. In *Arien* stehen sie in schönen Abendkleidern mitten im Wasser wie eine untergehende Gesellschaft.

Pina Bausch: Naja, man sagt ja auch: Das Wasser steht mir bis zum Hals.

Norbert Servos: Ist das die Idee?

Pina Bausch: Das will gar nicht sowas Eindeutiges sein. Das will eine Offenheit. Alles, was man da schon vorher weiß – das ist uninteressant. Es ergeben sich ganz andere Gedanken, ganz viele Gründe, warum das schön ist – dieser Gegensatz.

Norbert Servos: Ist mein Eindruck richtig, daß auch die Farben der Kostüme in den Stücken komponiert sind, oder ergibt sich das?

Pina Bausch: Rolf (Borzik) hat ganz anders gearbeitet als heute Marion (Cito). Das waren natürlich auch ganz andere Stücke am Anfang. Rolf hat immer ganz viele Kleider auch entworfen, aber auch schon Kleider in Second-Hand-Geschäften gesucht. Rolf hatte richtige Farbskalen für alle. Zum Beispiel für *Kontakthof* waren alle Kleider entworfen. Dann hat sich die Arbeitsweise verändert. Heute gibt es ganz viele Kleider für die Proben – die hängen schon da. Jeder, der Lust hat, etwas anzuziehen, kann das eben machen. Dann probieren sie quer durch den Garten, und dann fangen die Dinge an sich herauszukristallisieren. Marion sucht dauernd Kleider; das ist eine ständige Arbeit, die ist nicht nur begrenzt auf ein Stück. Gleichzeitig steht das natürlich zur Debatte. Da entsteht viel in der Arbeit; plötzlich ergibt sich das. Andere Dinge muß man dann finden oder tauschen. Plötzlich paßt das nicht, dann wird das hergestellt. Durch die große Not kommen dann manchmal diese spontanen Gefühle: Das ist jetzt nicht richtig. Man weiß das sehr schnell. Auch wenn einen das in große Not bringt, sind das dann ganz positive Entscheidungen. Aber die Kleider gehen nie verloren; manchmal braucht man sie in einem anderen Stück. Das fügt sich immer ganz gut.

Norbert Servos: Wie ist die Idee entstanden, den Tänzern ganz normale Kleider anzuziehen? Es sind ja keine Ballettkleider oder Trikots.

Pina Bausch: Ich mache ja gar keine Stücke für Trikots.

Norbert Servos: Hat das damit zu tun, die Menschen so zu zeigen, wie sie sind?

Pina Bausch: Das war von Anfang an so. Das war auch: sich nicht abheben wollen, sich nicht entrücken, sich nicht verkleiden wollen. Das ist etwas, das ganz nah ist. Man muß die Menschen auf der Bühne auch als Personen erkennen, nicht als Tänzerin und als Tänzer. Das würde für die Stücke stören. Ich möchte, daß sie als Menschen gesehen werden, die tanzen.

Norbert Servos: Aber es gibt auch Verkleidungen.

Pina Bausch: Das ist dann etwas anderes; das hat dann bestimmte Gründe. Natürlich – es kann im Prinzip alles geben. Zum Beispiel in *Nelken*, wenn die Männer Kleider anhaben. Manchmal denken die Leute zuerst: ein Mann im Kleid. Nach fünf Minuten ist das normal. Das finde ich einfach schön, daß das nur so eine kurze Zeit braucht.

Norbert Servos: Es gibt auch noch eine andere Irritation: die Tiere. Zum Beispiel das Nilpferd in *Arien*, das einfach immer da ist, inmitten dieser Festgesellschaft. Es kommt zu Jo Ann Endicott, guckt traurig, geht wieder weg, badet …

Pina Bausch: Das ist eine Liebesgeschichte zwischen den beiden.

Norbert Servos: Aber die Tiere sind einfach immer da. Ich habe manchmal das Gefühl, die haben all den Ärger nicht, den die Menschen haben.

Pina Bausch: (Lacht) Das Nilpferd finde ich aber sehr traurig; das leidet sehr – aber aus Liebe (lacht). Wie so jemand sich ganz alleine fühlen kann.

Norbert Servos: Erzählen die Tiere eine ähnliche Geschichte wie die Menschen oder eine andere?

Pina Bausch: Das ist ganz verschieden. Die Krokodile in *Keuschheitslegende* haben etwas ganz Erotisches. Das Walroß in *Ahnen* ist wieder etwas ganz anderes.

Norbert Servos: Woher wissen Sie dann, welche Tiere in ein Stück gehören?

Pina Bausch: Das ist eine Entscheidung. Bei *Arien* wußte ich vorher: Ich will ein Nilpferd. Das muß man früh entscheiden, weil es so lange dauert, so etwas herzustellen.

Norbert Servos: Wenn immer wieder die ungewöhnlichsten Dinge ganz selbstverständlich zusammenkommen: ein Walroß in einem Kakteenwald oder Krokodile auf einem gemalten Meer – was bedeutet dann Poesie?

Pina Bausch: Damit kann ich mich ja gar nicht beschäftigen. Darüber kann man sich nur nachträglich unterhalten. Ich bin ja in der glücklichen Lage, meine Stücke nicht analysieren zu müssen. (Lacht) Ich muß sie nur machen.

Norbert Servos: Kann man sagen, aus welcher Quelle diese Bilder und Bewegungen kommen?

Pina Bausch: Das ist etwas ganz Fragiles. Ich habe Angst, nicht die richtigen Worte zu finden; dafür ist mir das viel zu wichtig. Wie man da fühlt, wie man etwas ausdrückt oder was man da sucht. Das kann ich manchmal nur dadurch finden, daß es dann entsteht. Ich möchte das gar nicht antasten.

Norbert Servos: Ich habe immer das Gefühl, die Stücke haben mit Reisen zu tun, mit Unterwegs-Sein.

Pina Bausch: Das Leben ist ja eine Reise. Nicht? (Lacht)

1998

Während Pina Bausch im Kontext von Film- und Fernsehbeiträgen über das Tanztheater Wuppertal regelmässig Interviews gab, war sie nie Gast in Talkshows, in denen sie als Persönlichkeit im Mittelpunkt gestanden hätte. Mit einer Ausnahme: Lange schon hatte sie der Hamburger Autor und Journalist Roger Willemsen um eine Zusage für seine Fernsehsendung „Willemsens Woche" gebeten. Erst kurz vor deren Einstellung erhielt er diese Zusage. Damals stand zum 25-jährigen Jubiläum von Pina Bausch in Wuppertal ein mehrwöchiges Fest bevor – mit rund 430 Künstlerinnen und Künstlern, die die Choreografin in mehr als 30 Jahren kennengelernt hatte. Aus diesem Anlass sollte auch eine Retrospektive auf wichtige Stücke des Tanztheaters stattfinden. Pina Bausch gab in den Wochen und Monaten davor nicht nur zahlreichen Journalistinnen und Journalisten Interviews; sie entschied sich auch, zum ersten – und einzigen – Mal an einer Fernsehtalkshow teilzunehmen. Weiterer Gesprächspartner in der Sendung, die am selben Tag aufgezeichnet und gesendet wurde, war der Schauspieler und Sänger Herbert Grönemeyer, den Pina Bausch 1978 bei den Arbeiten für ihr Macbeth-Stück *Er nimmt sie an der Hand und führt sie in das Schloß, die anderen folgen* am Schauspielhaus Bochum kennengelernt hatte. Grönemeyer war dort ab 1974 als Schauspieler und später auch als musikalischer Leiter tätig gewesen.

Wenn ich mir ganz genau zuhöre, macht sich das Stück selber

Fernsehtalkshow „Willemsens Woche"
Zweites Deutsches Fernsehen (ZDF), 24. April 1998
Gesprächspartner: Roger Willemsen

Roger Willemsen: Meine Damen und Herren, unvergesslich und einzigartig ist, was seit 25 Jahren – und mehr als das – Pina Bausch an den Wuppertaler Bühnen auf dem Gebiet des Tanztheaters leistet. Sie schafft eine Form, die im Grunde genommen sie selber geschaffen hat, die eben weltweit ohne Beispiel ist und die überall in der Welt zu allergrößten Begeisterungsstürmen führt. Es ist wirklich eine Person, die eine Gattung förmlich ganz alleine erschaffen hat und die angeblich, und das hoffen wir noch zu erfahren, Herbert Grönemeyer zumindest beim Gehenlernen geholfen hat. Sie war noch nie in einer Sendung dieser Art, und ich freu' mich schon ein paar Jahre auf sie. Heute Abend ist sie wirklich hier, herzlich willkommen, Pina Bausch.
Frau Bausch, Sie wissen, was mir das bedeutet, dass Sie hier sind. Laufen wir Gefahr, jetzt gleich über etwas zu reden, was man eigentlich weder zu besprechen braucht noch kommentieren muss?

Pina Bausch: Na ja, über Tanz zu sprechen, ist nicht ganz so einfach, weil der Tanz – und auch die Musik – eigentlich etwas ist, was man erlebt, fühlt. Und bei dem man dann eigentlich nachträglich immer versucht zu sprechen: Was hat man denn gesehen oder was hat man denn gefühlt oder was war denn da überhaupt eigentlich. Es ist eine andere Sprache.

Roger Willemsen: Aber Bewegung ist Sprache.

Pina Bausch: Es ist eine ganz andere Sprache.

Roger Willemsen: Es ist eine Sprache, die man missverstehen kann.

Pina Bausch: Worte auch.

Roger Willemsen: Kann man jetzt sagen: Wenn Bewegung eine Sprache ist, dann ist Pina Bausch auch eine Sprache? Die hat eine Sprache gefunden, die hat eine Form der Bewegung gefunden, die mitteilsam ist auf eine ganz spezifische Weise.

Pina Bausch: Och nö, ich denke eigentlich, wir alle, also auch ich, sprechen eigentlich nur über uns, also auch ich über mich, und ich glaube eigentlich, man muss verstehen oder man versucht eigentlich, sich selber zu verstehen oder zu lesen. Man kann eigentlich alles sehen, wir sind eigentlich durchsichtig. Wenn man geht, sieht man eigentlich alles.

Roger Willemsen: Also theoretisch könnten wir ...

Pina Bausch: Und mit Worten ist es eigentlich sehr schwer, man kann es nur ahnbar machen.

Roger Willemsen: Wir könnten also, wenn wir uns sehr gut kännten, ein Interview führen, in dem wir uns verständigen, ohne miteinander reden zu müssen.

Pina Bausch: Oh, ich rede mit vielen Leuten, mit denen ich mich sprachlich nicht verständigen kann, ja.

Roger Willemsen: In Ihrem Ensemble zum Beispiel?

Pina Bausch: Ja auch, aber überhaupt sonst. Eigentlich verstehe ich mich überall mit vielen Menschen sehr gut, und eigentlich, ja: Wir haben nicht dieselbe Sprache.

Roger Willemsen: Wo entsteht ein Schritt? Entsteht der im Muskel, entsteht der im Kopf, entsteht der im Rückenmark?

Pina Bausch: Ich hab ja das Glück, dass ich nicht analysieren muss. Sondern ich kann es machen, und nachträglich kann ich überlegen: Wo entsteht das. Vielleicht in meinem Gefühl? Wo ist das? Also wo …? Das sind so viele Fragen gleichzeitig, das wage ich also einfach nicht definitiv zu beantworten.

Roger Willemsen: Ich denke mir nur, Sie müssen ihren Ensemblemitgliedern mitteilen, wie Sie gerne eine bestimmte Bewegungsart hätten. Oder liegt das vollkommen in der Verantwortung jedes Einzelnen?

Pina Bausch: Nein nein, überhaupt nicht. Also das ist eigentlich … da müsste ich eigentlich ein bisschen länger ausholen, das ist …

Roger Willemsen: Holen Sie aus!

Pina Bausch: Es ist ja was ganz anderes, wenn man ein Stück macht, das noch keine Geschichte hat oder kein Thema. Es gibt kein Stück, wir fangen eigentlich an, und da ist nichts außer uns selber und die Situation, die es gibt – einfach unsere Situation: Wie wir alle da sind, hier auf dieser Welt sozusagen (lacht). Und da ist auch keine Musik, es ist kein Bühnenbild – also buchstäblich nur wir selber. Und dann im Laufe der Jahre hat sich das ein bisschen anders entwickelt. Ich frage oft. Ich frage also, ich gebe eine Frage, und die ist auch eine Aufgabe. Und dann überlegt jeder.

Roger Willemsen: Was könnte das sein, so eine Frage?

Pina Bausch: Eine ganz einfache, die ich mal gefragt habe, ich frag' zum Beispiel: Was macht ihr, wenn ihr zärtlich seid? Und dann überlegt jeder eine Geste, also: Was macht er denn nun an sich, also Zärtlichkeit, und dann sag ich einfach: Okay, sechs verschiedene Gesten, die mit Zärtlichkeit zu tun haben, zum Beispiel. Und das überlegt jeder für sich und zeigt das dann. Manchmal erzählt er eine Geschichte, manchmal macht er eine Bewegung, manchmal improvisiert er etwas und so weiter und so fort. Und diese Fragen sind nicht irgendwelche Fragen, sondern ich versuche ja, etwas einzugrenzen, was ich eigentlich weiß, was aber keine Form hat und auch kein Wort. Und das ist etwas ganz Schwieriges, wie man das herauskristallisiert, was man sucht. Es ist auch immer ganz klar, wenn ich etwas gefunden habe: Dann weiß ich genau, es gehört dazu. Aber das ist dann mein Instinkt oder mein Gefühl, wenn ich weiß, es bedarf überhaupt keiner Frage, das gehört dazu. Das machen wir wochenlang.

Roger Willemsen: Darf ich noch einen Augenblick da bleiben oder vergessen Sie sonst den zweiten Schritt?

Pina Bausch: Nein.

Roger Willemsen: Gut, also das würde heißen: Sie stellen Fragen, Sie bekommen angeboten, nachdem jedes Mitglied sich das überlegt hat, sagen wir mal: sechs Gesten, sechs Bewegungen. Was machen Sie damit? Dann haben Sie ja eine …

Pina Bausch: Zunächst nichts. Also, was wir zunächst machen, ist eigentlich: Jeder schreibt sich alles, was er gemacht hat, auf. Und ich schreibe alles auf. Und alle Dinge, die mit Bewegungen zu tun haben, filmen wir. Das ist einfach nur wie ein Notizbuch. Das sind zunächst eigentlich nur materiale Arbeiten, das hat noch nichts mit dem Stück zu tun, das ist eigentlich nur Sich-Material-Schaffen. Und wenn die Dinge, die mich am meisten interessieren … oder zunächst einmal fange ich an, die Dinge wegzuschaufeln, von denen ich meine, das ist nicht wichtig oder nicht interessant oder sonst was auch immer. Also, ich enge das Material irgendwie ein, das ist sowieso immer viel zu viel. Und nach einer Weile gucke ich mir das Ganze wieder an, also, ich arbeite immer parallel, und dann hat sich das immer schon enorm …

Roger Willemsen: … eingedampft.

Pina Bausch: Ja, denn da sind ja viele Dinge, die hat man später viel richtiger gefunden, und dann wird das wieder weggetan und so weiter und so fort. Und dann kommt die Zeit, wo ich dann die Dinge, die übriggeblieben sind, alle wieder sehen will. Dann müssen die Tänzer in der Lage sein, das auch wieder zu zeigen, und mal gucken, wie sich das anfühlt. Bei manchen Dingen haben wir vielleicht zuerst furchtbar gelacht, und beim zweiten Mal ist es überhaupt nicht mehr lustig oder was auch immer. Ich gucke es einfach an, und dabei fallen natürlich wieder ganz viele Dinge weg, nicht? Also, das wird dann eigentlich immer kleiner. Und parallel zu diesen Dingen arbeite ich dann wieder an anderen Dingen mit Bewegung oder bringe Versuche hinzu und so weiter. Das ist ein großes, großes Kapitel, was ich dann eigentlich mit meinem Gefühl entscheiden muss.

Roger Willemsen: Wissen Sie zu diesem Zeitpunkt schon genau, wie das Thema des Abends lauten wird?

Pina Bausch: Überhaupt nicht. Ich lasse mich auf etwas ein, was ich überhaupt nicht weiß.

Roger Willemsen: Was bis zum Premierenabend genau so …

Pina Bausch: (unterbricht) Nee, nein! Nein nein nein, also, ich habe schon ein ganz genaues Bewusstsein (lachend) über Zeit, also …

Roger Willemsen: (lacht) Danke.

Pina Bausch: Ich weiß auch, ich versuche es immer rauszuschieben. Aber ich weiß immer ganz genau, wann es Zeit ist, dass ich zum ersten Mal überhaupt anfange, Dinge zu verbinden. Und das ist ja dann auch was ganz Delikates, wenn man etwas mit etwas anderem verbindet, und jeder andere Versuch mit demselben ergibt was ganz anderes. Da fragt man sich jedes Mal, ob das davor oder danach war, das färbt das andere ein oder: Wie kann man das belassen, dass das so sauber bleibt, dass das also nicht die Farbe vom anderen kriegt. Dann hat das auch noch keine Musik. Das ist auch ein viel späterer Prozess, wenn man dann versucht, mit Musiken umzugehen, die dann ja nochmal alles verändern. Also eigentlich fange ich von innen nach außen an. Ich habe noch nie ein Stück gemacht, bei dem ich angefangen habe und wusste, wie es endet, sondern irgendwie fängt es an wie so kleine Teilchen, die sich vergrößern, innen. Und die werden dann immer größer, die wachsen, und irgendwann weiß ich dann: ach ja, vielleicht könnte das also … Aber das ist dann schon ein späterer Moment.

Roger Willemsen: Wissen Sie denn schon, ob das Stück eher auf die traurige oder eher auf die heitere Seite fallen wird? Denn wenn man über Sie liest, dann wird immer das Traurige sehr stark betont. Die Produktionen, die ich gesehen hab, die waren auch zum Teil sehr komisch.

Pina Bausch: Ja, also manchmal weiß ich, manchmal ist das auch was ganz Schwieriges, weil in meinen Stücken immer beide Dinge sind. Und ich frage mich auch oft: Wo wird das hingehen? Ich weiß es nicht, das habe ich nicht in der Hand. Wenn ich mir ganz genau zuhöre, macht sich das Stück selber. Also, wenn ich wirklich in der Lage bin, auf mein Gefühl zu horchen, dann ist es eigentlich immer am richtigsten. Es ist nur manchmal ein Missverständnis, wenn man denkt: Jetzt sind die Stücke ganz heiter geworden, weil meistens in Situationen, wenn es besonders ernst oder schwer war, meine Stücke immer am heitersten gewesen sind. Das hat mit irgendeiner Balance-Suche zu tun, ich weiß es nicht ganz genau.

Roger Willemsen: Lassen sie uns doch mal, nachdem wir jetzt drüber gesprochen haben, einen Ausschnitt angucken, und zwar aus der Produktion *Café Müller*. Die ist ursprünglich von 1978, und Sie haben sie, glaube ich, als einziges Stück 1995 nochmal aufgenommen.

Pina Bausch: Oh nein.

Roger Willemsen: Häufiger wiederaufgenommen haben Sie die?

Pina Bausch: Sehr oft, ja.

Roger Willemsen: Die jüngste Neuaufnahme, glaube ich, war '95, kann das sein?

Pina Bausch: Ja, das kann sein, ja ja.

Roger Willemsen: Und ich glaube, es war auch das einzige Stück, in dem Sie selber immer noch auftreten als Tänzerin

Pina Bausch: Nee, inzwischen tanz' ich noch ein Stück.

Roger Willemsen: Ja?

Pina Bausch: Ja.

Roger Willemsen: Tapfer (lacht).

Pina Bausch: (lacht).

Roger Willemsen: Gut, schauen wir uns mal an.

[Es folgt ein Ausschnitt aus Café Müller*]*

Roger Willemsen: Das war ja zunächst ein kaum erkennbares Lächeln auf Ihren Lippen (lacht).

Pina Bausch: Ich lächle und lache viel, Sie werden sich wundern (lacht).

Roger Willemsen: Es gibt ein Wort von Ihnen, das sehr viel zitiert wird, wahrscheinlich, weil es in einer sehr kurzen Formel einen Umstand sehr klar macht, und Sie haben es eben eigentlich umschrieben. Sie sagen, Sie interessieren sich weniger dafür, wie sich Menschen bewegen, sondern was sie bewegt. Wo sammelt sich das, was die Menschen bewegt? Was muss man? Muss man Grönemeyer hören, muss man Werbefernsehen sehen, muss man reisen, um zu wissen, was die Zeit bewegt und wie man das in tänzerischen Bewegungen übersetzen kann?

Pina Bausch: Ich glaube, man braucht bloß irgendwie in sich reinzuhorchen. Ich glaube, man ist irgendwie schon programmiert mit allen Dingen. Das ist schon alles da.

Roger Willemsen: Dann wäre es ja immer dasselbe Stück.

Pina Bausch: Ich glaube schon, dass wir so viele verschiedene Sachen haben, wir sind so reich, unendlich reich. Wir bilden uns manchmal ein, alles sei so beschränkt. Ich stelle zum Beispiel bei vielen Menschen, mit denen ich arbeite oder die ich kennenlerne, auch fest, wie viele Dinge ich ebenfalls habe oder Dinge, die ich nie geahnt habe. Eigentlich ist das bei mir

Roger Willemsen: Nicht ein bisschen gewatschelt oder so? Gar nicht? (lacht)

Pina Bausch: Nein nein nein, überhaupt nicht. Im Gegenteil, tatsächlich im Gegenteil. Ich hatte damals eine Produktion, das waren nur ganz wenig Leute, das war Sänger, Schauspieler und Tänzer zusammen, und das Thema war eigentlich *Macbeth*, die *Macbeth*-Geschichte, das war die Basis des Stückes. Ich wollte nicht *Macbeth* machen, sondern nur als Ausgangspunkt und gucken, was sich daraus entwickelt. Und dann musste ich einfach einen Weg finden, wie ich denn mit Schauspielern, Sängern und Tänzern arbeite. Ich konnte also nicht so arbeiten, wie ich sonst mit Tänzern arbeite, und das war sicher eine sehr wichtige Produktion, auch für meine jetzige Arbeitsweise. Die ist damals auch eigentlich mehr oder weniger entstanden. Und dann ist es ja manchmal sehr schwierig, wenn Leute gehen sollen. Da gehen sie wirklich ganz steif und so weiter, und dann hab ich so kleine Geschichten erfunden. Die sollten einfach durch die Diagonale gehen, und ich hab gesagt, die sollen erzählen, was sie zum Frühstück gegessen haben oder so etwas, nur um sie von ihrem Gehen abzulenken, nicht? Und dann war jeder einfach konzentriert darauf: Ja, was hab ich denn heute Morgen gefrühstückt, was erzähl' ich denn da – und plötzlich funktioniert der Körper wunderbar, nicht?

Roger Willemsen: Dann frühstückt Grönemeyer halt nicht (lacht).

Pina Bausch: Und ja, und er hatte (lachend)… Er war grandios, also, es war fantastisch, also super.

Roger Willemsen: Hören wir mit diesem Strahlen auf! Es war wirklich ein Vergnügen, dass Sie zu uns gekommen sind, Frau Bausch. Herzlichen Dank, Pina Bausch!

1998

Mitte der 1990er-Jahre engagierte das Tanztheater Wuppertal eine Reihe jüngerer Tänzerinnen und Tänzer – auch, um Ensemblemitglieder zu ersetzen, die aus Alters- oder anderen Gründen ausgeschieden waren. Verschiedene Stücke, die noch auf dem Spielplan standen oder bei Gastspielen aufgeführt wurden, mussten mit ihnen neu einstudiert werden. Und natürlich war es auch eine jüngere Kompanie, mit der künftig die neuen Tanzabende zu erarbeiten waren. Für manche Kritiker und Beobachter stellte sich damals die Frage, ob sich der Charakter des Tanztheater Wuppertal dadurch verändern würde: formal, durch mehr oder weniger Soli und Ensembleszenen, aber auch inhaltlich durch mögliche neue Fragestellungen. In einem weiteren Gespräch mit Norbert Servos beschrieb Pina Bausch, dass sie in ihren Stücken immer auf ihre jeweils aktuellen Empfindungen zu reagieren versuche, dass es aber auch Fragen und Themen gebe, die sich niemals verändern würden.

Das Interview erschien bei seiner ersten Publikation ohne Titel; die hier verwendete Überschrift entstammt dem Zweitdruck.

Dass man wieder Lust hat, das Leben anzupacken

Die Deutsche Bühne 12 / 98
Gesprächspartner: Norbert Servos
Interviewdatum: September 1998

Norbert Servos: Pina Bausch, Sie sind jetzt 25 Jahre in Wuppertal, länger als die meisten Choreographen an einem Haus bleiben: Hätten Sie sich das damals 1973/74, als Sie hier anfingen, vorstellen können?

Pina Bausch: Nein, das hätte ich mir nie vorstellen können.

Norbert Servos: Sie haben damals lange gezögert, das Engagement anzunehmen.

Pina Bausch: Ich fühlte mich beim Folkwang Tanzstudio sehr wohl, und ich konnte mir nicht vorstellen, an einem Theater zu arbeiten, mit Oper und Operette und Gewerkschaften. Ohne da jetzt viel Ahnung gehabt zu haben, aber das war das letzte, was ich mir vorstellen konnte.

Norbert Servos: Hat sich im Rückblick viel verändert in der Arbeit?

Pina Bausch: Das merkt man selber gar nicht. Das ist ein ganz langsamer Prozeß, das geht ja nicht von heute auf morgen. Ich habe damals zum Beispiel *Fritz* gemacht. Da gab es auch keine Vorlage, das war auch schon eine Collage. Dann habe ich *Iphigenie* gemacht und ein Stück, das hieß *Ich bring Dich um die Ecke*, und dann *Orpheus*. Das waren ja Riesenextreme, zwischen denen ich mich bewegt habe. Das ist gar nicht so spät entstanden: Das war von Anfang an so.

Norbert Servos: Extreme, weil es einmal eine musikalische Vorlage gab?

Pina Bausch: Nicht nur eine musikalische Vorlage, sondern ein Werk, das schon da war. Da gab es schon eine bestimmte Harmonie – mit der Musik, mit den Rollen. Später war es dann eher so, daß jeder wichtig war.

Norbert Servos: Trotzdem gab es eine Zeitlang eine sehr starke Emotionalität in den Stücken, die viele provoziert hat, heute gibt es da eher eine große Heiterkeit.

Pina Bausch: In jedem Fall ist die Emotionalität sehr wichtig. Es langweilt mich, wenn ich nichts fühlen kann. Natürlich ist da eine gewisse Heiterkeit, aber eine Heiterkeit ist ja nicht ohne den anderen Pol denkbar. Dieses Einverständnis mit dem Publikum, daß man sich selber belächelt oder miteinander lächelt, über sich als Menschen ... Aber das gab's auch bei *Renate wandert aus* schon oder bei *Keuschheitslegende*. Nur jedesmal ist es ganz anders. Eine Heiterkeit allein bedeutet nichts. In jedem Stück ist immer auch das Gegenteil, wie im Leben auch. Das hat auch etwas damit zu tun, eine Harmonie zu suchen.

Norbert Servos: Haben Sie das Gefühl, daß die Zeiten härter sind als in den Siebzigern oder Achtzigern und daß man deshalb etwas anderes machen muß?

Pina Bausch: Ich finde schon, daß das schwere Zeiten sind, aber „machen muß"? Ich kann das gar nicht sagen: Ich versuche immer zu machen, was ich empfinde in dieser Zeit.

Norbert Servos: Im Moment ist das Ensemble sehr verjüngt, eine frische, andere Energie. Gibt es deswegen auch mehr Tänze in den Stücken?

Pina Bausch: Die Bewegungen, die entstehen eigentlich, wie ich vorher auch Sachen gefunden habe. Das ist nur eine andere Form. Das hat mich sehr interessiert. Nicht das Komponieren selber, aber die Findung der Bewegung. Das sind ja unzählige Details, die auch aus Fragen zu einem bestimmten Thema kommen. Das vergißt man dann hinterher gern.

Norbert Servos: Es gibt inzwischen auch mehr Solos, früher gab es dagegen öfter große Ensembletänze.

Pina Bausch: Das entsteht durch dieses parallele Suchen. Auf der einen Seite sind es Bewegungsdinge, und zwar ganz individuelle Dinge. Das beinhaltet, daß ich mit jedem einzelnen arbeite, auch bewegungsmäßig. Das resultiert daraus, daß es plötzlich viele Tänzer, wunderschöne Tänzer sind. Das hat auch damit zu tun, daß sich die Tänzer eine unglaubliche Mühe geben – die Verantwortung, die sie haben für ihre Geschichten. Das spielt eine große Rolle in unserer Arbeit. Ich habe so viele große Gruppenformen gemacht, und im Moment interessiert mich eben das. Ich kann ja immer wieder darauf zurückkommen. Mich hindert ja niemand daran, das beim nächsten Mal ganz anders zu machen. Im Moment erfreut mich das, wie schön sie tanzen.

Norbert Servos: Sie haben in unserem letzten Gespräch gesagt, daß sich auch in dem Suchen und Finden der Tänze etwas geändert hat.

Pina Bausch: Man sucht halt immer etwas Neues. Manchmal sind es nur Ansätze von etwas. Wir haben so viele Sachen gemacht, und was ich gemacht habe, interessiert mich dann nicht mehr. Das gibt's ja in irgendeinem Stück. Das brauch' ich ja nicht mehr machen. Jeder sagt dann: Wann machst du mal wieder sowas wie *Sacre*? Aber wir haben doch *Sacre* oder *Iphigenie*. Wir spielen's ja. Wenn die Zeit kommt, mach ich's sicher. Das ist ja das Schöne, daß man sich immer wieder auf den Weg macht, immer wieder neue Türen aufmacht, aufmachen muß.

Norbert Servos: Ist da immer noch eine Angst vor dem Anfangen, bei jedem neuen Stück, wie früher?

Pina Bausch: Ich weiß nicht, wie man das nennt, ob das Angst ist. Da hat sich nie etwas verändert. Das ist etwas ganz Besonderes, wenn man ein Stück macht. Zunächst begebe ich mich auf eine Suche. Das Erste ist, daß man Material sucht, ganz, ganz viel

Material. Das ist noch kein Stück. Aus diesem Material, das man dann entwickelt, finde ich – hoffentlich – Kleinigkeiten, mit denen ich dann vorsichtig anfange, etwas zusammenzusetzen. Das ist wie ein rohes Ei, wie ein Maler ein einziges Stück Papier hat und muß jetzt darauf malen: Das ist eine große, große Vorsicht. Wenn man etwas falsch macht, ist das dann unkorrigierbar. Plötzlich verläuft man sich. Deshalb ist eine große Sorge und Konzentration da, das Richtige zu machen. Da gibt es keine Sicherheit. Ich fange etwas an, und ich weiß gar nicht, wo es uns hin- bringt. Das einzige, was da ist, sind meine Tänzer. Dieses Vertrauen, das man einfach haben muß in dem Moment, das ist schon schwer. Das ist nicht nur Angst, das ist auch eine große Hoffnung, etwas sehr Schönes zu finden. Das sind so viele Gefühle zusammen, die man da hat.

Norbert Servos: Haben Sie das Gefühl, daß sich die Stücke verändern, wenn sie anders besetzt sind? Oder stellt sich das Gleiche wieder her?

Pina Bausch: Es sollte sich wieder das Gleiche herstellen. Das ist das Schöne an der Live-Aufführung: Jeder Abend ist anders. Es ist viel Arbeit, eine Aufführung so zu erhalten, daß sie wirklich so ist wie im Moment geboren. Man kann nicht einfach so Sachen mitschleppen und sagen: Dann machen wir das mal. Es muß ja frisch und neu sein, jedesmal.

Norbert Servos: Die Stücke verändern sich nicht mit neuen Tänzern?

Pina Bausch: Bestimmte Dinge sollten so bleiben. Die Vorstellung sollte so sein, daß selbst an einem schwachen Abend das Stück zu sehen ist. Natürlich ist es manchmal sehr schwierig, das Stück umzubesetzen oder es dauert länger, bis es sich entwickelt, daß es wieder schön rund wird. Manchmal geht es ganz schnell, und manchmal ist es viel besser hinterher. Viele Sachen sind viel besser geworden, auch durch Umbesetzungen. Da gibt es gar kein Rezept. Manche Dinge habe ich noch gar nicht gewagt umzubesetzen. Da würde sich dann erst mal das Stück erübrigen.

Norbert Servos: Deshalb kommen auch viele Tänzer als Gäste zurück, weil bestimmte Rollen mit bestimmten Menschen verbunden sind.

Pina Bausch: Auch, ja.

Norbert Servos: In einem anderen Gespräch haben Sie gesagt, das Leben sei wie eine Reise. Was man alles beobachtet auf den Reisen: die Musiken, die Tänze, die anderen Kulturen – das wird ja in den Stücken verarbeitet.

Pina Bausch: In den Stücken weiß ich nicht so, sondern ich muß es verarbeiten. Es ist irgendwie in mir drin, klar, wenn man die Koproduktionen meint, auch in den Stücken.

Norbert Servos: Wie ist das: das Umgehen mit Menschen aus anderen Kulturen?

Pina Bausch: Ich finde es wunderbar, sonst würde ich es ja nicht tun. Das ist ja eine ziemliche Strapaze und viel Arbeit, aber das ist etwas wahnsinnig Wichtiges.

Norbert Servos: Ist es richtig, wenn ich sage, daß Sie ein leidenschaftlicher Menschenbeobachter sind?

Pina Bausch: Ja, bestimmt. Ich weiß nur nicht, ob es nur Gucken ist. Fühlen, Empfinden. Klar, gucke ich, aber es hat auch damit zu tun, wie das bei einem ankommt, was man da sieht. Ich bin ja nicht jemand, der nur guckt oder sich Notizen macht. Das nützt mir alles überhaupt nichts, was ich da gesehen habe. Es ist ein anderes Aufnehmen und Empfinden.

Norbert Servos: Wenn man Sie anschaut, sieht man einen Menschen, der alles ganz aufmerksam aufnimmt, in sich aufhebt, und dann kommt es ganz anders wieder zum Vorschein.

Pina Bausch: Aufnimmt, ja. Ich erlebe viele Dinge; wo das dann bleibt, das weiß ich nicht. Ich weiß überhaupt nichts. Das ist ja überhaupt ganz erstaunlich, wie wenig man weiß.

Norbert Servos: Wenn man jetzt auf 25 Jahre zurückschaut – und die Arbeit geht ja immer weiter: Gibt es da manchmal so ein Gefühl, der Elan könnte vielleicht irgendwann einmal nachlassen?

Pina Bausch: Da habe ich keine Zeit, mich mit zu beschäftigen, das will ich auch nicht. Die einzige Angst, die ich habe, ist, von anderen Dingen aufgefressen zu werden und keine Zeit zu haben, an Stücken zu arbeiten. An Lust fehlt es mir überhaupt nicht. Im Gegenteil, ich würde gern viel mehr machen. Mein Problem ist eher umgekehrt. Mir würde es eine große Freude machen, wenn ich in den Dingen, die mit Organisation zu tun haben, etwas mehr entlastet wäre und mich mehr auf kreative Dinge konzentrieren könnte.

Norbert Servos: 25 Jahre in Wuppertal zu sein, muß ja auch einen bestimmten Grund haben.

Pina Bausch: Da kommen viele Dinge zusammen. Auf der einen Seite ist das alles ungeplant gewesen, es ist einfach so gekommen. Ich habe zum Beispiel immer nur Ein-Jahres-Verträge gehabt; man muß aber alle Pläne im Voraus machen, alle Gastspiele zum Beispiel, und auf einmal kann man nicht mehr weg, weil man schon in der Planung ist. Das ist ja eine Riesenplanung, auch mit den Reisen, welches Stück kann man wo spielen. Plötzlich fahren die Bühnenbilder nach Japan, da kann man dann soundso lange vorher die Stücke nicht spielen. Man muß ein großes Repertoire haben, um diese Dinge machen zu können. Oder wenn ein Tänzer weggeht und ein anderer muß plötzlich zwölf Stücke nachlernen. Man hat ja nicht soviel Zeit. Man steckt plötzlich in einer bestimmten Routine, und die wird auch immer besser, aber bestimmte Leute bei uns, die sind so ausgelastet – wenn da jemand ausfällt, hat man Angst, das Ganze bricht zusammen.

Norbert Servos: Woher nehmen Sie die Kraft, das alles zu bewegen?

Pina Bausch: Die Tänzer, die hierher gekommen sind, sind ja nicht nach Wuppertal gekommen, um in ihrer Wohnung zu sitzen. Die wollen alle schön was zu tun haben. Ein Tänzerleben ist auch begrenzt, die haben keine Zeit zu sitzen. Die sind sehr traurig, wenn sie nichts zu tun haben. Die wollen arbeiten, und die wollen möglichst auch alle im nächsten Stück drin sein. Und das ist auch wunderbar. Ich kann es mir nicht leisten, müde zu werden (lacht). Da sind so viele Erwartungshaltungen, was auch schön ist. Ich kann nicht einfach mal schlapp machen. Da steht jemand strahlend da und sagt: Ich will jetzt arbeiten. Das gibt einem auch Kraft; das ist so eine Gegenseitigkeit. Auch mit dem Reisen: Was man da lernt und erlebt, das ist so stark. Man fühlt so viel, man ist so voll von diesen Dingen – irgendwo muß das ja auch raus. Von vielen Dingen wissen wir ja auch, wie deprimierend das ist, in welcher Not sich so viele Menschen befinden ... Aber es gibt auch noch etwas, das sehr schön ist, das sollten wir nicht vergessen.

Norbert Servos: Sie haben jetzt zum ersten Mal ein Stück mit einer anderen Compagnie einstudiert: *Sacre* mit dem Ballett der Pariser Oper.

Pina Bausch: Ich hätte nie gedacht, daß es so ein schönes Erlebnis wäre.

Norbert Servos: Können Sie sich das auch noch mit anderen Stücken vorstellen?

Pina Bausch: Den *Sacre* wollen sie nun alle besonders gerne haben. Andere Stücke sind vielleicht auch für andere Compagnien ein bißchen schwieriger. Es kommt auf die Compagnie an und auf die Arbeitsbedingungen, die man hat.

Norbert Servos: Aber es ist prinzipiell möglich?

Pina Bausch: Nichts ist unmöglich. (Lacht)

Norbert Servos: Gibt es Wünsche für die Zukunft, was die Compagnie, die Arbeit angeht?

Pina Bausch: Daß wir eine Situation schaffen können, in der wir ganz viel arbeiten können, und daß alle, die an dieser Arbeit beteiligt sind, das mit großer Verantwortung und gerne tun. Nicht daß man sich durchleidet, daß man arbeitet und sich quält, sondern daß eine Freude da ist, und daß sich das überträgt auf das Publikum. Wie soll man das sagen: daß sich etwas vergrößert, sich verbindet. Daß man sich viele Freunde macht, nicht Feinde, daß man in der ganzen Welt Freunde hat. Und daß man wieder Lust hat, das Leben anzupacken und eine Hoffnung behält. Daß das etwas Positives bewirkt.

1998

Das Verhältnis der Lokalpresse in Wuppertal zu Pina Bauschs Arbeit als Ballettdirektorin der Stadt war zu Anfang nicht ungetrübt. Nach den ersten Premieren forderte die ortsansässige „Westdeutsche Zeitung", Pina Bausch solle „vor Übersteigerungen, Verkrampfungen, Wiederholungen sich hüten – sonst könnte es passieren, dass selbst ein so anspruchsvolles Stadttheater wie das Wuppertaler allmählich leergetanzt wird." Ein „Zuviel an exaltierter Körper- und Requisitensprache" glaubte dieselbe Zeitung in der *Iphigenie*-Choreografie von 1974 zu entdecken, ohne die Wechselwirkung von Musik- und Tanztheater zu begreifen: „Diese Musik ist weder eintönig noch ermüdend – sie bedarf nicht einer sich in den Vordergrund drängenden optischen Aufbereitung." Als das Tanztheater Wuppertal 1998 sein 25-jähriges Bestehen mit einem großen Fest feierte, hatten in Wuppertal nicht nur die Kritiker gewechselt. Man wusste inzwischen auch, dass Pina Bausch den Namen der Stadt durch großartige kulturelle Leistungen weltweit bekannt gemacht hatte.

Ich will immer wieder neue Türen öffnen

Westdeutsche Zeitung, 10. Oktober 1998
Gesprächspartner: Marion Meyer und Frank Scurla

Marion Meyer / Frank Scurla: 25 Jahre Tanztheater Wuppertal: Was war der größte Erfolg, der bewegendste Moment?

Pina Bausch: Das läßt sich gar nicht im einzelnen benennen. Es gibt so viele schöne Erfahrungen, viele kleine Dinge, über die man sich freut. Vieles habe ich mit den Tänzern erarbeitet. Da hat sich kontinuierlich etwas entwickelt, auch wie die Zuschauer das aufnehmen. Die bewegendsten Momente habe ich immer mit den Tänzern erlebt. Ich freue mich auch sehr, wenn wir, wie zum Beispiel in Istanbul, eine tolle Aufführung hatten.
Die Tatsache allein, daß die Zeit in Wuppertal schon 25 Jahre dauert, ist bewegend. Auch, daß wir immer durch die ganze Welt reisen, die Leute uns bitten, wiederzukommen. Daß wir Verbindungen schaffen zwischen da und hier. Daß die Leute uns Türen aufmachen und uns an ihrer Kultur teilhaben lassen, das ist für mich Verpflichtung und Aufforderung, weiterzumachen. Man soll sich auf seinen Preisen nicht ausruhen.

Marion Meyer / Frank Scurla: Sie haben sich im Laufe der Jahre ein großes Repertoire an Stücken erarbeitet. Gibt es für Sie Lieblingschoreographien? Oder auch Stücke, die Sie gar nicht mehr spielen würden?

Pina Bausch: Ein Lieblingsstück habe ich nicht, denn jedes Stück hat natürlich mit der Zeit zu tun, in der es entstand. Das ist wie ein Kind, das geboren wird: Man hat alles gegeben. Und wie bei Kindern hat man alle gleich lieb. Die Überlegung ist ja auch immer: Welches Stück spielt man wo? Menschen unterschiedlicher Kulturen reagieren ja auch sehr unterschiedlich. Die Stücke bestehen aus offenen Bildern, in die man sehr viel reindenken kann.
Nur *Fritz* hätte ich Angst wiederzusehen. Das war bei *Iphigenie* zunächst auch so. Obwohl es mir so nah war, war es trotzdem so weit weg. Jedes Stück hat viele Farben. Ich bin neugierig und will deshalb immer wieder eine neue Tür aufmachen.

Marion Meyer / Frank Scurla: Wie kam die Auswahl für das Fest zustande?

Pina Bausch: Wir wollten durch die Jahre gehen. Deshalb haben wir auch ein altes Stück wie *Arien* wiederaufgenommen. Die Wiederaufnahmen werden auch auf unsere Tourneen abgestimmt. Das hat alles einen Zusammenhang. Wir spielen im Schnitt zwölf verschiedene Abende in einem Jahr. Da muß man sich genau überlegen, welches Stück man spielbar hält.

Marion Meyer / Frank Scurla: Was bedeutet Tanz für Sie? Hat sich Ihr Verständnis von Tanz geändert? Welche Einflüsse gab es?

Pina Bausch: Die Folkwangschule und Kurt Jooss haben mich sicher sehr beeinflußt. Dort herrschte eine bestimmte Atmosphäre, alle Künstler beschäftigten sich mit etwas auf eine andere Weise. Die Basisausbildung von klassischem und modernen Tanz hatten den gleichen Stellenwert. Jooss' Stil hatte immer mit Menschlichkeit zu tun. Es herrschte ein Gemisch an Kulturen, allen ging es um die Sache. In Amerika habe ich dann noch mehr dazugelernt. Das war eine wahnsinnig inspirierende Geschichte. Es fühlte sich dort an wie zu Hause.
Die Entwicklung des Tanzes – das ist eine schwierige Sache. Bestimmte Themen stehen auf einmal im Vordergrund. Immer überlegt man: Was ist Tanz? Der stärkste Ausdruck ist der Körper. Man kann etwas nicht besser ausdrücken. Aber die

25 Jahre Tanztheater
Tanzszene. Mit ihrem En
Wurzeln – nach Wupper
Tanzensemble hat die Ch

„Ich will wied[er] immer neue Türen öffnen"

Die Choreographin Pina Bausch gab dem Jubiläum eines ihrer seltenen Interviews. Sie sprach über ihre Wüns[che] über Applaus und Streß.

Form muß stimmen, man muß sich fragen, woher ein Gefühl kommt. Jeder einzelne Mensch in einem Stück ist für mich wichtig. Für jeden muß ich etwas finden.

Marion Meyer / Frank Scurla: Es gibt doch sicherlich Schwierigkeiten, wenn jemand ersetzt werden muß?

Pina Bausch: Alles hat immer mit demjenigen zu tun, der es spielt. Wenn derjenige ersetzt wird, dann ist es nur noch eine Rolle. Das muß ein anderer sich dann wieder erarbeiten, bis es wieder seines ist. Das dauert meist eine lange Zeit, bis es stimmt. Bei manchen Stücken muß ich dann die Aufgaben neu stellen. Manchmal wird es dann aber sogar besser.
Stücke nachträglich verändern, das geht nicht. Wenn, dann nur kürzen. Man kann ja auch an einem fertigen Bild nachträglich nicht mehr malen.

Marion Meyer / Frank Scurla: Was erwarten Sie von einer Tanztheater GmbH?

Pina Bausch: Ich hoffe, daß die Möglichkeit da sein wird, die Kräfte zu bündeln und mit den richtigen Leuten zu arbeiten. Wenn der gleiche Streß für mich übrigbleibt, weiß ich nicht, ob ich das kann. Ich wünsche mir auf jeden Fall, daß wir weiterhin mit viel Freude viel arbeiten können.

Marion Meyer / Frank Scurla: Ihre Stücke sind in den vergangenen Jahren heiterer, lebensbejahender geworden. Ist Ihre Sicht der Dinge im Laufe der Jahre milder geworden? Vielleicht auch mit zunehmender Erfahrung?

Pina Bausch: Meine Stücke sind immer beides: heiter und traurig. Die Stücke leben von gegensätzlichen Gefühlen. Die Heiterkeit beruht ja immer auf etwas. Vielleicht wird sie ja auch zur Zeit benötigt? Man muß immer die Balance suchen. Wichtig ist, daß man gemeinsam mit dem Publikum lacht. Und man lacht in vielen Ländern an den gleichen Stellen.

Marion Meyer / Frank Scurla: Sie gehen ja nach fast jeder Aufführung zum Applaus auf die Bühne. Was bedeutet Applaus für Sie?

Pina Bausch: (lacht) Wenn jemand buht, finde ich es noch wichtiger, auf die Bühne zu gehen. Ich bekenne mich zu meinem Ensemble. Ich fühle dann etwas Schönes mit den Tänzern, die auf der Bühne waren. Ich bin auch immer bei den Vorstellungen zugegen.

Marion Meyer / Frank Scurla: Können Sie Privates und Beruf noch trennen?

Pina Bausch: Es ist schwierig, das zu trennen. Beides ist sehr wichtig für mich, beides fließt ineinander. Ich kann mich ja nicht von mir selber trennen. Wenn ich an ein Stück denke, muß ich allerdings alleine sein.

Marion Meyer / Frank Scurla: Wonach suchen Sie Ihre Tänzer aus?

Pina Bausch: Ich achte auf Körper und Technik, aber in erster Linie engagiere ich einen Menschen, der tanzt. Das hat mit Gefühl zu tun. Mich interessiert etwas an der Person. Ich möchte etwas von ihr lernen, neue Erfahrungen machen. Das ist eine gegenseitig befruchtende Sache. Warum gerade mit dieser Person? Das kann ich nur fühlen.

Marion Meyer / Frank Scurla: Es hat immer wieder Abwerbungsversuche gegeben. Was hat Sie trotzdem immer in Wuppertal gehalten? Was hat Wuppertal Besonderes?

Pina Bausch: Früher hatte das einen praktischen Aspekt. Die Reisen lagen frühzeitig fest, die Pläne waren zwei Jahre im Voraus erstellt. Wir hatten uns immer schon verpflichtet und gar keine Zeit, uns darum zu kümmern. Außerdem schätze ich beide Wuppertaler Häuser sehr. Es sind wunderbare Bühnen, besonders das Opernhaus [eigentl. Schauspielhaus] mit seinem Bezug Publikum-Bühne. In Wuppertal ist Theater mitten im Alltag, das hatte immer einen großen Reiz für mich. Die Beziehung zur Wirklichkeit auch, es ist wichtig, auf dem Boden zu bleiben. Außerdem gibt es vielerlei Gründe, warum Wuppertal etwas Besonderes ist. Es war immer wieder schön zurückzukommen.

1998

Das 25-jährige Jubiläum 1998 bot für Pina Bausch auch Gelegenheit, Bilanz ihrer Arbeit mit dem Tanztheater Wuppertal zu ziehen. Sie war längst international als eine der einflussreichsten Erneuerinnen des zeitgenössischen Tanzes anerkannt und feierte mit der Kompanie Erfolge auf der ganzen Welt. Die Gastspiele waren in der Regel unmittelbar nach ihrer Ankündigung auch schon ausverkauft. Aus dem Ausland erreichten Pina Bausch gelegentlich auch Angebote, in einer anderen Stadt als Wuppertal zu arbeiten. Warum sie nie ernsthaft darüber nachdachte, ist eines der Themen im Gespräch mit der Wuppertaler Journalistin und Autorin Christiane Gibiec.

Wir sind uns
mit unserem Körper
am nächsten

Frankfurter Rundschau, 17. Oktober 1998
Gesprächspartnerin: Christiane Gibiec

Christiane Gibiec: Frau Bausch, warum arbeiten Sie immer noch in Wuppertal?

Pina Bausch: Bevor ich nach Wuppertal kam, hat Herr Wüstenhöfer ja lange gebraucht, um mich zu überreden, daß ich es überhaupt machte. Und dann habe ich gesagt, ja gut, ich probiere es. Und dann hatte ich 'zig Jahre lang das Gefühl, ich probiere. Ich habe nie die Absicht gehabt, hier zu bleiben. Ich habe mich wohnmäßig eigentlich immer so verhalten, als wäre ich unterwegs.
Aber es ist bei uns einfach so, daß unsere Pläne weit im voraus entstehen, weil es die vielen Einladungen und Reisen gibt. Ich war – und bin es noch immer – Jahre vorher im Wort, so daß es kaum möglich wäre zu gehen.
Andererseits ist da ja auch etwas zusammengewachsen. Das Tanztheater ist in Wuppertal entstanden, das ist ja unsere Heimat. Ich finde es auch schön, daß es eine Stadt wie Wuppertal ist, eine kleinere Stadt. Ich bin der Ansicht, daß die sogenannte Kunst eher an den kleinen Häusern entsteht, und die großen Häuser kaufen dann bei den kleinen ein. Die großen riskieren nichts, sie müssen immer gleich was servieren, was möglichst toll ist, und man vergißt leicht, daß es oft die kleinen Theater sind, wo man etwas ausprobiert oder etwas gefunden hat. Und

wenn es die mal nicht mehr gibt, wo findet man dann die nächsten Künstler?

Christiane Gibiec: Am Anfang war Ihre Arbeit in Wuppertal ja sehr umstritten, man hat im Ausland die Brisanz sehr viel schneller erkannt als hier.

Pina Bausch: Manchmal dachte man wohl, ich wollte die Leute provozieren, aber das war nie die Absicht. Mir war wichtig, ein ganz bestimmtes Thema so zu formulieren, wie ich es empfinde, wie ich am besten darüber reden kann. Vielleicht habe ich es den Leuten auch schwergemacht, weil ich wenig Hilfestellung gegeben habe. Das war auch deshalb so, weil ich immer Angst vor Worten hatte, nicht nur Angst, sondern auch Respekt, weil ich weiß, wie wichtig Worte sind. Vielleicht traute ich es mir auch nicht zu, das zu formulieren, oder ich wollte es nicht, weil ich immer dachte, ein Bild muß für sich selber sprechen.

Christiane Gibiec: Wie war das dann, als Sie wußten: die Leute verstehen das, was ich mache?

Pina Bausch: Das ist ja nach wie vor unterschiedlich. Es sind immer wieder unterschiedliche Leute da, es ist jede Aufführung anders, und sie gefällt auch längst nicht jedem. Und ich kann auch nicht beruhigt denken: Jetzt trage ich ein schönes Stück nach New York oder irgendwo sonst hin, denn es ist jedes Mal schwierig. Das einzige, was man tun kann: die Arbeit so zu tun, gemeinsam mit den Tänzern, daß jede Aufführung ein Vergnügen ist. Ich meine das in jeder Hinsicht, es kann auch ein schmerzliches Vergnügen sein. Und das muß man jeden Abend wieder neu erarbeiten. Bei einer Live-Aufführung ist jeder Tag neu, und die Leute haben jeden Tag eine andere Stimmung. Wenn diese ganzen Energien zusammenkommen, auch die des Publikums, das ist jedes Mal ein ganz anderes Erleben.

Christiane Gibiec: Sie erarbeiten Ihre Stücke, indem Sie sich zusammen mit Ihren Tänzern in vielen Kulturen umschauen und das, was Sie dort erleben, als Material benutzen. Auf diese Art sind Stücke unter anderem von Aufenthalten in Amerika,

Spanien, Italien, Hongkong und Lissabon inspiriert worden. Worauf achten Sie, wenn Sie unterwegs sind?

Pina Bausch: Das kann ich nicht genau ausdrücken, ich glaube, ich bin dann wie ein Kind. Ich kann gucken und mich freuen und staunen, da ist so vieles, das kann man gar nicht in Worte fassen. Es ist ja immer nur etwas Kleines, was man dort sieht, aber es gibt einem jedesmal das Gefühl, oh, da möchte ich so gern mehr drüber wissen. Das wichtige sind eigentlich doch immer die Menschen, die man kennenlernt, in Verbindung mit allen Dingen, die es so gibt. Das kann ich jetzt nicht gut ausdrücken, das sollte ich wirklich besser formulieren können. Das ist so unglaublich, was ich erlebe. Also, wenn unsere Reisen nicht wären, dann wäre ich nicht mehr in Wuppertal. Was mir da alles passiert ist! Diese Kraft hätte ich nur in Wuppertal nicht aufgebracht. Ich durfte so vieles erleben, daß ich wünschte, ich könnte davon etwas mitteilen oder etwas zurückgeben, ja, das wünsche ich mir sehr.

Christiane Gibiec: Finden Sie nicht, daß Sie das tun? Ich empfinde das schon und mit mir auch viele andere Menschen. Sonst hätten Sie nicht diesen Zuspruch.

Pina Bausch: Trotzdem ist es alles klein im Verhältnis zu meinem Gefühl. Was man in den Stücken sieht, ist ja alles nichts gegen das, was ich fühle. Da steckt noch ein ganz anderer Wunsch dahinter, ein ganz anderer Drang. Gut, in dieser kurzen Zeit, wenn ein Stück entsteht, ist das mal gerade so gewachsen. Aber eigentlich könnte ich zehn Stücke machen aus dem Material von zweieinhalb Monaten, das fertige Stück ist nur ein Bruchteil. Das bleibt immer so ein Drang, und den trage ich halt mit mir herum.

Christiane Gibiec: In Ihren Stücken der letzten Jahre wird immer mehr getanzt. In früheren Jahren haben Sie sich nach meinem Eindruck dem Tanz eher verweigert. Irgendwann haben Sie mal gesagt, Sie seien auf der Suche nach dem Tanz. Kann man sagen, daß Sie dabei sind, ihn zu finden?

Pina Bausch: Also, ich habe mich nie verweigert. Ich denke, es ist eine Ansichtssache, was Tanz ist. Vielleicht hatten andere oft die Ansicht, da wird nicht getanzt, was für mich Tanz ist. Es ist schwierig zu beantworten, aber eigentlich ist es ganz einfach. Wenn man ein Thema hat und etwas auszudrücken versucht, was einem wichtig ist, dann geht es darum, wie man es am besten macht. Und es ist dann die Frage, ob man das durch Bewegung tut oder durch andere Formen, ob es plötzlich durch Sprechen herauskommt oder irgend etwas anderes. Das hat immer mit dem Thema zu tun, da bin ich jedesmal ganz offen.

Sicherlich wird mehr getanzt, weil es bestimmte Dinge gibt, bei denen ich fühle, es bleibt wieder nur der Körper übrig. Aber das, was entsteht, hat auch was mit der Gruppenzusammensetzung zu tun. Es ist ja nicht so, daß ich einfach auf einem Stück Papier einen Plan mache, sondern es entsteht immer mit den Menschen zusammen, mit meinen Tänzern. Bei jeder neuen Gruppenzusammensetzung reagieren sie wieder anders oder haben eine andere Phantasie, oder haben keine Phantasie. Und dann geht es darum, wie man trotzdem die Sachen findet, wie man behilflich ist, Bewegungen zu finden, Tänze zu machen. Ich nehme ja nicht einfach das vorhandene tänzerische Vokabular, sondern wir suchen neue Wege, wie man zu Bewegungen, zu Tänzen kommt. Das habe ich in den letzten Jahren vielleicht stärker versucht.

Christiane Gibiec: Ist das für Sie so, daß sich im Tanz das Leben verdichtet, die Gefühle, die Freude oder auch das Leiden am Leben?

Pina Bausch: Ich glaube, wir sind uns mit unserem Körper am nächsten, und jeder Mensch drückt sich dauernd aus, einfach, indem er ist. Es ist ja alles auch sehr sichtbar. Wenn man es liest, kann man alles sehen, die Gemütsverfassung, die Gefühle. Vielleicht ist es der Respekt vor einem Menschen, eine Form dafür zu finden, die vielleicht nicht ein Gedicht ist, sondern eben die Körperform.

Christiane Gibiec: Wenn Sie sagen, Sie suchen nach den Dingen, was suchen Sie da, ist das: Wahrheit, Schönheit?

Pina Bausch: Mit solchen Worten würde ich erst mal ganz vorsichtig umgehen. Ich würde denken, da fängt man außen an und nicht innen. Das Suchen, etwas Fühlen, das ist nicht etwas Vages, sondern ich glaube, daß dieses Gefühl etwas ganz Präzises ist; und es ist auch herstellbar. Und wenn man ein bestimmtes Gefühl wiederfinden will, dann sind ganz bestimmte Kriterien notwendig, um genau wieder dieses Gefühl zu haben. Ich weiß sehr genau, was ich suche, obwohl ich es mit Worten nicht beschreiben kann, das will ich auch gar nicht. Ich würde es schon einengen. Wenn man etwas gefunden hat, dann weiß man genau, daß es dazugehört. Wenn ich sage, ich suche etwas, dann meine ich, es ist ein Arbeitsweg, den jeder Choreograph anders geht. Ich gebe Aufgaben, und ich weiß einfach aus Erfahrung, daß ich da Kleinigkeiten finde, mit denen ich dann arbeite. Die Frage, ob etwas richtig ist, stellt sich nicht mehr, wenn man es gefunden hat, das weiß man einfach.

Christiane Gibiec: Sie selber haben ja als Tänzerin angefangen, und Sie tanzen immer noch, zur Zeit in zwei Stücken, in *Danzón* und *Café Müller*. Haben Sie zu sich eher ein Verhältnis als Tänzerin oder als Choreographin?

Pina Bausch: Alles, was ich mache, mache ich als Tänzerin, alles, alles! Es fing ja damit an, daß ich gerne tanzen wollte. Für mich ist das die Form, mit der ich fühle, daß ich mich am richtigsten in ihr ausdrücken kann, das ist die „Sprache", die mir am nächsten ist. Es war am Anfang nie der Gedanke, daß ich Choreograph bin, ich habe meine ersten Stücke gemacht, weil ich selber tanzen wollte. Da war keiner, der genug machte, und dann habe ich versucht, selber ein Stückchen zu machen. Und dann wollten andere auch gerne dabeisein, und da habe ich gesagt, gut, das kann man nur versuchen. Und später, als ich anfing, in Wuppertal zu arbeiten, waren die Rollen in den Stücken auch immer Rollen für mich. Aber da gab es ja auch die anderen, die alle gerne tanzen wollten, und ich mußte auf die Dinge achten, jede Kleinigkeit pflegen, und dann blieb einfach keine Zeit mehr. Und dann schiebt man es immer weiter auf und denkt, beim nächsten Mal. Aber das Bedürfnis ist nie weggegangen, ich habe es einfach nur aufgeschoben.

Christiane Gibiec: Nach welchen Kriterien suchen Sie die Menschen aus, mit denen Sie arbeiten?

Pina Bausch: Ich glaube, es sind alles Menschen, die viel geben möchten. Wie ich jemanden Neues engagiere, das ist etwas ganz Schwieriges, das weiß ich auch nicht so ganz genau, wie ich da vorgehe. Außer daß ich möchte, daß es *gute* Tänzer sind. Aber mehr noch hat es mit den Personen zu tun, es sind *Menschen*, die tanzen. Es ist ziemlich kompliziert. Wenn ich genau weiß, wie sich jemand verhalten wird, dann interessiert mich das schon nicht mehr so sehr. Ich habe gerne Leute, bei denen ich mir wünsche, mehr zu verstehen, die sich auch selber vielleicht noch gar nicht kennen, denen ich vielleicht behilflich bin, daß sie sich selber vertrauen und an Dinge gehen, vor denen sie immer Angst hatten, zum Beispiel, etwas von sich zu zeigen oder so etwas. Ich glaube, da kommen immer wieder dieselben Sachen zusammen.

Es sind Leute, die sich sehr stark ausdrücken wollen und die Hemmungen haben, was ich ganz wichtig finde. Leute, die immer alles gleich ganz toll machen, gefallen mir gar nicht so. Ich finde es wichtig, daß ein Gefühl etwas Besonderes bleibt, was immer es ist. Ich glaube, meine Tänzer haben alle irgendwo eine Traurigkeit, aber alle haben Humor. Sie haben vielleicht auch die Möglichkeit, in abstrakten Bildern zu sprechen, ohne daß man Worte sagen muß, und trotzdem ganz genau versteht. Oder daß wir uns zusammen begreifen, ohne daß wir Worte benutzen müssen. Wir spielen ja nicht wie Schauspieler eine Rolle in einem vorgegebenen Stück, sondern wir spielen uns selber, wir sind das Stück.

Christiane Gibiec: Sie rekonstruieren ja viele Stücke und müssen dann die Rollen derjenigen, die nicht mehr im Ensemble sind, umbesetzen. Gibt das bei dieser Arbeitsweise nicht Probleme?

Pina Bausch: Das ist ganz verschieden. Manchmal ist es sehr schwer, jemanden zu finden, wo das wieder zusammenstimmt, das muß auch wachsen. Manchmal geht es sogar besser als mit der Originalbesetzung. Das ist auch erstaunlich. Manche Dinge wiederum kann man einfach gar nicht umbesetzen, die sind so verbunden mit einer Person, da macht es mir schon Angst, dran zu denken, daß man es später vielleicht nicht mehr spielen kann. Vielleicht verändert es sich auch, aber so, wie ein Körper sich verändert, der doch derselbe Körper bleibt.

Christiane Gibiec: Ich möchte zu dem Humor in Ihren Stücken kommen, sie sind ja oft sehr witzig, sehr ironisch, oft heiter, und das nimmt in den letzten Jahren zu. Ist Ihr Lebensgefühl auch heiterer geworden, haben Sie jetzt eher als früher eine Sicht der Welt, die milder, versöhnlicher ist?

Pina Bausch: Ich glaube, es lebt immer von beiden Seiten. Es gibt keine Heiterkeit ohne das andere, der Humor ist ja auch eine bestimmte Form der Bewältigung. Ich versuche vielleicht etwas in dem Sinne zu finden: Wie können wir gemeinsam über etwas lachen oder bissig sein. Es ist ein Einverständnis und tut uns gut, daß wir diesen Punkt finden, es erleichtert etwas, aber nimmt eine Härte oder etwas Ähnliches überhaupt nicht weg, sondern es ist vielleicht eine Form, wie wir damit umgehen können.
Auf der anderen Seite war es bei mir immer so: Wenn die Zeiten so ganz gut sind, dann habe ich, glaube ich, die Tendenz, über Dinge zu reden, die irgendwie scharf sind oder ernst oder gewaltig. Im Moment denke ich eher, es ist das Gegenteil. Und die Stücke sind ja nicht einfach fröhlich, das finde ich gar nicht. Zum Beispiel war es mit dem Hongkong-Stück für mich so, daß ich, wenn es im Moment nicht irgend etwas zu lachen gäbe, gar nicht wüßte, wie ich weitermachen sollte. Und ich glaube, das, was dabei rauskommt, hat etwas mit einer Balance zu tun, die ich suche, ganz genau weiß ich das nicht. Alle meine Stücke sind ja in einer bestimmten Zeit entstanden.
Ich glaube, wenn ich wirklich fühle, dann sind es Gefühle, die wir alle haben, oder zumindest die meisten von uns, oder wir sie kennen. Sie sind einfach in einer bestimmten Situation entstanden, wo wir Ängste und Nöte haben, und was da rauskommt, hat damit zu tun. Ich glaube, wenn man zusammen bestimmte Momente erlebt, oder vielleicht sogar gelacht hat oder lächelt, das gibt einem schon wieder Kraft oder Freude oder Hoffnung. Aber ich kann das auch nicht so in Worten ausdrücken, das gehört den Stücken an. Ich finde es schrecklich, wenn man die Stücke vielleicht unter dem Gesichtspunkt beguckt, daß ich das und das dazu gesagt habe.

Christiane Gibiec: Wo können Sie in Ihrer Entwicklung etwas festmachen, das Ihnen die Richtung gewiesen hat, die Sie dann eingeschlagen haben? Sie haben ja schon mit 14 angefangen, an der Folkwangschule zu studieren.

Pina Bausch: An der Folkwangschule war wichtig, daß so viele unterschiedliche Menschen dort waren und sich mit etwas beschäftigt haben. Es waren ja nicht nur Tänzer da, sondern auch Menschen aus ganz anderen Bereichen der Bildenden und Darstellenden Künste, und sie kamen aus ganz vielen verschiedenen Ländern. Wir hatten alle etwas Gemeinsames, es gab Themen, die uns allen wichtig waren. Das Motiv, warum man zusammen war, das war grundsätzlich etwas Wichtiges an der Folkwangschule, aber speziell auch in der Tanzabteilung, die Herr Professor Kurt Jooss leitete. Was er für unseren Unterricht wichtig fand, hatte nicht nur mit Tanz zu tun, sondern mit vielen anderen Dingen. Natürlich hatte es mit den Künsten zu tun, aber auch mit einer Menschlichkeit. Später war dann New York sehr wichtig für mich. Man denkt ja oft, was man so fühlt, das fühlt man ganz alleine. In New York habe ich zum ersten Mal gespürt, daß viele Menschen sich so fühlen, und ich habe mich viel weniger alleine gefühlt. Es ist ja auch eine Stadt, in der viele Menschen aus der ganzen Welt zusammenwohnen, und das geht gut. Und dazu brauchte ich nicht unbedingt Englisch zu sprechen, das hatte gar nichts mit der Sprache zu tun, sondern einfach nur, daß man keine Angst voreinander zu haben brauchte.

Christiane Gibiec: Sie haben ja im letzten Jahr in Paris *Sacre du printemps* an der Pariser Oper einstudiert im Rahmen eines dreiteiligen Abends, auf dem außer *Sacre*-Choreographien von Balanchine und Tudor gezeigt wurden. Da konnte man sehr gut sehen, in welcher Weise Sie den Tanz verändert haben. Wie sehen Sie sich in der Tradition dieses Jahrhunderts?

Pina Bausch: Das kann ich gar nicht sagen. Ich denke, die Dinge, bei denen ich das Glück hatte dabeizusein, die waren schon prägend, zum Beispiel das Studium bei Professor Jooss und Antony Tudor, bei dem ich in New York getanzt habe. Aber Tudors Arbeit ist mit ihm entstanden, ebenso die von Jooss. Es war nie so, daß ich ein Schüler war, der lernte, wie der oder der zu sein, sondern es ging darum, daß man sich entwickelte, daß man selber finden konnte, was einem wichtig war, wohin man wollte. Ich kann nicht Jooss oder Tudor nachmachen und will es auch nicht. Es geht um das Motiv, warum man etwas tut. Und ich glaube, sie haben beide über Menschen gesprochen, vielleicht ist das die Tradition. Aber das kann man nicht an Beispielen sehen, das macht jeder in der ihm eigenen Art.

Christiane Gibiec: Was wünschen Sie sich zum 25. Jubiläum?

Pina Bausch: Ich würde mir wünschen, daß ich mehr entlastet bin, meiner Phantasie etwas mehr freien Lauf lassen könnte, aus dem Alltag herauskommen könnte. Es sind so viele Realitäten, die einen festnageln und einengen, ich würde gerne noch mehr Dingen folgen können, zu denen ich große Lust habe. Im Grunde wünsche ich mir mehr Zeit für die eigentliche Arbeit. Ich könnte mir zum Beispiel vorstellen, auch mal wieder zwei Stücke im Jahr zu machen, so wie früher. Immer, wenn ein Stück fertig ist, habe ich große Lust weiterzumachen. Da ist etwas in Fluß gekommen, und manchmal habe ich das Gefühl, das würde jetzt immer leichter weitergehen können.

2000

Im Jahr 2000 bereitete die Dokumentarfilmerin Annette von Wangenheim einen Film über Kurt Jooss vor, der Leben und Werk des Tänzers, Choreografen und Mitgründers der Folkwangschule Essen dokumentiert. 1901 in Süddeutschland geboren, gründete er 1928 in Essen das „Folkwang-Tanztheater-Experimentalstudio", durch das er dem deutschen Ausdruckstanz eine Heimat gab. Sein Stück *Der grüne Tisch* zu den Verhandlungen über Krieg und Tod machten ihn weltweit bekannt. 1933 weigerte sich Jooss öffentlich, sich von seinen jüdischen Mitarbeitern zu trennen. Er verließ Deutschland und verbrachte die folgenden Jahre bis 1947 in England, danach in Chile. 1949 kehrte Jooss nach Essen zurück. 1968 übernahm seine ehemalige Schülerin Pina Bausch dort von ihm das Folkwang-Ballett. Kurt Jooss starb 1979 an den Folgen eines Verkehrsunfalles. Der Film über ihn lief in zahlreichen Fernsehprogrammen, u.a. im WDR, bei arte, in der BBC und wurde bei zahlreichen Festivals gezeigt. Von dem Interview mit Pina Bausch wurde darin nur ein kurzer Ausschnitt verwendet; es wird hier erstmals vollständig veröffentlicht.

Und alle nannten ihn Papa Jooss

Interview für den Fernsehfilm *Kurt Jooss – Tanz als Bekenntnis*
Gesprächspartnerin: Annette von Wangenheim. Aufnahme: 4. März 2000

Annette von Wangenheim: Frau Bausch, Sie waren Schülerin von Kurt Jooss und haben auch in seiner Kompanie getanzt. Was sind Ihre stärksten Erinnerungen an ihn – als Mensch, als Choreograf?

Pina Bausch: Oh Gott, da kommen so viele Sachen zusammen. Das sind auch viele unterschiedliche Momente gewesen, die die Schule, die die Zeit nach den Proben und nach dem Training betreffen. Wenn ich an Jooss denke, ist es auf jeden Fall so, dass mir als erstes seine Wärme einfällt. Er war so warm, er hatte sehr viel Humor. Er hat einen sehr bejaht, so dass man eigentlich leicht Vertrauen hatte. Man vertraute ihm also, und sein Wissen und alle anderen Dinge waren unabhängig davon. Also eigentlich war diese Atmosphäre in der Schule unglaublich wichtig, eigentlich das ganze Kollegium und dann eigentlich auch die ganzen Studenten, die dort waren. Das war insofern wie eine Familie, und alle nannten ihn Papa Jooss – und es stimmte auch irgendwie.

Annette von Wangenheim: Hatten Sie selbst bei ihm auch Unterricht?

Pina Bausch: Ja, zu der Zeit gab es spezielle Unterrichtsfächer. Später sind die dann verschwunden, weil man sie vielleicht nicht so wichtig nahm, weiß ich nicht ganz genau. Eigentlich hatte man eher das Wissen nicht, diese Dinge zu lehren. Also, da gab es zum Beispiel Eukinetik, es gab Choreutik. Es gab eine Stunde mit Walzerformen, viele viele verschiedene Dinge. Das war ein Unterricht, den er gab, ja.

Annette von Wangenheim: Er hat Eukinetik selbst unterrichtet?

Pina Bausch: Ja ja.

Annette von Wangenheim: Das wirkt ja sicherlich nach, wenn man so eine Ausbildung hat.

Pina Bausch: Also für mich persönlich war es ein großes Glück, an der Folkwangschule gewesen zu sein. Aber das hatte mit vielen Dingen zu tun. Es hatte nicht nur damit zu tun, was in der Tanzabteilung war, sondern dass es auch eine Schule war, wo viele Künste unter einem Dach waren, nicht wahr? Also, was ich dann zum Beispiel ganz wichtig fand und wunderbar war: Dass es nicht nur Tanzabteilung, Opernabteilung, Schauspiel, Pantomime, Rhythmik gab, sondern damals waren da auch die Fotografen, Grafiker, Bildhauer, Maler, Designer. Alle diese Künste waren vereint, und das fand ich eigentlich was ganz Unglaubliches. Und somit traf man auch so viele unterschiedliche Studierende, die immer mit anderen Dingen beschäftigt waren. Die Sachen gingen, flossen anders ineinander. Auch die Leute, die man kannte – also die, die sich interessieren, zu gucken, Vorstellungen bei denen zu sehen oder Arbeiten im Ballettsaal zu sehen. Oder auch umgekehrt, also, da war eine große Wechselbeziehung. Ich denke, das war schon allein ein Reichtum an der Schule. Und dann innerhalb der Abteilungen auch nochmal, weil ... es wurde sowohl klassisch gelehrt als auch verschiedene moderne Techniken und Improvisation oder Tanzgeschichte oder Anatomie. Es war damals ... Zu meiner Zeit musste man sogar noch singen. Also, ich weiß nicht, das gibt es alles gar nicht mehr, glaub ich (lacht). Alles das zusammen machte sehr vieles möglich.

Annette von Wangenheim: Sie waren ja nicht nur Schülerin, sondern Sie sind ja dann direkt in seine Kompanie gekommen.

Pina Bausch: Kompanie weiß ich nicht genau, die Jooss-Kompanie ist natürlich die alte Kompagnie, nicht?

Annette von Wangenheim: Ja.

Pina Bausch: Und danach war er ja in Düsseldorf am Theater, nicht? Beim Theater. Und dann hatte er keine Kompanie und dann hat er wieder Gelder vom Rundfunk bekommen, aber das wissen Sie ja alles irgendwie. Und er hatte damals diese kleine Kompanie, nicht die alte, die berühmte Jooss-Kompanie, sondern … das ist das heutige Folkwang Tanzstudio, also in Bezug zur Meisterklasse, also ein Gemisch. Und da, als er die Möglichkeit hatte, bin ich damals aus Amerika zurückgekommen, ja.

Annette von Wangenheim: Ja, und ich hab den *Tisch* natürlich gesehen, wo Sie die Mutter tanzen. Haben Sie auch eine besondere persönliche Auffassung dieser Rolle gehabt?

Pina Bausch: Ach, das ist wahnsinnig schwierig zu sagen. Ich denke immer, als wir damals den *Grünen Tisch* machten und wenn man die Proben sah und Jooss die Dinge zeigte, ob er jetzt die alte Mutter selber zeigte oder ob er das junge Mädchen zeigte oder die Partisanin: Das war so unglaublich, wie er das machte – also jede Rolle, ob das jetzt ein Mann war oder eine Frau war. Da braucht man auch gar nicht viel sagen, man versteht etwas oder man glaubt etwas zu verstehen. Und ich denke, wenn man etwas tut, dann ist man irgendwie da drin (lacht). Oh je, das ist schwierig zu erklären, da möchte ich auch gar nicht so viele Worte sagen. Da kann ich nur hoffen, dass es etwas von dem getroffen hat, was er sich da gewünscht hat, nicht? Ich hab das alles wahnsinnig gerne gemacht damals. Und mehr kann ich gar nicht sagen, wie das dann ausgesehen hat, da habe ich ja keine Ahnung gehabt.

Annette von Wangenheim: Aber dann verstehe ich das richtig, er hat nicht viel mit Worten erklärt, er hat die Rollen …

Pina Bausch: Doch auch, aber er war ein so brillanter Darsteller. Das war einfach immer eine Lust, ihm zuzugucken. Er liebte das auch, das zu zeigen, so Kleinigkeiten. Und das konnten dann eigentlich die Frauen viel weniger tun, als wie er das zeigte.

Annette von Wangenheim: Das war eigentlich schon nach seiner Laufbahn als Tänzer, oder?

Pina Bausch: Als Tänzer haben wir ihn ja gar nicht erlebt. Das war ja noch zu einer ganz anderen Zeit.

Annette von Wangenheim: Ich frag deshalb nach, weil das so ein sehr unbekanntes Kapitel ist: der Tänzer Jooss. Man kennt den Choreografen.

Pina Bausch: Ja, aber dann müssen Sie doch die Leute fragen, die ihn haben tanzen sehen, nicht? (Lacht) Ich hab ihn nie als Tänzer erlebt, außer, wie gesagt, in der Arbeit, in der Probenarbeit? Und damals gab es ja auch in Essen immer zu Weihnachten so ein ... die sogenannte Christgeburt, wo alle Abteilungen beteiligt waren, was er gemacht hat und wo er immer den Josef spielte, jedes Jahr. Das war auch berührend und sehr witzig. Also, witzig gehört eigentlich woanders hin.

Annette von Wangenheim: Als Sie Chefin des Wuppertaler Tanztheaters wurden, haben Sie ziemlich früh das Stück *Großstadt* rausgebracht. Warum haben Sie dieses Stück haben wollen?

Pina Bausch: Wir haben im ersten Jahr, als wir hier in Wuppertal waren... war ich natürlich erstmal ein Anfänger. Ich habe nur einige ganz kleine Choreografien gemacht, ich hatte noch nie mit so vielen Menschen gearbeitet. Ich hab auch noch nie so ein großes Stück gemacht, sondern ich war quasi ... Für den ersten Abend, der hier stattfand, habe ich Herrn Jooss gebeten, ob es möglich ist, dass wir auch den *Grünen Tisch* haben können. Also, ich habe ein Stück gemacht, das hieß *Fritz*, und Agnes de Mille aus New York hat *Rodeo* gemacht, und Kurt Jooss zusammen mit Anne und Hermann haben den *Grünen Tisch* gemacht. Das war also quasi unser allererstes Programm hier in Wuppertal. Und da man eigentlich den *Grünen Tisch*, diese Arbeit, gar nicht mehr kannte, glaube ich ... Ich hatte ja auch nicht mehr gesehen von den Dingen damals. Und man wollte so gerne mehr sehen von seinen Arbeiten, und *Großstadt* war halt auch eins dieser sehr berühmten Stücke damals, und da war dann einfach der große Wunsch da, dass er nochmal mit uns arbeitet und auch die Verbindung mit meiner Kompanie hier ein bisschen enger bleibt.

Annette von Wangenheim: Sie haben das gerade selber angesprochen: Man kannte die Stücke nicht. Das ist ja auch auffallend, dass er im Grunde nach '45, als er zurückkam, nicht mehr so richtig ankam mit den Sachen. Haben Sie das auch so erlebt?

Pina Bausch: Nein, ich habe diese Zeit nicht erlebt. Ich kenne das nur von anderen Erzählungen. Ich bin einfach irgendwann frisch in die Schule gekommen und habe das aus einer ganz anderen Perspektive, wo das auch auf eine ganz andere Art und Weise verdaut war, wahrgenommen. Beziehungsweise: Er war damals in Düsseldorf, und das waren wieder ganz andere Schwierigkeiten. Und man hat sich dann mit dem, was man wusste, immer sehr gewünscht, mehr zu wissen aus dieser Zeit, also das ursprüngliche Programm oder die Programme oder die Choreografien zu kennen, dass man das kennen lernen durfte. Das kam vor allen Dingen durch seinen wunderbaren Tänzer Hans Züllig, der auch an der Schule lehrte, und das war auch ein großartiger Lehrer. Und Jean Cébron und bestimmte Leute, die man kannte. Es war so notwendig, da mehr zu wissen.

Annette von Wangenheim: Ich dachte nur, dass das so eine Zeit war, wo wirklich die Klassik boomte. Und im Grunde sind ja auch keine neueren Stücke mehr von Jooss entstanden, die überdauert haben. Das datiert ja alles aus den Dreißiger Jahren. Das ist auffallend: Er hat diese vier berühmten Stücke in der Zeit vor der Emigration geschaffen und kam zurück und konnte so gar nicht anknüpfen.

Pina Bausch: Ja, dazu braucht man natürlich auch die Mittel und wieder eine Kompanie, nicht? Er hatte diese Kompanie damals also, weil ich das mir erlauben darf zu sagen. Das ist alles was ich weiß, das waren ja alles großartige Persönlichkeiten – also jeder einzelne, das war ja sehr sehr besonders. Wenn das erstmal alles wegfällt und man dann diese Mittel und Möglichkeiten nicht hat, tut man es auf eine andere Art und Weise, weil – Jooss war ja auch in der Folkwangschule kreativ. Er hat ja auch mehrere Stücke gemacht, nicht? Eine dieser wunderbaren Arbeiten war damals in Schwetzingen die *Feenkönigin*. Und wir haben auch *Dido und Aeneas* und *Castor und Pollux* gemach, viele Sachen in Verbindung mit den Theatern – also in Bezug zu Schauspiel, Gesang, Tanz –, und auch nur die Tänzerchoreografien. Er hat damals verschiedene Stücke gemacht, und das war auch schön. Ich hab ja auch Dinge gemacht, die man gar nicht mochte – und jetzt spielen wir sie immer noch. Plötzlich mögen die Leute die Stücke, die sie damals nicht mochten. Wir wissen gar nicht ganz genau, wann bestimmte Dinge ... wie soll ich sagen ...

Annette von Wangenheim: ... Nein, man weiß es nicht genau ... Wenn Sie jetzt zurückblicken, auch auf Ihr Leben als Choreografin und Ihre Arbeit bis heute: In welchen Punkten fühlen Sie sich Jooss verwandt? Gibt es da Gemeinsamkeiten, auf die Arbeit bezogen?

Pina Bausch: Manche glauben immer, es sei eine Art Technik, die man gelernt hat. Ich fand immer, dass man ... das wichtigste ... dass es wichtig war, etwas zu lernen, also eine Basis zu haben. Sich mit größter Sorgfalt mit den Techniken auseinandersetzt und mit seiner Fantasie und mit dem Wissen oder dem Wissen um andere Kulturen, um Menschen. Sein Thema war immer der Mensch einfach. Und wie man miteinander umgeht, wie man ... Dass man einfach ... das war – es war etwas ganz Natürliches. Also, das nennt man die Basis, und aus dem heraus ... wenn man etwas versucht, die zu fühlen, also seine eigene innere Verpflichtung, seinen eigenen Wunsch oder seine Sehnsucht oder etwas so auszudrücken, wie man das wirklich meint, wie man muss oder wie man glaubt ... Eitelkeiten wegzutun und ganz bestimmte Dinge. Ich denke, da gibt es bei mir unbedingt eine Fortsetzung, da fühl' ich wirklich meine größte Verwandtschaft und auch meinen Dank irgendwie an diese Zeit. Es ist nicht einfach, dass man jetzt sagt: Das ist eine Bewegung, weil das hat überhaupt nichts mit einem ... ich meine, jeder kann neu erfinden. Aber warum man es macht, ja, das Wie und Warum ...

Annette von Wangenheim: Die Frage stell ich mir ja nun schon: Inwieweit das Werk dieses großen Künstlers fortlebt. Sehen Sie da noch andere Verbindungen? Ich meine: bei Ihnen?

Pina Bausch: Ach, das ist so vieles, was fortlebt. Sehen Sie, Jooss hatte damals auch – das ist eben auch so speziell–, er hat so viele Dinge gesehen und auch geliebt. Er hat uns die Möglichkeit gegeben. Er hat zum Beispiel Alvin Ailey ... Alwin Nikolais gebracht, nicht Alvin Ailey. Er hat Lucas Hoving als Lehrer gebracht. Er hat Antony Tudor gebracht. Er hat Pearl Lang gebracht, Walter Nicks gebracht – also unglaublich wichtige Leute. Ann Williams, im Klassischen Vera Volkova. Und es waren so viele Dinge, die ganz anders waren, die aber ebenso, auf eine andere Art und Weise, wichtig waren. Und er hat uns den Zugang zu diesen Dingen ermöglicht – ohne so eine Eifersucht, verstehen Sie? Sondern es ging immer darum, sich zu öffnen, nicht etwas abzuschließen. Und wenn Sie jetzt die letzten Jahre Folkwang sehen: Wer kam da hin? Ja, Lucas Hoving, Walter Nicks, eigentlich alle diejenigen, die damals schon Jooss wichtig fand, sind alle später wiedergekommen nach Essen. Und man hat sie bestaunt, wie gut sie sind. Das hat er damals schon gemacht. Insofern lebt das ja ganz anders weiter, da gibt es wieder Verbindungen. Das ist wie eine Blüte und eine Blüte und eine Blüte, man kann nicht sagen: Wo hört das jetzt auf? Das ist schon längst gewachsen. Und wächst immer noch, auf eine andere Art und Weise ...

Annette von Wangenheim: ... das finde ich sehr schön erzählt ...

Pina Bausch: ... und Jean Cébron! Jean Cébron und seine ganze Arbeit und sein Wissen und einfach alles, was er eingebracht hat in die Schule. Und wie viele Leute aus der ganzen Welt wieder von diesen Dingen profitiert haben. Wir hier, andere, die wieder unterrichten, die wieder Choreografien machen, das ist ja ein ständiges Sich-Verändern.

Annette von Wangenheim: Was Sie jetzt erklärt haben, ist auf der Ebene auch der Personen, also der einzelnen Menschen, die das Werk weitertragen. Wenn Sie aber die Choreografien beurteilen, die von ihm überliefert sind – wir haben ja leider nur die vier: Welchen Stellenwert haben die für Sie, sagen wir, für den Tanz im 20. Jahrhundert?

Pina Bausch: Oh, Stellenwert, also irgendwie finde ich das ... Ich mag eigentlich so Worte gar nicht, das ist in so Schubläden gepackt.

Annette von Wangenheim: Was bedeuten sie? Kann man so fragen?

Pina Bausch: Ja, ich meine, was unerhört wichtig war: Dass er einfach mit all seinem Wissen irgendwo einfach das Menschliche und die Zeit gesehen hat. Dass diese Dinge, die da waren wie der sogenannte, immer wieder heutige Tanz, nicht der moderne Tanz, sondern also der jetzige oder, ich weiß nicht, wie man das ... Wir haben überhaupt noch nie Namen gefunden für diese Dinge, die ja auch immer ... Dass jetzt also plötzlich nicht mehr die Prinzen die Rollen spielten, sondern eigentlich die Menschen die Rollen spielten. Das waren einfach ganz normale Menschen, ob das jetzt *Der Grüne Tisch* ist, einfach unsere Ängste ... Einfach eine Form zu finden für etwas, was in der Zeit passiert. Das ist sehr besonders gewesen und was bei ihm auch wirklich Wurzeln hat.

Annette von Wangenheim: Verstehe ich Sie richtig: Meinen Sie auch die Tücken der Tänzer, meinen Sie die Themen?

Pina Bausch: Ja, die Themen und wie man Personen darstellt, oder wie man sie auch anzieht, also all diese Dinge zusammen. Und ich meine der große Unterschied ... Es gibt natürlich auch, wenn man über die damaligen wichtigen Leute des modernen Tanzes spricht, sind das natürlich immer Mary Wigman und Harald Kreutzberg. Jooss kommt dann immer so ein bisschen danach, aber das, glaub ich, stimmt eigentlich nicht, überhaupt nicht. Mary Wigman war natürlich bedeutend als Tänzerin, auch weil sie so eine unglaubliche Darstellerin war. Sie ist auch als Tänzerin berühmt geworden. Aber Jooss hat seine Arbeit immer in eine Gruppe gestellt. Er hat immer Choreografien mit Gruppen, mit Leuten gemacht. Das ist ganz was anderes, er hat sich ja nie ... war ja nie der Tänzer, sondern er hat höchstens auch getanzt in seinen Stücken. Aber eigent-

lich hat er eine ganz andere Funktion gehabt und eine unerhört wichtige, unglaublich wichtige. Das muss man gar nicht verwechseln. Man sagt dann immer: Ach, Jooss kommt da irgendwo, und da ist Mary Wigman. Die kann man gar nicht vergleichen, weil sie total unterschiedliche Arbeiten gemacht haben. Also denke ich … Das kann ihnen Anna alles richtiger erzählen als ich (lacht).

Annette von Wangenheim: Anna hält sich da zurück. Sie möchte ja nicht nur ihren Vater loben. Da ist sie sehr zurückhaltend. Aber sie gibt mir viele Quellen und sagt: Fahr da hin, fahr da hin, sprich mit ihm, sprich mit ihr.

Pina Bausch: Aber über bestimmte Dinge kann ich natürlich auch nicht so gut Auskunft geben, nicht? Züllig war zum Beispiel so ein berühmter Tänzer. Aber die Choreografien sind alle mit Jooss entstanden, das war er, der das gemacht hat. Er selber war nicht berühmt als Tänzer.

Annette von Wangenheim: Ah, ich hab' alte Schnipsel noch mit Züllig. Wunderbar, richtig toll, die sind einfach sehr sehr schön zu sehen.

Pina Bausch: Ja ja, nicht nur schön, das ist … da kann sich heute noch jeder … da können alle noch viel von lernen. Alle, alle.

Annette von Wangenheim: So viele Dokumente gibt es nicht mit Züllig, das ist der Jammer. Also, ich hab' alles geguckt, was man gucken kann. Aber ich hab' auch was. – Ist denn für Sie der *Tisch*, ein Werk aus den dreißiger Jahren, als Choreografie noch aktuell?

Pina Bausch: Klar ist es aktuell … Bloß, wenn man es heute macht, macht man es anders. Das bleibt ja jedem offen, das ist ein großartiges Werk, das ist unglaublich … Das kann man … Was heißt aktuell?

Annette von Wangenheim: Können wir damit noch viel anfangen?

Pina Bausch: Das müssen Sie andere Leute fragen. Ich bin zu sehr betroffen, und ich schätze viel zu sehr, was gemacht worden ist, und ich interessiere mich sehr dafür. Für mich ist das … hat sich das nie … Ich gucke das auch mit einem ganz anderen Interesse an, also kann ich das eigentlich … kann nicht vorschreiben, wie andere darüber empfinden. Und sicher hat es immer auch was mit Interpreten zu tun, nicht?

Annette von Wangenheim: Ja ja. Das war natürlich führend um Jooss.

Pina Bausch: Aber selbstverständlich. Das hat sehr viel damit zu tun.

Annette von Wangenheim: Gibt es – Sie haben einiges schon angesprochen –, aber gibt es falsche Bilder von Jooss oder Fehlinformationen, die Sie gerne korrigieren würden? Wo Sie sagen: Meine Güte, das stimmt ja alles gar nicht!

Pina Bausch: Es gibt so viele Dinge, die Leute nicht wissen, weil sie einfach ihn persönlich gar nicht gekannt haben, und weil ich das Glück hatte, ihn besonders gut zu kennen. Aber … ich fürchte, ich kann da nicht viel korrigieren. Es würde mir jetzt nicht so einfallen, da so präzise Sachen zu sagen. Ich stelle mich dann immer auf den Standpunkt: Es ist schon so vieles falsch, was ist, dass ich am liebsten noch ein bisschen dazu fantasiere, damit es noch ein bisschen konfuser wird. Vielleicht wird es einem dann klar, dass das alles nicht ganz richtig sein kann. Ich finde es dann irgendwie besser (lacht), weil, ich kann doch jetzt nicht irgendwas nehmen und sagen: Nee, das war so! Das fällt mir jetzt gar nicht ein. Da gibt es also bestimmt ganz viele Sachen, die … die … bestimmt nicht richtig sind. Wie er gesehen wurde, dass er unterschätzt wurde auch. Da gibt es haufenweise Sachen, aber … ich weiß nicht, man kann nicht … Das finde ich also …

Annette von Wangenheim: Da reden wir gar nicht drüber.

Pina Bausch: Dazu war er sowieso zu wichtig. Ich finde, das sind letztlich Bagatellen, nicht? Er war viel wichtiger, als irgendwelche Intrigen. Das find ich, ja …

Annette von Wangenheim: Ich dachte jetzt auch nicht an Intrigen, ich dachte wirklich an Missverständnisse und, nein, Intrigen, da habe ich nicht dran gedacht (lacht). Ja, ich danke Ihnen sehr, Frau Bausch. Es ist ganz lieb, dass Sie sich an Jooss erinnern für uns.

Pina Bausch: Ja, das tue ich sehr gerne.

Annette von Wangenheim: Es ist ein Jammer, ich hab ihn halt nicht mehr kennengelernt. Das ist sehr schade. Jetzt versuche ich halt, die Dinge etwas zu rekonstruieren. Vielen Dank.

Pina Bausch: Bitte schön, gern geschehen.

Annette von Wangenheim: Ich hab vergessen, Sie nach ihrer Arbeit auch mit Jooss als Assistentin zu fragen.

Pina Bausch: Ja, was ich vielleicht noch erwähnen möchte, was für mich eben so besonders war damals, als ich also ganz ganz jung an die Schule kam … Wo ich eigentlich … Ich wusste über so viele Sachen überhaupt nichts. Auch über Musik, ich hatte wirklich also nur Schlager gehört oder irgendwelche … Also, ich wusste gar nichts. Und eigentlich habe ich diese Dinge alle Herrn Jooss zu verdanken, nicht. Also plötzlich mich zu interessieren für andere Kulturen und alles mögliche. Und, wie gesagt, dadurch auch, dass Herr Jooss so ein warmherziger Mensch war. Und damals, als er noch in Düsseldorf wohnte, war ich sehr viel in seinem Haus eingeladen und war in seiner wunderbaren Familie, mit seinen Töchtern und seiner Frau und der Schwester seiner Frau und … Und das waren für mich alles … also die Art und Weise, wie man dort umging miteinander, Familienleben hatte. Ich kam ja nun ja als eine Wirtshaustochter, kannte das alles überhaupt nicht, und auch Gespräche über Dinge, also … absolute Welten haben sich für mich also aufgetan, nicht. Und später, als er dann auch noch hier nach Bredeney zog, hab' ich sehr viel auch … war ich dauernd da und habe viel größeren Genuss gehabt als viele, viele andere und habe sehr, sehr viel gelernt. Und er hat mich auch unterstützt in so vielen verschiedenen Sachen und so. Eine ganz andere Sache – das war dann eigentlich später, als er sich vielleicht nicht so … wo er auch ein bisschen überfordert war in der Arbeit mit Unterrichten und Choreografien und Sich-kümmern-Wollen, diese Sache zu vergrößern mit dem Folkwang Tanzstudio – damals war mit Essen eventuell was geplant und so weiter. Da hab ich dann also auch angefangen, ihm also ein bisschen das Leben zu erleichtern in der Schule. Habe so die Probenpläne gemacht oder seine Stücke probiert und so weiter, hab da also quasi so angefangen, diese… ja ihm zu helfen und so. Und auf diese Art und Weise habe ich irgendwie schon automatisch gelernt, mit Proben umzugehen und zu disponieren und all diese Dinge. Das ist natürlich für mich auch sehr wichtig gewesen, sehr sehr schön gewesen. Das hätte ich sonst vielleicht nie gewagt. Auch dass ich dann selber irgendwann mal versucht habe, ein kleines Stückchen zu machen und so. Das war also irgendwie wichtig, und als er damals plötzlich vorzeitig wegging – also wirklich von heute auf morgen die Schule verließ –, da hat er dann also irgendwie mir so vertraut, dass ich also… dass ich damals diese Inszenierung in Schwetzingen zu Ende gemacht habe – also die, wo er sagte, ich solle mit andern zusammen, aber mir das Vertrauen geschenkt hat, sein Werk da auf die Bühne zu bringen. Das sind alles so Dinge, die… Alles das zusammen war natürlich der Grund, als er dann plötzlich wegging, dass ich versucht habe, diese Gruppe am Leben zu erhalten und so, und ich mich dann gekümmert habe um die Gruppe. Und im Grunde genommen ist das alles wie die Vorarbeit für Wuppertal gewesen, nicht. Insofern also irgendwo… Das gehört vielleicht auch noch zu diesem Bogen dazu bei Jooss, nicht. Das ist also… Es ist einfach dann so ganz organisch gewachsen, nicht. Also ohne so ein… Das war eigentlich ganz einfach, wie das so passierte, nicht.

Annette von Wangenheim: Und ich meine Sie haben heute auch immer noch die oberste Leitung über das Folkwang Tanzstudio.

Pina Bausch: Ja, die künstlerische Leitung so. Also ich kann… Ich hab' ja leider nicht so viel Zeit. Also, ich gucke – jetzt im Moment mit der Henrietta [Horn] –, kümmer' ich mich, und möcht' ich auch gerne, weil also meine Beziehung zur Folkwangschule seit damals ungebrochen ist sozusagen [Band bricht hier ab]

2000

Pina Bausch ließ zu den Proben mit ihren Tänzerinnen und Tänzern hin und wieder Gäste, Besucher und auch Journalisten zu. Die besondere Art, auf die bei diesen Proben ihre Stücke entstanden, blieb einer größeren Öffentlichkeit trotzdem verborgen. Wahrscheinlich deshalb wurde Pina Bausch in Interviews immer wieder danach gefragt. In den frühen Jahren geschah dies aus der bekannten Irritation: Dass nicht festgelegte Musiken und Bewegungsfolgen zu Tanzabenden führten, die oft eher an Collagen als an Stücke mit stringenter Handlungsabfolge erinnerten, schien damals nicht ins Konzept eines Stadttheaters zu passen. Gelegentlich deutete Pina Bausch auch in späteren Gesprächen noch an, dass diese Arbeitsweise für sie selbst nicht immer unproblematisch war.

Der Anfang bin ich

Die Welt, 5. Mai 2000
Gesprächspartner: Lothar Schmidt-Mühlisch

Lothar Schmidt-Mühlisch: Ihr Wuppertaler Tanztheater besteht nun schon über ein Vierteljahrhundert. Zeit für eine Zwischenbilanz?

Pina Bausch: Oh nein, ganz und gar nicht. Auch als wir 25 Jahre alt wurden, habe ich nur die Gelegenheit benutzt, endlich ein Fest zu feiern. Aber Bilanz ziehen, das wäre mir fremd.

Lothar Schmidt-Mühlisch: Gibt es denn ein Credo Ihrer Arbeit? Ein Buch über Sie trägt den Titel *Tanz gegen die Angst* …

Pina Bausch: Man kann meine Arbeit so interpretieren. Aber sie nur unter diesem Aspekt zu sehen, würde mir nicht gefallen. Ich weiß eigentlich gar nicht, was mein Hauptmotiv ist – etwas, das sehr stark wirkt, aber eigentlich nicht in Worten zu beschreiben ist. Es hat vor allem mit meinen Gefühlen zu tun – von denen ich vermute, dass wir sie alle ähnlich haben.

Lothar Schmidt-Mühlisch: Wo setzen Sie konkret an?

Pina Bausch: Meine Arbeit beginnt mit Fragen. Was tun wir eigentlich in dieser Welt, in dieser Zeit? Was täte uns gut? Wäre mehr Lachen angezeigt? Oder mehr Trauer? Ich frage mit meiner Truppe: Wie begegnen wir einander? Wie leben wir zusammen? Wie begreifen wir etwas?

Lothar Schmidt-Mühlisch: Und kommen auch Antworten von Ihnen?

Pina Bausch: Unser Tanztheater liefert keine vorgegebenen festen Abläufe, Konflikte und Lösungen. Es stellt auf die Probe, erkundet Prozesse. Wir erkunden etwas, lachen zum Beispiel über uns selber. Wir versetzen uns in die Gefühle anderer. Wir versuchen, offen zu sein, versuchen – um es etwas salopp auszudrücken – zu spinnen.

Lothar Schmidt-Mühlisch: Wie sieht das genau auf der Probe aus?

Pina Bausch: Ich stelle – wie schon gesagt – viele, viele Fragen. Das gehört zu meinem Arbeitsprinzip. Die Fragen dienen dazu, erst einmal Material zu einem Thema zu sammeln. Jeder einzelne Tänzer trägt antwortend dazu etwas bei. Meine Aufgabe ist es, immer wieder nachzuhaken, dem Thema näher zu kommen, bestimmte Aspekte und Details herauszukriegen, Akzente zu setzen.

Lothar Schmidt-Mühlisch: Manchmal arbeiten Sie noch bis zehn Minuten vor der Premiere …

Pina Bausch: Meine Stücke entstehen erst während der Proben. Da ergibt es sich automatisch, dass ich manchmal unmittelbar vor der Premiere fühle, das Stück sei irgendwie noch nicht fertig. Die Premiere zeigt dann eben noch gar nicht das Stück, sondern nur eine Station auf dem Weg dahin. Ich benutze die nächsten Vorstellungen einfach dazu, Veränderungen zu entwickeln, Szenen wieder herauszunehmen oder Musiken auszutauschen. Ich ändere so lange, bis ich denke, das ist gewachsen und gereift.

Lothar Schmidt-Mühlisch: Work in progress – wie sind Sie schon so früh darauf gekommen?

Pina Bausch: Die Arbeitsweise ist hier in Wuppertal vor Jahren so entstanden. Ich habe ein paar Mal darum gebeten, die

Premiere um eine Woche zu verschieben. Stets bekam ich die Antwort: „Ja, entweder machen Sie Ihre Arbeit pünktlich, oder Sie machen sie gar nicht." Da habe ich mir gesagt: Gut, wenn das die Bedingung ist, dann zeigen wir einfach das, was wir haben.

Lothar Schmidt-Mühlisch: Es ist also ein Fehler, wenn die Kritiker nur in die erste Vorstellung gehen?

Pina Bausch: Im Grunde muss man diese Frage bejahen, denn das Stück hat bei der so genannten Premiere oft noch keinen rechten Bogen, es entwickelt sich noch. Anders geht es bei uns leider nicht.

Lothar Schmidt-Mühlisch: Was ist denn am Anfang – vor der ersten Probe – von dem schon da, was man nachher sieht?

Pina Bausch: Eigentlich bin nur ich da – mit meinem gesamten Gefühl bin ich immer präsent. In dieser Weise, könnte man sagen, ist von Beginn an alles da, aber noch nichts entwickelt. Und so habe ich bei der ersten Probe meist große Angst. Wie wird sich mein Empfinden konkretisieren? Wir haben ja im Gegensatz zum Sprechtheater keine Vorlage, an die wir uns halten können. Die daraus resultierende Angst ist etwas Furchtbares.

Lothar Schmidt-Mühlisch: Wie gehen Sie mit ihr um?

Pina Bausch: Ich möchte dann alles weit wegschieben. Ich werde von der Furcht umgetrieben, etwas falsch zu machen. Deswegen versuche ich zu Beginn immer, mich und die andern zu überlisten, indem ich gleichsam heimlich einsteige. Ich sage zu irgendjemandem: „Kannst du mir nicht mal kurz etwas zeigen?" So bemerkt keiner, dass man schon angefangen hat. Ich kann nicht einfach meiner Compagnie sagen: „Ich fange jetzt das neue Stück an, und du und du, ihr spielt darin mit." So geht das nicht, denn alle möchten mitwirken. Also schleiche ich mich quasi an.

Lothar Schmidt-Mühlisch: Anschleichen?

Pina Bausch: Am Anfang richten sich meine Fragen noch an alle, die mit Zetteln um mich herumsitzen. Außer wenn ich jemanden bitte, mal eine Kleinigkeit auszuprobieren. Das bedeutet aber noch längst nicht, dass so ein Einfall wirklich im Stück vorkommt – nur bestimmte Sachen gucke ich mir dann und wann mal wieder an. Ich notiere mir alles, von jedem Einzelnen, beharre aber darauf, dass jeder für seine eigenen Sachen – also, was er selber entwickelt hat – sorgen muss. Bewegungen werden allerdings per Video zum schnellen Nachchecken festgehalten.

Lothar Schmidt-Mühlisch: Sie haben den Schritt vollzogen, den Tanz mehr an das Schauspiel anzunähern. Warum?

Pina Bausch: Es war von Anfang an so, dass ich überlegte, wie kann ich bestimmte Themen am besten zur „Sprache" bringen? Dabei fand ich heraus, dass die Wahl der Mittel offen ist. Noch heute entstehen meine Arbeiten aus einer formalen Offenheit heraus: Die beste Ausdrucksweise kann ein Lied sein, ein Satz oder eine Szene – ganz egal. Alles ist möglich.

Lothar Schmidt-Mühlisch: Sind Sie sich bewusst, dass Sie mit Ihrer Arbeit das Tanztheater revolutioniert haben?

Pina Bausch: Ich weiß natürlich, welche Auswirkungen meine Arbeit gehabt hat. Aber darum ging es mir nicht. Ich arbeite nie aus einem äußerlichen, theoretischen Grund heraus. Es ging und geht mir immer nur darum: Wie kann ich ausdrücken, was ich fühle?

Lothar Schmidt-Mühlisch: Ist Pina Bausch ein einmaliges Phänomen?

Pina Bausch: Ich habe leider nicht so viel Gelegenheit, mich bei anderen umzugucken. Dazu kann ich also schwer etwas sagen. Ich weiß nur, dass sich Maler, Musiker und Fotografen durch meine Arbeit inspirieren ließen – also Künstler außerhalb des Theaters.

Lothar Schmidt-Mühlisch: Und umgekehrt? Lassen Sie sich von anderen Künsten anregen?

Pina Bausch: Die Musik ist natürlich für mich sehr wichtig und von meiner Arbeit untrennbar. Letztlich muss alles zusammenkommen, muss so zusammenwachsen, dass es zu einer unauflöslichen Einheit wird.

Lothar Schmidt-Mühlisch: Sie haben bislang in 38 Ländern gastiert. Obwohl Ihnen die Welt offen steht, sind Sie Wuppertal treu geblieben. Bedeutet Ihnen Heimat etwas?

Pina Bausch: Meine Heimat ist überall. Es ist eher ein Zufall, dass ich hier bin. Das hat die Arbeit so bestimmt. An Wuppertal mag ich aber, dass es so richtig Alltag ist. Es gibt keine Illusionen in Wuppertal, und das hat auch etwas Positives, Schönes und Wichtiges.

Lothar Schmidt-Mühlisch: Wenn Sie heute äußern würden: „Ich will nach Berlin", würde doch sofort der Kultursenator kommen und sich vor Ihnen verneigen ...

Pina Bausch: Warum sollte ich hier weggehen? Ich glaube an die Kraft der Fantasie: Wenn ich will, dass die Sonne scheint, lasse ich sie einfach aufgehen – auch in Wuppertal.

2003

Wie setzt man die Eindrücke aus einer Stadt, einem Land, einer Landschaft und aus den Begegnungen mit den Menschen dort in ein Tanztheaterstück um? Wie kann eine ganze Welt auf das Format einer Theaterbühne reduziert werden? Gar nicht, hat Pina Bausch in zahlreichen Gesprächen immer wieder betont. „In einem Tanzstück kann immer nur etwas ganz Kleines, ein Bruchteilchen davon herauskommen", erläuterte Pina Bausch auch dem Journalisten Dirk Fuhrig, der sie in Istanbul getroffen hat. Mit den internationalen Koproduktionen kehrte sie nach der Uraufführung in Wuppertal in jene Städte zurück, von denen sie inspiriert waren – so auch 2003 mit *Nefés* („Atem") nach Istanbul.

Ganz außergewöhnlich wunderbar

Magazin „ballett-tanz", Heft 8/9, 2003
Gesprächspartner: Dirk Fuhrig

Dirk Fuhrig: Pina Bausch, diesmal Türkei. Auf Ihrer tänzerischen Entdeckungstour durch die weite Welt forschten Sie vergangenen Herbst mit ihrem Tanztheater mehrere Wochen am Bosporus. Das anschließend entstandene Stück wurde im März in Wuppertal uraufgeführt. Jetzt hatte es Premiere in Istanbul. Waren Sie zufrieden mit der Aufführung hier in Istanbul?

Pina Bausch: Eine solche Frage dürfen Sie mir nie stellen nach Vorstellungen. Egal, wo wir sind, ob in Wuppertal oder sonstwo, es ist zuerst einmal eine kleine Erleichterung, dass wir es gemacht haben. Alles andere wird sich in der Kritik wiederfinden.

Dirk Fuhrig: Haben Sie nach der Uraufführung in Wuppertal etwas verändert für Istanbul? Abgesehen von der Sprache.

Pina Bausch: Eigentlich nicht. Vielleicht hat sich das Timing gesetzt. Aber die Sachen sind geblieben. Wenn bei uns ein Stück rauskommt, das kommt so schnell raus, das habe ich dann noch gar nicht richtig gesehen: Was ist da eigentlich entstanden? Das fange ich wahrscheinlich jetzt erst an zu begreifen.

Dirk Fuhrig: Wieso Istanbul?

Pina Bausch: Ich kann unmöglich etwas machen, wenn ich nicht fühle: Vor längerer Zeit habe ich einen Teil meiner Ferien hier verbracht. Wenn man einmal in dieser Stadt war, kann man sich ihr nie mehr entziehen. Es ist eine der schönsten und fantastischsten Städte, die es gibt. Es war ein großer Wunsch zurückzukehren. Als wir vor zwei Jahren diese Einladung bekamen, beim Istanbul-Festival ein Stück aufzuführen – damals war das der *Fensterputzer*, habe ich mich sehr gefreut. Als wir schließlich hierherkamen, war das so eine fantastische Begegnung mit dem Publikum und mit den Leuten hier im Theater. Ganz außergewöhnlich wunderbar.

Dirk Fuhrig: Was hat Sie denn so fasziniert an der Stadt?

Pina Bausch: Die ist so unendlich groß und nimmt gar kein Ende. Man hat immer das Gefühl, überhaupt erst ein kleines bisschen von der Stadt zu erleben, egal wieviel man schon erlebt und geguckt hat. Das ist eben auch das Fantastische hier: Es gibt alles. Und die Gegensätze. In einem Tanzstück kann immer nur etwas ganz Kleines, ein Bruchteilchen davon herauskommen. Nur das, was in der entsprechenden Zeit wächst. Alles andere, was ich mit mir rumtrage, wird sicher Einfluss nehmen auf andere Produktionen. Das muss man ja verarbeiten. Das wird sich mischen.

Dirk Fuhrig: Haben Sie recherchiert in der Stadt?

Pina Bausch: „Recherchiert", das klingt so wissenschaftlich. Wir hatten einen Probenraum, einen außergewöhnlich schönen Probenraum in der Universität – ein Träumchen. So etwas haben wir zu Hause alles nicht. Da haben wir viele Tage verbracht. Und ich habe großen Wert darauf gelegt, dass wir nicht nur das sehen, was äußerlich ist oder touristisch. Wir waren auch immer nur in kleinen Grüppchen unterwegs.

Dirk Fuhrig: Wo zum Beispiel? Ganz sicher im Hamam, was man in Ihrem Stück deutlich sehen kann.

Pina Bausch: Ja, ja, Hamam – was soll ich da erzählen, das sind ja alles Bagatellen. Was nutzt es, wenn ich Ihnen zwei, drei Namen nenne. Da können Sie nichts mit anfangen. Und das

Schönste werde ich Ihnen sowieso nicht erzählen. Hier waren überall so warmherzige, gastfreundliche Menschen, wunderbare Menschen – und: schöne Menschen. Sehr schöne Menschen...

Dirk Fuhrig: Was Klischees betrifft: Waren Sie da völlig frei?

Pina Bausch: Wir reden doch so abstrakt. Natürlich waren wir völlig frei.

Dirk Fuhrig: Auch keine kulturellen Empfindlichkeiten – oder Vorurteile?

Pina Bausch: Das liegt an mir, wie ich damit umgehe. Es hat mir niemand Vorschriften gemacht. Sonst würde ich das auch gar nicht machen. Meine Kompanie ist ja selbst schon ganz multikulturell: 30 Tänzer mit 17 verschiedenen Nationalitäten. Ein türkischer Tänzer ist nicht dabei. Noch nicht. Aber ein griechischer, der Türkisch kann.

Dirk Fuhrig: Das nächste Projekt?

Pina Bausch: Japan.

2003

Schon ein Jahr, nachdem er Pina Bausch als Ballettdirektorin geholt hatte, wollte Arno Wüstenhöfer seine Tätigkeit als Generalintendant der Wuppertaler Bühnen beenden. 1974 hatte er das Angebot aus Basel erhalten, ab der Spielzeit 1975/76 die dortigen Theater zu leiten. Tatsächlich aber hatte man ihm bei den Verhandlungen verschwiegen, dass dort die Subventionen massiv gekürzt werden sollten. Auch sein angekündigter Spielplan stieß auf Kritik. Wüstenhöfer, der gegenüber dem Schweizer Rundfunk schon über Stücke und Ensemble-Zusammensetzung gesprochen hatte, unterschrieb schließlich doch nicht, und die Wochenzeitung „Die Zeit" resümierte später: „Er trat den Vertrag nicht an, weil man ihn übers Ohr gehauen hat." Offenbar hatte der Intendant seiner Ballettchefin angeboten, mit ihm in die Schweiz zu wechseln. Pina Bausch lehnte ab – unter anderem weil sie gespürt hatte, dass man auch ihre Arbeit in Basel nicht ausreichend wertschätzte. Auch darüber sprach sie mit der Journalistin Martina Wohlthat, als das Tanztheater Wuppertal 2003 mit dem Stück *Der Fensterputzer* beim Festival „basel tanzt" gastierte.

Die Lust
wird immer aufgetankt
und die Neugier

Basler Zeitung, 18. September 2003
Gesprächspartnerin: Martina Wohlthat

Martina Wohlthat: Sie sind mit Ihrer Truppe zwei Tage vor den Vorstellungen nach Basel gekommen. Welche Vorbereitungen braucht es für das Gastspiel?

Pina Bausch: Die Techniker müssen die Bühne einrichten. Man muss sich das Haus zu eigen machen, als wenn es die eigene Bühne ist. Wir machen vorher eine Art Generalprobe. Man ist eigentlich immer nur froh, wenn es dann funktioniert hat. (Lacht) Das weiss man aber jetzt noch nicht.

Martina Wohlthat: Wie entstand das Stück *Der Fensterputzer*?

Pina Bausch: Das war, als Hongkong an China zurückgegeben wurde. Viele Ensembles haben aus diesem Anlass in Hongkong Stücke gemacht, und man hat uns auch eingeladen. Wenn wir an einem Ort eine Koproduktion machen, bedeutet das, dass wir einen Teil unserer Probenzeit an diesem Ort verbringen, dort arbeiten. Danach arbeiten wir in Wuppertal weiter, bringen das Stück in Wuppertal heraus und fahren dann wieder zurück und zeigen, was wir gemacht haben.

Martina Wohlthat: Wie kam es zu dem Titel *Der Fensterputzer*?

Pina Bausch: Der Titel kommt immer ganz spät bei mir. Ich wollte dem Stück gerne einen chinesischen Titel geben, aber bei der Übersetzung gab es immer so viele verschiedene Bedeutungen … Naja, auf jeden Fall wurde das später *Der Fensterputzer*. Ich erkläre Titel eigentlich nicht besonders gerne. Aber ich denke, mit dem Wort „Fensterputzer" verbinden sich viele Sachen. Wenn man vielleicht von aussen nach innen guckt oder von innen nach aussen. Es sind viele Sachen damit verbunden. Aber wenn ich da jetzt welche nenne, dann ist das so festgelegt. Gut, es gibt einen Moment, es gibt da jemand, einen Fensterputzer sozusagen. Aber das ist nicht der Grund. Ich finde es schöner, man kann sich etwas vorstellen, als dass ich da irgendwas erläutern muss.

Martina Wohlthat: Ihre Stücke entstehen auf Reisen. Was inspiriert Sie an anderen Kulturen?

Pina Bausch: Wir reisen sehr viel. Das ist ein ungeheures Glück, irgendwo zu sein und nicht einfach Tourist zu sein, sondern dort zu arbeiten, Kontakt zu den Menschen zu bekommen. Die Leute, die uns einladen, möchten, dass wir das Land kennenlernen, und machen einem viele Sachen zugänglich, die Musiken, die Geschichte und Freunde. Dadurch ist das eine ganz besonders enge Bindung. Der Kontakt, den man aufbauen kann, ja, das ist eine unglaubliche Bereicherung. Also ich glaube, wenn das nicht gewesen wäre, ich weiss nicht, ob ich die Kraft gehabt hätte, dreissig Jahre in Wuppertal zu bleiben. Die Lust wird immer aufgetankt und die Neugier. Man hat das Gefühl, man weiss überhaupt nichts und möchte von allem noch mehr kennenlernen. Und eigentlich ist das, was man dann hinterher macht, alles ganz klitzeklein. Das ist dann traurig. Ich bin immer ganz enttäuscht von mir selber. Mein Gefühl ist viel mehr als das, was ich dann letztlich machen kann. Viele Eindrücke landen manchmal erst viel später in den Stücken.

Martina Wohlthat: Ihre Stücke haben kein Libretto, sie entstehen während des Probenprozesses: Wo liegt der gemeinsame Nenner zwischen Ihnen und den Tänzern?

Pina Bausch: Im Leben, in der Liebe … Alles, was wir uns wünschen, wünschen sich andere auch. Es ist nicht so weit weg, es ist ganz nah.

Martina Wohlthat: Man sagt, Ihre Stücke seien in den letzten Jahren gelassener geworden ...

Pina Bausch: Es gibt manchmal andere Wege, wie man über etwas Ähnliches sprechen möchte. Die Wege sind anders, aber das Warum – ich weiss nicht, ob das so anders geworden ist. Trotzdem ist die Arbeit immer wieder in der Wandlung. Das hat mit der Zeit zu tun, in der man die Stücke macht. Sich bewusst zu sein: Wie fühle ich mich heute in dieser Welt. Das sind manchmal so grosse Bögen, die das nimmt, wenn ich zurückblicke. Dann merke ich plötzlich, wie es leichter wird und dann wieder anders. Aber das merke ich nur hinterher. Das weiss ich nicht in dem Moment, in dem ich das tue. Dann weiss ich es überhaupt nicht.

Martina Wohlthat: Was verbinden Sie mit der Tanzstadt Basel?

Pina Bausch: Wir waren ja ganz wenig hier. Es war natürlich eine grosse Freude, als Herr Spoerli uns geschrieben hat und gerne wollte, dass wir auch zu diesem Festival nach Basel kommen. Das finde ich sehr schön. Denn als er in Düsseldorf war, hat er so viel gearbeitet, ich habe so viel gearbeitet – wir haben uns ja gar nicht richtig treffen können.
Sonst zu Basel habe ich halt nur die Beziehung, die uralte Geschichte damals mit Herrn Wüstenhöfer, der mich mal irgendwann nach Basel mitbringen wollte oder so. Und wo alle gesagt haben: Um Gottes willen, doch nicht die Bausch. Aber ich hatte auch gar nicht die Absicht. Ich liebte Herrn Wüstenhöfer, denn der hatte uns nach Wuppertal geholt. Aber ich hatte ja dort gerade erst angefangen. Ich hatte das Gefühl, es ist viel zu früh, um wegzugehen. Aber ich habe das Sichsträuben mitgekriegt. Es hat mich dann nicht so betroffen, weil es eigentlich nicht in Frage kam. Und ich war ja selber viel zu schüchtern. Ich hab' mir ja selber nichts zugetraut. Ich hab' eher gedacht, sie haben sicher Recht. Wer gibt sich mit so einer Anfängerin ab? (Lacht) Aber das ist schon dreissig Jahre her. Jetzt kann man ja drüber lachen.

2003

Anfang der 2000er-Jahre glaubten verschiedene Kritiker und Fachautoren einen inhaltlichen Wandel in den Stücken von Pina Bausch feststellen zu können. Als das Tanztheater Wuppertal 2003 mit dem Stück *Der Fensterputzer* beim Festival „basel tanzt" in der Schweiz auftrat, schrieb auch dort die Kritikerin Esther Sutter im Vorspann des Interviews, das sie mit der Choreografin führte: „Aus den bissigen Sozialstudien der frühen Werke von Bauschs Tanztheater ist eine grosse, ja manchmal heitere Kunst geworden. Pina Bausch geht sie mit Gelassenheit an." Diesem Eindruck allerdings widersprach Pina Bausch selbst in verschiedenen Gesprächen: Gerade in den vermeintlich fröhlichen, tanzfreudigen Stücken steckten auch viel Schmerz und Traurigkeit.

Lust tanken

Magazin „Musik & Theater", März 2004
Gesprächsdatum: September 2003; Gesprächspartnerin: Esther Sutter

Esther Sutter: Pina Bausch, bereits seit rund 20 Jahren kreieren Sie Ihre Stücke immer wieder auf Reisen, als Koproduktionen mit anderen Städten und ihren Theaterinstitutionen. So ist zum Beispiel bereits in den Achtzigerjahren das *Palermo*-Stück entstanden – eine Metapher zur Morbidität unserer Gesellschaft. Sie haben auch in Südamerika, in Buenos Aires, kreiert. Immer schwingt das spezifische Ambiente einer Kultur mit in diesen Werken. Immer gelingt es Ihnen aber auch, mit diesen „Fundstücken" aus anderen Kulturen etwas auszusagen, widerzuspiegeln über unsere hiesige Situation. Was treibt Sie an zum Reisen, zum Choreografieren auf Reisen?

Pina Bausch: Wir haben das Glück, viel auf Reisen zu sein, aber nicht als Touristen, sondern um zu arbeiten. Oft entstehen Freundschaften, enge Bindungen an dortige Künstler, und für die Inspirationen und die Impulse, die wir empfangen, können wir eigentlich nichts anderes zurückgeben als ein Stück. Die Leute, die uns einladen, machen uns vieles zugänglich. Die Musiken zum Beispiel, die in meinen Stücken enorm wichtig sind. Die Zeit ist ja knapp auf Reisen, wir aber haben durch die Freunde an den verschiedensten Orten die Gelegenheit, in kurzer Zeit unendlich viel zu erfahren über die Geschichte einer Kultur und über sehr viele kleine kostbare Dinge, die für sie

typisch sind und die dann oft wieder auftauchen in den Stücken.
Und ganz wichtig: Ich hätte nicht die Kraft gehabt, dreissig Jahre lang in Wuppertal zu bleiben und kontinuierlich zu arbeiten. Die Lust wird also aufgetankt durch das Reisen. Und die Neugier.

Esther Sutter: Der „interkulturelle Dialog" ist heute ein grosses Wort mit vielen Ansprüchen. Wie gehen Sie vor, wenn Sie mit Ihrer Company an einem neuen Ort eintreffen und wissen, hier gilt es jetzt ein Stück zu machen?

Pina Bausch: Wir arbeiten ja immer vor Ort, und die Uraufführung ist dann in Wuppertal. Dann gehen wir zurück für die Aufführungen am Entstehungsort. Interkultureller Dialog: Ich weiss es nicht. Ich habe keine Methodik. Man hat das Gefühl, man weiss überhaupt nichts und möchte von allem noch mehr kennenlernen. Und eigentlich ist das, was man dann hinterher macht, alles ganz klitzeklein. Eigentlich traurig … Ich bin oft ganz enttäuscht von mir selber, denn mein Gefühl ist viel mehr als das, was ich dann letztlich machen kann. Es schaut sich im ersten Moment oft mager an … Viele Eindrücke landen manchmal erst viel später in den Stücken – in ganz anderen Zusammenhängen.

Esther Sutter: Ihr Wuppertaler Tanztheater wirkte lange Zeit wie eine grosse Familie, die vieles über lange Jahre hinweg geteilt hat. Jetzt ist das Wuppertaler Tanztheater verjüngt, hat viele neue Tänzerinnen und Tänzer aufgenommen. Dennoch entstehen Ihre Stücke ja im Probenprozess. Wo liegt der gemeinsame Nenner zwischen Ihnen und Ihrer Company?

Pina Bausch: Im Leben. In der Liebe … Alles, was wir uns wünschen, wünschen sich andere auch. Es ist gar nicht so weit weg, es ist ganz nah. Obwohl wir ja viele Nationalitäten in der Company haben.

Esther Sutter: Wie wählen Sie Ihre Tänzerinnen und Tänzer aus?

Pina Bausch: Das würde ich auch gerne wissen! Beste Technik ist Voraussetzung. Im Mittelpunkt aber steht die Persönlichkeit. Ja, der Mensch, der tanzt, ist das Wichtigste. Und: Ich muss neugierig sein auf jemanden, spüren, dass ich etwas zu lernen habe, dass etwas dazwischen ist. Natürlich ergibt das die Situation in der Company, dass viele sich nicht kennen. Und man dann zusammen Entdeckungen macht.

Esther Sutter: Ihre Stücke sind eng an die Tänzerinnen und Tänzer gebunden. Gleichzeitig pflegen Sie aber auch Ihr Repertoire. Wie arbeiten Sie, wenn es gilt, eine Kreation in neuer Besetzung wieder aufzunehmen? Was ist für Sie Repertoire, was ist Authentizität eines Stücks?

Pina Bausch: Wir arbeiten nicht mit Tanznotation, sondern mit Video, weil die Emotion, das Individuelle an der Gestaltung im Tanz, für uns wichtig ist. So lasse ich auch zu, dass sich die Stücke verändern, wenn wir sie wiederaufnehmen. Und gerade das ist wiederum ein wichtiger Prozess.

Esther Sutter: Sie waren in der Schweiz mit dem Wuppertaler Tanztheater selten zu Gast – 1983 in Basel mit *Kontakthof* und jetzt bei „basel tanzt". Im vergangenen Jahr aber auch am Genfer Grand Théâtre mit *Sacre du printemps* und *Café Müller*. Dennoch scheinen Sie die Schweiz gut zu kennen?

Pina Bausch: Ich mag die Suisse romande. In Genf würde ich sofort wieder arbeiten wollen.

2004

Als das Tanztheater Wuppertal im Herbst 2004 sein 30-jähriges Bestehen feierte, fand aus diesem Anlass in Wuppertal, Essen und Düsseldorf das Tanzfestival „Drei Wochen mit Pina Bausch" statt. Die Choreografin hatte dazu Kompanien aus Japan, Belgien, Indien, England, Korea, Frankreich und Deutschland eingeladen. Das Tanztheater Wuppertal selbst zeigte elf eigene Produktionen. Pina Bausch gab aus diesem Anlass verschiedene Interviews, in denen sie zum Teil auch eine Bilanz ihrer bisherigen Arbeit zog.

Ich glaube nur,
was ich gesehen habe

k.west – Das Kulturmagazin des Westens, Oktober 2004
Gesprächspartner: Ulrich Deuter und Andreas Wilink

Ulrich Deuter / Andreas Wilink: Als Sie 1997 den Berliner Theaterpreis erhielten, sprach Ihr Laudator Péter Esterházy davon, ein neues Wort sei in der Welt: bauschen. Sind Sie schon einmal morgens aufgewacht und haben gedacht: Ich bin eine Klassikerin?

Pina Bausch: Ich weiß ja nicht, was Sie sich vorstellen, aber wenn ich morgens aufwache, denke ich, was ich jetzt alles tun muss und wie ich das bewältige. Ob ich eine Klassikerin bin, habe ich mich noch nie gefragt.

Ulrich Deuter / Andreas Wilink: Erfolg ist kein Thema für Sie?

Pina Bausch: Ich habe keinen Gesprächsstoff außer Arbeit. Und die besteht daraus, dass Tanztheater Live-Aufführungen sind. Das ist das Schwere oder das Schöne. Selbst wenn es ein wunderbar gemeinsamer Abend war, er ist einmalig und lässt sich nicht wiederholen. Meine Arbeit besteht aus dieser Lebendigkeit. Und dass wir so viele Stücke spielen – nun auch auf diesem Tanzfest mit elf abendfüllenden Produktionen, die alle vorbereitet werden müssen. Das ist unser Alltag, dazu unsere vielen Reisen. Wir probieren dieses und jenes Stück – ein ziemliches Geschachtele. Alles setzt sich aus unzähligen

»Ich glaube nur, was ich gesehen habe«

Pina Bausch im Gespräch über die Arbeit, das Berühmtsein, das viele Fragen und das Naive ihrer Kunst

Interview: Ulrich Deuter, Andreas Wilink

K.WEST: Als Sie 1997 den Berliner Theaterpreis erhielten, sprach Ihr Laudator Peter Esterhazy davon, ein neues Wort sei in der Welt: bauschen. Sind Sie schon einmal morgens aufgewacht und haben gedacht: Ich bin eine Klassikerin?
BAUSCH: Ich weiß ja nicht, was Sie sich vorstellen, aber wenn ich morgens aufwache, denke

Schwere oder das Schöne. Selbst we wunderbar gemeinsamer Abend w einmalig und lässt sich nicht wieder Meine Arbeit besteht aus dieser Leb keit. Und dass wir so viele Stücke sp nun auch auf diesem Tanzfest mit ei füllenden Produktionen, die alle vor werden müssen. Das ist unser Allta

Kleinigkeiten zusammen, diese Details müssen gepflegt werden, damit das richtige Gefühl da ist. Darauf lässt sich nicht ausruhen. Realität ist: Mal ist der, mal jener verletzt, Sachen müssen umstudiert werden. Das braucht viel Kraft und viel Lust. Ich fürchte mich, bin aufgeregt und kann mich manchmal freuen, dass etwas schön geworden ist – und dann mal ausatmen, am ehesten unmittelbar nach einer Vorstellung oder bei einer Probe.

Ulrich Deuter / Andreas Wilink: Sie sind einmal angetreten gegen massive Widerstände, die haben sich über die Jahre hin gänzlich aufgelöst. Es ist zu einer Umarmung gekommen, in der und mit der ganzen Welt. Löst diese Umarmung nicht auch ein erdrückendes Gefühl aus?

Pina Bausch: Klar ist ein gewisser Druck da. Ich empfinde ihn aber anders, als Sie denken. Durch unsere vielen wunderbaren, beglückenden Reisen, durch all das, was wir an Geschenken bekommen haben, durch die entstandenen Freundschaften fühle ich mich so, dass ich etwas wiedergeben möchte für das, was ich empfangen habe. Das ist aber nie ausreichend. Ist nur ein Bruchteilchen von dem, was ich mir wünschen würde, sagen zu können. Das ist der Druck.

Ulrich Deuter / Andreas Wilink: Was passiert bei diesen dreiwöchigen Gastaufenthalten der Compagnie, ob in Japan, Brasilien, Portugal oder der Türkei? Wie entwickelt sich aus diesen Begegnungen Energie, die sich dann niederschlägt in den Tanzabenden?

Pina Bausch: Es sind immer Orte gewesen, wo wir auch schon vorher gespielt haben. Man war sich begegnet bei den Vorstellungen. Zum ersten Mal haben wir das in Rom gemacht, damals ist *Viktor* entstanden, 1986. Als man mich fragte, ob ich ein Stück über Rom machen würde, war ich zunächst erschrocken. Ich kann ja kein Stück über Rom machen, über die Geschichte und all das. Am Ende ist der Versuch übrig geblieben, uns beeinflussen zu lassen: der Ort als Basis, die aber auch alles andere einschließt. Meine Stücke sind ja nicht nur das eine, sondern auch das Heute, und alles andere ist auch da. Man ist angewiesen auf viele, viele Leute, die einem eine Stadt nahebringen. Nicht im touristischen Sinn. Leute, die sich wünschen, dass man auch die Schwierigkeiten kennt oder Dinge, die keiner sonst weiß. Wir laufen auch nicht als Gruppe zusammen dahin oder dorthin. Meistens geht jeder woandershin und kommt mit seinen Ideen, hat Beziehungen geknüpft. Und ich stelle dann halt die entsprechenden Fragen. Man hat zunächst ein Riesenmaterial. Hier in Wuppertal geht es weiter. Aus der Materialsammlung suche ich dann kleine Dinge heraus. Ein langer, langer Prozess. Und dann ist es aufregend, zur Premiere an den Ort zu fahren und zeigen zu müssen, was herausgekommen ist. Das führt zu mehr als nur individuellen Freundschaften in all den Städten, es entsteht ein ganz anderes Verständnis für viele Dinge, so dass man sich anders nahe fühlt. Und so ein Stück bleibt dann auch in unserem Repertoire. Es ist wie ein Stück der Familie geworden. Es passieren Liebesgeschichten mit einer Stadt.

Ulrich Deuter / Andreas Wilink: Wo kommen bei so viel Freude noch die Zumutungen her, die Schmerzen? Sie machen ja keine Unterhaltungsabende.

Pina Bausch: Das größte Vertrauen besteht doch darin, einander schwierige Sachen zu zeigen. Ich kann kein Gebäude vertanzen, Sehenswürdigkeiten helfen einem nicht. Ich kann nur Stücke machen, indem ich Menschen kennenlerne. Ich möchte immer an Orte gehen, wo Leute sind und sich treffen, normale Leute. Darauf bin ich sehr angewiesen. Das dauert manchmal, bis man das findet. Und spürt, wie ähnlich Menschen fühlen, gerührt sind, lachen, weinen, erschrecken. Da ist auf der ganzen Welt kein Unterschied.

Ulrich Deuter / Andreas Wilink: Sind Sie süchtig nach Menschen?

Pina Bausch: Eigentlich nicht. Normalerweise flüchte ich immer. Aber ich möchte gern unsere Arbeit zeigen. Durch die kann ich mich am besten zeigen. Es ist ein Teil von mir. Und etwas Gemeinsames mit dem Publikum.

Ulrich Deuter / Andreas Wilink: Wenn man Sie erlebt wie wir jetzt, spürt man Ihre große Kraft, sich zu freuen, eine kindliche Freude. Ist die unvergleichliche Form der Repräsentation, die

Sie in drei Jahrzehnten erreicht haben, nicht manchmal hinderlich für das unmittelbare Erleben? Nimmt Ihnen diese Position nicht auch Freiheit?

Pina Bausch: Ich vergesse das total. Es stimmt schon, aber ich kann ja nur wie ein Kind wagen, an all diese Sachen heranzugehen. Ich kann nur an einen Ort fahren und staunen und etwas damit machen. Diese Naivität ist wichtig. Das bin ich einfach. Ich kann mich begeistern, Ich kann auch genauso schnell betrübt sein. Ich bin vielleicht… (*Pina Bausch dreht den Kopf einmal hierhin, einmal dorthin, als suche sie etwas. Blickt schließlich mit weit offenen Augen lange ins Nirgendwo. Es entsteht eine große Stille im Raum.*) Ich weiß nicht, was ich bin – offen. Ich habe ja keine Ahnung, auf was ich mich einlasse. Das ist ein Wahnsinn, eigentlich. Ich habe kein Buch, kein Dingsbums, nichts. Da ist die Compagnie und da ist das Leben und mein Vertrauen, es zu versuchen, und dass es gelingt.

Ulrich Deuter / Andreas Wilink: Gibt es so etwas wie – wahrscheinlich ist das jetzt ein falsches Wort – Technik, mit der Sie bei den Proben bestimmte Prozesse anregen, sich herantasten an Eigenarten der Tänzer und ihre Erfahrungen, eine Technik, mit der sich Dinge hervorlocken lassen?

Pina Bausch: Technik hab' ich gar keine. Wenn ich einen besseren Weg wüsste, meine Stücke zu machen, würde ich ihn einschlagen. Das ist kein Prinzip. Wichtig ist eine Vertrauensbasis. Ich habe so viele Fragen im Laufe meiner Arbeit gestellt – wobei mir keine einzige einfällt, wenn Sie jetzt eine hören wollten. Die Tänzer müssen Vertrauen haben, zu antworten, was sie empfinden – innerhalb der Gruppe, vor allen. Und sie müssen das Vertrauen haben, dass ich damit gut umgehe, dass ich mir leisten kann, sie alles zu fragen. Jeder hat da dieselben Chancen, plötzlich wird der wichtiger, in einem anderen Stück ein anderer, das kristallisiert sich heraus. Ich habe ja kein Solistenensemble. Und wenn einer was blöd gemacht hat, lachen wir alle. Wir lachen sowieso ganz viel. Am Ende geht es darum, die richtigen Dingelchen gefunden zu haben. Es kommt auch die Zeit, dass die Tänzer wahnsinnig viel Geduld mit mir haben müssen, wenn ich versuche, mit den Extrakten etwas zu machen. Da bin ich penetrant oder penibel und mache die allerdümmsten Sachen, probiere alles mögliche und finde nicht, wie es sein muss. Ich glaube nicht, was ich gedacht habe, ich glaube nur, was ich gesehen habe. So einfach ist das. Manchmal denke ich auch, ich stelle die ganze Zeit die falschen Fragen. Irgendwie weiß ich, wo es hin will, das lässt sich gar nicht genau benennen. Wenn man dann dafür eine Form findet, weiß man, das gehört dazu.

Ulrich Deuter / Andreas Wilink: Der mit Ihrem Tanztheater vertraute Zuschauer erkennt Veränderungen. Es gibt die Altgedienten, Dominique Mercy, Helena Pikon, Nazareth Panadero und so weiter. Dann gibt es die Jüngeren, die sich viel mehr über das Tanzen ausdrücken, weniger über Worte und kleine erzählte Geschichten.

Pina Bausch: Das Bedürfnis, sich zu bewegen, ist sicher größer geworden. Aber diese Arten der Bewegung sind auch aus Fragen entstanden und nicht einfach so. Sind ganz andere komplizierte Bewegungsformen, die hätten die anderen damals gar nicht machen können. Das ist noch mal ein anderer Weg, der kann sich auch wieder ändern. Dadurch, dass wir diese vielen Stücke immer wieder spielen, ist es zum einen schwer, immer wieder einen anderen Weg zu gehen; aber ich finde es auch gut und gesund, woanders hinzugehen, weil wir ja die alten Stücke regelmäßig aufnehmen. Es gibt Choreografen, die nehmen ihre schönen Stellen raus und tun sie ins nächste Stück. Das fällt bei uns weg, weil wir ja immer alles spielen. Wenn jemand fragt: „Warum machst du nicht noch mal so was wie *Sacre*", sage ich: „Aber wir haben doch *Sacre*."

Ulrich Deuter / Andreas Wilink: Nehmen Sie eigentlich etwas wahr von der kulturellen Szene Ihrer Umgebung hier in NRW?

Pina Bausch: Ich nehme sehr wenig wahr, nicht, weil ich es nicht möchte, sondern weil ich keine Zeit habe. Nicht nur, weil ich auf Reisen bin – wir sind ja auch viel hier. Aber da ist die Organisation, die Planung des nächsten Jahres – und die ganzen Proben, morgens und von sechs bis zehn. Ich kann gar nicht weg. Gut, es gibt ein paar Leute, die übernehmen das manchmal, wie Dominique Mercy. Aber der unterrichtet auch lieber in Essen.

Ulrich Deuter / Andreas Wilink: Warum sind Sie immer noch in Wuppertal – haben nicht längst ein eigenes Haus in New York oder Paris?

Pina Bausch: Das mit dem Woanders-Sein ist so eine Sache. Ich habe so viele Jahre auf Koffern gesessen – nicht wirklich, vom Gefühl her, und gedacht, ich bin immer nur ein Jahr hier, habe immer nur einen Ein-Jahres-Vertrag geschlossen. Aber nun muss man doch realisieren, Wuppertal ist unsere Mutterstadt. 30 Jahre, ein Wahnsinn. Ich kann auch gar nicht begreifen, wie schnell das gegangen ist. Ich kann auch nicht aus meiner Wohnung ausziehen, ich würde auch gern mal was Netteres, Größeres haben. Ich komm' zu gar nichts, außer meine Kraft und Zeit in die Arbeit zu stecken. Es gab mehrmals Ansätze, woanders hinzugehen. Einmal, da war ich sehr perplex, das ist schon sehr lange her, da stand zur Debatte, nach Paris zu gehen. Wir haben das mit der Compagnie besprochen, und ich dachte, die wollen bestimmt alle weg, immer so viel Regen hier und grau und freudlos. Aber alle wollten in Wuppertal bleiben.

Ulrich Deuter / Andreas Wilink: Warum ist das so?

Pina Bausch: Für mich ist egal, wo ich hingehe – ich muss nicht hier sein, darum geht es nicht. Aber was ich schön finde an Wuppertal und auch wichtig für unsere Arbeit, ist, das ist zu fühlen, ich lebe in einem Alltag. Es gibt Städte, die sind wie Sonntagsstädte. Ich finde aber wichtig, konfrontiert zu sein mit der Wirklichkeit, weil man ohnehin so wenig draußen ist. Wenn ich zu unserem Probenraum gehe, zwischen Peepshow und Spielautomaten, ist da eine Bushaltestelle, und da stehen diese traurigen Leute. Das ist unser Eingang. – Man muss mit seiner Arbeit zaubern. Im Moment ignorieren wir die Umstände hier, mit dem geschlossenen Opernhaus, dem Umbau, der Finanzlage, aber wie lange das geht, weiß ich nicht.

Ulrich Deuter / Andreas Wilink: Um auf die „Drei Wochen mit Pina Bausch" zu kommen: Mit Verwunderung stellt man fest, dass sich selbst eine Gruppe wie „Dumb Type" auf Pina Bausch bezieht, viel jüngere Leute, aus Japan! Sie sind eine Art Übermutter für zwei, drei Generationen von Tänzern und Choreografen. Wird das Fest eine Art erweitertes Familientreffen?

Pina Bausch: Die Familie ist sehr groß. – Nein, das hat gar nichts damit zu tun. Es gibt so unterschiedliche Sachen, die ganz anders sind als meine Arbeiten, aber genauso wichtig. Ich finde zum Beispiel die Zusammensetzung von „Dumb Type" – Architekten, Techniker, Musiker und Tänzer – eine Sensation. Oder Wim Vandekeybus oder Sasha Waltz mit *Körper* – wichtige Leute. Bei denen habe ich das Gefühl, es wird weitergehen, nicht nur so zwei Jahre, und weg ist es.

Ulrich Deuter / Andreas Wilink: Sie betonen den eigenen Weg, den die anderen gegangen sind. Trotzdem gibt es womöglich einen Ausgangspunkt. Wo ist diese Positionsmarkierung, die Ihre Arbeit gesetzt hat, von der aus andere weitergehen konnten?

Pina Bausch: Ich kann das für andere nicht beurteilen. Ich kann nur für mich selber sagen, dass ich etwas ausdrücken wollte, dass ich mit Worten gar nicht ausdrücken kann. Was ich unbedingt sagen muss, aber nicht verbal. Es sind Gefühle. Oder Fragen – ich habe nie eine Antwort. Ich gehe mit etwas um, was wir alle empfinden, was uns alle beschäftigt, in einer ähnlichen Sprache. Ich bin ja auch der Zuschauer. Und möchte gern etwas fühlen, bei dem, was ich sehe, und im Bezug zur Musik. Ich kann nur von meinem eigenen Instinkt ausgehen. Wenn ich auf mein Gefühl wirklich vertraue, glaube ich nicht, dass es nur meines ist. Das teile ich mit anderen.

Ulrich Deuter / Andreas Wilink: Wenn man Sie in der Öffentlichkeit erlebt, ja auch hier, dann vermitteln Sie so etwas wie eine milde Strenge. Eine Aura von Unberührbarkeit …

Pina Bausch: Vielleicht bilden Sie sich das ein.

Ulrich Deuter / Andreas Wilink: Ja, vielleicht. Aber vielleicht hat dieser Eindruck damit zu tun, dass Sie sich einer Vereinnahmung erwehren müssen? Alle Welt nennt Sie Pina. Gleichwohl käme man nicht auf die Idee, die Distanz zu Ihnen überwinden zu wollen. Davor steht der Respekt. Wissen Sie um diese Ambivalenz in der öffentlichen Wahrnehmung?

Pina Bausch: Sie wollen mir meine Naivität nehmen! Jetzt denke ich darüber nach und werde mich beim nächsten Mal komisch fühlen, bis ich mich davon wieder befreit habe.

Ulrich Deuter / Andreas Wilink: Wenn Sie inmitten der Compagnie nach einer Premiere zum Applaus auf die Bühne kommen, wirken sie fast erschöpft.

Pina Bausch: Nicht erschöpft, erleichtert! Danach habe ich Hunger…

2004

Im Herbst 2004 stellte das Tanztheater Wuppertal in Saitama bei Tokio seine japanische Koproduktion *Ten Chi* vor. Eva-Elisabeth Fischer, langjährige Ballett- und Theaterkritikerin der „Süddeutschen Zeitung", war ebenfalls nach Japan gereist – unter anderem, um ein Interview mit Pina Bausch zu führen. „Pina Bausch ist schwer zu fassen", stellte die Journalistin dem Gespräch voran. „Ihre Zeit wird von ihren Mitarbeitern verwaltet, und doch delegiert sie nichts wirklich. Interviews gibt sie – eigentlich – nicht. Und wenn doch, dann keineswegs in Wuppertal, weil sie viel zu viel zu tun hat. Die einzige Chance, sie zu kriegen, ist auf Gastspielreisen."

Pina Bausch über Lust

Süddeutsche Zeitung, 25./26. September 2004
Gesprächspartnerin: Eva-Elisabeth Fischer

Eva-Elisabeth Fischer: Pina Bausch, wann kommt die Tanzlust bei Ihnen?

Pina Bausch: Die Tanzlust … Die ist häufig da. Aber die Chance, etwas für mich zu machen, die vergeht, weil ich mit meinen Stücken nie fertig werde. Dann kommt schon eine Zeit, wo ich darüber immer trauriger werde. Aber ich habe trotzdem noch nicht aufgegeben – vielleicht gibt's ja ein Wunder.

Eva-Elisabeth Fischer: Wann haben Sie zuletzt getanzt? Ich meine – nicht auf der Bühne.

Pina Bausch: Weiß ich nicht. Ich tanz' ja manchmal nur so, nur aus Spaß, auch im Sitzen, einfach so, aus Quatsch halt.

Eva-Elisabeth Fischer: Und Gesellschaftstänze?

Pina Bausch: Wenn man den Tango geschmeckt hat, dann kann man schon süchtig werden. Das ist was sehr, sehr Schönes. Aber das kommt eben auch nur zweimal im Jahr vor, so ungefähr. Dann hab' ich Herzklopfen. Aber es liegt ja sehr viel an dem Partner. Wenn man einen Partner hat und in der Lage ist, einfach nur zu lassen und nicht nervös zu sein, dann genieß' ich das unheimlich. Die Orte habe ich gern, wo Tango getanzt

Pina Bausch über
Lust

| n heute weniger preis
Tänzer früher?
wo die Tänzer einfach
sich erzählen wollten.
eber. Wir haben im Lau-
n so viele Sachen ge-
bgehakt sind. Es wird
er schwieriger zu fra-
cht nur um die Dinge,
macht haben, sondern
zent, die weggeschmis-
d. Durch die Jungen
Wind rein. Die haben
Stück, weil sie Lust ha-
Da setzt so ein Ehrgeiz
on sich selber preisge- | das benennen könnte, außerdem würde es das schon fixieren, dann hätte ich mich zu sehr festgelegt.
Es muss also erst Gestalt werden. | den sich Leute mit Kriegserlebnissen etwa von einem Einzelkind aus einer reichen Familie. Auch heute kommen Leute aus Kriegsgebieten. Die Wahrnehmung | Das ist j
duktion
dazu, al
Es hand
cher ni
Das wä
um Ver
ist für m
all diese
versuch
furchtb
immer
sen, wa
eben ob
ben ja n |

wird, diese Konzentration, und wo die Leute wie so Bärchen einfach hingehen, um zu tanzen.

Eva-Elisabeth Fischer: Was kommt an Gefühlen dazu, wenn man auf der Bühne tanzt?

Pina Bausch: Wenn ich Tango tanze, dann bin ich so schön verschluckt von den anderen Paaren und fühle mich unbeobachtet. Das mag ich viel lieber. Wenn man es, wie ich, einfach nicht mehr gewöhnt ist, auf die Bühne zu gehen, dann ist das mit einer großen Aufregung verbunden. Und da ich ja dauernd mit anderen arbeite, bin ich wahrscheinlich überkritisch, ich bin dann vielleicht schon so kritisch geworden, dass ich lieber gar nichts mache. Dadurch, dass ich mich ja nicht selber sehe, ist das noch erschreckender. Ich bin ja sonst immer das Auge von außen.

Eva-Elisabeth Fischer: In unserem letzten langen Gespräch vor zwölf Jahren haben Sie gesagt, dass Sie am liebsten alles, was Sie choreografieren, selbst tanzen würden und es auch besser könnten als Ihre Tänzer.

Pina Bausch: Ja schon, aber – naja; besser? Weiß ich nicht. Gut, das ist jetzt auch schon lange her, dass ich das gesagt habe. Das sind jetzt teilweise andere Tänzer, und die sind schon sehr, sehr verschieden. Damals die Dinge, die waren wie für mich selber gemacht. Wenn ich unzufrieden bin, dann ärgere ich mich darüber, dass sie nicht genug schätzen, was sie machen. Und sage ihnen, wie gern ich das jetzt machen würde – nur ein bisschen.

Eva-Elisabeth Fischer: Erscheinen Ihnen die Tänzer zu lustlos?

Pina Bausch: Lustlos nicht. Und das sind ja immer nur Perioden. In diesen kreativen Phasen ist man ja nicht immer froh. Dann setzt bei den Tänzern so eine Passivität ein, in Erwartung der Hilfe von außen. Manche sind ganz großartig, aber da sind auch andere, die mich immer wieder ärgern.

Eva-Elisabeth Fischer: Geben die Jungen heute weniger preis von sich als Ihre Tänzer früher?

Pina Bausch: Es gab eine Zeit, wo die Tänzer einfach viel mehr über sich erzählen wollten. Jetzt tanzen sie lieber. Wir haben im Laufe der Jahre schon so viele Sachen gemacht, die alle abgehakt sind. Es wird deshalb auch immer schwieriger zu fragen. Es geht ja nicht nur um die Dinge, die die Leute gemacht haben, sondern die 90 oder 95 Prozent, die weggeschmissen worden sind. Durch die Jungen kommt frischer Wind rein. Die haben Einfluss auf das Stück, weil sie Lust haben zu tanzen. Da setzt so ein Ehrgeiz ein. Aber etwas von sich selber preisgeben … Männer suchen dabei andere Formen als Frauen. Die versuchen, ein Thema immer mit Witzchen zu lösen. Aber Männer wie Frauen spielen Spielchen mit mir. Sie wollen die Frage immer ein wenig anders beantworten, als ich sie wissen will. Sie drücken sich um die Frage. Und ich frage nicht direkt, weil die ja auch alle scheu und schüchtern sind. Es ist schon eine delikate Geschichte.

Eva-Elisabeth Fischer: Stellen Sie diese Fragen, um etwas über sich oder um etwas über die anderen zu erfahren?

Pina Bausch: Weder noch. Ich will etwas über *uns* erfahren. Es ist oft auch spaßig, wenn man bestimmte Begriffe erklären muss, einer etwa fragt, was heißt das und das auf Spanisch. Über diese Erklärungsversuche bekommt man manchmal erst heraus, was man eigentlich wissen will.

Eva-Elisabeth Fischer: Gehen Sie in eine Probe mit einer bestimmten Erwartungshaltung?

Pina Bausch: Höchstens mit einer Hoffnung. Es sind ja immer nur kleine Augenblicke, in denen ich das Gefühl habe: Das ist etwas von dem, was ich suche. Dann spreche ich nicht darüber. Es weiß dann keiner, dass ich da was gefunden habe, was Kleines.

Eva-Elisabeth Fischer: Wenn Sie ein neues Stück anfangen, wissen Sie demnach unbewusst, wovon es handelt?

Pina Bausch: Unbewusst weiß ich das immer alles, seltsamerweise. Aber es ist nicht so, dass ich das benennen könnte, außerdem würde es das schon fixieren, dann hätte ich mich zu sehr festgelegt.

Eva-Elisabeth Fischer: Es muss also erst Gestalt werden.

Pina Bausch: Weiß ich nicht. Manchmal mache ich aus dem, was passiert, ganz spontan eine neue Frage. Es ist ja eigentlich ein Umkreisen von etwas, das man sucht. Dann bin ich manchmal ganz verzweifelt, weil ich denke, ich stelle nicht die richtigen Fragen. Man sucht was ganz Bestimmtes, kennt aber den Weg dorthin nicht.

Eva-Elisabeth Fischer: Gibt es da inzwischen ein Kommunikationsproblem? Vor 30 Jahren waren in der Kompanie lauter Gleichaltrige. Der Altersunterschied zwischen Ihnen und Ihren jetzigen Tänzern ist groß.

Pina Bausch: Das individuelle Verhalten hängt nicht so sehr vom Alter ab. Zunächst bin ich eine Respektsperson, und dann geht es um gegenseitiges Vertrauen. Die Tänzer müssen sich jeden Blödsinn leisten dürfen. Und sie müssen sich auch geliebt fühlen. Gleichzeitig muss ich all meine dummen Sachen ausprobieren können. Was ich meine, ist der spezifische generationsbedingte Erfahrungshintergrund. Dadurch, dass alle Tänzer stets aus ganz verschiedenen Ländern kamen, war sowieso immer ein unterschiedlicher Erfahrungshintergrund gegeben. Durch das Zusammentreffen verschiedener Kulturen ist dieser Generationsunterschied viel schwieriger auszumachen. Klar ist das Leben anders, wenn man jung ist und noch nicht geliebt hat und verlassen worden ist. Aber darüber hinaus unterscheiden sich Leute mit Kriegserlebnissen etwa von einem Einzelkind aus einer reichen Familie. Auch heute kommen Leute aus Kriegsgebieten. Die Wahrnehmung dieser Dinge hat sich stark verändert. Durch das Fernsehen ist alles so beängstigend nah, und keiner kann mehr sagen: Ich habe das nicht gewusst. Heute hat auch jeder ein Handy und einen Computer. Aber den Tanz betrifft das nicht. Bei Berufen, in denen man auf den Körper angewiesen ist, geht nichts auf Knopfdruck.

Eva-Elisabeth Fischer: Welchen Einfluss haben die äußeren Umstände auf die Arbeit? Es ist doch ein Unterschied, ob ich – wie jetzt – in Japan bin oder in Wuppertal.

Pina Bausch: Reisen, vor allem Fliegen, mag ich nicht. Aber ich bin sehr gern woanders. Woanders kann ich innerlich entspannen, was ich in Wuppertal überhaupt nicht kann, weil es dort immer so viel zu tun gibt. Diese ganzen Reisen beeinflussen einen stark. Vieles, was man sieht, was man hört, verändert den Blick auf die Dinge. Was ist Ästhetik? Welche Arten von Schönheiten gibt es? Wir versuchen ein Treffen mit dem Publikum, indem man gemeinsam etwas fühlt oder über etwas erschrickt. Diese Verbundenheit, diese Sprache ohne Worte verleiht mir unheimlich viel Kraft. Und macht mir Lust, mehr zu wissen, mehr zu erfahren. Wenn dann der Wunsch da ist, dass man wiederkommen soll, dann macht man schon wieder Pläne, obgleich man doch gar keine Pläne machen wollte. Der Gedanke ans Aufgeben, der darf gar nicht sein.

Eva-Elisabeth Fischer: Das ist jetzt seit 1986 die zwölfte Koproduktion. Kommt da auch noch die Lust dazu, als Kulturvermittlerin zu wirken?

Pina Bausch: Es handelt sich in unseren Stücken sicher nicht darum, etwas zu kopieren. Das wäre ja auch ganz falsch. Es geht um Verarbeitung, um Abstraktion. Es ist für mich natürlich einfacher, weil ich all diese Dinge nicht erfragen muss. Ich versuche, sie einfach zu machen. Das ist furchtbar beängstigend, weil ich mich immer auf etwas einlasse, ohne zu wissen, was dabei rauskommt. Aber da ist eben auch eine große Lust dabei. Wir haben ja nicht umsonst schon zwölf Koproduktionen gemacht. Sie sind allesamt in Ländern entstanden, in denen wir vorher schon gastiert haben. Also haben die doch ein Interesse daran, dass wir wiederkommen. Ich muss einfach meinem Gefühl vertrauen, dass wir uns dann beeinflussen lassen von dem Ort und den Menschen dort. Und dass wir zeigen, was gewachsen ist in der Zeit. Es setzt schon voraus, dass ich in dem Land etwas sehr schön gefunden habe, sonst hätte ich das Stück ja nicht gemacht. Wenn das Fremdsein dann weniger geworden ist, finde ich das schon schön, dass wir uns einfacher begegnen können. Und dann geht es ja nicht so, dass ich etwas einpacke und mitbringe, sondern darum, dass ich etwas gespürt habe, in der Kompanie natürlich auch, was über mich läuft. Ich bin der Zuschauer – auch. Ich kann nur davon ausgehen, wie ich empfinde, und dies in dem Bewusstsein, dass ich nicht weiß, was man in dieses

Stück in Wuppertal oder sonstwo hineininterpretieren wird … Es soll ja auch Platz da sein für viel unterschiedliches Erleben.

Eva-Elisabeth Fischer: Haben Sie im Kopf, wieviele Stücke Sie in den vergangenen 30 Jahren gemacht haben?

Pina Bausch: Etwas über 30 Abende. 33, glaube ich.

Eva-Elisabeth Fischer: Wenn man jetzt sagen würde, all diese 33 Stücke wären ein Stück in Variationen, welchen Titel würden Sie ihm geben?

Pina Bausch: Ich kann ja noch nicht einmal einem Stück einen Titel geben.

Eva-Elisabeth Fischer: Worauf ich hinauswill: Gibt es eine Lust, ein Movens, einen Impuls, ein Ziel, das allen Stücken zugrunde liegt?

Pina Bausch: Jetzt kommt das Wort Sehnsucht wieder hoch. Ich kann ja immer nur meinem Gefühl folgen. Es gab schon Zeiten, da war alles *heavy* oder *depressed*, und ich merkte, dass ich mich wahnsinnig gegen etwas sträube und dass da plötzlich so ein Lebenswille dabei herauskommt und dass der stärker ist als alles andere. Das hat mich eigentlich selber überrascht. Denn die Stücke, von denen alle gesagt haben, jetzt tanzen sie wieder, da ist so viel Heiterkeit auf der Bühne, die sind mit Schmerzen geboren. Die Stücke haben schon alle was miteinander zu tun, das ist schon richtig. Deshalb mache ich ja diese Form. Aber ich muss das ja nicht benennen. Ich kann es nicht mit Worten ausdrücken, und deswegen sind ja diese vielen Dinge da. Und deshalb kann ich auch nicht aufhören.

Eva-Elisabeth Fischer: Was ist für Sie der Inbegriff allergrößter Lebenslust?

Pina Bausch: Ich versuche mir gerade vorzustellen, wann ich mich selber richtig gut gefühlt habe. Oder glücklich gefühlt habe. Vielleicht Augenblicke größten Vertrauens … Es sind ja immer nur Momente. Vielleicht … Was ist es denn für Sie? Dann kann ich's vielleicht leichter sagen.

Eva-Elisabeth Fischer: Selbstvergessenheit.

Pina Bausch: Ja, das hat damit auch was zu tun. Selbstvergessenheit kam mir auch gleich in den Sinn, das kann aber auch sehr traurig sein. Deswegen hab ich das gar nicht gesagt. Es hat auf jeden Fall was damit zu tun, dass man auch nicht denkt. Ein gegenseitiges Angenommensein. Das kann ich auch ohne Menschen haben. Oder durch Kinder. Kinder lassen auch alles vergessen. Man guckt und ist einfach nur weg. Das kann auch mit Tieren sein. Man kann aber auch ganz andere Sachen überlegen. Das ist ja ein Thema für sich ...

Eva-Elisabeth Fischer: Ist es eine Lust, berühmt zu sein?

Pina Bausch: Ist es eine Lust, berühmt zu sein ... Ist es eine Lust, berühmt zu sein ... Kann ich mir nicht vorstellen.

Eva-Elisabeth Fischer: Aber Sie sind doch berühmt.

Pina Bausch: Es kennen mich Leute in gewissen fachlichen Gebieten.

Eva-Elisabeth Fischer: Jeder kennt Sie.

Pina Bausch: Eine *Lust* berühmt zu sein ... nein, da kann ich gar nichts zu sagen. Eine Vorstellung war schön, und dann hat man schon wieder die Sorge, ob die morgige auch so schön wird. Ich denke, das Irre an unserem Beruf, an den Darstellenden Künsten, ist: Es ist ja nichts wiederholbar. Jeder Abend ist einmalig, auch durch das Publikum, wie sehr wir auch versuchen, immer wieder das gleiche zu machen. Insofern ist es schön, wenn alles zusammenkommt. Das ist ja eine Art Fest. Die Sorge um die Details, das alles zu hegen und zu pflegen, dass die Gefühle wieder da sind und nicht alles nur Routine ist, da hat man keine Zeit, an Ruhm zu denken.

Eva-Elisabeth Fischer: Wann kommt Sie Unlust an?

Pina Bausch: Hach! Manchmal kommt die durch Müdigkeit, ich meine die Mühsal ständigen Suchens. Und dann macht jemand etwas ganz Kleines, und alles ist wieder anders ... Unlust, ha, wenn etwas ganz lange nicht lösbar ist. Unlust... Ich schiebe das bei mir immer auf bestimmte Situationen. Oder dass ich schwach bin in dem Moment. Aber wenn jemand anderes ein Problem hat, bin ich sofort wieder wach.

Eva-Elisabeth Fischer: Was wäre für Sie das Ende aller Lust?

Pina Bausch: Das ist eine Frage, die ich fürchte. Die will ich noch nicht einmal denken.

2006

Zum Interview, das der französische Journalist Jean-Marc Adolphe, einer der namhaften Tanzpublizisten seines Landes, im Frühjahr 2006 mit Pina Bausch in Wuppertal geführt hat, gibt es eine kurze Erläuterung des Dolmetschers und Übersetzers Michel Bataillon, die im Hinblick auf Pina Bauschs Umgang mit Sprache so schön und treffend ist, dass sie hier stellvertretend für die übrigen in diesem Band versammelten Gespräche wiedergegeben werden soll:

„Pina Bauschs Sätze werden nur zögerlich vollendet, sie bleiben offen, in der Schwebe. Sie entziehen sich sogar bewusst der deutschen Syntax im engeren Sinne. Sie sind zugleich entschlossen und zerbrechlich und dabei stets klar verständlich. Sie sind das Abbild ihrer Gedanken und daher in Bewegung. Gerade diese Freiheit leidet beim Übergang in die schriftliche Form, dieser widernatürlichen Vorgehensweise. Die Auslassungspunkte im Text kennzeichnen daher keine ‚Auslassungen' sondern eben jene Schwebezustände, Brüche und Wendungen innerhalb des Satzes."

Der Text ist im deutschen Erstdruck mit Fußnoten versehen, die auf einen intensiven Schriftverkehr mit Pina Bausch zurückgehen, so dass sie als Teil des Interviews angesehen werden können und deswegen hier mit aufgenommen wurden.

Man weiß gar nicht, wo die Phantasie einen hintreibt

Gespräch mit Jean-Marc Adolphe, 1. März 2006,
geführt für das Buch *Pina Bausch* von Guy Delahaye (2007)

Jean-Marc Adolphe: Heute morgen, als ich sehr früh Paris verlassen habe, hatte es angefangen zu schneien, und während der Zugfahrt nach Wuppertal erinnerte mich die Schneelandschaft an manche Ihrer Stücke sowie an den sehr schönen Filmabschnitt in der *Klage der Kaiserin*[1], wo Kyomi Ichida unter den Schneeflocken tanzt. In Ihrer Arbeit, und besonders in den letzten Stücken, die durch den Aufenthalt des Tanztheaters in manchen Städten der ganzen Welt beeinflusst worden sind, ist das Städtische sehr wichtig, und zugleich fühlt man die Anwesenheit der Natur. Welche Erinnerungen sind für Sie mit dem Winter, mit dem Schnee verbunden? Erinnerungen aus der Kindheit?

Pina Bausch: Wenn alles weiß wird ... die Unberührtheit gefällt mir, die Ruhe ... Natürlich weiß man, dass im Winter eine ungeheure Kraft schlummert ... Und das Wunder des Frühlings ... alles, was im Winter stattgefunden hat ... Die Kinder und die Hunde essen gerne den Schnee ... Aber besondere Erinnerungen? Ich bin sehr gehemmt, mich auszudrücken ... das mach' ich einfach auf der Bühne ... meine Mutter liebte es, im Schnee barfuß zu laufen. Sie freute sich schon darauf. Das habe ich immer sehr schön gefunden.

Jean-Marc Adolphe: Und Sie?

Pina Bausch: Ich bin vorsichtig hinterhergetappt.

Jean-Marc Adolphe: In den bisherigen Gesprächen, haben Sie, scheint mir, wenig über Ihre vier Bildungsjahre – 1955 bis 1959 – in der Folkwangschule in Essen erzählt. Darf man sagen, dass Kurt Jooss, der Leiter der Schule, für sie ein Meister gewesen ist?

Pina Bausch: Ja, absolut.

Jean-Marc Adolphe: Wie war die Stimmung in dieser Schule?

Pina Bausch: Ich war damals ganz jung. Mit vierzehn Jahren war ich mit meinen Ängsten hingegangen. Die Atmosphäre war wie in einer Familie – was mit Jooss zu tun hatte, weil Jooss einer der Mitbegründer der Folkwangschule war. Alle nannten ihn Papa Jooss, er war Papa Jooss… Die Schule war etwas ganz Besonderes, ein Kollegium, sehr, sehr menschlich. Es war alles ganz neu für mich, nicht nur dass ich meine Ausbildung anfing…
Damals waren dort alle Künste unter einem Dach. Es gab die Malerei, es gab die Grafik, die Bildhauerei, die Fotografie… Die Tänzer standen Modell… Aber auch die Darstellende Kunst, also die Oper, das Schauspiel, die Pantomime, die Musik, die Kirchenmusik… Es spielte eine ungeheure Rolle, weil man von so vielen Dingen etwas lernte und so von allem beeinflusst wurde… also, man staunte eigentlich. Es waren da natürlich viele Sachen, viele Ideen, die zusammenkamen… Dass man zusammen arbeitete, hat auf mich einen sehr großen Eindruck gemacht.
Ich fühle einfach sehr räumlich, ich kann nicht ohne diese anderen Dinge denken. Ich weiß nicht, ob es mit dieser Ausbildung zu tun hat oder einfach eine Anlage ist. Aber für mich war die Folkwangschule ein glücklicher Umstand.
Jooss hatte natürlich immer hervorragende Lehrer… Und Jooss spielte eine ganz besondere Rolle. Es war sehr nett mit der Familie, weil ich auch mit ihnen gelebt habe, und ich war wie die Tochter im Haus. Er war für mich wie noch ein Vater. Er war von einer ungeheuren Warmherzigkeit… und von einem Ernst, und so viel Humor. Wirklich ein ganz besonderer Mensch.

Jean-Marc Adolphe: Jooss, glaube ich, hat die Entscheidung getroffen, Sie nach New York zu schicken, und vorgeschlagen, dass Sie ein Stipendium für die Juilliard School bekommen?

Pina Bausch: Nein. Natürlich war irgendwann die Frage, was mache ich nachher. Ich habe mich umgesehen, was überhaupt möglich war. Es gab eigentlich keine moderne Compagnie … aber es kamen sehr viele Sachen zusammen.
Die José Limón Compagnie aus New York hatte damals ein Gastspiel gegeben, in Düsseldorf. Jooss hatte diese Sommerkurse in Essen und hat immer viele andere Künstler eingeladen … Antony Tudor und Lucas Hoving, der auch ein Haupttänzer von José Limón war, Vera Volkova, Alwin Nikolais, Pearl Lang, sie war eine wunderbare Graham-Tänzerin …, und viele Jazzlehrer. Alle waren dort, Lukas Hoving manchmal für drei Monate, und haben Unterricht gegeben. Dort habe ich natürlich verschiedene Sachen, wie die Graham-Technik, probieren gelernt. Und das große Bedürfnis, einfach mehr zu lernen. Dann habe ich mich um ein Stipendium bemüht.

Jean-Marc Adolphe: Wie reisten Sie nach New York?

Pina Bausch: Es war noch ein Abenteuer damals, als ich allein reiste, mit achtzehn Jahren. Ich bin ganz allein mit dem Schiff gefahren, nach New York, das dauerte acht Tage. Ich konnte überhaupt kein Englisch. Als meine Eltern „Auf Wiedersehen" sagten, da habe ich gedacht, vielleicht sehen wir uns nimmer wieder. Das war schon ein sehr eigenartiges Gefühl. Ich hatte irgendeine Adresse bekommen, von einem Musiker aus dem Juilliard Orchester … die auf Tournee waren. Ich dachte, ich könnte da vielleicht am Anfang wohnen, bevor ich mir ein Zimmer angesehen habe. Vielleicht schicke ich noch einen Brief an Lucas Hoving, habe ich gedacht. Das war Hochsommer, wo jeder weggeht … Vielleicht ist er noch in New York … Vielleicht kann er mich abholen … Das Schiff machte noch zweimal Stopp, in Frankreich und in England, und ich habe noch mein klein' Briefchen eingeworfen.
Und als ich dann ankam in New York, da hatte ich irgendein Gesundheitszeugnis im Koffer und nicht in meiner Tasche. Und da musste ich warten, bis 1300 Passagiere abgefertigt waren, und dass jemand mit mir zu meinem Koffer ging und dass ich

das richtige Papier hatte. Ich musste also Stunden und Stunden auf dem Boot warten, und als ich dann endlich herauskam, da stand tatsächlich der Lucas Hoving da. Und er hatte ganz verwelkte Blumen auf dem Arm, weil es so heiß war. Er stand da, und er sah mich überhaupt nicht. Er hatte die ganze Zeit auf mich gewartet.
Er hat mich mit nach Hause genommen. Seine Frau war auch eine Tänzerin, aber sie nähte inzwischen auch Kostüme für die Limón Compagnie. Es gab überall Stoffe auf der Erde und alles mögliche. Sie haben so eine Matratze hingelegt, und dann wollten sie was zum Essen holen, aus einem Drugstore. Und dachten, ich trinke schon Whisky, aber ich trank noch keinen Whisky. So habe ich dann zum ersten Mal salzige Butter gegessen, Whisky getrunken. Und dann irgendwie, nachts, gab es auf einmal so viele Kakerlaken, das kannte ich natürlich auch nicht. Ich dachte, die laufen über mich drüber, aber das taten sie natürlich nicht. Also, das war schon eine seltsame erste Nacht mit Kakerlaken, die immer so huschten irgendwo und sich immer versteckten. Am nächsten Tag sind wir dann auch zu dieser Wohnung von dem Musiker gegangen. Und die existierte überhaupt nicht, das Appartement an dieser Adresse. So also war meine Ankunft in New York.
Dann habe ich noch viel Zeit gehabt, zwei, drei Wochen, bis Juilliard anfing. Ich bin zu Studios gegangen, um zu trainieren, und das war natürlich auch immer kompliziert, weil ich kein Englisch sprach ... Wenn ich gegessen habe, dann natürlich in Cafeterias. Dort konnte ich darauf zeigen, was ich wollte, weil ... ich mich nicht ... ausdrücken konnte. Und ganz am Anfang ... da hab' ich einmal in einer gegessen, und ich wollte bezahlen, und auf einmal war mein Portemonnaie weg. Da hab' ich in der Toilette in meiner Tasche überall gewühlt: Mein Portemonnaie war weg. Und da wusste ich nicht ... was mache ich denn jetzt, ich kann gar nicht bezahlen, ich kann nicht zur Kasse gehen ... Und nach einer langen Zeit bin ich doch hingegangen, habe dann also irgendwie versucht zu sagen: Es ist weg, und ich bringe das Geld, und dann habe ich meine Spitzenschuhe aus meiner Tasche genommen, und alle meine Schuhe, und ich lass' das alles hier, und ich komme wieder, und so weiter. Dann hat der Mann an der Kasse mir fünf Dollar geben, damit ich nach Hause fahren konnte. Es war sehr weit, wo ich wohnte. Das fand ich ganz unglaublich, also, dass der mir vertraute und mir

einfach fünf Dollar gab, damit ich fahren konnte. Dann bin ich immer wieder in dieselbe Cafeteria gegangen, nur um den Mann anzulächeln. Sowas habe ich oft in New York erlebt, dass Leute unheimlich hilfreich sind.

Jean-Marc Adolphe: Wie wurden Sie dann bei Paul Sanasardo im Studio for Dance eingeführt?

Pina Bausch: An der Juilliard School lehrten Antony Tudor und noch andere Meister wie Margaret Craske und Alfredo Corvino. Und alle unterrichteten auch an der Metropolitan Opera. Ich bin also in die Met gegangen, habe dort immer trainiert, in den Klassen waren auch Donya Feuer und Paul Sanasardo. Eines Tages haben sie mich angesprochen. Ich konnte gar nicht verstehen, aber sie waren wahnsinnig nett und haben mich eingeladen, in ihr Studio mitzukommen. Sie haben dort immer abends Unterricht gegeben, ich habe mitgemacht, und nach dem Unterricht haben sie ... an ihren Stücken gearbeitet. Ihr Geld verdienten sie alle tagsüber ... Und sie wollten gleich, dass ich in ihren Stücken mitmachte, so habe ich gleich mit ihnen gearbeitet. Dann wurden sie für mich zwei enge Freunde.

Jean-Marc Adolphe: Zur Zeit von Paul Sanasardo haben Sie nur Eiscreme gegessen, wie Donya Feuer es erzählt hat, 1999 beim Europa Theaterpreis in Taormina ...[2]

Pina Bausch: Ich habe ganz wenig Geld ausgegeben. Ich habe zum Beispiel Eiscreme gegessen, ein kleines Fläschchen Buttermilch. Also Nusseis und Buttermilch. Überall gab es Zitrone auf dem Tisch, also Zitrone, und ganz viel Zucker, und das Ganze zusammen, es schmeckte unheimlich gut, es gab so einen Pusch. Davon habe ich mich ernährt. Das war sozusagen meine Hauptmahlzeit, und das kostete ganz wenig Geld, aber ich habe nicht einfach nur Eiscreme gegessen. Ein Star-Essen!

Jean-Marc Adolphe: Wie erklären Sie sich, dass Paul Sanasardo in Europa so verkannt blieb?

Pina Bausch: Ich glaube, man hat ihn nie gesehen. Ich habe vielleicht etwas vergessen, aber ich habe nicht den Eindruck, er wäre in Europa gewesen. Sein Mitarbeiter, Manuel Alum, auch ein sehr wichtiger, wunderbarer Tänzer, mit dem wir alle, Malou, Dominique und ich, sehr befreundet waren, hatte sich selbstständig gemacht, also eine eigene Compagnie gehabt, und er war mehrmals in Europa. In Spoleto, da habe ich ihn mit Jean Cébron zusammen kennengelernt. Wir waren im selben Programm.[3]

Vorher noch etwas Wichtiges: Ich bin in der Metropolitan Opera gewesen, es war die alte Met, nicht, wo sie jetzt ist. Das war gerade, nachdem die Callas weg war, und man fühlte sie noch überall, man schmeckte sie noch... Antony Tudor wusste, dass ich dachte, ein Jahr zu studieren ist zu kurz, das geht zu schnell vorbei. Ich habe so viel geguckt, ich war so beschäftigt... Es war viel zu früh zurückzugehen. Ich wollte gerne länger bleiben, aber da war natürlich auch das Geldproblem. Ich habe ganz ernsthaft versucht, ganz wenig zu essen, um das Jahresgeld, das eigentlich für neun Monate oder ein Jahr gedacht war, auf zwei Jahre zu verteilen. Ich habe also jeden Pfennig gespart. Bin zu Fuß gelaufen. Irgendwann hat Tudor gesagt, es gibt eine Audition in der Met, ich sollte doch dahin gehen. Und dann bin ich auch noch ein Jahr da gewesen... Ich habe also noch viele andere Dinge kennengelernt, durch die Met...

Dann kam der Anruf von Kurt Jooss. Er hatte wieder Geld für das Folkwang Tanzstudio. Das war eine ganz, ganz schwere Zeit, ich wollte beides so gerne. Das war eine ganz schwierige Entscheidung. Ich war so gerne da, alles lief so wunderbar für mich.

Jean-Marc Adolphe: Bei Jooss sind Sie sechs Jahre geblieben?

Pina Bausch: Das kann schon sein. Er hatte diese neue Compagnie, er hat den *Grünen Tisch*[4] mit uns gemacht... Und er hat wieder Gäste eingeladen..., Antony Tudor mit *Lilac Garden*[5]..., Lucas Hoving... Er hatte immer die Verbindung zu den Theatern, dem Essener Theater und dem Schwetzinger Barocktheater... Da hatte er vorher schon *Fairy Queen* von Purcell gemacht und nun *Castor und Pollux* und *Dido und Aeneas*[6]... Dann habe ich natürlich meine ersten Choreographien angefangen, *Fragment*, *Im Wind der Zeit*.

Ich habe auch viele Sachen für Jooss geregelt, wie Probenpläne, oder wenn er Unterstützung brauchte, habe ich ein Stückchen Probe gemacht... Als er weggegangen ist, hat er mir auch das

Stück *Fairy Queen*, das wieder einstudiert wurde, übertragen, die Verantwortung, die ganze Oper zu machen. Ich habe dabei viele Sachen gelernt. Und auch Jean Cébron war sehr wichtig, wir hatten ein Duett-Programm: seine Solos und drei, vier Duette.

Jean-Marc Adolphe: Gewöhnlich hält man *Fragment*, 1968 entstanden, ein sehr kurzes Bartók-Solo über das *Streichquartett Nr. 4*, für Ihre erste Choreographie. Sie haben berichtet, dass Kurt Jooss es eigentlich nicht gemocht habe…[7]

Pina Bausch: Das kann schon sein, aber das würde ich so nicht sagen. Ich weiß noch einen Satz, der für mich immer wichtig gewesen ist: „Kind! Musst Du denn immer so auf der Erde rumkriechen?" Habe ich schon viel darüber gelacht! Aber trotzdem, „eigentlich nicht gemocht" kann eigentlich nicht sein. Er hat es ja in sein Programm aufgenommen. Und auf Reisen.

Jean-Marc Adolphe: Warum hat Jooss Ihnen das gesagt? Sind Sie zu dieser Zeit so oft „gekrochen"?

Pina Bausch: Nein… Ja…, schon, in dem Stück. Ich hatte eine unheimliche Scheu, irgend jemanden zu kopieren. Also, es wäre mir nicht im Traum eingefallen, irgendeine Bewegung von Martha Graham oder von Jooss zu verwenden oder von irgendjemand. Und so fing ich eigentlich an, nach etwas zu suchen, weil ich ein bestimmtes Vokabular einfach nicht benutzen wollte.

Jean-Marc Adolphe: In einem Ihrer Stücke, im Théâtre de la Ville, schien mir eine bestimmte Stelle eine Anspielung an das berühmte *Hexentanz*-Solo von Mary Wigman zu sein. Als ich Sie darauf aufmerksam machte, haben Sie mich sehr seltsam angeguckt, als wären Sie etwas verdutzt. Am Anfang wurden Sie in Frankreich als Erbin des deutschen Ausdruckstanzes vorgestellt. Inzwischen weiß man, dass Laban, und vor allem Wigman, sich leider eine Zeitlang mit dem NS-Regime eingelassen haben, dagegen hatte Jooss Deutschland schon 1933 verlassen.[8] Ist die Strömung des deutschen Ausdruckstanzes weit von Ihren Quellen, von Ihrer Arbeit entfernt?

Pina Bausch: Ich habe nie ein Ballett von Mary Wigman gesehen. Mary Wigman und Jooss waren unterschiedlich. Mary Wigman war hauptsächlich als Tänzerin unglaublich, so viel ich weiß. Harald Kreutzberg, Mary Wigman ..., ihre Berühmtheit hatte sehr viel mit ihrem persönlichen Auftreten zu tun. Während Jooss hauptsächlich ein Choreograph war ... Obwohl Jooss auch auf der Bühne gestanden hat, waren es immer seine Stücke, seine Tänzer und seine Themen, die wichtig waren.

Jean-Marc Adolphe: Alle Ihre Stücke gehören nun zur Tanzgeschichte. *Die sieben Todsünden*, *Blaubart*, *Renate wandert aus* ... sind wahrscheinlich die Stücke, an denen der Begriff Tanztheater sich offenbarte. Wann genau haben Sie den Namen Tanztheater gewählt? 1979 wurden die ersten Vorstellungen von *Blaubart* und von den *Sieben Todsünden* im Théâtre de la Ville in Paris unter dem Namen „Ballet de l'Opéra de Wuppertal" gespielt.

Pina Bausch: Ich weiß nicht mehr ganz genau, wann. Es ging mir eigentlich sehr früh darum, es klar zu machen, damit die Leute keine falsche Erwartung haben. Früher gab es das Wuppertaler Ballett, vor mir, und mit dem Wort Ballett ist der klassische Tanz verbunden. Die Bezeichnung „Tanztheater" ist sehr umfassend, aber nicht unbedingt mit dem klassischen Ballett verbunden. Das spielte für mich eine große Rolle ...

Jean-Marc Adolphe: Bei *Nachnull*, 1970,[9] hatten Sie einen kurzen Augenblick erwogen, erzählt Hans Züllig, ob man die Tänzer entblößen solle.

Pina Bausch: Ja, ich mochte die gemalten Trikots nicht, ich mochte sie nicht. Es waren Trikots, aber darauf gespritzt, wie abstrahiert, ein bisschen „Bones". Also irgendwann in einer Nacht, wo kein Mensch da war außer Züllig, haben wir überlegt, versuchen wir einfach einmal, wie es nackt aussieht. Und da waren wir ziemlich schockiert, weil es eigentlich überhaupt nicht stimmte. Plötzlich dachte man, immer nur so schöne Körper. Das war das Gegenteil von dem, was ich gehofft hatte.

Jean-Marc Adolphe: *Aktionen für Tänzer* und *Wiegenlied*,[10] Ihre Choreographien aus den Jahren 1971 und 1972, wovon keine filmische Spur übrig blieb, werden gewöhnlich als ziemlich düster beschrieben.

Pina Bausch: Ich habe noch Videos ... Zwar schlechte ohne Ton. Ja, auch manche mit Ton.

Jean-Marc Adolphe: Nachdem Sie die Leitung der Sparte Tanz in Wuppertal übernommen hatten, war *Fritz* Ihr erstes Stück. Ich spüre, dass *Fritz* für Sie ein wichtiges Stück gewesen ist. Sie haben nach einem Grimm'schen Märchen gearbeitet. In einem Gespräch über dieses Stück haben Sie gesagt: „Im Laufe der Arbeit tauchten Erinnerungen auf." Was für Erinnerungen? Und wie waren sie in den Tanz zu übertragen?

Pina Bausch: *Fritz* war mein erstes Stück als Choreographin in Wuppertal. Es war ein dreiteiliger Abend. Ich hatte Jooss gebeten, dass er den *Grünen Tisch* und Agnes de Mille ihr Ballett *Rodeo* mit der Compagnie einstudiert. Ich habe diesen seltsamen Titel gewählt, *Fritz*, weil die Hauptperson wie ein kleiner Junge war. Eigentlich war es eine Tänzerin, die Marlis Alt. Also im Stück war sie Fritz, der einfach mit seinen Augen eine ganz seltsame Welt sah. Nachher hat es die Hiltrud Blanck getanzt.
Fritz war eine sehr eigenartige Gestalt. Plötzlich vergrößerte sich alles zu etwas Unheimlichem. Es hat einfach was mit der Phantasie zu tun ... Ich bin in einer Kneipe aufgewachsen, und da sieht man schon, wie seltsam alles ist.[11] Aber trotzdem ist das einfach wie das Märchen von einem, der auszog, um das Fürchten zu lernen. Da kommen viele Sachen zusammen, da weiß man gar nicht, wo das anfängt, wo es aufhört und wo es hingeht, wo die Phantasie einen hintreibt oder die Realitäten ...
In gewisser Weise war das natürlich ein wichtiges Stück, und es half auch, bestimmte Sachen zu erkennen.
Damals am Anfang ... ich hatte natürlich keine Erfahrung mit Theater, ich hatte nun eine große Gruppe und hatte eine große Angst davor, zu sagen: „Das weiß ich nicht, lass mal gucken." Ich wollte sagen ok, wir machen das und das. Ich wollte planen, damit ich alles so gut wie möglich mache, und so sind auch die Stücke entstanden. Und da habe ich bemerkt, dass mich eigentlich plötzlich bei dieser geplanten Arbeit auch ganz andere Sachen interessierten, die hatten nichts mit meinen Planungen

zu tun. Ich habe nach und nach gewusst …, da muss man sich entscheiden: Folgt man seinem Plan, oder lässt man sich auf etwas ein, von dem man überhaupt nicht weiß, wo es einen hinbringt. Insofern war *Fritz* auch ein wichtiges Stück. Hier bin ich noch einem Plan gefolgt, den habe ich dann ganz verlassen. Dann habe ich mich auf etwas eingelassen, ohne zu wissen, wohin es geht.
Was ich aber noch dazu sagen will …, es ist so einfach entstanden. Ich habe *Fritz* gemacht, aber im selben Jahr habe ich noch *Iphigenie auf Tauris* gemacht. Das war total anders. Und dann habe ich einen Mahler gemacht, *Adagio*, und am selben Abend ein Schlagerballett, *Ich bring dich um die Ecke*. Jedes Mädchen hatte ein kleines Lied zu singen. Und dann habe ich *Orpheus und Eurydike* und dann *Frühlingsopfer* gemacht. Ich habe immer Extreme gewählt, immer das Gegenteil … ein totales Hin und Her, also.

Jean-Marc Adolphe: Als Sie mit *Le Sacre du printemps* angefangen haben, welche Fassung drängte sich auf? Die Jooss-Version?

Pina Bausch: Gar keine. Ich habe nie vorher *Sacre* gesehen. Béjart, später im Fernsehen. Als ich gewagt habe, mich mit solchen Werken zu beschäftigen, hätte ich nie eine andere Choreographie geguckt … Es ist die alte Angst gewesen, es würde mich einengen … Ja also, ich habe mich absolut nur mit Strawinsky oder mit dem Thema beschäftigt. Und dann natürlich damals ganz ganz viele Schallplatten gehört, der Orchestergraben war bei uns zu klein, um so viele Musiker zu fassen, und es war klar, es konnte kein Stück mit Orchester sein. Dann war einfach da diese Aufnahme von Boulez.

Jean-Marc Adolphe: „Es ist so einfach entstanden", sagten Sie vor wenigen Minuten. Alles lief doch nicht problemlos. Heute vermittelt Ihre Compagnie den Eindruck einer großen Einigkeit, aber während der Anfänge in Wuppertal kam es vor, dass die Tänzer meinten, Sie gingen zu weit. Es geschah unter anderem während der Vorbereitung von *Blaubart*, als einige Tänzer die Proben verließen …

Pina Bausch: Damals hatten die Tänzer eigentlich nicht die Gelegenheit zu sehen, was ich vorher schon gemacht hatte.

Viele von ihnen kamen, und die wollten gerne zeigen, was sie technisch können, und ich habe sie nicht gelassen. Das war eine schwierige Zeit. Jetzt ist es viel einfacher. Viele Tänzer können sich viele Stücke ansehen, und wenn sie diese Arbeit schätzen oder interessant finden, also vielleicht auch etwas dazu beitragen wollen ... Es ist ganz anders als früher. Das ist ein großer Unterschied.

Jean-Marc Adolphe: Zur Zeit der Anfänge in Wuppertal sind Sie in der Stadt auf eine gewisse Ablehnung gestoßen. Ohne die Rolle zu überschätzen, die Frankreich gespielt hat, darf man sagen, dass die Einladung zum Festival de Nancy sehr wichtig gewesen ist und dazu beigetragen hat, Ihre Anwesenheit in Wuppertal zu rechtfertigen?

Pina Bausch: Ja, absolut. Und auch diese Einladung nach Paris, in das Théâtre de la Ville, überhaupt diese Einladung. Es hat entscheidend dazu beigetragen.[12] Ich war sehr unbeliebt in der Stadt, muss ich schon sagen – nicht beim Intendanten. Es war sehr schwer hier zu Anfang, und man hätte lieber gehabt, ich wäre eigentlich nicht da. Aber durch die Gastspiele, besonders Frankreich, und auch Italien ... wurde man ein bisschen stutzig, und auf jeden Fall irgendwie vorsichtiger ...

Jean-Marc Adolphe: Diese erste Einladung zum Festival de Nancy wurde von Lew Bogdan vermittelt, dem sie mit Peter Zadek begegnet waren. Ein Anlass also, von der Aufführung zu sprechen *Er nimmt sie an der Hand und führt sie in das Schloß, die anderen folgen*, die Sie nach dieser Begegnung 1978 in Bochum machten, im Auftrag von der Shakespeare-Gesellschaft.

Pina Bausch: Das könnte Peter Pabst besser erklären, weil er ganz viel mit Zadek gearbeitet hat, besonders in der Zeit. Zadek war sehr ... speziell, und das war immer ein Ärgernis in der Shakespeare-Gesellschaft, was er da jedes Jahr machte. Die beiden haben mich irgendwann in Wuppertal besucht, haben mich da ausgeguckt ... Ich bin natürlich kein Sprechtheater-Spezialist ... Ich habe damals Dinge, Dinge, Dinge geprüft und mich dann für ein freies Stück entschieden, auf der Basis des *Macbeth*-Themas. Ich glaube, die Shakespeare-Gesellschaft war auch wieder schön entsetzt. Ich habe natürlich Zadek zu verdanken, dass ich diese Erfahrung überhaupt machen durfte ... Aber keines meiner Stücke war als Provokation gedacht. Ich habe einfach versucht, ein bestimmtes Thema so gut ich konnte zu machen.

Jean-Marc Adolphe: In diesem Stück war ein außerordentlicher Einfall: diese rote Schnur, die die Bühne vom Zuschauerraum trennt. Ist diese Idee aus den Umständen entstanden, unter denen Sie das Stück zeigen sollten? Vielleicht ahnten Sie und Rolf Borzik, dass das Publikum Ihrer Art, Shakespeare zu behandeln, nicht unbedingt zustimmen würde.

Pina Bausch: Wie in einem Museum ... um Abstand zu schaffen. Was dachte damals der Rolf? ... Wir haben so viel verschiedene Ideen gehabt. Ich glaube, es gab ungefähr vierzig Bühnenbilder, bevor wir uns entschieden haben ...

Jean-Marc Adolphe: In manchen Gesprächen erzählen Sie, dass Bestandteile des Bühnenbildes oft im letzten Augenblick der Entstehung eines Stückes kommen. Wenn man Ihr *Sacre du printemps* sieht, kann man sich kaum vorstellen, dass die Idee der Erde nicht gleich am Anfang dagewesen ist.

Pina Bausch: Man sucht die Essenz des Ganzen, die Essenz des Stückes. Irgendwann kommt ein Gedanke ... irgendwann haben wir uns mit Rolf Borzik entschieden, ganz viel Erde in unseren kleinen Ballettsaal zu schaffen ... Wir hatten keine Erfahrung. Alles war viel zu trocken, ein Staub im Raum. Die Tänzer sind gerutscht, auf dem Teppich ...

Jean-Marc Adolphe: Für *Arien* 1979 war die ganze Bühne überschwemmt. Bei einer Wiederaufnahme in Wuppertal erzählte mir Dominique Mercy, dass Sie, zur Zeit der Entstehung, mit Borzik auf der Suche nach einem Gedanken waren, um die Bewegung zu multiplizieren. Dass Sie es sogar mit Hühnern versucht haben und dass die „Figur" des Nilpferdes, das man im Stück sehen kann, den Gedanken des Wassers zuletzt eingeführt hatte, das Wasser, das im allerletzten Augenblick kam.

Pina Bausch: Also, wir haben öfters über ein paar Hühner gesprochen, aber nicht unbedingt in Verbindung mit diesem

Stück … einsame Hühner auf der Bühne, oder so etwas, um die Einsamkeit eines Huhns zu haben … Aber, dass bei *Arien* …, ich kann mich nicht erinnern. Dominique hat so etwas erzählt?

Jean-Marc Adolphe: Er erinnerte sich, dass er vor der Premiere nicht auf der überschwemmten Bühne getanzt hatte …

Pina Bausch: Ja. Weil es nicht warm war. Aber die Idee war doch da. Es war erst natürlich mehr Wasser geplant, überall Wasser. Damals hatte noch keiner mit Wasser gearbeitet, und es hieß überall, das geht nicht, was Ihr macht, das geht nicht … Rolf konnte nicht nur gut malen, seine Phantasie war sowieso phantastisch. Gleichzeitig konnte er auch genau erklären, wie man etwas machbar machen kann. Und er konnte die Technik einfach überzeugen. Dann hatten die Leute Spaß daran, es doch zu versuchen. Natürlich kommen dann auch die Geldgründe, weil es teuer ist … Es war aufregend mit dem Wasser, weil es warm sein sollte, und immer warmes Wasser nachlaufen … Zwei Stunden im kalten Wasser, und sie würden alle krank. Eine delikate Vorstellung …
Das Hippopotamus war damals bei der Premiere fertig, aber es war frisch gestrichen und es konnten keine Menschen reingehen … Hans Dieter Knebel, der mit mir arbeitete, ist an dem Abend den Wegen des Nilpferdes auf der Bühne gefolgt, und es war wunderschön, wie er das gemacht hat.
Wir sind immer spät, jedes Jahr spät … Ich habe nicht schon vorher ein Bühnenbild und mache dann erst ein Stück. Es dauert eine Weile … Wo geht es diesmal hin? Oder wir haben manchmal mehrere Ideen. Wenn man sich festlegt, dann fange ich an, Räume anders zu denken.

Jean-Marc Adolphe: In einem späteren Stück, *Palermo Palermo*, fällt am Anfang der Vorstellung die Steinmauer zusammen, die wie ein geschlossener Vorhang die Bühne versperrt. Durch eine ziemlich außerordentliche Gleichzeitigkeit fand die Premiere im Jahr 1989 unmittelbar nach dem Fall der Berliner Mauer statt …

Pina Bausch: Das wussten wir aber nicht, dass die Berliner Mauer …

Jean-Marc Adolphe: … wie Jooss, als er 1932 den *Grünen Tisch* gemacht hat. Diese Choreographie wurde nachträglich als eine Vorahnung des Zweiten Weltkriegs betrachtet. Als man Jooss nach dem Krieg fragte, ob er sich dessen bewusst gewesen sei, antwortete er: „Nein. Hätte ich es gewusst, hätte ich kein Stück gemacht, sondern eine Zeitungschronik geschrieben."

Pina Bausch: Hat er das gesagt? Ich weiß, dass Jooss in England den *Grünen Tisch* überall gespielt hat, in Fabriken … Während einer Aufführung, wenn der alte Soldat mit der Fahne auf der Bühne ist, fingen die Friedensglocken an zu läuten.

Jean-Marc Adolphe: Zurück zu *Palermo Palermo*, zu einem der ersten Stücke, die Sie weit weg von Wuppertal geschaffen haben. Sie haben sich durchdringen, anstecken lassen von allem, was Sie in Palermo, in Sizilien empfunden haben. Nach der Premiere von *Palermo Palermo* im Théâtre de la Ville war ich sehr gerührt. Ich habe den Eindruck gehabt, es wäre für Sie sehr schwierig geworden, in Deutschland Ihre kreative Arbeit weiterzuentwickeln. Sie hätten so etwas wie ein Vorgefühl dieser verwickelten Kräfte erlebt, die uns aus dem Süden zuströmen.

Pina Bausch: Palermo war für die ganze Compagnie eine Liebesgeschichte. Da hat man etwas äußerst Besonderes erlebt. Dass das Stück dann so wird, das weiß man vorher auch nicht. Es hat mich immer in den Süden gezogen, viele, viele Jahre … Ich hatte schon in vielen Stücken, auch im Film, sizilianische Musik, südländische Musik benutzt. Ich kann nicht erzählen, warum sie mich ausgewählt haben … Sowieso, Sizilien überhaupt fand ich wahnsinnig wichtig. Es ist dort so viel passiert, so viele Kulturen, so viele verschiedene Einflüsse … da gab es so viel zu erfahren, zu lernen, zu fühlen …

Jean-Marc Adolphe: Mir scheint, dass sich ab *Palermo Palermo* etwas an Ihrer Arbeit verändert hat. Wenn auch der Tanz in Ihren Stücken natürlich nie abwesend war, kommt er nun wieder, sehr sichtbar, sehr bemerkbar. Wenn man bisher vom Tanztheater das sich immer wiederholende Bild der breiten Gruppenbewegungen bewahren konnte, entdeckt man in Ihren neueren Stücken immer mehr wichtige Solos, als ob nach

Palermo Palermo der Begriff vom Brennpunkt zersprungen
wäre.

Pina Bausch: Ja also, ich habe mich ja immer in vielen Sachen
versucht, da wo ich noch nicht gewesen war. Ich habe auch
irgendwann versucht, meine Fragen auszuweiten auf Fragen,
die zu Bewegungen führen. Es hat natürlich auch sehr viel damit
zu tun, welche Tänzer mit mir arbeiten. Im Laufe der Zeit gab es
viele, die vielleicht eine andere Phantasie hatten, mit denen ich
einfach ganz anders umgegangen bin... Ich wollte auch immer
gerne, dass jeder ein Einzelner in dem Stück ist, dass man
etwas erkennt, von seinem Wesen, von seiner Art, seiner Qualität... Aber es hat natürlich auch was damit zu tun, dass unser
einziges Haben unser Körper ist, dass diese Fragilität in der
heutigen Zeit so was Wichtiges ist..., unser Befinden..., wir sind
so fragil..., manchmal möchte man gar nicht mehr viel sagen,
glaub' ich, die Zeiten sind so schwer.

Jean-Marc Adolphe: Als Sie schwanger waren, haben Sie Ihre
Rolle in *Café Müller* auf Anne Martin übertragen. Während eines
Gespräches habe ich Anne gefragt, ob Sie ihr „psychologische"
Hinweise für die Rolle gegeben hatten. „Keineswegs", hat sie
mir geantwortet, „es war eigentlich sehr technisch. Und erst als
ich die Form total beherrschte, habe ich verstanden, alles was
Pina in diese Rolle eingeführt hatte." „Können Sie sich darüber
äußern?" hatte ich gefragt. Und sie gab mir diese schöne Antwort: „Nein, es ist viel zu intim."

Pina Bausch: Bei der Anne Martin setze ich es natürlich voraus.
Sie hat es oft gesehen, und sie kennt die Geschichte, und sie
kennt auch Rolf Borzik... Was soll ich da sagen? Sie weiß das
alles. Ich würde nicht, was mich tief im Innern sehr bewegt,
zu erzählen anfangen. Sie hat mich auch gesehen, sie weiß.
Da nützt kein Wort.

Jean-Marc Adolphe: Ich würde gern etwas über Ihre Begegnung
mit Fellini für den Film *E la nave va* hören. Leonetta Bentivoglio
erzählt, dass er eine Aufführung von *Viktor* besucht hatte,
dass Sie lange mit ihm gesprochen haben und dass er Ihnen
gesagt hatte: „Leute wie wir sind beschützt, dafür haben wir
eine Pflicht zu schützen."

Pina Bausch: Fellini hat das ein bisschen anders gesagt. Wir haben über unsere Kreativität gesprochen … er hat jedenfalls gesagt, ich solle nicht aufhören, ganz viele Stücke zu machen, es sei ganz wichtig, dass ich weiter arbeite, nicht aufgebe. Und ich habe geantwortet, es ist so schwer. Wir haben einfach über das „schwer" gesprochen. Dann hat er mir gesagt, ich fühle mich beschützt von dir, so umarmt von dir. Ja, er hat geweint … er meinte, das sei ganz wichtig, dass ich weiter arbeite, unbedingt. Einfach anfangen, der Rest kommt von alleine, sagte er. Sowieso, für ihn war Arbeit wie Ferien. Und wenn er nichts zu tun hatte, hat er gelitten …
Ich habe mich immer gefragt, warum hat er mir das damals vorgeschlagen, in seinem Film mitzumachen? Er hatte *Café Müller* gesehen, er hatte *1980* gesehen, und er wollte mich unbedingt sprechen … und eigentlich hab' ich gedacht, ach!, vielleicht will er Mechthild haben, oder Jan Minarik, oder … Ich war ganz verblüfft, als er sagte, ich solle in seinem Film mitspielen. Das einzige Problem war, ich hatte keine Zeit. Aber die Compagnie sagte, ja, ja, du musst das machen, und sie haben mir sehr geholfen, dass ich ja sagte … Irgendwann nach einer langen Zeit hat mir Fellini ein paar Zeichnungen geschenkt. Er hat ja immer gezeichnet für seine Filme, für seine Typen. Das, was er mir geschenkt hatte, war „ich", so wie eine Karikatur. Ich habe sofort verstanden, er hat mich gezeichnet, bevor er mich gesehen hat, und als er mich sah, war ich die Person, die er schon gemalt hatte. Deswegen wollte er mich haben, er hatte mich schon gemalt, ohne dass er mich kannte. Da habe ich natürlich verstanden, warum ich es sein musste.

Jean-Marc Adolphe: Es gibt im Leben geheimnisvolle, unerklärliche Zufälle …

Pina Bausch: Auch mit Boulez war es einmal sehr schön. Ich kannte ihn ja nicht, wir haben immer seine Aufnahmen benutzt, aber ich hatte ihn nie persönlich kennengelernt. Und eines Tages, in Edinburgh, ich ging auf der Straße … ist das nicht der Boulez? … Ich guck' mich um, und er guckt sich auch um. Wir sind zusammengelaufen, und dann haben wir uns umarmt, mitten auf der Straße … als wenn wir uns unser Leben lang gekannt hätten, wir haben uns geherzt und gedrückt …

Jean-Marc Adolphe: Als sich das Tanztheater am Ende der 90er Jahre in Paris aufhielt, sind Sie öfters zu Bartabas, dem Gründer des Reitertheaters Zingaro, gegangen, und Sie hatten dort einen großen Freund: ein Pferd. Mit Bartabas und diesem Pferd hatten Sie sogar, glaube ich, ein gemeinsames Vorhaben, das Sie nie ausgeführt haben…

Pina Bausch: Das ist sehr traurig, sehr bedauerlich. Ich habe so wunderbare Geschichten, Erfahrungen mit Bartabas und diesem Pferd gehabt. Viele, viele Nächte waren wir in der Manege, wir haben immer geplant, aber unsere Zeitpläne sind sehr kompliziert… Leider lebt das Pferd jetzt nicht mehr. Es ist ja ein wunderschönes Pferd gewesen. Aber dieses Projekt, also irgendwie schwirrt es immer noch in meinem Kopf herum, sie ist noch nicht fertig, diese Angelegenheit.

Jean-Marc Adolphe: Darf man noch davon träumen?

Pina Bausch: Ja. Eines Tages…

Jean-Marc Adolphe: Sie haben *Kontakthof* wiederaufgenommen, mit „Damen und Herren über 65 Jahren", also älteren Leuten und Laien, die Sie über Zeitungsanzeigen geworben haben. Und mit diesen Leuten hat dieses Stück aus dem Jahr 1978 eine ungeheure Frische zurückgewonnen. Wie sind Sie zu diesem ziemlich außerordentlichen Gedanken gekommen?

Pina Bausch: Schon sehr früh wollte ich dieses Stück einmal sehen, wenn die Tänzer alt geworden sind, aber ich wollte nicht so lange warten, und sie sehen immer so jung aus… Ich wollte das, weil eine Lebenserfahrung da ist und weil in all meinen Stücken die Zärtlichkeit eine so große Rolle spielt… Und gleichzeitig war es natürlich auch für mich eine Geste für die Gegend hier in Wuppertal. Wir sind hier so lange und… ich habe so wenig Gelegenheit, die Leute zu treffen, weil ich immer arbeite… Diese Wiedcraufnahme von *Kontakthof* war nur ein Versuch. Wir haben irgendwann *Kontakthof* gespielt, mit der Compagnie an einem Wochenende, und in der nächsten Woche denselben *Kontakthof*, aber mit Damen und Herren ab 65. Und plötzlich haben wir das noch einmal gespielt, und plötzlich wurden wir irgendwohin eingeladen. Ich ahnte natürlich nicht, dass wir so oft diese Version von *Kontakthof* spielen würden, und was das für einen großen Einfluss auf alle diese Leute hat, die mitgemacht haben, und auf ihre Familien. Die Großmütter sind nicht mehr die Großmütter von vorher. Also sehr schön, richtig.

Jean-Marc Adolphe: In Ihren Stücken wurden bestimmte Rollen, wenn man dieses Wort anwenden darf, nach der Persönlichkeit des Darstellers aufgebaut. Was geschieht, wenn Sie ältere Stücke mit neuen Tänzern einstudieren? Alles ist genau aufgezeichnet, es gibt Videos und die Hilfe der Mitglieder der ersten Besetzung. Suchen Sie aber Menschen aus, die durch ihre Eigenart, ihren Charakter, ihre Natur den ursprünglichen Darstellern sehr nahe sind?

Pina Bausch: Ja, das ist natürlich sehr schwierig, wenn Tänzer die Compagnie verlassen, jemanden zu finden, der diese unterschiedlichen Rollen übernimmt. Man denkt natürlich sehr stark an bestimmte Qualitäten, man findet aber nicht denselben Menschen wieder. Oh, Gott sei Dank brauchte ich das bei manchen Leuten auch nie zu tun, das wäre undenkbar... das ist eben sehr schwierig. Wenn ich weiß, dass jemand weggeht, versuche ich natürlich, dass die Person, die weggeht das Stück auf die neue Person überträgt. Das ist der ideale Zustand. Dass sie die Rolle mit den anderen zusammen lernt, bevor ich überhaupt eingreife, ist am schönsten. Manche Tänzer, die schon lange in dem Stück sind, sind auch behilflich... aber trotzdem...

Jean-Marc Adolphe: Sie sind gleichsam bei allen Aufführungen anwesend, auch bei Stücken, die zehn Mal, hundert Mal gespielt worden sind...

Pina Bausch: Ja, also bei diesen Stücken sind so viele Kleinigkeiten, alles besteht aus Details... Wir treffen uns am nächsten Morgen für eine Kritik über alles Mögliche... manchmal ist es wenig, und manchmal ist es ganz viel... über das, was passiert ist und worauf man achten muss, oder über das, was auseinanderläuft. Wir sind immer dabei, das Stück in seiner Form und seiner Qualität zu erhalten. Ich glaube, sie würden anders aussehen, die Stücke, sie würden sich verändern...

Und außerdem bin ich gerne bei meinen Tänzern, ich sehe gerne Teile der Aufführung. Es ist nicht, dass ich einfach dahintrödle oder denke, muss ich jetzt zusehen? Nein, ich geh' dahin und hoffe, ich sehe eine schöne Vorstellung, also mit einem Wort, ich will etwas fühlen, und wenn ich das nicht fühle, bin ich ganz betrübt. Und dann frage ich mich, warum stimmte das eigentlich nicht? Ich muss unbedingt das finden, woran es liegt. Manchmal hat das zum Beispiel mit der Musik zu tun, oder allem möglichen, mit einer Kleinigkeit manchmal ...

Jean-Marc Adolphe: Mehrmals haben Sie gesagt, das, was Sie interessiert, ist, wie die Leute sich rühren, wie man Bewegungen findet. In der Zeitspanne zwischen dem Moment, wo Sie Ihre Arbeit als Choreographin angefangen haben, und der jetzigen Zeit, fühlen Sie, dass in diesen dreißig Jahren besonders in der Arbeit mit den jüngeren Tänzern die Art, wie man Bewegungen findet, sich stark verändert hat? Oder glauben Sie an eine Beständigkeit des Tanzes, der der Zeit widersteht?

Pina Bausch: Wenn ich so was gesagt habe, habe ich nicht „Bewegungen" gemeint, sondern „bewegt werden", innerlich bewegt werden. Es ist im Deutschen dasselbe Wort. Aber unabhängig davon finde ich, dass die Bewegung, der Tanz, die Poesie, das ist eine Welt, die eine große Rolle spielt, aber sie sollte nicht fest bleiben ...

Anmerkungen

1 *Die Klage der Kaiserin*, 1989, ein Film von Pina Bausch. Produktion: L'Arche Editeur à Paris, in Zusammenarbeit mit dem Tanztheater Wuppertal, ZDF, Channel 4 und La Sept.
2 In ihrer Rede anlässlich des Europa-Theaterpreises 1999 in Taormina erwähnte Donya Feuer zwei Stücke, die sie und Paul Sanasardo mit Pina Bausch gemacht haben, *Phases of madness* und *In view of God* (Auf den Spuren von Pina Bausch / Tracing Pina's Footsteps, S. 298-299, Verlag Europa-Theaterpreis 2002).
3 Pina Bausch und Jean Cébron, eingeladen von Gian Carlo Menotti, spielten ihr Programm im Rahmen des Festival delle Due Mondi, 1967, in Spoleto.
4 Am 13. April 1967 zeichnete das BBC Fernsehen eine Aufführung des berühmten Balletts auf, in dem Pina Bausch neben Kurt Jooss auf der Bühne tanzt.
5 1962 übernahm Pina Bausch die Rolle von Caroline in diesem berühmten Ballett von Antony Tudor, Musik von Ernest Chausson.
6 Kurt Jooss hatte schon 1958 eine Choreografie der *Fairy Queen* von Purcell in Schwetzingen gemacht. Mit dem Folkwang Tanzstudio führte er bei den Schwetzinger Festspielen 1962 *Castor und Pollux* von Rameau und 1966 *Dido und Aeneas* von Purcell auf. 1968 war Pina Bausch bei den

Salzburger Festspielen in der Choreografie von Kurt Jooss von Cavalieris Oper *Rappresentatione di anima e corpo* und mit Jean Cébron im Festival von Jacob's Pillow in den USA. Für die Wiederaufnahme der *Fairy Queen* bei den Schwetzinger Festspielen 1969 übernahm sie die choreografische Verantwortung.
7 Konferenz von Pina Bausch im Pariser Goethe-Institut am 8. April 1994; in Odette Aslan: *Le cheminement de Pina Bausch*; in: Théâtre/Public, Danse/Théâtre/Pina Bausch I. Des chorégraphies aux pièces. November/Dezember 1997.
8 Cf. Laure Guilbert, *Danser avec le IIIe Reich. Les danseurs allemands sous le nazisme.* Éditions complexe, Brüssel 2000
9 Dieses Stück wurde für das Rotterdamer Danscentrum mit einer Musik von Ivo Malec ausgearbeitet und vom Folkwang-Ballett am 8. Januar 1970 im Theater an der Leopoldstraße in München uraufgeführt. „Fünf Praktikanten des Danscentrum stellen Überlebende einer Atomkatastrophe dar. Den Körper in als Gerippe gemalten und zerfetzten Trikots, mühen sich die gebeugten Tänzerinnen in abgehackten, ungestalteten Bewegungen ab und stürzen zusammen." (Odette Aslan: *Le cheminement de Pina Bausch*; in: Théâtre/Public, a.a.O.]
10 *Aktionen für Tänzer*, eine Auftragsarbeit der Wuppertaler Bühnen, Musik von Günter Becker, wurde 1971 von den Mitgliedern des Folkwang Studios uraufgeführt und reiste auf Tournee durch Deutschland und die USA, besonders zum Dance Festival Connecticut und zum Dance Festival Saratoga. *Wiegenlied*, auf dem Volkslied *Maikäfer, flieg!* und *Philips 836887 D. S. Y.* auf Musikstücke von Pierre Henry, wurde 1972 von den Mitgliedern des Folkwang Studios in den Wuppertaler Bühnen uraufgeführt.
11 Pina Bausch erwähnt das *Märchen von einem, der auszog, um das Fürchten zu lernen*, aus der Sammlung der Brüder Grimm, das eine Anregung für dieses Stück gewesen war.
12 Pina Bausch wurde zum ersten Mal 1979 vom Théâtre de la Ville mit *Blaubart* und *Die sieben Todsünden* in Paris eingeladen. Im Februar 1982 kam sie mit *Keuschheitslegende* und *Café Müller* wieder. Seitdem tritt das Wuppertaler Tanztheater jede Spielzeit mit einem oder mehreren Stücken dort auf.

2007

Neben dem Nobelpreis, den es im Kulturbereich nur für Literatur gibt, und dem „Praemium Imperiale", den Pina Bausch 2007 in der Kategorie „Theater/Film" erhielt, gilt der ebenfalls jährlich vergebene „Kyoto-Preis" als eine der weltweit wichtigsten Auszeichnungen für herausragende Leistungen in Wissenschaft und Kunst. Für 2007 entschied die Jury, Pina Bausch den Preis für „Kunst und Philosophie" zu verleihen. Überreicht wurde die Auszeichnung in Gegenwart des japanischen Kaisers im November 2007 in Kyoto im Rahmen einer mehrtägigen Veranstaltung. Aus diesem Anlass hielt Pina Bausch zwei Reden, die sich in einigen Passagen überschneiden, sich über weite Strecken jedoch ergänzen. Sie nutzte sowohl die „Commemorative Lecture" mit dem Titel „Was mich bewegt" am 11. November, als auch die längere Workshop-Rede „Etwas finden, was keiner Frage bedarf" am 12. November 2007 für ihre ausführlichste autobiografische Darstellung. In beiden Reden formulierte Pina Bausch noch einmal ihre künstlerischen Einflüsse, Ideen und Ziele sowie ihre ungewöhnliche Arbeitsweise und hob hervor, dass der ihr verliehene Preis das Ergebnis einer engen Zusammenarbeit mit unzähligen anderen Menschen vor und hinter den Kulissen im Tanztheater Wuppertal sei. Rund neunzehn Monate vor ihrem Tod gehalten, wurde die Kyoto-Rede zu einem der letzten und umfassendsten Selbstzeugnisse der damals 67-jährigen Preisträgerin. Hier werden beide Ansprachen dokumentiert.

Was mich bewegt

Rede aus Anlass der Verleihung des „Kyoto-Preises"
am 11. November 2007 in Kyoto

Wenn ich zurück blicke in meine Kindheit, Jugend, Studienzeit und die Zeit als Tänzerin und Choreografin – dann sehe ich Bilder. Sie sind voll von Geräuschen, Gerüchen. Und natürlich mit Personen, die zu meinem Leben gehörten und gehören. Diese Bild-Erinnerungen aus der Vergangenheit kehren immer wieder zurück und suchen sich einen Platz. Manches von dem, was ich als Kind erlebt habe, findet sich viel später auf der Bühne wieder.

Lassen Sie mich also mit meiner Kindheit beginnen.

Unvergesslich sind die Kriegserlebnisse. Solingen wurde schwer zerstört. Bei Fliegeralarm mussten wir in den kleinen Bunker in unserem Garten gehen. Einmal ist auch auf einen Teil des Hauses eine Bombe gefallen. Wir aber blieben alle unverletzt. Eine Zeit lang haben mich meine Eltern nach Wuppertal zu einer meiner Tanten geschickt, weil dort ein größerer Bunker war. Sie meinten, ich sei da sicherer. Ich hatte einen kleinen schwarzen Rucksack mit weißen Pünktchen, aus dem eine Puppe herausguckte. Der stand immer fertig gepackt, so dass ich ihn mitnehmen konnte, wenn Fliegeralarm war.
Ich erinnere mich auch an unseren Hof hinter dem Haus. Da gab es eine Wasserpumpe, die einzige in unserer Gegend. Da

standen die Leute immer Schlange, um sich Wasser zu holen. Weil man nichts zu essen hatte, mussten die Leute hamstern gehen. Gegenstände gegen Esswaren tauschen. Mein Vater zum Beispiel tauschte zwei Oberbetten, ein Radio, ein Paar Stiefel gegen ein Schaf ein, damit wir Milch hatten. Dieses Schaf wurde dann gedeckt – und das kleine Lämmchen nannten meine Eltern „Pina". Die süße kleine Pina. Eines Tages – es war wohl zu Ostern – lag „Pina" als Braten auf dem Tisch. Das Lämmchen war geschlachtet worden. Ein Schock für mich. Seitdem esse ich kein Lammfleisch.

Meine Eltern hatten ein kleines Hotel mit einem Restaurant in Solingen. Da musste ich, ebenso wie meine Geschwister, helfen. Ich habe stundenlang Kartoffeln geschält, die Treppen geputzt, Zimmer aufgeräumt – was man so alles tun muss in einem Hotel. Vor allem aber bin ich als kleines Kind in diesen Räumen herumgeturnt und herumgetanzt. Das sahen auch die Gäste. Chorsänger vom nahen Theater kamen regelmäßig zum Essen in unser Restaurant. Sie sagten immer wieder: „Die Pina muss unbedingt ins Kinderballett." Und dann haben sie mich eines Tages mitgenommen ins Theater, zum Kinderballett. Ich war damals fünf.
Gleich zu Beginn hatte ich dort ein Erlebnis, das ich nie vergessen habe: Alle Kinder mussten sich auf den Bauch legen, dann die Füße und Beine nach hinten hoch nehmen und nach vorn stellen, rechts und links neben den Kopf. Das konnten nicht alle Kinder, bei mir aber war das überhaupt kein Problem. Und die Lehrerin hat damals gesagt: „Du bist ja ein Schlangenmensch." Ich wusste natürlich nicht, was das bedeutete. Aber ich spürte am Tonfall, wie sie den Satz gesagt hat, dass das irgendetwas Besonderes sein musste. Ab da wollte ich unbedingt immer dort hingehen.

Hinter unserem Haus war ein Garten, nicht sehr groß. Dort stand der Familienbunker und ein langes Gebäude – die Kegelbahn. Dahinter lag eine ehemalige Gärtnerei. Dieses große Grundstück hatten meine Eltern gekauft, um ein Gartenrestaurant aufzumachen. Sie fingen als erstes mit einer runden Tanzfläche aus Beton an. Aus dem Rest wurde leider nichts. Aber für mich und alle Kinder in der Nachbarschaft war es ein Paradies. Alles wuchs wild, zwischen Gräsern und Unkraut plötz-

lich einzelne herrliche Blumen. Im Sommer konnten wir auf dem heißen Teerdach der Kegelbahn sitzen und dunkle, saure Kirschen essen, die über das Dach ragten. Alte Couchen, auf denen man wie auf einem Trampolin springen konnte. Es gab ein altes verrostetes Treibhaus, vielleicht begannen dort meine ersten Inszenierungen. Wir spielten Zoo. Die einen Kinder mussten Tiere sein, die anderen Besucher. Natürlich wurde die Tanzfläche benutzt. Wir spielten, wir wären berühmte Schauspieler. Ich war meistens Marika Rökk. Meine Mutter hatte all dies überhaupt nicht gern. Wenn sie kam, gab uns jemand ein Zeichen, und alle versteckten sich.
Dadurch, dass in der Nähe in einer Fabrik Schokolade und Bonbons hergestellt wurden, stellten wir Kinder uns immer auf die Gullis, aus denen warme und süße Dämpfe kamen. Geld hatten wir nicht, aber riechen konnten wir.

Auch die Gaststätte in unserem Hotel war für mich hoch interessant. Meine Eltern mussten sehr viel arbeiten und konnten sich nicht um mich kümmern. Abends, wenn ich eigentlich ins Bett gehen sollte, habe ich mich unter den Tischen versteckt und bin einfach geblieben. Ich fand das, was ich sah und hörte sehr aufregend: Freundschaft, Liebe, Streit – alles mögliche eben, was man in solch einer Nachbarschaftskneipe erleben kann. Ich denke, dies hat meine Fantasie sehr angeregt. Ich war immer schon ein Zuschauer. Gesprächig war ich nicht. Ich war eher still.

Mein erstes Mal auf der Bühne, ich war etwa fünf oder sechs, war in einem Ballettabend – ein Harem, der Sultan und seine Lieblingsfrauen. Der Sultan lag auf einem Diwan mit vielen exotischen Früchten. Ich war als Mohr geschminkt und gekleidet und musste ihm mit einem großen Fächer die ganze Vorstellung über Luft zuwedeln. Ein anderes Mal, in *Maske in Blau*, einer Operette, musste ich einen Zeitungsjungen spielen. Immer rufen: „Gazzetta San Remo, Gazzetta San Remo, Armando Cellini preisgekrönt." Mir bereitete es ein großes Vergnügen, alles sehr genau zu machen. Ich habe dann die Tageszeitung „Solinger Tageblatt" genommen, den Titel überklebt und jede einzelne Zeitung ganz genau beschriftet mit „Gazzetta San Remo". Das konnte zwar keiner sehen, aber für mich war es sehr wichtig. Ich habe in vielen Opern, Operetten, Tanzabenden mitspielen dürfen, am Ende sogar in den Tanzabenden als Teil

der Gruppe. Für mich war immer klar: Ich will nichts anderes, als mit dem Theater etwas zu tun haben. Nichts anderes als tanzen.

Im Kinderballett gab es einmal eine Situation, dass wir etwas machen sollten, was ich überhaupt nicht verstanden habe. Ich war verzweifelt und schämte mich und weigerte mich, das zu versuchen. Ich sagte einfach: „Das kann ich nicht." Die Lehrerin schickte mich darauf nach Hause. Ich quälte mich wochenlang; ich wusste nicht, wie ich es machen sollte, um zurückzukommen. Nach Wochen kam sie zu uns nach Hause und fragte, warum ich denn nicht mehr käme. Ab da ging ich natürlich immer wieder hin. Aber den Satz: „Das kann ich nicht", habe ich nie wieder gesagt.

Peinlich für mich waren manchmal die Geschenke meiner Mutter. Sie machte sich unendlich viel Mühe, mir etwas Besonderes auszusuchen. So bekam ich bereits mit zwölf Jahren einen großen Pelzmantel; ich bekam die erste lange karierte Hose, die es gab; ich bekam grüne viereckige Schuhe. Aber ich wollte dies alles nicht anziehen. Ich wollte unauffällig sein.

Mein Vater war ein großer stattlicher Mann mit viel Humor und sehr viel Geduld. Er konnte wunderbar laut pfeifen. Ich habe mich als Kind immer gerne auf seinen Schoß gesetzt. Er hatte ungewöhnlich große Füße – Schuhgröße 50. Seine Schuhe mussten extra angefertigt werden. Auch meine Füße wurden immer größer. Als ich zwölf Jahre alt war, hatte ich 42. Da bekam ich Angst, dass sie noch wachsen könnten, dass ich dann gar nicht mehr tanzen könnte. Ich betete: „Lieber Gott, lass meine Füße nicht mehr wachsen."

Einmal wurde mein Vater sehr krank, er musste zu einer Kur fahren. Ich war zwölf Jahre alt. Zwei Nachbarn passten auf mich auf, und ich habe das Lokal ganz allein geschmissen. Ich habe zwei Wochen lang ganz allein die Kneipe gemacht, habe Bier gezapft, die Gäste versorgt. Ich habe dabei sehr viel gelernt. Ich fand das wichtig und auch sehr schön. Ich möchte die Erfahrung jedenfalls nicht missen.

Ich liebte es, Hausaufgaben zu machen. Ich empfand es als großen Genuss, besonders Rechenaufgaben. Nicht die Aufgaben selber, sondern sie zu schreiben – und wie dann die Seite aussah.

Wenn Ostern war, mussten wir Kinder Ostereier suchen. Meine Mutter hatte Verstecke gefunden, nach denen ich tagelang suchen musste. Ich liebte es, zu suchen und zu finden. Wenn ich sie gefunden hatte, wollte ich, dass sie die Eier wieder versteckt.
Meine Mutter liebte es, barfuß im Schnee zu laufen. Und Schneeballschlachten mit mir zu machen oder Iglus zu bauen. Sie kletterte auch gerne auf Bäume. Und sie hatte große Angst während der Gewitter. Sie versteckte sich dann in der Garderobe hinter den Mänteln.
Überraschend waren immer die Reisepläne meiner Mutter. Sie wollte zum Beispiel gern mal zu Scotland Yard. Mein Vater liebte es sowieso, meiner Mutter alle Wünsche zu erfüllen – dann fuhren sie wirklich nach London.
Es gibt ein Foto, da sitzt mein Vater auf einem Kamel. Ich weiß aber nicht mehr, in welchem Land beide waren ...
Obwohl meine Mutter keine Ahnung von Technik hatte, war ich immer erstaunt, dass sie zum Beispiel ein Radio, das kaputt war, auseinandernahm, irgendwie reparierte und wieder zusammensetzte.
Bevor mein Vater das kleine Hotel mit der Gastwirtschaft in Solingen kaufte, war er Fernfahrer. Er stammte aus einer eher bescheidenen Familie im Taunus und hatte viele Schwestern. Zunächst machte er Transporte mit Pferd und Wagen. Später kaufte er einen Lastzug, mit dem ist er dann kreuz und quer durch ganz Deutschland gefahren. Er liebte es, von seinen Fahrten zu erzählen und das Fernfahrerlied mit vielen, vielen Strophen laut zu singen.
Mein Vater hat nicht ein einziges Mal in seinem Leben mit mir geschimpft. Nur einmal, als es sehr ernst war, hat er nicht Pina zu mir gesagt, sondern mich mit Philippine, meinem eigentlichen Namen angesprochen. Mein Vater war jemand, auf den man sich ganz verlassen konnte.

Meine Eltern waren sehr stolz auf mich. Obwohl sie mich fast nie haben tanzen sehen. Sie haben sich auch nie sonderlich dafür interessiert. Aber ich fühlte mich sehr geliebt von ihnen. Ich brauchte nichts zu beweisen. Sie haben mir vertraut; sie haben mir nie Vorwürfe gemacht. Ich habe niemals Schuldgefühle haben müssen. Auch später nicht. Es ist das schönste Geschenk, das sie mir haben machen können.

Mit 14 Jahren ging ich zum Tanzstudium an die Folkwangschule nach Essen. Entscheidend für mich war dort die Begegnung mit Kurt Jooss. Er war einer der Mitbegründer dieser Schule und einer der ganz großen Choreografen.
Die Folkwangschule war ein Ort, an dem alle Künste unter einem Dach waren. Es gab nicht nur die Darstellenden Künste wie Oper, Schauspiel, Musik, Tanz, sondern auch die Malerei, Bildhauerei, Fotografie, Grafik, Design und so weiter. In allen Abteilungen gab es außergewöhnliche Lehrer. Da hörte man auf den Fluren aus den Klassenräumen Töne und Melodien und Texte, da roch es nach Farbe und anderem Material. Jedes Eckchen war immer besetzt mit übenden Studenten. Und wir besuchten uns gegenseitig in den Abteilungen. Jeder hatte Interesse an der Arbeit des anderen. So entstanden auch viele verschiedene gemeinsame Projekte. Eine ganz wichtige Zeit für mich.
Kurt Jooss hatte hervorragende Lehrer in seiner Abteilung. Zusätzlich holte er Lehrer und Choreografen, die er sehr schätzte, vor allem aus Amerika, für Kurse oder längere Zeit nach Essen. Ich habe von ihnen viel gelernt.
Auf jeden Fall war es in der Ausbildung ganz wichtig, dass man eine Grundlage – eine breite Basis – hatte, und dann, wenn man eine längere Zeit gearbeitet hatte, für sich selber finden musste, was man dann ausdrücken musste; was *ich* ausdrücken muss. Was habe *ich* denn zu sagen? In welche Richtung muss *ich* mich weiterentwickeln? Vielleicht ist hier der Grundstein gelegt worden für meine spätere Arbeit.
Jooss selber war etwas Besonderes für mich. Er hatte viel Herzenswärme und Humor und ein unglaubliches Wissen auf allen möglichen Gebieten. Durch ihn bin ich zum Beispiel überhaupt zum ersten Mal wirklich mit Musik in Berührung gekommen, weil ich aus unserer Kneipe nur Schlager kannte, die im Radio gespielt wurden. Er wurde wie ein zweiter Vater. Seine Menschlichkeit und seine Sicht, das war mir das Wichtigste. Was für ein Glück, dass ich ihm begegnet bin in einem entscheidenden Alter.

Während meines Studiums gab es eine Zeit, da hatte ich furchtbare Rückenschmerzen. Ich musste viele Ärzte aufsuchen. Das Resultat war, ich sollte sofort aufhören zu tanzen, sonst würde ich in einem halben Jahr an Krücken laufen müssen. Was sollte ich tun? Ich entschied, ich tanze weiter, auch wenn es nur für ein halbes Jahr sein sollte. Ich musste mich entscheiden, was für mich wirklich wichtig war.
1958 wurde ich für den Folkwang Leistungspreis vorgeschlagen. Ich musste dafür ein eigenes kleines Programm haben. Der Tag der Präsentation kam. Ich musste auf die Bühne. Ich stellte mich in Position, das Licht ging an – und es passierte gar nichts. Der Pianist war nicht da. Große Aufregung im Saal, nirgendwo der Pianist. Ich stand weiterhin auf der Bühne in meiner Pose. Ich wurde immer ruhiger und blieb einfach stehen. Ich weiß nicht mehr, wie lange. Aber es war eine ziemlich lange Zeit, bis man den Pianisten gefunden hatte. Der war ganz woanders, in einem anderen Gebäude. Im Saal war man verblüfft, dass ich dort oben mit solcher Überzeugung und Ruhe so lange weiterhin in Pose stehengeblieben bin. Ich wuchs und wuchs. Als die Musik anfing, begann ich meinen Tanz. Ich habe schon damals feststellen können, dass in äußerst schwierigen Situationen mich eine große Ruhe überkommt und ich dann aus den Schwierigkeiten Kraft schöpfen kann. Eine Fähigkeit, der ich gelernt habe zu vertrauen.

Ich war heißhungrig, zu lernen und zu tanzen. Deshalb bewarb ich mich um ein Stipendium des DAAD für die USA. Das habe ich dann auch bekommen. Erst dann wurde mir klar, was das bedeutete. Ganz alleine, mit 18, ohne ein Wort Englisch zu können, mit dem Schiff nach Amerika zu fahren. Meine Eltern brachten mich nach Cuxhaven. Beim Abschied spielte eine Blaskapelle, und alle Leute weinten. Dann ging ich auf das Schiff und winkte. Auch meine Eltern winkten und weinten. Und ich stand oben und weinte auch; es war furchtbar. Ich hatte das Gefühl, wir sehen uns nie wieder.
Ich habe dann auf dem Schiff noch einen kleinen Brief an Lucas Hoving in New York geschrieben und in Le Havre abgeschickt. Er war einer der Dozenten in Essen gewesen. Ich hatte die Hoffnung, dass er mich in New York abholen würde. Als ich dann nach acht Tagen in New York ankam, hatte ich mein Gesundheitszeugnis nicht in meiner Tasche, sondern im Koffer.

So musste ich viele Stunden auf dem Schiff warten, bis die 1.300 Passagiere abgefertigt waren. Dann brachte man mich zu meinem Koffer. Ich glaubte schon nicht mehr, dass Lucas Hoving, wenn er überhaupt meinen Brief bekommen hatte, noch da war. Aber als ich vom Schiff herunterkam, stand er tatsächlich da. Und verwelkte Blumen hingen über seinem Arm, weil es so heiß war. Er hatte die ganze Zeit auf mich gewartet.

Das Leben in New York war anfangs nicht einfach. Weil ich kein Englisch sprach. Wenn ich essen wollte, ging ich in eine Cafeteria, denn da konnte ich auf das, was ich haben wollte, direkt zeigen. Einmal als ich bezahlen wollte, fand ich mein Portemonnaie nicht. Es war weg. Was sollte ich tun, wie sollte ich bezahlen? Eine schrecklich peinliche Situation. Nach einiger Zeit bin ich dann zur Kasse gegangen und habe versucht zu erklären, dass mein Portemonnaie weg ist. Dann habe ich meine Spitzenschuhe und meine anderen Schuhe aus meiner Tasche genommen, alles auf die Theke gelegt und erklärt, dass ich alles da lasse und wiederkommen werde. Der Mann an der Kasse hat mir ganz einfach fünf Dollar gegeben, damit ich nach Hause fahren konnte. Ich fand das unglaublich, dass er mir so vertraut hat. Ich bin dann immer wieder in diese Cafeteria gegangen, nur um den Mann anzulächeln. Solche Situationen habe ich oft in New York erlebt, die Menschen waren so hilfsbereit.

In New York habe ich alles mitgenommen, was sich mir bot. Ich wollte alles lernen, alles erleben. Es war die große Zeit des Tanzes in Amerika: mit George Balanchine, Martha Graham, José Limón, Merce Cunningham ... In der Juilliard School of Music, wo ich studierte, waren Lehrer wie Antony Tudor, José Limón, Tänzer der Graham Kompagnie, Alfredo Corvino, Margaret Craske – auch mit Paul Taylor, Paul Sanasardo und Donya Feuer arbeitete ich unglaublich viel.
Fast täglich sah ich Vorstellungen. Es gab eine solche Fülle von Dingen, die alle wichtig und einmalig waren, dass ich beschloss, von dem Geld, das für ein Jahr gedacht war, mindestens zwei Jahre zu bleiben. Das hieß sparen!
Ich bin zu Fuß gelaufen. Ich habe mich eine lange Zeit fast nur von Ice Cream – Nusseis – ernährt. Dazu ein kleines Fläschchen Buttermilch, viel Zitrone, die auf den Tischen stand, und sehr

viel Zucker. Das alles vermischt schmeckte sehr gut. Eine wunderbare Hauptmahlzeit.
Aber das Dünnerwerden gefiel mir. Ich horchte immer mehr in mich hinein. In meine Bewegung. Ich hatte das Gefühl, dass irgendetwas immer purer, immer tiefer wurde. Vielleicht war es eine Einbildung. Aber es passierte eine Verwandlung. Nicht nur mit meinem Körper.

Im zweiten Jahr in New York hatte ich durch Antony Tudor, der damals Artistic Director an der Metropolitan Opera war, das Glück, engagiert zu werden. Die Met war wieder eine wichtige Erfahrung. Es war die Zeit, als die Callas leider gerade weg war. Man konnte sie aber noch spüren. Außer, dass ich viel tanzte, sah ich auch viele Opern oder habe die Sänger in der Garderobe über Lautsprecher gehört. Welche Freude ist es, Stimmen unterscheiden zu lernen. Genau zu hören.

Und dann ist da noch ein ganz besonderes Erlebnis:
Als ich von meinem Europa-Aufenthalt zurückflog, um zur Met zu kommen, war das Flugzeug überbucht. Ich war eine von denen, die nicht mitfliegen konnten. Ich hatte in New York eine Verabredung mit einem Rechtsanwalt, der in meinem Pass etwas einfügen sollte, damit ich an der Met arbeiten durfte. Ich musste also unbedingt nach New York. Und dann habe ich, anstatt da zu warten, über Umwege einen Flug nach New York genommen. Fünfmal oder mehr musste ich umsteigen. Das war wahnsinnig: ein Flug nach Toronto, dann nach Chicago und so weiter, immer woanders hin – also, es war hoch kompliziert. Aber ich habe das irgendwie gemanagt. Der Flug hat sehr lange gedauert. Schließlich bin ich in New York angekommen, aber auf einem anderen Flughafen. Ich weiß gar nicht wie – aber ich habe es dann auch noch geschafft mit meinen wenigen Brocken Englisch, dass man mich von dort mit einem Hubschrauber zum richtigen Flughafen gebracht hat. Das haben sie dann auch gemacht. Das ist mir gelungen. Nach diesem Flug hätte man mich hinschicken können, wo auch immer hin. Ich hatte keine Angst mehr. Natürlich war das Gepäck nicht da. Das habe ich 14 Tage später bekommen. So bin ich nur mit meiner Handtasche angekommen.
Alles unerwartete Handlungen. Da war kein Plan. Ich wusste überhaupt nicht, dass ich so handeln konnte. Dass ich in der

Lage war, das zu machen. Ebenso wenig, dass ich so auf der Bühne stehen konnte. Das ist einfach so passiert – ohne Überlegung. Man tut etwas, ohne es sich vorzustellen oder zu wünschen. Es ist irgend etwas anderes.

Nach zwei Jahren kam ein Anruf von Kurt Jooss. Er hatte die Möglichkeit, wieder ein kleines Ensemble, das Folkwang-Ballett, an der Schule zu haben. Er brauchte mich. Er bat mich zurückzukommen. Ich war damals in einem großen Konflikt zwischen dem Wunsch, in Amerika bleiben zu wollen, und dem Traum, in Choreografien von Jooss tanzen zu dürfen. Ich wollte beides so gerne. Ich war so gerne in New York, alles lief so wunderbar für mich. Doch ich kehrte nach Essen zurück.
Jooss hatte nun wieder eine Kompagnie – das Folkwang-Ballett. Ich arbeitete weiterhin mit wunderbaren Lehrern und Choreografen. Jooss hat mir so viel Vertrauen und Verantwortung geschenkt, nicht nur in seinen alten und neuen Choreografien zu tanzen, sondern ihm auch helfen zu dürfen. Jedoch fühlte ich mich nicht ausgelastet. Ich hatte Hunger, viel zu tanzen, und den Drang, mich selbst auszudrücken ...
So begann ich, Choreografien zu machen.
Einmal kam Jooss in die Probe und schaute zu und sagte: „Kind, was kriechst du denn immer auf der Erde herum?" Um das, was mir am Herzen lag auszudrücken, war es für mich unmöglich, Bewegungsmaterial und Formen von anderen zu benutzen. Schon aus Respekt. Das Gesehene und Gelernte war irgendwie tabu für mich. Ich brachte mich also selber in die Not: Warum und wie kann ich etwas sagen.
Als er Essen verließ, habe ich die Verantwortung des sogenannten Folkwang Tanzstudios übernommen. Die Arbeit und Verantwortung füllten mich sehr aus. Ich versuchte Gastspiele im Ausland zu organisieren. Machte kleine Choreografien. Zweimal wurde ich auch in Wuppertal eingeladen, etwas zu machen.
Und dann fragte mich Arno Wüstenhöfer, der Generalintendant der Wuppertaler Bühnen, die Leitung des Wuppertaler Balletts zu übernehmen. Ich wollte eigentlich nie ans Theater. Ich traute es mir nicht zu. Hatte auch viel Angst. Ich liebte die freie Arbeit. Aber er hat nicht aufgegeben und mich wieder und wieder gefragt, bis ich schließlich sagte: „Ich kann ja mal probieren."

Damals, am Anfang – ich hatte ja eine große Gruppe und hatte in den Proben große Angst, sagen zu müssen: „Das weiß ich nicht", oder: „Lass mal gucken". Ich wollte sagen: „Ok, wir machen das und das." Ich plante alles sehr genau, aber bald merkte ich, dass mich außer dieser geplanten Arbeit auch ganz andere Sachen interessierten, die nichts mit meinen Planungen zu tun hatten. Nach und nach wusste ich, dass ich mich entscheiden musste: Folge ich einem Plan oder lasse ich mich auf etwas ein, von dem ich nicht weiß, wohin es mich führt. Bei *Fritz*, meinem ersten Stück, bin ich noch einem Plan gefolgt. Danach habe ich das Planen aufgegeben. Seitdem lasse ich mich auf etwas ein, ohne zu wissen, wohin es geht.
Eigentlich wollte ich immer nur tanzen. Ich musste und musste tanzen. Das war die Sprache, mit der ich mich ausdrücken konnte. Auch in meinen ersten Choreografien in Wuppertal dachte ich natürlich, dass ich in *Sacre* das Opfer, in *Iphigenie* die Rolle der Iphigenie zum Beispiel selber tanzen würde. Diese Rollen waren alle mit meinem Körper geschrieben. Aber die Verantwortung als Choreografin hat immer wieder den Drang zu tanzen aufgeschoben.
So ist es einfach gekommen, dass ich eigentlich meine Liebe, die ich in mir habe, diesen großen Wunsch zu tanzen, an andere weitergegeben habe.

Für das Publikum war unser Neubeginn ein krasser Wechsel. Mein Vorgänger hatte in Wuppertal klassisches Ballett gemacht und wurde vom Publikum sehr geliebt. Es wurde eine bestimmte Ästhetik erwartet, dass es daneben noch andere Formen von Schönheit gab, stand nicht zur Debatte.
Die ersten Jahre sind sehr schwer gewesen. Immer wieder verließen einige Zuschauer Türe knallend den Raum, andere pfiffen oder buhten. Manchmal bekamen wir im Probenraum Anrufe mit bösen Wünschen. Bei einem Stück bin ich in den Zuschauerraum gegangen mit vier Personen als Schutz. Ich hatte Angst. Bei einem Stück stand in der Zeitung: „Die Musik ist sehr schon. Sie können ja die Augen schließen." Auch das Orchester und der Chor haben es mir sehr schwer gemacht. Ich wollte mit dem Chor so gerne etwas entwickeln. Sie haben sich jeder Idee verweigert. Am Ende habe ich es erreicht, dass der Chor aus den Logen – aus dem Publikum heraus – sang, das war dann sehr schön.

Als wir einen Brecht-Weill-Abend machten, meinten manche Musiker des Orchesters: „Das ist doch keine Musik." Man dachte einfach, dass ich jung war, unerfahren – mit mir kann man alles machen. Das hat sehr wehgetan. Aber all das konnte mich nicht abhalten zu versuchen, etwas, was mir wichtig war, so gut wie ich konnte, auszudrücken. Ich habe niemals provozieren wollen. Eigentlich habe ich nur versucht über uns zu sprechen.
Die Tänzer sind voller Stolz diesen schweren Weg mit mir gegangen. Aber manchmal gab es auch riesige Schwierigkeiten. Manchmal sind mir Szenen gelungen, wo ich froh war, dass es solche Bilder gab. Aber einige Tänzer waren schockiert. Sie schrien und schimpften mit mir. Es sei unmöglich, was ich da mache.
Als wir *Sacre* machten – die Besetzung des Orchesters ist so groß, dass sie nicht in unseren Orchestergraben passte. Also haben wir *Sacre* mit Tonband gemacht. Mit einer wunderbaren Version von Pierre Boulez.
Bei *Blaubart* konnte ich meine Idee überhaupt nicht verwirklichen, weil man mir einen Sänger, den ich übrigens schätzte, zur Verfügung stellte, der nun überhaupt kein Blaubart war. In meiner Not überlegte ich mit Rolf Borzik eine total andere Idee. Wir konstruierten eine Art Wagen mit einem Tonbandgerät, das mit einem lange Kabel an der Decke des Raumes befestigt war. Diesen Wagen konnte Blaubart nun schieben und mit ihm laufen, wohin er wollte. Er konnte die Musik zurückspulen und einzelne Sätze wiederholen. So konnte er durch das Vor- und Rückspulen sein Leben untersuchen.
Um die Probleme mit Chor und Orchester zu umgehen, habe ich beim nächsten Stück, *Komm tanz mit mir*, ausschließlich schöne, alte Volkslieder benutzt, die je eine Tänzerin selber sang – begleitet nur von einer Laute.
Im nächsten Stück, *Renate wandert aus*, gab es nur noch Musik vom Band, und nur in einer Szene spielte unser alter Pianist im Hintergrund. So hat sich eine ganz andere neue Welt von Musik eröffnet.
Inzwischen ist der ganze Reichtum der Musiken aus so vielen verschiedenen Ländern und Kulturen zu einem festen Bestandteil unserer Arbeit geworden. Aber auch die Zusammenarbeit mit Orchester und Chor – etwa bei Wiederaufnahmen – weckt nun bei allen eine große Neugier und Lust auf neue Möglichkeiten.

Neu war auch die Arbeitsweise mit den Fragen. Schon in *Blaubart* hatte ich angefangen, für manche Rollen Fragen zu stellen. Später, beim *Macbeth*-Stück *Er nimmt sie an der Hand und führt sie in das Schloß, die andern folgen* in Bochum habe ich diese Arbeitsweise dann weiterentwickelt. Da gab es vier Tänzer, vier Schauspieler, eine Sängerin – und einen Konditor. Da konnte ich natürlich nicht mit einer Bewegungsphrase kommen, sondern musste anderswo anfangen. Also habe ich ihnen *die* Fragen gestellt, die ich an mich selber hatte. So ist die Arbeitsweise aus einer Not heraus entstanden. Die „Fragen" sind dazu da, sich ganz vorsichtig an ein Thema heranzutasten. Das ist eine ganz offene Arbeitsweise und doch eine ganz genaue. Sie führt mich zu vielen Dingen hin, an die ich alleine gar nicht hätte denken können.

Die ersten Jahre waren sehr schwer für mich. Das hat auch geschmerzt. Aber ich bin kein Mensch, der einfach aufgibt. Ich laufe nicht weg, wenn eine Situation schwierig ist. Ich habe immer weitergearbeitet. Ich konnte gar nicht anders. Ich habe weiter versucht, etwas zu sagen und zu tun, wie ich dachte, ich musste es versuchen.
Ein Mensch hat mir dabei besonders geholfen: Rolf Borzik. *Orpheus und Eurydike* war unsere erste gemeinsame Arbeit in Wuppertal. Rolf Borzik und ich haben nicht nur zusammen gearbeitet, sondern auch zusammen gelebt. Wir haben uns schon während des Studiums an der Folkwangschule in Essen kennengelernt. Er hat Grafik studiert. Er war ein genialer Zeichner, aber auch Fotograf und Maler. Und schon während der Studienzeit hat er alle möglichen Erfindungen gemacht. Zum Beispiel ein Fahrrad entwickelt, mit dem man auf dem Wasser fahren konnte und das dann immer eingeknickt ist. Er interessierte sich für alle technischen Dinge, die Entwicklung von Flugzeugen oder Schiffen. Er war ein unglaublich kreativer Mensch. Er hätte nie gedacht, dass er Bühnenbildner wird. So wie ich nie daran gedacht habe, Choreografin zu werden. Ich wollte ja tanzen. Es ist einfach bei uns beiden so gekommen.
Die Zusammenarbeit war sehr intensiv. Wir haben uns gegenseitig inspiriert. Tausende von Ideen haben wir bei jedem Stück gehabt, viele Entwürfe gemacht. Wir konnten uns aufeinander verlassen bei allen Fragen, Versuchen, Zweifeln, auch Verzweiflungen beim Prozess des Entstehens eines neuen Stückes. Rolf

Borzik war immer dabei bei den ganzen Proben. Er war immer da. Er hat mich immer unterstützt und beschützt. Und seine Fantasie war unendlich.
Für die *Sieben Todsünden* ging er mit Bühnentechnikern aus dem Theater in die Stadt, machte dort den Abguss einer Straße, um sie so realistisch auf die Bühne zu bringen. Er holte als erster Bühnenbildner die Natur auf die Bühne – Erde bedeckte den Bühnenboden für das *Frühlingsopfer*, Laub für *Blaubart*, Bäume, Gestrüpp, Reisig für *Komm tanz mit mir* und schließlich Wasser für *Arien* – alles Stücke aus den siebziger Jahren. Das waren kühne und schöne Entwürfe. Auch die Tiere, die auf der Bühne auftauchten – das Nilpferd, die Krokodile – waren seine Erfindung. Und immer hieß es in den Werkstätten des Theaters zunächst einmal: „Das geht doch gar nicht." Aber Rolf Borzik wusste immer, wie es ging. Er hat alles möglich gemacht. Er selbst hat einmal seine Bühnenräume „freie Aktionsräume" genannt, Räume, so sagte er, „die uns zu frohen und grausamen Kindern machen." Die Tänzerinnen und Tänzer verehrte und liebte er alle ganz besonders. Seine Fotos von Proben und Aufführungen sind sehr nah, sehr zärtlich. So konnte keiner sehen.
Sein letztes Bühnenbild machte er für das Stück *Keuschheitslegende*. Da wussten wir schon lange, dass er nicht mehr lange leben würde. Aber diese *Keuschheitslegende* ist kein tragisches, trauriges Stück. Rolf Borzik wollte es so, wie es wurde: mit einem Gefühl von Lust zum Leben und zur Liebe. Im Januar 1980 ist Rolf Borzik nach langer Krankheit gestorben. Er wurde 35 Jahre alt.

Ich wusste sofort, dass ich nicht in Trauer versinken durfte. Dieses Bewusstsein gab mir Kraft. Es war auch im Sinne von Rolf, dass ich weiterarbeiten musste. Ich hatte das Gefühl, wenn ich jetzt nichts mache, dann werde ich nie wieder etwas machen. Ich wusste, dass ich meiner Trauer, meinem Respekt eine Form geben konnte, indem ich ein neues Stück machte.
Das Stück hieß *1980*. Wie immer haben wir in den Proben viele Fragen – auch Fragen zurück in die Kindheit – gestellt. Ich hatte den Bühnenbildner Peter Pabst, der mit vielen Regisseuren – sowohl für Theater, als auch für den Film – arbeitete, gefragt, mit mir diese Arbeit zu machen. Es war für mich ein

großes Glück, dass er einwilligte, das Bühnenbild für das Stück
1980 zu machen.
Peter Pabst und ich lassen uns jetzt schon mehr als 27 Jahre
jedes Mal wieder mit großer Lust auf das Abenteuer ein, ein
Stück zu machen, das es noch nicht gibt. Aber nicht nur das.
Peter Pabst ist für mich nicht nur als Bühnenbildner wichtig,
sondern ist, durch seinen Rat und sein Tun, für uns alle und
für viele Belange des Tanztheaters unentbehrlich geworden.
Viele, viele Bühnenräume sind entstanden.
Zum Beispiel: – der Vorhang geht auf – eine Mauer – die Mauer
fällt – Krach – Staub; wie gehen Tänzer damit um? – Oder man
kommt in den Zuschauerraum: Wiese – Geruch von Gras –
Mücken; alles, was passiert, ist sehr leise.
– Wasser: Es spiegelt sich; es spritzt; es macht Geräusche.
Kleider werden nass und kleben am Körper.
– Oder: Schnee fällt – es könnten auch Blüten sein...
Jedes neue Stück ist eine neue Welt.

Dass er und meine Tänzerinnen und Tänzer einen so langen und
schwierigen Weg mit mir gegangen sind und weiter mit großem
Vertrauen zu mir gehen, dafür bin ich sehr dankbar. Sie sind alle
Perlen. Jeder auf seine Weise, jeder in unterschiedlicher Form.
Ich liebe meine Tänzer. They are beautiful. And I am trying to
show how beautiful they are inside.
Ich liebe meine Tänzer, jeden auf eine andere Art und Weise. Es
liegt mir am Herzen, dass man diese Menschen auf der Bühne
wirklich kennenlernen kann. Ich finde es sehr schön, wenn
man sich am Ende einer Vorstellung jedem ein wenig näher
fühlt, weil er etwas von sich gezeigt hat. Das ist etwas sehr
Wirkliches. Wenn ich einen Tänzer engagiere, dann hoffe ich
natürlich, einen guten Tänzer gefunden zu haben, aber ansonsten ist es etwas Unbekanntes. Da gibt es nur das Gefühl: Da
ist etwas, worüber ich wahnsinnig gerne mehr wissen möchte.
Ich versuche jeden zu unterstützen, von sich aus Dinge zu
finden, die er von sich selber nicht kennt. Bei manchen geht
es sehr schnell, bei anderen dauert es Jahre, bis sie plötzlich
aufblühen. Bei einigen, die schon sehr lange tanzen, ist das
fast wie ein zweiter Frühling, so dass ich richtig staune, was da
alles zum Vorschein kommt. Statt dass es abnimmt, wird es
immer mehr.

Es gehört zu den schönsten Aspekten in unserer Arbeit, dass wir schon seit so vielen Jahren in den unterschiedlichsten Ländern arbeiten können. Die Idee des Teatro Argentina in Rom, in Zusammenarbeit mit uns ein Stück zu machen, das durch in Rom gemachte Erfahrungen entstehen sollte, war für meine weitere Entwicklung und Arbeitsweise von entscheidender, ich könnte sagen schicksalhafter Bedeutung. Denn seitdem sind fast alle unsere Stücke aus der Begegnung mit anderen Kulturen in Koproduktionen entstanden. Sei es Hongkong, Brasilien, Budapest, Palermo, Istanbul – und auch mit Ihrem wunderschönen Land. Das Kennenlernen mir vollkommen fremder Gebräuche, Musiken, Gewohnheiten hat dazu geführt, in den Tanz das zu übersetzen, was uns unbekannt ist und dennoch allen gehören sollte. Dieses Kennenlernen des Unbekannten, um es zu teilen und es ohne Angst zu erleben, hat in Rom angefangen. Begonnen hat es damals mit *Viktor*. Inzwischen gehören die Koproduktionen einfach zum Tanztheater. Unser Netzwerk wird immer größer.
Ich habe einmal von Indianern auf einem Paw Waw in Nordamerika den Rippenknochen von einem Büffel erstanden. Dieser Knochen ist mit ganz vielen winzig kleinen Zeichen be- schriftet. Ich habe dann erfahren, dass jeder, der einen Teil erworben hat – genau wie ich – seine Adresse in ein Buch geschrieben hat. So hat sich dieser Büffel überall hin ausgedehnt. Wir alle zusammen bilden auch so ein Netzwerk – wie dieser Büffel, der sich auf der ganzen Welt ausbreitet.
So gehört auch alles, was uns bei unseren Koproduktionen beeinflusst und in die Stücke einfließt, für immer zum Tanztheater dazu. Wir nehmen es überall hin mit. Es ist ein bisschen so, als ob man heiratet und nachträglich miteinander verwandt wird.
Auch als Kompagnie sind wir ganz international. So viele verschiedene Persönlichkeiten aus ganz unterschiedlichen Kulturen... Wie wir uns gegenseitig beeinflussen, inspirieren, voneinander lernen... So reisen wir nicht nur – wir selber sind schon eine Welt für sich. Und diese Welt wird ständig neu durch Begegnungen, neue Erlebnisse bereichert.

1980 lernte ich Ronald Kay, meinen Lebenspartner, während einer Gastreise in Santiago de Chile kennen. Ein Dichter, Professor für Ästhetik und Literatur an der Universidad de Chile.

Seit 1981, dem Geburtsjahr unseres gemeinsamen Sohnes Rolf Salomon, leben wir in Wuppertal zusammen. Nachdem ich erleben musste, wie ein Mensch stirbt, habe ich auch erleben dürfen, wie ein Mensch geboren wird. Und wie sich dadurch die Sicht auf die Welt verändert. Wie ein Kind die Dinge erlebt. Wie vorurteilslos es alles betrachtet. Welches selbstverständliche Vertrauen es in einen setzt. Überhaupt zu begreifen: Ein Mensch wird geboren. Unabhängig davon zu erleben, wie und was alles im eigenen Körper passiert, wie er sich verändert. Alles geschieht, ohne dass ich etwas dazu tue. Und wie all dieses auch wieder in meine Stücke und meine Arbeit einfließt.

Es ist ein besonderer und schöner Zufall, dass ich seit über dreißig Jahren in Wuppertal lebe und arbeite. In einer Stadt, die ich seit meiner Kindheit kenne. Ich bin gerne in dieser Stadt, weil sie eine Alltagsstadt ist, keine Sonntagsstadt. Unser Probenraum ist die „Lichtburg", ein ehemaliges Kino aus den fünfziger Jahren. Wenn ich in die „Lichtburg" gehe, an einer Bushaltestelle vorbei, dann sehe ich fast täglich viele, die sehr traurig und müde aussehen. Und auch diese Gefühle sind in unseren Stücken aufgehoben.

Ich habe einmal gesagt: Mich interessiert nicht, wie die Menschen sich bewegen, sondern was sie bewegt. Dieser Satz ist viel zitiert worden – er ist bis heute gültig.

Seit vielen Jahren werden wir zu Gastspielen in alle Welt eingeladen. Die Reisen und Einladungen in fremde Kulturen haben uns sehr bereichert. Aus vielen Begegnungen sind wunderbare Freundschaften erwachsen. Und so viele Erlebnisse sind unvergesslich. Einmal haben wir *Fensterputzer* in Istanbul gespielt. An einer Stelle im Stück zeigen die Tänzerinnen Fotos von früher: Bilder aus der Kindheit, von den Eltern... Sie sagen dazu: „Das ist meine Mutter." – „Das bin ich, als ich zwei Jahre alt war." Später zeigen sich alle gegenseitig ihre Privatfotos und gehen damit ins Publikum, um sie auch den Zuschauern zu zeigen. Plötzlich holten auch die Zuschauer ihre Fotos heraus – das war unbeschreiblich: wie sich alle bei wunderschöner Musik ihre Fotos gezeigt haben. Viele haben geweint...

Durch diese und viele, viele Erlebnisse werden wir reich beschenkt. Und jedes Mal versuche ich, durch die Stücke ein klein wenig zurückzugeben. Aber jedes Mal habe ich das Gefühl, dass es gar nicht ausreicht ... Was kann man zurückgeben? Wie kann man etwas zurückgeben? Manchmal habe ich das Gefühl, es geht gar nicht. Ich empfinde so viel, und was ich zurückgeben kann, ist so klein ...

So sind meine Ängste vor jeder neuen Premiere bis heute geblieben. Wie sollte es auch anders sein? Es gibt keinen Plan, kein Drehbuch, keine Musik, kein Bühnenbild. Aber einen Termin für die Premiere und wenig Zeit. Dann denke ich: Es ist überhaupt kein Vergnügen, ein Stück zu machen. Ich möchte nie wieder eines machen. Jedes Mal ist es eine Qual. Warum tue ich mir das immer wieder an? Nach so vielen Jahren habe ich es immer noch nicht gelernt. Mit jedem Stück muss ich wieder von vorne anfangen. Das ist schwer. Immer habe ich das Gefühl, ich erreiche nie, was ich erreichen will. Aber kaum ist eine Premiere vorbei, bin ich schon bei den nächsten Plänen. Woher kommt diese Kraft? Ja, Disziplin ist wichtig. Man muss einfach weiterarbeiten und plötzlich entsteht dann etwas – etwas sehr Kleines. Ich weiß nicht, wohin das führt, aber es ist, als ob jemand ein Licht anzündet. Man hat wieder Mut weiterzuarbeiten und ist wieder aufgeregt. Oder jemand macht etwas ganz Schönes. Und das gibt einem die Kraft, so hart – aber mit Lust – weiterzuarbeiten. Es kommt von innen.

Inzwischen bin ich einen weiten Weg gegangen. Zusammen mit meinen Tänzerinnen und Tänzern, mit allen Mitarbeitern. Ich habe in meinem Leben so viel Glück gehabt, vor allem durch unsere Reisen und Freundschaften. Das wünsche ich ganz vielen Menschen: andere Kulturen und Lebensweisen kennen zu lernen. Es gäbe viel weniger Angst voreinander, und man könnte viel deutlicher sehen, was uns alle miteinander verbindet. Ich denke, es ist wichtig zu wissen, in welcher Welt man lebt.

Die phantastische Möglichkeit, die wir auf der Bühne haben, ist die, dass wir dort Dinge tun dürfen, die man im normalen Leben gar nicht machen kann und darf. Manchmal können wir etwas nur dadurch klären, dass wir uns dem stellen, was wir nicht wissen. Und manchmal bringen uns die Fragen, die wir haben, zu Erfahrungen, die viel älter sind, die nicht nur aus unserer Kultur stammen und nicht nur von hier und von heute handeln. Es ist so, als bekämen wir dadurch ein Wissen zurück, das wir zwar immer schon haben, das uns aber gar nicht bewusst und gegenwärtig ist. Es erinnert uns an etwas, das uns allen gemeinsam ist. Das gibt uns eine große Kraft.

2007

Etwas finden,
was keiner Frage bedarf

Rede beim „2007 Kyoto Prize Workshop in Arts and Philosophy"
am 12. November 2007 in Kyoto

Lassen Sie mich mit einer Geschichte beginnen.

In Griechenland war ich einmal bei einigen Zigeunerfamilien. Wir saßen zusammen und haben uns unterhalten, und irgendwann fingen sie an zu tanzen, und ich sollte mitmachen. Ich hatte große Hemmungen und das Gefühl, ich kann das nicht. Da kam ein kleines Mädchen zu mir, vielleicht zwölf Jahre alt, und hat mich wieder und wieder aufgefordert mitzutanzen. Sie sagte: „Dance, dance, otherwise we are lost." Tanz, tanz, sonst sind wir verloren.

Noch eine kleine Geschichte.
Ein alter Herr in Wuppertal hat mir von seiner hundertjährigen Mutter in seinem Dorf in der Türkei erzählt, die immer zu ihm sagte: „Nicht weinen, singen". Nicht weinen, singen.

Das Tanzen muss einen anderen Grund haben als bloße Technik und Routine. Die Technik ist wichtig, aber sie ist nur eine Grundlage. Bestimmte Dinge kann man mit Worten sagen und andere mit Bewegungen. Aber dann gibt es auch Momente, wo man ganz sprachlos ist, ganz ratlos und hilflos, wo man nicht mehr weiterweiß. Da fängt dann etwas an. Es geht darum, eine Sprache zu finden – mit Worten, mit Bildern, Bewegungen,

Stimmungen –, die etwas von dem ahnbar macht, was immer schon da ist. Aber es ist ein sehr, sehr schwieriger Prozess, es sichtbar zu machen. Ich fühle immer, dass es etwas ist, mit dem man sehr vorsichtig umgehen muss. Es ist ein ganz präzises Wissen, das wir alle haben, und der Tanz, die Musik usw. sind eine genaue Sprache, mit der man dieses Wissen ahnbar machen kann. Es geht nicht um Kunst, auch nicht um bloßes Können. Es geht um das Leben, und darum, für das Leben eine Sprache zu finden. Und es geht immer wieder auch um das, was noch nicht Kunst ist, was aber vielleicht Kunst werden kann.

Von Kindheit an war der Tanz extrem wichtig für mich. Im Tanz konnte ich alle Gefühle ausdrücken, die ich mit Worten nicht sagen konnte. So viele verschiedene Stimmungen, so viele Tönungen und Färbungen. Und darauf kommt es an: den Reichtum zu erhalten, ihn nicht einengen, die verschiedenen Stimmungen sichtbar und fühlbar machen. Unsere, unser aller Gefühle sind sehr genau.

Als kleines Mädchen bin ich schon in Operetten aufgetreten. Zum Beispiel in *Maske in Blau* – als Zeitungsjunge, der die Schlagzeile ausruft: „Gazzetta San Remo, Gazzetta San Remo, Armando Cellini preisgekrönt." Mir bereitete es ein großes Vergnügen, alles sehr genau zu machen. Ich habe dann die Tageszeitung „Solinger Tageblatt" genommen, den Titel überklebt und jede einzelne Zeitung ganz genau beschriftet mit „Gazzetta San Remo". Das konnte zwar keiner sehen. Aber für mich war es unerhört wichtig.
In einer anderen Operette habe ich einen Liftboy gespielt– mit einem leeren Koffer in der Hand, der schwer sein sollte. Das fand ich merkwürdig. Also habe ich mir den Koffer voll gepackt, um zu wissen, wie man richtig einen schweren Koffer trägt. Mir war wichtig, dass es echt war und nicht nur so als ob.

Mit vierzehn begann ich meine Ausbildung an der Essener Folkwangschule. Dort lernte ich auch meine eigenen Grenzen kennen. Ich meine damit nicht die Grenzen der Seele, die ist grenzenlos, sondern die Grenzen der Form, des eigenen Körpers.
Das Großartige und Einmalige der Folkwangschule war, dass unter ein und demselben Dach sowohl die Darstellenden als

auch die Bildenden Künste gelehrt wurden. Also Musik, Oper, Schauspiel, Tanz neben Malerei, Bildhauerei, Fotografie, Grafik, Design usw. Es war ganz selbstverständlich, dass sich alles gegenseitig befruchtete, dass man von allem etwas lernte und mitbekam. So kann ich zum Beispiel seitdem etwas nicht ohne den Raum sehen. Dieses räumliche Sehen ist ein ganz wichtiger Bestandteil meiner Arbeit. Diese Verbindung zwischen den unterschiedlichen Kunstformen, war für mich besonders wichtig. Man kannte einander und interessierte sich sehr für die Arbeit der anderen. So entstanden gemeinsamen Projekte.

In jener Zeit war eine internationale Schule in Deutschland mit vielen Studenten und Lehrern aus den unterschiedlichsten Ländern noch ungewöhnlich; mir eröffnete sich dadurch noch eine neue Welt.
Einzigartig in ihrer Vielfalt und Komplexität war die Ausbildung dank der visionären Konzeption und Leitung von Kurt Jooss, Mitbegründer der Schule. Allein die Tanzausbildung umfasste klassischen Tanz, verschiedene Stile des modernen Tanzes, Teile der europäischen Folklore, Improvisation, Komposition und so weiter. Es gab viele Lehrer von einer außerordentlichen Qualität: zum Beispiel Hans Züllig, Jean Cébron und viele Gastlehrer wie zum Beispiel Antony Tudor, Lucas Hoving, Vera Volkova, Alwin Nikolais, Pearl Lang, viele Jazzlehrer …
Auf jeden Fall war es ganz wichtig, dass man eine Grundlage hatte, eine breite Basis. Und wenn man eine längere Zeit gearbeitet hatte, musste man für sich selber etwas finden, was man ausdrücken musste, was *ich* ausdrücken muss. Was habe *ich* denn zu sagen? Also in welche Richtung man sich weiter entwickeln musste …
Ich hatte das große Bedürfnis, mehr zu lernen. Also habe ich mich beim DAAD um ein Stipendium für die Juilliard School of Music bemüht.
Ich bin dann nach New York gegangen – mit 18 Jahren, ohne ein Wort Englisch zu können.

Es war die große Zeit im Tanz in Amerika: mit George Balanchine, Martha Graham, José Limón, Merce Cunningham …
Ich habe mir ganz viel angesehen und viel gearbeitet. An der Juilliard School lehrten Antony Tudor, José Limón, die wunderbaren Tänzer der Graham Compagnie und noch andere Meister

wie Margaret Craske, Alfredo Corvino und Louis Horst ... Einige unterrichteten auch an der Metropolitan Opera. In den Klassen von Tudor trafen sich alle bedeutenden Tänzer: die klassischen und die modernen. Dort traf ich auch Donya Feuer und Paul Sanasardo. Sie haben mich eingeladen in ihr Studio zu kommen. Abends nahm ich Unterricht bei ihnen, nachts haben wir an ihren Choreografien gearbeitet. Das machten viele damals: Tagsüber wurde gearbeitet und Geld verdient und nachts wurde geprobt.
Für mich war es genauso. Über den Tag war ich in der Juilliard School, danach saß ich jeden Abend in den Vorstellungen im City Center. Dort habe ich alle Balanchine-Ballette gesehen. Oder eine der unzähligen modernen Tanzveranstaltungen. Danach ging es zur Probe.
Außerdem begann eine wichtige Arbeitsphase mit Paul Taylor. Für die Sommerpause, zwischen den beiden Jahren in New York, bin ich gefragt worden, bei dem damals neu gegründeten New American Ballet mitzutanzen. Tänzer und Choreografen wie Arthur Mitchell, Mary Hinkson, Donald McKayle, Paul Taylor entwickelten ein Programm. Ich tanzte unter anderem in *Tablet*, einem Duo von Paul Taylor – eine von vielen wichtigen Erfahrungen.

Das Stipendienjahr ging schnell vorbei, es war viel zu früh zurückzugehen, ich wollte unbedingt länger bleiben. Antony Tudor, der Artistic Director der Metropolitan Opera, wies mich auf eine Audition in der Met hin, und ich wurde angenommen. Das war wieder eine ganz andere, wichtige Erfahrung. Es war die Zeit, als die Callas leider gerade weg war. Man konnte sie aber noch spüren.
Ich sah viele Opern, oder ich habe sie in der Garderobe über Lautsprecher gehört. Welche Freude, Stimmen zu unterscheiden lernen. Genau zu hören. Alles, was ich in der Met zu tanzen hatte, habe ich gerne gemacht: *Tannhäuser*, *Alkestis*, beides Choreografien von Anthony Tudor, die ich besonders liebte, *La Gioconda*, eine Choreografie von Alexandra Dalinova ..., wo ich auf Spitze tanzte ... auch *Carmen*, *Turandot* ... Daneben habe ich weiter mit modernen Gruppen gearbeitet.

New York war aber auch noch aus einem anderen Grund wichtig: Es gab diese ungeheure Vielfalt im Leben. Alleine in

einer solchen Stadt zu leben und zu arbeiten, in der es so viele verschiedene Menschen und Mentalitäten gibt – das war ein ganz tiefer und wichtiger Eindruck. Man lernt, dass man nichts trennen kann. Dass alles gleichzeitig neben- und miteinander existiert und dass alles gleich wert und gleich wichtig ist. Dass man einen großen Respekt haben muss für all die verschiedenen Formen zu leben und das Leben zu sehen.
Auch das ist ein wichtiger Aspekt unserer Arbeit. Wir sind als Compagnie ein ganz bunt gemischter Haufen: Tänzer aus allen Erdteilen, aus den unterschiedlichsten Kulturen. Das ist inzwischen ein großes Netzwerk, eine riesengroße Familie, mit Verbindungen überall hin, in alle Kulturen hinein. Unsere Arbeit ist nicht an Grenzen gebunden, sondern geht über alle Grenzen hinweg.

Dann kam der Anruf von Kurt Jooss. Er hatte die Möglichkeit, wieder ein eigenes kleines Ensemble an der Schule zu haben. Er brauchte mich. Er bat mich zurückzukommen. Ich war dann in einem großen Konflikt zwischen dem Wunsch, in Amerika zu bleiben, und dem Traum, in seinen Choreografien tanzen zu dürfen. Ich wollte beides so gerne. Ich war so gerne da, alles lief so wunderbar für mich. Doch ich kehrte nach Essen zurück.

Jooss hatte nun wieder eine Compagnie, das neue Folkwang-Ballett, das spätere Folkwang Tanzstudio. Er hat den *Grünen Tisch* mit uns gemacht und Antony Tudor mit *Lilac Garden* eingeladen, dazu neue Kreationen von Lucas Hoving, Hans Züllig und Jean Cébron. Außerdem hat er unter anderem für das Essener Theater und das Schwetzinger Barocktheater die *Fairy Queen*, *Dido und Aeneas* von Purcell sowie *Castor und Pollux* von Rameau gemacht. In dieser neuen Compagnie habe ich meine ersten Choreografien, *Fragment* und *Im Wind der Zeit*, kreiert.
Die Arbeit mit dem Tänzer und Choreografen Jean Cébron war besonders intensiv. Ich habe in vielen seiner Choreografien getanzt. Wir hatten ein eigenes Programm mit seinen Choreografien: er die Solos und mit mir die Duette. Er ist einer derjenigen, von denen ich am meisten über Bewegung gelernt habe. Mir bewusst zu werden über jede winzige Kleinigkeit einer Bewegung und was und wie alles gleichzeitig im Körper passiert, und und und ... Man muss so viel denken. Man hat

das Gefühl, man kann nie mehr tanzen, eine schwere Schule – aber! Viele geben auf. Leider.

Lassen Sie mich einige Worte über Hans Züllig sagen. Er war Tänzer des Ballet Jooss' gewesen und übernahm die Leitung der Tanzabteilung, als Jooss Essen verließ. Ein wunderbarer Tänzer und Lehrer. Dank seiner Unterstützung und seines Glaubens an mich habe ich viel ausgehalten und dann auch möglich machen können. Er war mein Lehrer, später der Lehrer meiner Compagnie und immer mein Freund.

In dieser Zeit begegnete ich Rolf Borzik. Er malte, fotografierte, zeichnete unentwegt, hat Skizzen gemacht, immer erfunden – er interessierte sich für alle technischen Dinge. Er entwickelte dauernd etwas: wie Flugzeuge besser fliegen oder Schiffe sicherer und schneller fahren konnten. Er hatte von so vielem Ahnung und interessierte sich unentwegt für die Dinge, bei denen die Form entscheidend war. Gleichzeitig eine unendliche Fantasie, Humor und ein ganz genaues Stilempfinden, dazu das Wissen. Aber er wusste nicht, wohin damit, mit all seinen Fähigkeiten und Talenten. So haben wir uns kennengelernt.
Später ging er mit mir 1973 nach Wuppertal. Er begleitete meine Arbeit, fotografierte, filmte, half überall. Ich konnte mit ihm über alles reden. Wir phantasierten zusammen, kamen zu besseren Lösungen. Zu den ersten drei Abenden an den Wuppertaler Bühnen entwickelte er verschiedene seltsame Gestalten oder Kostüme. Arno Wüstenhöfer beobachte diese wichtige Entwicklung und übertrug uns dann die Verantwortung für *Orpheus und Eurydike*. Rolf hatte nie gedacht, dass er Bühnenbildner würde, so wie ich niemals Choreografin. Jedes einzelne Stück zu verwirklichen war sehr schwierig. Bei allen Sachen hieß es: Das geht doch gar nicht! Aber Rolf wusste immer, wie es ging. Er setzte sich mit den Werkstattleitern zusammen, irgendwie fingen sie dann auch an sich zu interessieren, und bekamen Lust, es zu verwirklichen. Zum Beispiel in *Sacre*, die Erde auf der Bühne, in *Die sieben Todsünden* der Abguss einer wirklichen Straße in Wuppertal, in *Komm tanz mit mir* eine Riesen-Rutsche, auf die von oben zwei Bäume krachend auf die Bühne fielen, in *Renate wandert aus* eine Eisberglandschaft, in *Arien* eine ganze Bühne unter Wasser,

oder in Keuschheitslegende Krokodile. *Keuschheitslegende* war unsere letzte Premiere im Dezember 1979. Wenige Wochen danach ist er gestorben.

Eigentlich wollte ich nie an ein Theater gehen. Aber Arno Wüstenhöfer, der Intendant der Wuppertaler Bühnen, hat nicht aufgegeben und mich wieder und wieder gefragt, bis ich schließlich Ja sagte. Es war für das Wuppertaler Publikum ein krasser Wechsel. Mein Vorgänger hatte in Wuppertal klassisches Ballett gemacht und wurde vom Publikum sehr geliebt. Es wurde eine bestimmte Ästhetik erwartet; dass es daneben noch andere Formen von Schönheit gab, stand nicht zur Debatte.
Die meisten Tänzer gingen mit ihm nach München. Einer der wenigen, die in Wuppertal blieben, war Jan Minarik: Er wurde zu einem der ganz wichtigen Darsteller und Mitarbeiter des Tanztheaters. Dominique Mercy und Malou Airaudo lernte ich in Amerika kennen, Jo Ann Endicott traf ich in einem Studio in London. Sie war ganz dick, aber sie konnte sich wunderschön bewegen ... Einige, wie Marlis Alt, Monika Sagon und andere, kannte ich aus der Folkwang-Zeit. Sie alle haben das Tanztheater stark mitgeprägt. Es war eine ganz gemischte Gruppe mit unterschiedlichen Qualitäten; etwas hat mich an jedem einzelnen berührt. Ich war neugierig auf etwas, was ich noch nicht kannte.

Der erste Abend war noch dreigeteilt: mit Kurt Jooss' *Grünem Tisch*, Agnes De Milles *Rodeo* und meinem *Fritz*. Das war für viele ein Schock. Schon ein Stück mit dem Namen Fritz, man dachte, ich wolle provozieren. Aber ich wollte nur etwas, was mir am Herzen lag, so gut wie möglich erzählen. Fritz war ein kleiner Junge, der mit seinen Augen eine ganz seltsame Welt sah. Alles veränderte sich zu etwas Unheimlichem ... Unheimliche Gefühle, die man vielleicht einmal erlebt hat. Es war ein bisschen wie das Märchen *Von einem der auszog, das Fürchten zu lernen*.
Damals am Anfang – ich hatte eine große Gruppe und hatte in den Proben große Angst sagen zu müssen: „Das weiß ich nicht", oder „Lass mal gucken". Ich wollte sagen: „Ok, wir machen das und das." Ich plante alles sehr genau, aber bald merkte ich, dass mich außer dieser geplanten Arbeit auch ganz andere Sachen

interessierten, die nichts mit meinen Planungen zu tun hatten. Nach und nach wusste ich ... dass ich mich entscheiden musste: Folge ich einem Plan, oder lasse ich mich auf etwas ein, von dem ich nicht weiß, wohin es mich führt. Bei *Fritz* bin ich noch einem Plan gefolgt. Danach habe ich das Planen aufgegeben. Seitdem lasse ich mich auf etwas ein, ohne zu wissen, wohin es geht.

Eigentlich wollte ich immer nur tanzen. Ich musste tanzen. Das war die Sprache, mit der ich mich ausdrücken konnte. Nie im Leben habe ich daran gedacht, Choreograf zu werden. Wenn ich choreografiert habe, dann ging es immer nur darum, dass ich in diesen Choreografien etwas tanzen konnte, was mir wichtig war.
Später, in Wuppertal, dachte ich natürlich, dass ich in *Sacre* das Opfer, in *Iphigenie* die Iphigenie zum Beispiel selber tanzen würde. Diese Rollen waren alle mit meinem Körper geschrieben. Aber die Verantwortung als Choreograf hat immer wieder den Drang zu tanzen aufgeschoben.
So ist es einfach gekommen, dass ich eigentlich meine Liebe, die ich in mir habe, diesen großen Wunsch, an andere weitergegeben habe.

Am Anfang haben wir einerseits mit musikalischen Werken gearbeitet, die schon eine gewisse Vorgabe geben. Ich habe nur solche Werke ausgesucht, die mir eine Freiheit ließen, etwas Eigenes damit zu verbinden. Gluck zum Beispiel hat mir in *Iphigenie* und in *Orpheus und Eurydike* ganz viel Platz gelassen, etwas Eigenes, das ich sagen musste, mit diesem Werk zu verbinden. In diesem Werk fand ich genau das, wovon ich sprechen musste. Daraus entstand dann eine neue Form: die Tanzoper. Auf der anderen Seite habe ich nach eigenen Stoffen und anderen Formen gesucht. Ich habe immer die Extreme gesucht, das Gegenteil von dem, was ich gerade gemacht hatte. So entstand zwischen den Gluck-Opern ein Stück wie *Ich bring dich um die Ecke* zu Schlagermusik.

Später, als wir das *Macbeth*-Thema in *Er nimmt sie an der Hand und führt sie in das Schloß, die anderen folgen* 1978 für das Theater in Bochum machten, entstand dann die Arbeitsweise mit den Fragen. Ganz einfach, weil es in diesem Stück Schauspieler,

Tänzer, eine Sängerin und einen Konditor gab. Da konnte ich den Schauspielern nicht mit einer Bewegungsphrase kommen, sondern musste anderswo anfangen. Also habe ich ihnen die Fragen gestellt, die ich an mich selber hatte. Die Fragen sind dazu da, sich ganz vorsichtig an ein Thema heranzutasten. Das ist eine ganz offene Arbeitsweise und doch eine ganz genaue. Denn ich weiß immer ganz genau, was ich suche, aber ich weiß es mit meinem Gefühl und nicht mit meinem Kopf. Deshalb kann man auch nie ganz direkt fragen. Das wäre zu plump, und die Antworten wären zu banal. Eher ist es so, dass ich, was ich suche, mit den Worten in Ruhe lassen und doch mit viel Geduld zum Vorschein bringen muss. Wenn dann ein kleiner Moment gefunden ist, dann weiß ich, dass es zu dem gehört, was ich suche. Dann freue ich mich, aber ich spreche nicht darüber. Auch die Tänzer wissen nicht, was ich suche oder besonders finde. Das gehört mit zum gegenseitigen Vertrauen, das wir in der Arbeit brauchen. Jeder muss die Freiheit haben, ohne Hemmungen alles zu zeigen. Wenn man etwas in sich behält, kreisen immer weiter die Gedanken darum und man wird es nicht los. Wenn man es aber herauslässt, dann kommen andere Dinge zum Vorschein.

Die schönsten Sachen sind meist ganz versteckt. Die muss man dann nehmen und pflegen und ganz langsam wachsen lassen. Dazu braucht es ein großes gegenseitiges Vertrauen. Denn es sind ja immer Hemmschwellen zu überwinden. Deshalb arbeite ich gern mit Tänzern, die eine gewisse Scheu, eine gewisse Scham haben, die sich nicht leicht preisgeben. Es ist ungeheuer wichtig, dass es diese Scham, dieses Zögern gibt, wenn man in der Arbeit an eine bestimmte Grenze kommt. Jemand, der sich einfach produziert, ist fehl am Platz. Die Scham garantiert, dass, wenn zum Beispiel jemand etwas ganz Kleines zeigt, es etwas Besonderes ist und auch als etwas Besonderes gesehen wird. Genau da liegt die Schwierigkeit: Jemanden sozusagen dazu zu verführen, dass er das findet. Auch ich brauche das Vertrauen der Tänzer, wenn ich alles wieder und wieder anschaue. Das ist manchmal für sie sehr ermüdend, aber es ist wichtig, damit ich bestimmte Dinge vergessen und abhaken kann. Dabei ist der gegenseitige Respekt wichtig. Jeder ist genauso empfindlich wie man selber, und jeder wächst mit dem Vertrauen, das ihm entgegengebracht wird.

Lassen Sie mich etwas über die großartigen Personen sagen, mit denen ich arbeite. Ich engagiere nämlich nicht in erster Linie den Tänzer, den setze ich voraus. Mich interessiert vor allem seine Persönlichkeit, das Unwiederbringliche und Einmalige an ihm. In den Stücken ist jeder ganz er selbst; niemand muss etwas spielen. In der Arbeit versuche ich, jeden einzelnen dahin zu führen, dass er das, was ich suche, selber findet. Nur dann wirkt es überzeugend, weil es echt ist. Nur so kann ich sicher sein, dass jeder das, was er findet, auch pflegen und zeigen kann.

Jedes Detail ist wichtig, jede Veränderung, weil jede Verschiebung etwas anderes bewirkt. Alles, was wir während der Proben finden, wird ganz genau angeguckt und geprüft, ob es auch den allerschwierigsten Bedingungen standhält. Ich erlaube nichts, an das ich nicht glauben kann, das nicht überzeugt. Aus den vielen Fragen bleiben am Ende nur ganz wenige Dinge übrig, die dann ein Stück ausmachen. Alles wird wieder und wieder umgewendet und neu durchdacht. Jedes Detail durchläuft eine Vielzahl von Verwandlungen, bis es am Ende den richtigen Platz gefunden hat. Es braucht jedes Mal eine lange Zeit, bis etwas in Fluss kommt. Wenn man auch nur eine Kleinigkeit übersieht, geht die Arbeit in die falsche Richtung, und es ist sehr schwer, das zu korrigieren. Darum braucht es eine große Genauigkeit und Ehrlichkeit in dieser Arbeit und sehr viel Mut. Wir zeigen etwas Persönliches, aber es ist nicht privat. Es zeigt etwas von dem, was wir alle teilen. Das zu finden braucht eine große Geduld und die Bereitschaft, immer wieder aufs Neue zu suchen.
Ich liebe meine Tänzer, jeden auf eine andere Art und Weise. Es liegt mir am Herzen, dass man diese Menschen auf der Bühne wirklich kennenlernen kann. Ich finde es sehr schön, wenn man sich am Ende einer Vorstellung jedem ein wenig näher fühlt, weil er etwas von sich gezeigt hat. Das ist etwas sehr Wirkliches. Wenn ich einen Tänzer engagiere, dann hoffe ich natürlich, einen guten Tänzer gefunden zu haben, aber ansonsten ist es etwas Unbekanntes. Da gibt es nur das Gefühl: Da ist etwas, worüber ich wahnsinnig gerne mehr wissen möchte. Ich versuche, jeden zu unterstützen, von sich aus Dinge zu finden, die er vielleicht noch nie gemacht hat. Bei manchen geht es sehr schnell, bei anderen dauert es Jahre, bis sie plötzlich aufblühen. Bei einigen, die schon sehr lange tanzen, ist das fast

wie ein zweiter Frühling, so dass ich richtig staune, was da alles zum Vorschein kommt. Statt dass es abnimmt, wird es immer mehr.

Nach dem Tod von Rolf Borzik, 1980, war es sehr schwer für mich. Ich dachte, entweder mache ich nie wieder ein Stück, oder ich muss jetzt sofort etwas machen. Rolf hatte alles versucht, um zu leben. Für mich war es unmöglich, dass er starb und ich lebte und aufgab … Ich war in großer Not für ein neues Stück: Ich wagte Peter Pabst zu fragen, ob er uns helfen würde. Peter Pabst war ein Bühnen- und Kostümbildner, der mit vielen Regisseuren sowohl fürs Theater als auch für den Film arbeitete. Es war für mich ein großes Glück, dass er einwilligte, das Bühnenbild für das Stück *1980* zu machen. Schon 27 Jahre lassen wir uns jetzt immer noch mit großer Lust auf das Abenteuer ein, ein Stück zu machen, das es noch nicht gibt. Peter Pabst ist nicht nur für mich als Bühnenbildner wichtig, sondern ist durch seinen Rat, sein Tun, seine Sorge absolut unentbehrlich für das Tanztheater geworden.

Auch für die Kostüme hatte ich großes Glück. Marion Cito, ehemals eine klassische Ballerina an der Staatsoper Berlin, die bei mir Assistentin war und in der Compagnie tanzte, hatte Rolf bereits viel bei Kostümen geholfen und unterstützt. Es war naheliegend, sie zu fragen, für die Kostüme verantwortlich zu sein. Im Laufe der Jahre hat sie eine unglaubliche Entwicklung gemacht und ihre Arbeiten immer mehr verfeinert.
Es war mir immer wichtig, dass die Tänzer keine Trikots oder stilisierten Kostüme tragen. Die Kleider sind einerseits normale Kleider und andererseits prächtige und wunderschöne Kleider. Es gibt eine gewisse Eleganz, aber die Eleganz wird auch wieder gebrochen. Es gibt auch ganz seltsame, manchmal groteske Figuren, die man gar nicht direkt einordnen kann. Farben sind ungeheuer wichtig. Einerseits geht es darum, sich nicht unterscheiden zu wollen vom normalen Leben, aber es geht auch darum, diesen großen Reichtum an Formen und Farben zu zeigen, der auch immer da ist.
Schon während der Proben können die Tänzer Kostüme, gekaufte oder hergestellte, anziehen und ausprobieren; manche entwickeln auch ihre eigenen Kreationen. Sinnlichkeit spielt

eine große Rolle. Alle Sinne sind wichtig. Wie will man denn anders etwas erfassen können.

Ich habe mir nie vorgenommen, einen bestimmten Stil oder ein neues Theater zu erfinden. Die Form ist ganz von selber entstanden: aus den Fragen, die ich hatte. Ich habe in der Arbeit immer nach etwas gesucht, das ich noch nicht kenne. Das ist eine dauernde, auch eine ganz peinvolle Suche, ein Ringen. Beim Suchen kann man sich auf nichts berufen: auf keine Tradition und auf keine Routine. Es gibt nichts, woran man sich festhalten könnte. Man steht ganz allein dem Leben gegenüber und den Erfahrungen, die man macht, und man muss ganz allein versuchen, das, was man immer schon weiß, sichtbar oder zumindest ahnbar zu machen. Es geht darum, etwas zu finden, was keiner Frage bedarf.

Das tut jeder Künstler in jeder Zeit immer wieder neu. Und es hilft einem nicht einmal, dass man schon so viele Stücke gemacht hat. Mit jedem Stück beginnt diese Suche von vorn, und jedes Mal habe ich Angst, dass es diesmal nicht gelingen könnte. Es gibt keinen Plan, kein Skript, keine Musik. Es gibt kein Bühnenbild. Wie soll einer da nicht Angst haben. Aber es gibt einen Termin und wenig Zeit. Ich denke, da kriegt jeder Angst. Manchmal ist mir bewusst, dass es bis zur Premiere gar nicht machbar ist. Aber ich weiß, dass ich nicht nachlassen werde, es so lange zu verändern, bis es stimmt. Ansonsten könnte ich mich gar nicht auf solch ein Abenteuer mit mir selber einlassen. An manche Dinge rühre ich nach der Premiere nicht mehr, weil sie einfach so gewachsen sind. Bei anderen Stellen weiß ich aber, dass ich etwas machen muss. Das probiere ich dann in den folgenden Vorstellungen aus, weil man es ja immer nur im gesamten Zusammenhang beurteilen kann. Es ist überhaupt kein Vergnügen, ein Stück zu machen. Bis zu einem gewissen Zeitpunkt, ja, aber wenn es ernst wird ... Ich denke jedes Mal, ich möchte nie wieder eins machen. Wirklich. Schon seit vielen Jahren. Warum mache ich das nur? Es ist eigentlich ziemlich grausam. Und wenn es dann raus ist, bin ich schon wieder bei den nächsten Plänen.

Durch die Fragen entsteht zunächst einmal eine Materialsammlung. Man macht einfach ganz viele Sachen und ganz furchtbar viel Unsinn. Man lacht eine Menge ... Aber dahinter steht doch immer der Ernst: Was möchte ich eigentlich? Was möchte ich eigentlich wirklich sagen? Jetzt, in dieser Zeit, in der wir leben. Nur bei einem ganz kleinen Teil des gefundenen Materials habe ich das Gefühl, das gehört zu dem, was ich suche. Plötzlich finde ich das Puzzle zusammen für das Bild, das es eigentlich schon gibt, das ich aber noch nicht kenne.

Die Mittel im Tanztheater sind aus einer bestimmten Notwendigkeit, auch aus einer Not heraus entstanden: Man ist das, was man ist, und wir können auf der Bühne nur zeigen, wer wir sind. Wenn man das tut, ist das schon ganz viel: zu zeigen, was wirklich ist.

Genauso ist es auch mit den Bühnenbildern. Erde, Wasser, Laub oder Steine auf der Bühne schaffen ein ganz bestimmtes sinnliches Erlebnis. Sie verändern die Bewegungen, sie zeichnen Spuren von Bewegungen auf, sie erzeugen bestimmte Gerüche. Erde haftet an der Haut, Wasser zieht in die Kleider, macht sie schwer und erzeugt Geräusche. Die Steine aus einer umgestürzten Mauer machen das Gehen schwierig und unsicher. Wenn man etwas, das normalerweise draußen ist, nach innen in ein Theater holt, dann öffnet das den Blick. Plötzlich sieht man Dinge, die man zu kennen glaubt, ganz neu – wie zum allerersten Mal. Die vielen Materialien, die wir benutzen, sind lauter Dinge, die eigentlich nicht dorthin gehören. Sie irritieren, laden einen ein, ganz anders hinzuschauen. Sie beschäftigen unsere Sinne und führen dazu, dass man aufhört zu denken und anfängt zu spüren.

So ist es auch mit den Musiken aus verschiedenen Ländern und Zeiten. Musiken zeigen, wie genau und wie unterschiedlich man Gefühle ausdrücken kann. Ein solcher Reichtum, dass man nicht aufhören kann zu suchen und zu lernen. Nur ist auch hier die Auswahl und die Verbindung mit dem, was auf der Bühne geschieht, ein schwieriger und langwieriger Prozess. Die Tänze entstehen zunächst ohne Musik. Dann kommt die Musik, sie soll wie ein Partner sein und der Tänzer wie ein Instrument mehr in der Musik. Aus diesem Zusammenspiel von Tanz und Musik entsteht ein ganz neuer Blick und ein ganz neues Hören.
Ich weiß nicht genau, wieso der Gesang, die menschliche Stimme so wichtig für mich ist. Sie trifft etwas Ähnliches wie der

Tanz, ist so fragil, so verletzlich, so berührend oder beruhigend. Ich liebe es, beide zusammenzubringen.

Durch die modernen technischen Möglichkeiten haben wir das Glück, die unglaubliche Vielfalt der aufgenommenen Musiken zu nutzen.
Matthias Burkert und Andreas Eisenschneider sind zwei sehr wertvolle Mitarbeiter, die sich vorzüglich ergänzen. Beide recherchieren, tragen Unmengen von Material zusammen; verschiedene Musiker stellen uns ihre Musik zur Verfügung, die Tänzer und Freunde bringen Musiken. Archive und Sammlungen in den Ländern unserer Koproduktionen werden uns geöffnet. Es ist jedes Mal ein Riesenkapitel. Erst ganz spät treffe ich die Entscheidungen. Auch hier kann ich nicht sagen, woher ich weiß, wenn es stimmt. Aber unter den vielen, vielen Musiken, die ich für jede Produktion höre, gibt es für jede Szene immer nur eine, die wirklich passt.

Es gehört zu den schönsten Aspekten in unserer Arbeit, dass wir schon seit so vielen Jahren in den unterschiedlichsten Ländern arbeiten können. Die Idee des Teatro Argentina in Rom, in Zusammenarbeit mit uns ein Stück zu machen, das durch in Rom gemachte Erfahrungen entstehen sollte, war für meine weitere Entwicklung und Arbeitsweise von entscheidender, ich könnte sagen schicksalhafter Bedeutung.
Denn seitdem sind fast alle unsere Stücke aus der Begegnung mit anderen Kulturen in Koproduktionen entstanden. Sei es Hongkong, Brasilien, Budapest, Palermo, Japan, Istanbul ...
Das Kennenlernen mir vollkommen fremder Gebräuche, Musiken, Gewohnheiten hat dazu geführt, in den Tanz das zu übersetzen, was uns unbekannt ist und dennoch allen gehören sollte.
Dieses Kennenlernen des Unbekannten, um es zu teilen und es ohne Angst zu erleben, hat in Rom angefangen. Begonnen hat es damals mit *Viktor*.
Inzwischen gehören die Koproduktionen einfach zum Tanztheater. Unser Netzwerk wird immer größer.
Wenn ich reise, gucke ich naiv wie ein Kind. Die große Freiheit, die man in der Kindheit hat ... Man wacht morgens auf, und da ist ein neuer Tag, und er ist erst einmal schön. Das ist das Wunderbare in der Kindheit – und es wäre wunderbar, wenn

man das auch als Erwachsener könnte. Die Dinge, die wir kennen, sehen wir manchmal gar nicht mehr richtig. Wenn man sie dann etwas anders anschaut, sieht man sie wieder frisch. Dieser neue Blick ist mir wichtig.

Tiere und Blumen, alle Dinge, die wir auf der Bühne benutzen, sind eigentlich Dinge, die wir kennen. Aber gleichzeitig erzählen sie so, wie sie auf der Bühne benutzt werden, auch etwas ganz anderes. Da gibt es zum Beispiel Krokodile oder ein Nilpferd. Mit dem Nilpferd kann man in *Arien* eine schöne und traurige Liebesgeschichte erzählen. Zugleich kann man etwas von der Einsamkeit, der Not, der Zärtlichkeit zeigen. Alles ist direkt sichtbar. Ohne Erklärungen und ohne Hinweise. Jeder Zuschauer kann es mit seinem eigenen Körper und mit seinem Herzen sehen. Das ist das Wunderbare am Tanz: dass der Körper eine Realität ist, ohne den nichts möglich ist, aber über den man sich auch hinwegsetzen muss.

Wenn man einem zusieht, der alleine tanzt, hat man Zeit, sich ganz speziell mit ihm zu befassen: was er ausstrahlt, wie verletzlich er ist, wie empfindlich. Es sind manchmal winzige Kleinigkeiten, die jeden besonders machen. Mir ist wichtig, sichtbar zu machen, obwohl die Form abstrakt ist, was jeden bewegt, sei es etwas Zartes oder etwas Starkes. Wie gehen wir mit unserer Hilflosigkeit in der heutigen Zeit um, wie können wir unsere Not ausdrücken. Es ist ein Weg, all diese Gefühle, die sich in einem aufstauen, nicht chaotisch, sondern geformt wiederzugeben.

Im eigenen Körper ist man sich selbst der Nächste. Das ist man selber, ganz direkt. Stärker kann man es nicht ausdrücken, so ganz ohne Umweg. Aber was wir fühlen, gehört uns nicht alleine, sondern gehört uns allen zusammen. Auch das Publikum trägt diese Gefühle in sich, und wir versuchen diese Sprache zu beherrschen, die nichts mit verbalen Äußerungen zu tun hat. Natürlich gibt es viele kulturelle Unterschiede, aber doch immer etwas Gemeinsames. Es interessiert mich, etwas zu begreifen, ohne es vielleicht zu verstehen. Ich fühle mich gestärkt, wenn ich spüre, jemand fühlt ganz genau so, ob man gemeinsam lacht oder gerührt ist, oder sich gegen etwas schützt. Natürlich reagiert jeder ganz individuell. Jemand, der gerade verliebt ist, sieht eine Vorstellung anders als jemand, der gerade etwas Schreckliches erlebt hat. Aber wenn dann etwas zusammentrifft, ist es wunderbar, mit all diesen unterschiedlichen Menschen, an diesem einen Abend, dann erleben wir zusammen etwas Einzigartiges. Unwiederbringliches.

Die Zuschauer sind immer ein Teil der Vorstellung, so wie ich selber auch ein Teil der Vorstellung bin, auch wenn ich nicht auf der Bühne bin. Jeder ist eingeladen, seinen eigenen Gefühlen zu vertrauen. Es gibt in unseren Programmheften auch nie einen Hinweis darauf, wie die Stücke zu verstehen sind. Wir müssen unsere eigenen Erfahrungen machen, wie im Leben. Das kann uns keiner abnehmen.

Die phantastische Möglichkeit, die wir auf der Bühne haben, ist die, dass wir dort Dinge tun dürfen, die man im normalen Leben gar nicht machen kann und darf. Dabei versuche ich zu verstehen, woher denn bestimmte Gefühle kommen. Die Gegensätze sind wichtig. Alles muss man anschauen, nichts darf man auslassen. Nur so können wir überhaupt ahnen, in welcher Zeit wir heute leben. Die Realität ist viel größer als wir begreifen können. Manchmal können wir etwas nur dadurch klären, dass wir uns dem stellen, was wir nicht wissen. Und manchmal bringen uns die Fragen, die wir haben, zu Erfahrungen, die viel älter sind, die nicht nur aus unserer Kultur stammen und nicht nur von hier und von heute handeln. Es ist so, als bekämen wir dadurch ein Wissen zurück, das wir zwar immer schon haben, das uns aber gar nicht bewusst und gegenwärtig ist. Es erinnert uns an etwas, das uns allen gemeinsam ist. Das gibt uns eine große Kraft.

Die Fragen hören nicht auf, und die Suche hört nicht auf. Es liegt etwas Endloses darin, und das ist das Schöne daran. Wenn ich unsere Arbeit anschaue, habe ich immer noch das Gefühl, ich habe gerade erst angefangen.

Anhang

Chronik

1940   Pina Bausch wird am 27. Juli in Solingen als drittes Kind einer Gastwirtsfamile geboren. Ihr Geburtsname ist Philippine Bausch.

1955   Beginn ihres Tanzstudiums bei Kurt Jooss als Jungstipendiatin an der Folkwangschule in Essen.

1958

1959   Abschlussexamen in Bühnentanz und Tanzpädagogik. Erhält den Folkwang-Preis für besondere Leistungen. Stipendium des Deutschen Akademischen Austauschdienstes zur Fortsetzung ihres Studiums in den USA.

1960   Special Student an der Juilliard School of Music, New York. Unterricht u.a. bei Antony Tudor, José Limón, Alfredo Corvino, Margret Craske, Louis Horst, Mary Hinkson, Ethel Winter, Helen McGhee, Herbert Ross und La Meri. Zur gleichen Zeit Mitglied der Kompanien von Paul Sanasardo und Donya Feuer.

1961   Engagiert beim New American Ballet (Zusammenarbeit überwiegend mit Paul Taylor) und beim Ballett der Metropolitan Opera unter Leitung von Antony Tudor.

1962   Rückkehr nach Essen an die Folkwangschule. Solistin im neu gegründeten Folkwang-Ballett unter Leitung von Kurt Jooss. Arbeitet mit den Choreografen Kurt Jooss, Antony Tudor, Lucas Hoving, Hans Züllig und vor allem mit Jean Cébron.

Choreografiert das Solo *Mädchen aus der großen Stadt* (Musik: George Gershwin).

1940

1955

1958

1959

1960

1961

1962

1967

1968 1. Preis beim Internationalen choreografischen Wettbewerb in Köln für *Im Wind der Zeit*.
Übernimmt die Leitung des Folkwang-Tanzstudios (bis 1973).
Unterricht an der Folkwang Hochschule.

1970 Arbeit als Gastchoreografin am Rotterdamer Danscentrum.

1971

1972 Gastlehrerin für modernen Tanz, Gastsolistin und Choreografin für die Dance Company Paul Sanasardo (New York).

1973 Erhält den Förderpreis für junge Künstler des Landes Nordrhein-Westfalen.
Der Wuppertaler Intendant Arno Wüstenhöfer überträgt ihr zur Spielzeit 1973/74 die Leitung des Balletts der Wuppertaler Bühnen.
Pina Bausch benennt die Kompanie um, zunächst in Wuppertaler Tanztheater, später in Tanztheater Wuppertal.

1974 Pina Bausch übernimmt die Titelrolle in der Oper *Yvonne, Prinzessin von Burgund* von Boris Blacher an den Wuppertaler Bühnen.
Tanzt *Free Jazz Improvisationen* mit Detlef Schönenberg (Schlagzeug) und Günter Christmann (Posaune).
Beginn der Zusammenarbeit mit Rolf Borzik.

1967 Choreografiert mit dem Folkwang-Ballett *Fragment* (Musik: Béla Bartók).

1968 Choreografiert mit dem Folkwang-Ballett *I wandered lonely as a cloud* (UA 21.6.1968 in Essen. Musik: Mirko Dorner), ab 1969 bekannt unter dem Titel *Im Wind der Zeit*.

1970 *Nachnull* (UA 8.1.1970 in München. Musik: Ivo Malec).

1971 Gastchoreografie *Aktionen für Tänzer* an den Wuppertaler Bühnen, getanzt von Mitgliedern des Folkwang Tanzstudios (UA 12.6.1971. Musik: Günter Becker).
Choreografie *Philips 836 887 D.S.Y.* (UA 31.7.1971 im Connecticut College/USA. Musik: Pierre Henry).

1972 Choreografie des *Tannhäuser-Bacchanals* im Auftrag der Wuppertaler Bühnen, getanzt von Mitgliedern des Folkwang Tanzstudios (Premiere 12.3.1972),
Choreografie *Wiegenlied* zu dem Kinderlied *Maikäfer flieg* (UA 12.12.1972 in Essen).

1973

1974 *Fritz. Tanzabend von Pina Bausch* (UA 5.1.1974 in Wuppertal, wo in der Folge alle Stücke von Pina Bausch – soweit nicht anders angegeben – uraufgeführt werden; Musik: Gustav Mahler).
Iphigenie auf Tauris. Tanzoper von Pina Bausch (UA 21.4.1974. Musik: Christoph Willibald Gluck).
Choreografie der Revue *Zwei Krawatten. Musical von Georg Kaiser und Mischa Spolianski* (UA 31.5.1974).
Ich bring dich um die Ecke. Schlagerballett von Pina Bausch und *Adagio – Fünf Lieder von Gustav Mahler* (UA 8.12.1974).

1975	
1976	
1977	
1978	Erhält den „Eduard von der Heydt-Preis" der Stadt Wuppertal.
1979	
1980	Am 27. Januar stirbt Rolf Borzik, Pina Bauschs Lebensgefährte, Kostüm- und Bühnenbildner. Beginn der Zusammenarbeit mit dem Bühnenbildner Peter Pabst und Marion Cito als Kostümbildnerin. Während einer Südamerikatournee im Juli-August lernt Pina Bausch in Chile den Dichter und Literaturprofessor Ronald Kay kennen. Ab der Geburt des gemeinsamen Sohnes Rolf Salomon leben sie bis zum Tod von Pina Bausch gemeinsam in Wuppertal. Auszeichnung: „El Circulo de Criticos de Arte", Premio de la Critica 1980 Danza, Italien.

1975

Orpheus und Eurydike. Tanzoper von Pina Bausch (UA 23.5.1975. Musik: Christoph Willibald Gluck).
Premiere des dreiteiligen Abends *Frühlingsopfer. Drei Choreografien von Pina Bausch* (UA 3.12.1975. Musik: Igor Strawinsky): *Wind von West, Der zweite Frühling, Le Sacre du printemps (Das Frühlingsopfer)*.

1976

Zweiteiliger Abend: *Die sieben Todsünden der Kleinbürger / Fürchtet euch nicht. Tanzabend von Pina Bausch* (UA 15.6.1976. Musik: Kurt Weill, Texte: Bertolt Brecht).

1977

Blaubart. Beim Anhören einer Tonbandaufnahme von Béla Bartóks Oper „Herzog Blaubarts Burg". Ein Stück von Pina Bausch (UA 8.1.1977. Musik: Béla Bartók).
Komm tanz mit mir. Ein Stück von Pina Bausch (UA 26.5.1977. Musik: Volkslieder).
Renate wandert aus. Operette von Pina Bausch (UA 30.12.1977. Musik: Schlager und Evergreens).

1978

Er nimmt sie an der Hand und führt sie in das Schloß, die anderen folgen. Ein Stück von Pina Bausch (in Zusammenarbeit mit dem Schauspielhaus Bochum. UA 22.4.1978, Schauspielhaus Bochum. Musik: Peer Raben).
Café Müller. Ein Stück von Pina Bausch (UA 20.5.1978. Musik: Henry Purcell).
Kontakthof. Ein Stück von Pina Bausch (UA 9.12.1978).

1979

Arien. Ein Stück von Pina Bausch (UA 12.5.1979).
Keuschheitslegende. Ein Stück von Pina Bausch (UA 4.12.1979).

1980

1980 – Ein Stück von Pina Bausch (UA 8.5.1980).
Bandoneon. Ein Stück von Pina Bausch (UA 21.12.1980).

1981		Beim Kölner Festival „Theater der Welt" zeigt das Tanztheater Wuppertal erstmals eine Werkschau. Geburt des Sohnes Rolf Salomon.
1982		Übernimmt die Rolle einer blinden Principessa in Federico Fellinis Film *E la nave va*. Auszeichnung „Premio Simba 1982 per il Teatro", Accademia Simba, Italien.
1983		Übernimmt die künstlerische Leitung der Tanzabteilung der Folkwang Hochschule (bis 1989) und hat damit erneut die Leitung des Folkwang Tanzstudios inne (bis 1999). Auszeichnung: „Premio UBU 1982/83 Miglior Spettacolo Straniero", Italien.
1984		Gastspiel im Kulturprogramm der Olympischen Spiele Los Angeles „Deutscher Kritiker Preis", verliehen vom Verband der Deutschen Kritiker in der Akademie der Künste, Berlin. „New York Dance and Performance Award Bessie".
1985		
1986		„Bundesverdienstkreuz Erster Klasse", verliehen durch den Bundespräsidenten Richard von Weizsäcker.
1987		Preis der Dance Critics Society Japan.
1988		„Toleranzorden" des Wuppertaler Karnevalvereins.
1989		
1990		Preis der Internationalen Academia Medicea in Florenz „Lorenzo il Magnifico". „Premio Aurel Milloss" im Rahmen des „Premio Gino Tani", Rom Preis des Zentrums BRD des Internationalen Theaterinstituts e. V. (ITI) zum Welttheatertag 1990. Premio „UBU" Italien. „NRW Staatspreis", überreicht durch den Ministerpräsidenten des Landes Nordrhein-Westfalen Johannes Rau.

1981

Walzer. Ein Stück von Pina Bausch (in Zusammenarbeit mit dem „Holland-Festival". UA 17.6.1982 / Theater Carré, Amsterdam). *Nelken. Ein Stück von Pina Bausch* (UA 30.12.1982).

1982

1983

Auf dem Gebirge hat man ein Geschrei gehört. Ein Stück von Pina Bausch (UA 13.5.1984).

1984

Two Cigarettes in the Dark. Ein Stück von Pina Bausch (UA 31.5.1985).

1985

Viktor. Ein Stück von Pina Bausch (in Zusammenarbeit mit dem Teatro Argentina und der Stadt Rom. UA 14.5.1986).

1986

Ahnen. Ein Stück von Pina Bausch (UA 21.3.1987).

1987

1988

Palermo Palermo. Ein Stück von Pina Bausch (in Zusammenarbeit mit dem Teatro Biondo, Palermo, und Andres Neumann International. UA 17.12.1989).

1989

Die Klage der Kaiserin, Film (gedreht Oktober 1988 bis April 1989. Uraufführung am 17. Februar 1990 bei den 40. Internationalen Filmfestspielen Berlin).

1990

| | 1991 | „Prix SACD 1991" (Société des Auteurs et Compositeurs dramatique) für Tanz, Paris.
„Rheinischer Kulturpreis" der Sparkassenstiftung zur Förderung rheinischen Kulturgutes, Düsseldorf.
Premio Internazionale „Fontana di Roma", Centro Internazionale Arte e Cultura la Sponda.
Preis der Zeitschrift „Danza + Danza" Treviso, Italien.
Ernennung zum „Commandeur de l'Ordre des Arts et des Lettres" durch den französischen Kulturminister Jack Lang in Paris.
Preis „Una Vita per la Danza" in Positano, Italien. |

1992 „Critics Award" für *Cafe Müller* in Edinburgh.

1993 Picasso-Medaille der UNESCO.
„Eduard von der Heydt-Preis" an das Ensemble des Tanztheater Wuppertal.

1994 Auszeichnung mit dem „Cruz da Ordem Militar de Santiago de Espada" durch den portugiesischen Staatspräsidenten Mário Suares.

1995 „Deutscher Tanzpreis" des Deutschen Berufsverbandes für Tanzpädagogik e. V.
„Joana Maria Gorvin Preis" verliehen von der Deutschen Akademie der Schönen Künste in Berlin.

1996

1997 Berliner Theaterpreis.
Preis der Stiftung Preußische Seehandlung.
Aufnahme in den Orden „Pour le Mérite".
„Großes Verdienstkreuz mit Stern und Schulterband des Verdienstordens der Bundesrepublik Deutschland".
Premio „UBU" Italien.
Ehrenring der Stadt Wuppertal.

Tanzabend II. Ein Stück von Pina Bausch (in Zusammenarbeit mit dem „Festival de Otoño", Madrid. UA 27.4.1991). **1991**

1992

Das Stück mit dem Schiff. Ein Stück von Pina Bausch (UA 16.1.1993) **1993**

Ein Trauerspiel. Ein Stück von Pina Bausch (in Zusammenarbeit mit den Wiener Festwochen. UA 12.2.1994). **1994**

Danzón. Ein Stück von Pina Bausch (UA 13.5.1995). **1995**

Nur Du. Ein Stück von Pina Bausch (in Zusammenarbeit mit der University of California in Los Angeles, der Arizona State University, der University of California in Berkley, der University of Texas in Austin und Darlene Neel Presentations und Rena Shagan Associates, Inc. und The Music Center Inc. UA 11.5.1996). **1996**

Der Fensterputzer. Ein Stück von Pina Bausch (in Zusammenarbeit mit der Hong Kong Arts Festival Society und dem Goethe Institut Hong Kong. UA 12.2.1997) **1997**
Einstudierung von *Le Sacre du printemps* mit dem Ballett der Opéra national de Paris (Premiere: 9.6.1997).

1998 „Ein Fest mit Pina" – Festival zum 25-jährigen Bestehen des Tanztheater Wuppertal (9. bis 31. Oktober).
„Harry Edmonds Award" des International House New York.
„Bambi 98" (Kultur).

1999 Europäischer Theaterpreis; „Samuel H. Scripps American Dance Festival Award".
„Praemium Imperiale", Japan, überreicht durch Prinz Hitachi.
Ehrendoktorwürde der Universität Bologna im Bereich der bildenden Kunst, Musik und des Theaters.

2000 „Life Time Achievement Award Istanbul Festival" 2000.
„Award of The International Association of Performing Arts".

2001 „Ein Fest in Wuppertal. Tanztheater Pina Bausch" (12. bis 28. Oktober 2001).
„Hansischer Goethe-Preis".
„The Harbourfront Centre World Leaders Prize", Toronto, Kanada.

2002 „Bessies Award", New York.

2003 „Chevalier de l'Ordre National de la Légion d'Honneur", Paris.
„Spanischer Weltkunstpreis", Valldigna 2003.

2004 „Tanztheater. 3 Wochen mit Pina Bausch" – Internationales Tanzfestival NRW unter der Leitung von Pina Bausch (1. bis 24. Oktober 2004).
„Komturkreuz des Verdienstordens der Italienischen Republik".
„Nijinsky Award", Monte Carlo.

2005 „Goldene Maske" am Festival of Performing Arts, Moskau.
Wuppertaler Wirtschaftspreis für Stadtmarketing.
Honorary PR Ambassador of the Republic of Korea.
„Goldene Schwebebahn 2005" vom Stadtverband der Bürger- und Bezirksvereine Wuppertal.

Masurca Fogo. Ein Stück von Pina Bausch (in Zusammenarbeit mit der EXPO '98 Lissabon und dem Goethe-Institut Lissabon. UA 4.4.1998).
Inszeniert Béla Bartóks Oper *Herzog Blaubarts Burg* in Aix-en-Provence (musikalische Leitung: Pierre Boulez).

1998

O Dido. Ein Stück von Pina Bausch (in Zusammenarbeit mit dem Teatro Argentina in Rom und Andres Neumann International. UA 10.4.1999).

1999

Kontakthof. Mit Damen und Herren ab ´65`. Ein Stück von Pina Bausch (UA 25.2.2000).
Wiesenland. Ein Stück von Pina Bausch (in Zusammenarbeit mit dem Goethe-Institut Budapest und dem Théâtre de la Ville Paris. UA 5.5.2000).

2000

Água. Ein Stück von Pina Bausch (in Zusammenarbeit mit dem Goethe-Institut São Paulo, Brasilien, und Emilio Kalil. UA 12.5.2001)

2001

Für die Kinder von gestern, heute und morgen. Ein Stück von Pina Bausch (UA 25.4.2002).

2002

Néfes. Ein Stück von Pina Bausch (in Zusammenarbeit mit dem International Istanbul Theatre Festival und der Istanbul Foundation of Culture and Arts. UA 21.3.2003).

2003

Ten Chi. Ein Stück von Pina Bausch (in Zusammenarbeit mit der Saitama Prefecture, Saitama Arts Foundation und dem Nippon Cultural Center. UA 8.5.2004).

2004

Rough Cut. Ein Stück von Pina Bausch (in Zusammenarbeit mit dem LG Arts Center und dem Goethe-Institut Seoul, Korea. UA 15.4.2005).
Einstudierung von *Orpheus und Eurydike* mit dem Ballett der Opéra national de Paris (Premiere 30.5.2005).

2005

2006 „Laurence Olivier Award", London, für *Nelken*.
Ehrendoktorwürde der Juilliard School, New York (Ehrendirektorin).
„Direzione Onoraria" der Accademia Nazionale di Danza, Rom.
„The Snow Queen's Walking Stick", Brooklyn Academy of Music, New York.

2007 Orden „Al Mérito Artístico y Cultural Pablo Neruda" des Consejo Nacional de la Cultura y las Artes de Chile, verliehen von der chilenischen Präsidentin Michelle Bachelet.
„Goldener Löwe" der Biennale Venedig.
„Kyoto-Preis" der Inamori-Stiftung.

2008 „Tanztheater. 3 Wochen mit Pina Bausch" – Internationales Tanzfestival NRW unter Leitung von Pina Bausch (7. bis 30. November 2008).
Ehrenbürgerschaft der Stadt Wuppertal.
Goethepreis der Stadt Frankfurt am Main.
„Orden der Aufgehenden Sonne am Halsband, goldene Strahlen" des japanischen Kaiserhauses.
Duisburger Musikpreis.

2009 Pina Bausch stirbt am 30. Juni in Wuppertal.
Theaterpreis „Der Faust" – Auszeichnung für das Lebenswerk (posthum).

Vollmond. Ein Stück von Pina Bausch (UA 11.5.2006). **2006**

Bamboo Blues. Ein Stück von Pina Bausch (in Zusammenarbeit mit den Goethe-Instituten Indien. UA 8.5.2007). **2007**

'Sweet Mambo'. Ein Stück von Pina Bausch (UA 30.5.2008). *Kontakthof. Mit Teenagern ab ´14`. Ein Stück von Pina Bausch* (UA 7.11.2008). **2008**

"... Como el musguito en la piedra, ay si, si, si ..." Ein Stück von Pina Bausch (in Koproduktion mit Festival Internacional de Teatro Santiago a Mil in Chile, mit Unterstützung des Goethe-Instituts Chile, in Zusammenarbeit mit Andres Neumann International. UA 12.6.2009). **2009**

Glossar

Ailey, Alvin
Geboren 1931 in Rogers/Texas (USA), gestorben 1989 in New York, war ein afroamerikanischer Tänzer und Choreograf des Modern Dance. 1949 begann er ein Tanzstudium bei Lester Horton, bei dessen Tod 1953 übernahm er seine Kompanie. 1958 gründete er in New York City das Alvin Ailey American Dance Theatre, das er zu einem der erfolgreichsten Ensembles des Modern Dance machte.

Airaudo, Malou
Geboren 1948 in Marseille/Frankreich, ist Tänzerin und Choreografin. Sie tanzte u.a. an der Opéra de Marseille, beim Ballet Russes de Monte Carlo, beim Ballet Théâtre Contemporain in Amiens sowie bei Manuel Alum und bei Paul Sanasardo in New York. Von 1973 bis 1983 war sie Tänzerin im Tanztheater Wuppertal Pina Bausch, blieb der Kompanie aber noch lange als Gasttänzerin verbunden. Seit 1984 ist sie Dozentin und Professorin für Tanz an der Folkwang Universität der Künste in Essen und dort Leiterin des Instituts für Zeitgenössischen Tanz.

Akademie der Künste der DDR
Die Akademie der Künste der DDR war die zentrale Kunstakademie der DDR. Sie wurde 1950 unter dem Namen Deutsche Akademie der Künste als Nachfolgerin der Preußischen Akademie der Künste in Berlin gegründet. 1972 erhielt sie ihre spätere Bezeichnung Akademie der Künste der Deutschen Demokratischen Republik. Ab 1990 trug sie den Namen Akademie der Künste zu Berlin; 1993 ging sie mit der Akademie der Künste Berlin (West) auf in der gemeinsamen Akademie der Künste Berlin.

Alt, Marlis
Geboren 1950 in Uffenheim (Franken), studierte Tanz an der Folkwang Hochschule in Essen. Anschließend arbeitete sie für ein Jahr im Folkwang Tanzstudio unter der Leitung von Pina Bausch und besuchte parallel dazu die Meisterklasse an der Folkwang Hochschule. Nach einem Aufenthalt an der Martha Graham School in New York kehrte sie 1973 nach Deutschland zurück und wurde Mitglied im Tanztheater Wuppertal Pina Bausch, dem sie bis 1978 angehörte. 1998 kehrte sie für eine Neueinstudierung von *Blaubart* noch einmal zum Tanztheater Wuppertal zurück. Marlis Alt lebt heute in der Schweiz.

Balanchine, George
Geboren 1904 in St. Petersburg/Russland als Gregory Melitonovich Balanchivadze, gestorben 1983 in New York, war Tänzer, Choreograf, Ballettdirektor und Tanzpäda-

goge. Bereits 1925 wurde er Chefchoreograf von Serge Diaghilews Ballets Russes; 1932 war er Mitbegründer des Ballet Russe de Monte Carlo, 1933 ging er in die USA, wo er ab 1948 das neu gegründete New York City Ballet leitete. Balanchine gilt als einer der bedeutendsten Choreografen seiner Zeit. Seine rund 200 Ballettschöpfungen gehören zum Repertoire zahlreicher Kompanien in Europa und Amerika.

Bartabas
Geboren als Clément Marty 1957 in der Pariser Vorstadt Courbevoie/Frankreich, gründete mit 19 Jahren ein Straßentheater, welches zunehmend die Welt der Commedia dell'Arte mit Zirkuselementen ergänzte. Daraus entwickelte er die neue Bühnenkunst des „Théâtre équestre" („Reit-" oder „Pferdetheater"). Sein 1985 gegründetes Théâtre Zingaro geht von der Beziehung zwischen Pferden und Menschen aus. Es verbindet Musik, Poesie, Zirkus und Choreografie. Ansässig im französischen Aubervilliers bei Paris gastiert die Kompanie weltweit mit großem Erfolg.

Bartók, Béla
Geboren 1881 in Nagyszentmiklós/Ungarn, gestorben 1945 in New York, war Pianist und Komponist. Er schuf zahlreiche Bühnen- und Orchesterwerke, Kammermusik, Klavier- und Vokalwerke und gilt als einer der bedeutendsten Komponisten der Moderne.

Bausch, Rolf Salomon
Geboren 1981 in Meerbusch, ist der Sohn von Pina Bausch und Ronald Kay. 2009 gründete er die Pina Bausch Foundation in Wuppertal, deren Vorstandsvorsitzender er ist.

Béjart, Maurice
Geboren 1927 in Marseille/Frankreich als Maurice Jean Berger, gestorben 2007 in Lausanne/ Schweiz, war ein bedeutender französischer Tänzer, Choreograf und Ballettdirektor. Er gilt als Erneuerer des neoklassischen Balletts und wurde mit zahlreichen Preisen ausgezeichnet, darunter mit dem Großen französischen Staatspreis für Musik (1970), dem Praemium Imperiale (1993), dem Deutschen Tanzpreis (1994) und dem Kyoto Prize (1999).

Bentivoglio, Leonetta
Geboren 1952 in Aosta/Italien, schloss ein Philosophiestudium an der Universität in Rom ab und arbeitet als Journalistin, Autorin und Tanzkritikerin. Sie ist außerdem als Kuratorin von Theater-, Tanz- und Musikfestivals sowie als Beraterin von Institutionen und Gemeinden in Italien tätig (u.a. in Rom und Bologna).

Seit 1992 ist sie Sonderkorrespondentin der Zeitung „La Repubblica" und hat die Arbeit von Pina Bausch über viele Jahre publizistisch begleitet. Auf deutsch erschien 2007 ihr Buch *Pina Bausch oder die Kunst über Nelken zu tanzen* (Suhrkamp Verlag). Zuletzt veröffentlichte sie 2015 die Monographie *Pina Bausch. Una santa sui pattini a rotelle* (Edizioni Clichy), die mit dem Premio Tersicore als beste Tanzpublikation 2015 ausgezeichnet wurde.

Berghaus, Ruth
Geboren 1927 in Dresden, gestorben 1996 in Zeuthen, war Choreografin, Intendantin, Opern- und Theaterregisseurin. 1970 wurde sie Stellvertreterin von Helene Weigel als Intendantin am Berliner Ensemble, 1971 bis 1977 deren Nachfolgerin. Sie inszenierte u.a. an der Deutschen Oper in Berlin, an der Oper Frankfurt/Main, der Staatsoper Stuttgart, dem Opernhaus Zürich und der Hamburger Staatsoper. Berghaus gilt als *Grande Dame* des deutschen Regietheaters.

Berliner Ensemble (BE)
Gegründet 1949 von Bertolt Brecht und seiner zweiten Frau, der Schauspielerin Helene Weigel, in Ost-Berlin. Zunächst wurde im Deutschen Theater gespielt, ab 1954 im Theater am Schiffbauerdamm. Nach Brechts Tod 1956 leitete Helene Weigel noch 15 Jahre lang das BE. Im Spielplan standen zunächst überwiegend Brechts eigene Werke in modellhaften Inszenierungen. Nach der Wiedervereinigung Deutschlands wurde das BE vom Staatstheater der DDR in ein Privattheater umgewandelt. Das BE gilt bis heute als eine der führenden deutschsprachigen Bühnen.

Billiet, Bénédicte
Geboren 1954 in Lille/Frankreich, tanzte nach ihrer Ballettausbildung am Conservatoire de Paris in der Compagnie de l'Opéra de Lyon und danach in verschiedenen freien Tanzgruppen. Von 1981 bis 1989 war sie Ensemblemitglied des Tanztheater Wuppertal Pina Bausch. Nach einer längeren Unterbrechung kehrte sie 2001 zurück. Sie begleitete das Projekt *Kontakthof. Mit Damen und Herren ab ´65`* mit Beatrice Libonati und Jo Ann Endicott, anschließend übernahm sie zusammen mit Jo Ann Endicott die Einstudierung von *Kontakthof. Mit Teenagern ab ´14`*. Neben ihrer Tätigkeit als Probenleiterin für einige Stücke von Pina Bausch arbeitet sie für das entstehende Pina Bausch Archiv und bei der Pina Bausch Foundation.

Blacher, Boris
Geboren 1903 Newchwang/China, gestorben 1975 in Berlin, war Musiker, Komponist und Kompositionslehrer. Er entstammte einer deutsch-baltischen Familie. Seinen Lebensmittelpunkt hatte er ab 1920 in Berlin. Sein Werk umfasst u.a. Opern, Musikkomödien, Oratorien, Orchesterwerke und Kammermusik. Während der Herrschaft der Nationalsozialisten waren seine Kompositionen als sogenannte „entartete Kunst" verpönt. 1973 wurde seine Oper *Yvonne* nach dem Schauspiel *Yvonne, die Burgunderprinzessin* von Witold Gombrowitz in Wuppertal uraufgeführt. Pina Bausch hatte dabei die Titelrolle der stummen Yvonne inne.

Blanck, Hiltrud
Geboren 1940 in Dortmund, war von 1973 bis 1978 Tänzerin im Tanztheater Wuppertal. Zuvor hatte sie schon gemeinsam mit Pina Bausch im Ensemble von Kurt Jooss und beim Folkwang-Ballett getanzt.

Bogdan, Lew
Geboren 1944 in Carmaux/Frankreich als Sohn polnischer Eltern ist ein Schauspieler, Regisseur, Intendant und Autor. Von 1970 bis 1980 leitete er das Theaterfestival von Nancy/Frankreich, in den 1970er Jahren arbeitete er außerdem mit Peter Zadek am Schauspielhaus Bochum. Zur Spielzeit 1991/92 übernahm er die Intendanz am Staatstheater Nürnberg, die er bis 1996 innehatte. Später war er Künstlerischer Direktor von Le Phénix, Nationaltheater in Valenciennes/Frankreich.

Borzik, Rolf
Geboren 1944 in Poznań/Polen, gestorben 1980 in Essen, studierte Graphik und Design an der Essener Folkwang Hochschule, wo er Pina Bausch kennenlernte. Ab 1970 lebten sie zusammen. Von 1973 bis zu seinem frühen Tod entwarf er Bühnenbilder und Kostüme für das Tanztheater Wuppertal und prägte damit entscheidend dessen Gesicht.

Boulez, Pierre
Geboren 1925 in Montbrison/Frankreich, gestorben 2016 in Baden-Baden, war Komponist, Dirigent und Musikschriftsteller. Seit 1958 hatte er einen Wohnsitz in Baden-Baden. Als Komponist gilt er als ein führender Vertreter der Nachkriegsavantgardisten. Er war u.a. Chefdirigent des Südwestfunk-Orchesters, des BBC Symphony Orchestra und des New York Philharmonic Orchestra; von 1996 bis 2001 war er Aufführungsleiter der Salzburger Festspiele und darüber hinaus international als Gastdirigent tätig. Er erhielt zahlreiche Auszeichnungen und Ehrungen, darunter den Prix France-Allemagne, das Bundesverdienstkreuz, den Großen französischen Staatspreis, den japanischen Praemium Imperiale und den Kyoto-Preis.

Brecht, Bertolt
Geboren 1898 in Augsburg, gestorben 1956 in Ost-Berlin Ost, war ein deutscher Schriftsteller, Regisseur und Intendant. Er schrieb zahlreiche Bühnenstücke, Prosawerke und Gedichte. 1933 bis 1947 lebte er im Exil, u.a. in Dänemark (1933-1939) und in den USA (1941-1947). 1949 ließ er sich in Ost-Berlin nieder und gründete mit seiner zweiten Frau, der Schauspielerin Helene Weigel, das „Berliner Ensemble", das vorwiegend seine Werke in modellhaften Inszenierungen zeigte. Brecht gilt als einer der bedeutendsten Theaterautoren des 20. Jahrhunderts.

Bunster, Patricio
Geboren 1924 in Santiago de Chile, gestorben 2006 ebenda war ein chilenischer Choreograf und Tänzer. Nach seinem Tanz- und Architekturstudium war er bis 1950 Solist im Nationalballet Chile, das er später auch leitete. Von 1951 bis 1953 war er Ensemblemitglied im Folkwang-Tanztheater bei Kurt Jooss. Nach weiteren Studien an der Sigurd Leeder School of Dance in London lehrte er u.a. an der Palucca Schule Dresden und an der Theaterhochschule Leipzig und choreografierte in Berlin, Chemnitz, Dresden, Rostock und Weimar. Von 1985 bis 1997 leitete er mit Joan Jara das Centro de Danza Espiral.

Burkert, Matthias
Geboren 1953 in Duisburg, studierte Klavier, Trompete und Gesang an der Musikhochschule Köln/Abteilung Wuppertal. Von 1976 bis 2001 war er Musikalischer Leiter des Wuppertaler Kinder- und Jugendtheaters. 1979 kam er als Repetitor zum Tanztheater Wuppertal. Von 1980 bis zu ihrem Tod 2009 war er Mitarbeiter von Pina Bausch, verantwortlich für den Bereich Musik, ab 1995 gemeinsam mit Andreas Eisenschneider. Diese Aufgabe nimmt er bis heute wahr.

Callas, Maria
Geboren 1923 in New York, gestorben 1977 in Paris, war eine amerikanische Opernsängerin griechischer Herkunft. Sie war u.a. an der Mailänder Scala und der Metropolitan Opera New York engagiert und gastierte an allen großen Opernhäusern weltweit. Ihre letzten Konzerte gab sie 1974. Sie zählt sie zu den berühmtesten Sopranistinnen der Welt.

Carter, Alan
Geboren 1920 in London, gestorben 2009 in Bournemouth/Großbritannien, war ein britischer Tänzer, Choreograf und Ballettdirektor. Er choreografierte u.a. für das Royal Ballet in London. 1954 bis 1959 leitete er das Ballett der Bayerischen Staatsoper in München, 1964 bis 1975 war er als Ballett-Direktor und Choreograf in Wuppertal, Bordeaux, Istanbul, Helsinki, Reykjavik und Teheran tätig.

Castor und Pollux
Oper in einem Prolog und fünf Akten von Jean-Philippe Rameau (1683-1764), uraufgeführt 1737 in Paris.

Cébron, Jean
Geboren 1927 in Paris, ist Tänzer, Choreograf und Tanzpädagoge. Er studierte unter anderem bei Margaret Craske und Alfredo Corvino an der Metropolitan Ballet Opera School in New York. 1961 bis 1964 war er Choreograf, Solist und Lehrer beim Folkwang-Ballett Essen unter der Leitung von Kurt Jooss, bis 1967 arbeitete er als Choreograf für die Kompanie. Pina Bausch tanzte in vielen seiner Choreografien. Später leitete er den Studiengang Choreografie an der staatlichen Akademie Dansskolar in Stockholm und hatte eine Professur für Modernen Tanz an der Accademia nazionale di danza in Rom inne, bevor er 1976 zum Professor für Modernen Tanz an die Folkwang Hochschule Essen berufen wurde. Daneben unterrichtet er als Gast in verschiedenen Zentren für Modernen Tanz weltweit. Ab 1977/78 war er mehrere Jahre Trainingsleiter beim Tanztheater Wuppertal.

Choreutik
Auf der Basis der Bewegungslehre von Rudolf von Laban entwickelten Kurt Jooss und Sigurd Leeder Eukinetik (Bewegungsdynamik) und Choreutik (Bewegungsform) als Grundprinzipien für die tänzerische Ausbildung und für die choreografische Anwendung. Die Choreutik beruht auf der Systematisierung von Raumrichtungen (siehe auch Eukinetik).

Cito, Marion
Geboren 1938 in Berlin, absolvierte eine Tanzausbildung in ihrer Heimatstadt bei Tatjana Gsovsky. Engagements führten sie an die Deutsche Oper Berlin und ans Theater in Darmstadt. 1976 holte Pina Bausch sie als Assistentin ans Tanztheater Wuppertal, wo sie auch als Tänzerin auftrat. Nach dem Tod des Bühnen- und Kostümbildners Rolf Borzik übernahm sie 1980 die Arbeit an den Kostümen und entwickelte Borziks ästhetische Linie konsequent weiter.

Corvino, Alfredo
Geboren 1916 in Montevideo/Uruguay, gestorben 2005 in New York, war Tänzer, Choreo-graf und Tanzpädagoge. Er war am Theater in Montevideo als Solist, Choreograf und Ballettmeister in Erscheinung getreten, bevor er mit dem Ballett Jooss durch Südamerika tourte. Mehr als vier Jahrzehnte lang, von 1952 bis 1994, unterrichtete er an der Juilliard School in New York. Als Tänzer ging er mit dem Ballet Russe de Monte Carlo in den USA auf Tournee, tanzte im Ballett der Metropolitan Opera (an deren Schule er ebenfalls unterrichtete), sowie u.a. mit dem Radio City Music Hall Ballet, den Dance Players, Herbert Ross's company, Gavrilov Company und The Classic Ballet Company of New Jersey. Als künstlerischer Direktor leitete er zehn Jahre lang die Kompanie New Jersey Dance Theatre Guild, für die er zahlreiche Choreografien schuf. Noch in seinen letzten Lebensjahren begleitete er das Tanztheater Wuppertal auf Auslandsgastspielen als Ballettmeister.

Craske, Margaret
Geboren 1892 in Norfolk/Großbritannien, gestorben 1990 in Myrtle Beach/South Carolina (USA), war Tänzerin und einflussreiche Tanzpädagogin. 1920 war sie Ensemblemitglied bei Serge Diaghilevs Ballets Russes, musste die Kompanie aber wegen einer Fußverletzung verlassen. Zurück in England, wurde sie Assistentin des italienischen Ballettpädagogen Enrico Cecchetti. Als das American Ballet Theatre ihr 1946 auf Anregung des Choreografen Antony Tudor einen Posten als Ballettmeisterin und -lehrerin anbot, ging sie nach New York. Von 1950 an lehrte sie an der Metropolitan Opera Ballet School, deren Direktorin sie später wurde, bis sie 1968 als Ballettmeisterin zum Manhattan Festival Ballet ging. Sie unterrichtete außerdem an der Juilliard School und der Manhattan

School of Dance, sowie immer wieder beim Jacob's Pillow Dance Festival. 1986 beendete sie ihre Lehrtätigkeit und leitete noch elf Jahre lang das Meher Spiritual Center in Myrtle Beach/South Carolina.

Cunningham, Merce
Geboren 1919 in Centralia/Pennsylvania (USA), gestorben 2009 in New York, war ein amerikanischer Tänzer, Choreograf und Tanzpädagoge. 1939 bis 1945 gehörte er als Solist zur Kompanie von Martha Graham, 1953 gründete er seine eigene Merce Cunningham Dance Company. 1959 eröffnete er eine Ballettschule in New York; ab 1969 leitete er außerdem ein Ensemble für modernes Ballett an der Brooklyn Academy of Music in New York. Er schuf über 200 Choreografien und gilt als einer der größten Modern Dance-Choreografen seiner Zeit. Darüber hinaus hatte er weitreichenden Einfluss auf die Bildende Kunst. Er erhielt zahlreiche Preise, darunter dem Laurence Olivier Award, dem Goldenen Löwen der Biennale von Venedig und dem Praemium Imperiale.

Dalinova, Alexandra
Geboren 1903 als Aleksandra Dionisyevna Danilova in Peterhof/Russland, gestorben 1997 in New York, war eine Prima Ballerina und Ballettlehrerin. Mit acht Jahren wurde sie in die dem St. Petersburger Mariinsky Theater angegliederte Ballettschule aufgenommen, 1920 in die Kompanie des inzwischen in Staatliches Opern- und Ballettheater umbenannten Theaters. 1924 verließ sie während einer Westeuropatournee gemeinsam mit George Balanchine und weiteren Tänzern die Kompanie und wurde Mitglied in Serge Diaghilevs Ballets Russes in Paris. Später war sie Ensemblemitglied bei Colonel de Basils Ballets Russes und bis 1945 Primaballerina beim Ballet Russe de Monte Carlo. Sie gastierte außerdem am Sadler's Wells Theatre in London, beim London Festival Ballet und tourte 1954-1956 international mit ihrem eigenen Programm

Great Moments of Ballet. 1957 beendete sie ihre Ballettkarriere, arbeitete aber weiter als Choreografin. 1964-1989 lehrte sie an der School of American Ballet in New York.

Dido und Aeneas
Oper in 3 Akten von Henry Purcell nach einem Epos von Vergil, uraufgeführt 1689 in London.

Dornröschen
Ballett zur Musik von Peter I. Tschaikowsky nach einem Volksmärchen, uraufgeführt 1890 in St. Petersburg mit der Choreografie von Marius Petipa. Es gehört bis heute zum Standardrepertoire des klassischen Balletts.

Dumb Type
ist eine Künstlergruppe aus Kyoto/ Japan. Gegründet wurde sie 1984 von Furuhashi Teiji (1960-1995). Ihre Mitglieder kommen aus den Bereichen Tanz, Architektur, Informatik, Videokunst, Lichtdesign, Computer Graphics und Musik und arbeiten an der Vision einer neuen, von Radikalität und Intensität geprägten multimedialen Kunstform. Dumb Type gilt als neue japanische Theateravantgarde und zählt international zu den wichtigsten Pionieren des Tanztheaters.

Duncan, Isadora
Geboren 1877 in San Francisco/Kalifornien (USA), gestorben 1927 in Nizza/Frankreich, war eine amerikanische Tänzerin, Choreografin und Tanzpädagogin. Sie gilt als Begründerin des Modern Dance und einflussreichste Tanzpionierin ihrer Zeit. 1904 gründete sie mit ihrer Schwester Elizabeth ihre erste Tanzschule in Berlin-Grunewald. Weitere folgten u.a. in Darmstadt, Paris, New York, Moskau und Salzburg. Ihren Lebensmittelpunkt hatte sie bis zu ihrem Tod hauptsächlich in Europa.

Endicott, Josephine Ann
Geboren 1950 in Sydney/Australien, studierte zunächst klassisches Ballett und tanzte vier Jahre für die Australien Ballet

Company in Melbourne. 1973 engagierte Pina Bausch sie an ihr neu gegründetes Tanztheater Wuppertal. Nach einer mehrjährigen Unterbrechung, während der sie eigene Projekte verfolgte, kehrte sie 1994 als Gasttänzerin, Probenleiterin und Assistentin von Pina Bausch ans Tanztheater zurück, dem sie bis 2015 angehörte. Gemeinsam mit Bénédicte Billiet leitete sie die Einstudierung von *Kontakthof. Mit Damen und Herren ab ´65`* und *Kontakthof. Mit Teenagern ab ´14`*.

Eisenschneider, Andreas
Geboren 1962 in Lüneburg, absolvierte eine Ausbildung als Tontechniker am Schlosstheater in Celle und begleitete dort bis 1988 zahlreiche Theaterproduktionen. Als Theatertonmeister arbeitete er am Theater in Essen mit Regisseuren wie Hansgünter Heyme und Jürgen Bosse; der Komponist Alfons Nowacki nimmt ihn mit zu Produktionen im In- und Ausland. 1995 engagierte Pina Bausch ihn ans Tanztheater Wuppertal, wo er gemeinsam mit Matthias Burkert die gesamte musikalische Seite, sowohl bei der Musikrecherche für Neuproduktionen als auch im Vorstellungsbetrieb, betreut.

Esterházy, Péter
Geboren 1950 in Budapest, ist ein ungarischer Schriftsteller. Er gilt als einer der bedeutendsten ungarischen Autoren der Gegenwart. Er wurde u.a. mit dem Kossuth-Preis, dem Österreichischen Staatspreis für europäische Literatur, dem ungarischen Literaturpreis und dem Friedenspreis des Deutschen Buchhandels ausgezeichnet. Als sein Hauptwerk gilt sein Roman *Harmonia Caelestis* (2000) über die Geschichte der Familie Esterházy.

Eukinetik
Auf Basis der Bewegungslehre von Rudolf von Laban (1879-1958) entwickelten Kurt Jooss und Sigurd Leeder Eukinetik (Bewegungsdynamik) und Choreutik (Bewegungsform) als Grundprinzipien für die tänzerische Ausbildung und für die choreografische Anwendung. Die Eukinetik beschreibt, wie eine Bewegung ausgeführt werden soll.

The Fairy Queen (Die Feenkönigin)
Oper in fünf Akten von Henry Purcell nach Shakespeares *Sommernachtstraum*, 1692 in London uraufgeführt.

Fassbinder, Rainer Werner
Geboren 1945 in Bad Wörishofen, gestorben 1982 in München, war ein deutscher Filmautor, Regisseur, Schauspieler, Produzent und Theaterleiter. Er gehört zu den bedeutendsten, aufgrund seiner schonungslosen Gesellschaftsporträts zu Lebzeiten aber auch umstrittensten Regisseuren des Neuen Deutschen Films. Er drehte mehr als vierzig Filme, darunter mehrteilige Fernsehproduktionen, verfasste Hörspiele und vierzehn Theaterstücke, inszenierte selbst für das Theater und wirkte in eigenen sowie in Filmen anderer Regisseure als Darsteller mit. *Die dritte Generation* ist ein Spielfilm aus dem Jahr 1978/79, bei dem Fassbinder für Drehbuch, Regie und Kamera verantwortlich zeichnete.

Fellini, Federico
Geboren 1920 in Rimini/Italien, gestorben 1993 in Rom, war Drehbuchautor und Filmregisseur und gilt als einer der bedeutendsten Regisseure und Autorenfilmer des 20. Jahrhunderts. 1983 kam sein Film *E la nave va* heraus, in dem Pina Bausch die Rolle einer blinden Principessa übernahm. Er erhielt zahlreiche Ehrungen und Preise, darunter vier „Oscars", 1990 den Praemium Imperiale und 1993 den „Ehren-Oscar" für sein Lebenswerk.

Feuer, Donya
Geboren 1934 in Philadelphia/Pennsylvania (USA), gestorben 2011 in Stockholm, war Tänzerin, Choreografin, Filmemacherin und eine Pionierin des Modernen Tanzes. Ihre Ausbildung erhielt sie an der Juilliard School

und bei Martha Graham, in deren Kompanie sie auch tanzte. Als junge Tänzerin war sie Teil der experimentellen Tanzszene im New York der späten 1950er und frühen 1960er Jahre. 1957 gründete sie gemeinsam mit dem Tänzer und Choreografen Paul Sanasardo eine eigene Kompanie, das Contemporary Theatre of Dance-Drama-Music, später umbenannt in Dance Studio. Beide unterrichteten auch an der Juilliard School in New York. 1963 ging Donya Feuer nach Schweden, wo sie für das Königliche Dramatische Theater in Stockholm choreografierte. 1966 wurde sie dort Hauschoreografin und später auch Theaterregisseurin. 1971 arbeitete sie erstmals mit dem Regisseur Ingmar Bergman, mit dem sie nach 1984 noch 17 weitere Theater-, Film- und Fernsehprojekte realisierte.

Folkwang Hochschule
siehe Folkwangschule

Folkwang Tanzinstitut
siehe Folkwangschule

Folkwang-Ballett
1949 hatte Kurt Jooss einen Vertrag mit der Stadt Essen unterschrieben, in dem er „in zwei Jahren das Folkwang-Tanztheater der Stadt Essen – Ballets Jooss mit den begabten Tänzern aufbauen soll". Bei der Premiere 1951 hieß es Folkwang-Tanztheater. 1961 erfolgte die Einrichtung von Meisterklassen an der Folkwangschule in Essen, aus denen 1963 das Folkwang-Ballett hervorging. Unter der Leitung von Hans Züllig 1968-1983 kam es zur Umbenennung in Folkwang Tanzstudio (FTS).

Folkwangschule
Die „Folkwangschule für Musik, Tanz und Sprechen" wurde 1927 vom Operndirektor Rudolf Schulz-Dornburg, dem Bühnenbildner Hein Heckroth und dem Choreografen Kurt Jooss in Essen gegründet; 1928 kam mit der Integration der seit 1911 bestehenden „Handwerker- und Kunstgewerbeschule"

der Bereich Gestaltung hinzu. 1956 erfolgte die Umbenennung in „Folkwangschule für Musik, Theater, Tanz", 1963 erhielt sie den Rang einer Hochschule („Folkwang Hochschule für Musik, Theater, Tanz – Essen"). 2010 benannte sich die Folkwang Hochschule in „Folkwang Universität der Künste" um. Die Ausbildung für Zeitgenössischen Tanz ist seit Gründung der Folkwangschule ein besonders prägender Teil des Folkwang Lehrangebots.

Förster, Lutz
Geboren 1953 in Solingen; erhielt an der Folkwang Hochschule in Essen eine Tanzausbildung. Bereits vor seinem dortigen Abschluss engagierte ihn Pina Bausch 1975 für *Das Frühlingsopfer* ans Tanztheater Wuppertal; 1978 wurde er festes Ensemblemitglied. 1984 bis 1987 war er als stellvertretender Künstlerischer Leiter der Limón Company in New York tätig. Seit 1991 ist er Professor an der Folkwang Universität und leitete bis 2012 den Studiengang Tanz sowie das Folkwang Tanzstudio (zusammen mit Pina Bausch bis zu ihrem Tod 2009). 2013 übernahm er die Künstlerische Leitung des Tanztheater Wuppertal.

Foxtrott
Weit verbreiteter, zwischen 1910 und 1915 in Nordamerika entstandener Gesellschaftstanz.

Gades, Antonio
Geboren 1936 in Elda/Spanien als Antonio Esteve Ródenas, gestorben 2004 in Madrid, war Tänzer, Choreograf und Ballettdirektor. Er gilt als der große Erneuerer des Flamenco, den er vom Folklorismus entstaubte und zu einer modernen Form des Theaterballetts machte. Mit seiner 1963 gegründeten Compagnie Antonio Gades arbeitete er während der Franco-Diktatur vor allem außerhalb Spaniens. Nach Francos Tod wurde er zum ersten Direktor des neu gegründeten Ballet Nacional de España berufen, das er seit 1979/1980 leitete. Berühmt wurde er zudem

durch die Zusammenarbeit mit dem Regisseur Carlos Saura bei dessen Filmen *Bluthochzeit* (1981), *Carmen* (1983) und *Liebeszauber* (1986), die einen regelrechten Flamenco-Boom auslösten. 1988 erhielt er als erster Tänzer überhaupt den spanischen Nationalpreis.

Gardel, Carlos
Geboren 1890 als Charles Romuald Gardès in Toulouse/Frankreich, gestorben 1935 in Medellin/Kolumbien, war Tango-Sänger und -Komponist. 1893 war seine Mutter mit ihm nach Buenos Aires/Argentinien ausgewandert. Während der Tango zunächst ganz im Zeichen der Instrumentalmusik und des Tanzes stand, trug Gardel entscheidend zur Entwicklung des Tango Canción, des gesungenen Tangos bei. Mit dem Dichter Alfredo Le Pera komponierte er eine Vielzahl heute als klassisch geltende Lieder. Schon zu Lebzeiten war er der Inbegriff des Tango-Sängers, sein früher Tod 1935 bei einem Flugzeugabsturz machte ihn endgültig zu einem Mythos.

Gleede, Edmund
Geboren 1944 in Lüneburg, ist ein deutscher Dramaturg und Regisseur. Seine künstlerische Laufbahn begann er als Dramaturg von John Neumeier und Pina Bausch. Von 1974 bis 1977 war er Produktionsdramaturg und Regisseur der Wuppertaler Bühnen, danach u.a. Direktor des Balletts der Bayerischen Staatsoper.

Gluck, Christoph Willibald
Geboren 1714 in Erasbach (Oberpfalz), gestorben 1787 in Wien, war einer der bedeutendsten Opernkomponisten des 18. Jahrhunderts. Pina Bausch schuf zwei Tanzopern nach Glucks Werken *Iphigenie auf Tauris* (UA 1974) und *Orpheus und Eurydike* (UA 1975).

Graham, Martha
Geboren 1894 in Pittsburgh/Pennsylvania (USA), gestorben 1991 in New York, war eine einflussreiche Tänzerin, Tanzpädagogin und Choreografin des Modern Dance. 1926 gründete sie ihre eigene Martha Graham Dance Company. Den größten ästhetischen Einfluss auf die Tanzwelt übte sie in den 1930er und 1940er Jahren aus, prägte durch die von ihr entwickelte Tanztechnik („Graham-Technik") jedoch noch weitere Generationen von Tänzerinnen und Tänzern. Sie schuf über 180 Werke und blieb bis ins hohe Alter von 90 Jahren aktiv. Sie gilt als eine der bedeutendsten Künstlerinnen des 20. Jahrhunderts.

Grimm, Brüder
Jacob (geboren 1785 in Hanau, gestorben 1863 in Berlin) und Wilhelm (geboren 1786 in Hanau, gestorben 1859 in Berlin) Grimm waren deutsche Sprachwissenschaftler und Volkskundler, die mit ihren *Kinder- und Hausmärchen*, der *Deutschen Grammatik* und dem *Deutschen Wörterbuch* sowie zahlreichen weiteren Arbeiten zur deutschen Sprache und Kultur als Mitbegründer der Germanistik gelten. *Grimms Märchen* gelten bis heute als Inbegriff der Deutschen Volksmärchen.

Grönemeyer, Herbert
Geboren 1956 in Göttingen, ist Musiker, Musikproduzent, Sänger und Schauspieler und zählt zu den populärsten zeitgenössischen Musikern in Deutschland. 1975 begann er als Korrepetitor und Komponist am Bochumer Schauspielhaus unter der Intendanz von Peter Zadek, der ihn auch erstmals als Schauspieler auf die Bühne holte.

Großmann, Mechthild
Geboren 1948 in Münster, ist eine deutsche Film- und Theaterschauspielerin. Sie war u.a. an Theatern in Bremen, Stuttgart, Bochum, Köln, Münster, Kassel und Frankfurt engagiert. Als sie an den Wuppertaler Bühnen die Lady Milford in Schillers *Kabale und Liebe* gab, engagierte sie Pina Bausch für den geplanten Brecht-Weill-Abend *Die sieben Todsünden der Kleinbürger / Fürchtet euch nicht* (UA 1976). Ab 1979 war sie als einzige „Nicht-Tänzerin" für mehr als 30 Jahre Ensemblemitglied beim Tanztheater Wuppertal, wo sie bis heute als Gast auftritt.

Großstadt
Ballett von Kurt Jooss (Musik: Alexandre Tansman), 1932 mit der Folkwang-Tanzbühne in Köln uraufgeführt. *Großstadt* bildete mit Jooss' Choreografien *Pavane auf den Tod einer Infantin* (1929) und *Ein Ball in Alt-Wien* (1932) das Programm *Zeitbilder*.

Der grüne Tisch
Ballett von Kurt Jooss (Musik: Friedrich Cohen), 1932 uraufgeführt von der Folkwang-Tanzbühne in Paris. Jooss erarbeitete das Stück für den Internationalen Choreografiewettbewerb in Paris, wo es mit dem ersten Preis ausgezeichnet wurde und ihn schlagartig berühmt machte. Es trägt den Untertitel „Totentanz" und thematisiert die tödlichen Folgen des Krieges. *Der grüne Tisch* gilt als bedeutendste Choreografie von Kurt Jooss und zählt zu den wenigen Werken aus der Ära des Ausdruckstanzes, die bis heute überlebt haben. Es wurde zu Lebzeiten von Kurt Jooss über 4000 Mal aufgeführt.

Hafis
Geboren um 1326 in Schiras/Iran, gestorben um 1389 ebenda, ist ein persischer Dichter. Er gilt bis heute als der größte Lyriker der persischen Sprache. Sein Hauptwerk *Diwan* inspirierten Johann Wolfgang von Goethe und Marianne von Willemer zum Gedicht-Zyklus *West-Östlicher Divan*.

Heine, Christian Johann Heinrich
Geboren 1797 als Harry Heine in Düsseldorf, gestorben 1856 in Paris, zählt zu den wichtigsten Erneuerern der deutschen Literatur seiner Zeit, indem er die Grenzen zwischen erzählerischer, feuilletonistischer und Reiseliteratur auflöste und in der Lyrik als erster deutschsprachiger Dichter die Alltagssprache in die Literatur einführte. Zu seinen wichtigsten Werken gehören *Die Harzreise* (1827), der Gedichtband *Romanzero* (1851) und *Der Doktor Faust. Ein Tanzpoem* (ebenfalls 1851) sowie sein wohl berühmtestes Gedicht *Deutschland, ein Wintermärchen* (1843).

Hinkson, Mary
Geboren 1925 in Philadelphia/Pennsylvania (USA) als Mary de Haven Hinkson, gestorben 2015 in New York, war Tänzerin und Tanzpädagogin. 1951 wurde sie als eine der beiden ersten afroamerikanischen Tänzerinnen Mitglied der Martha Graham Company und eine ihrer wichtigsten Tänzerinnen. George Balanchine choreografierte für sie als erste dunkelhäutige Tänzerin eine Rolle beim New York City Ballet. Sie war in den Gründerjahren Mitglied der Tanzabteilung an der Juilliard-School, arbeitete als Tänzerin mit zahlreichen anderen Choreografen zusammen und übte international großen Einfluss als Tanzpädagogin aus. So unterrichtete sie u.a. an der High School of Performing Arts und dem Alvin Ailey American Dance Center und trainierte die Tänzer des Stuttgarter Balletts, des Königlichen Dänischen Balletts, des Dance Theatre of Harlem, Joffrey Ballet und Philadelphia's Philadanco. 1973 ging sie in den Ruhestand.

Horst, Louis
Geboren 1884 in Kansas City/Missouri (USA) als Sohn deutscher Einwanderer, gestorben 1964 in New York, war Musiker und Komponist, der großen Einfluss auf den modernen Tanz ausübte. Er wuchs in San Francisco auf, wo er Klavier und Violine studierte. 1915 bis 1925 war er musikalischer Direktor der Denishawn Dancers und ermutigte Kompaniemitglieder wie Martha Graham, Doris Humphrey und Charles Weidman ihren eigenen Tanzstil zu entwickeln. Von 1926 bis 1948 arbeitete er mit Martha Graham als ihr musikalischer Direktor. Horst gehörte zum Lehrkörper der renommiertesten amerikanischen Schulen des Modern Dance wie Neighborhood Playhouse School of Theatre, New York City (1928-64), Bennington Summer Sessions (1934-45), Connecticut College Summer School (1948-63) and Juilliard School of Music (1951-64). Um dem Mangel an theoretischer Literatur für Tänzer und Choreo-

grafen abzuhelfen, gründete er 1934 das Magazin „Dance Observer".

Hoghe, Raimund
Geboren 1949 in Wuppertal, ist Journalist, Autor, Tänzer und Choreograf. 1980 bis 1990 war er Dramaturg am Tanztheater Wuppertal, über das er auch zwei Bücher schrieb. Seit 1989 entwickelt er eigene Theaterarbeiten für verschiedene Tänzer und Schauspieler und steht auch selbst auf der Bühne. Mit seinen Stücken gastierte er in verschiedenen Ländern Europas, Nord- und Südamerika, Asien und Australien. Er lebt in Düsseldorf und hat zahlreiche Preise erhalten, darunter 2001 den Deutschen Produzentenpreis für Choreografie und 2006 den Prix de la critique Française.

Horn, Henrietta
Geboren 1968 in Berlin, erhielt ihre Ausbildung an der Deutschen Sporthochschule in Köln mit dem Schwerpunkt „Elementarer Tanz". Sie war 1992 Mitbegründerin der Tanzgruppe „Terza e Uno", der sie als Choreografin und Tänzerin angehörte und für die sie ihre ersten Stücke erarbeitete. Von 1992-1996 setzte sie ihre Studien an der Folkwang Hochschule in Essen fort und schloss hier ihre Tanzausbildung ab. Seitdem arbeitet sie als freie Choreografin. 1999 übernahm sie zusammen mit Pina Bausch die künstlerische Leitung des Folkwang Tanzstudios in Essen, mit dem sie ihre nächsten Stücke uraufführte. Seit Beginn der Spielzeit 2008/2009 arbeitet Henrietta Horn wieder als freie Choreografin. Ihre Arbeiten wurden vielfach ausgezeichnet.

Hoving, Lucas
Geboren 1912 als Lukas Hovinga in Groningen/Niederlande, gestorben 2000 in San Francisco (USA), war ein Tänzer, Choreograf und einflussreicher Tanzpädagoge. Er studierte in Amsterdam bei Yvonne Georgi und in England bei Kurt Jooss, wo er Mitglied des Jooss Balletts wurde. Nach Auflösung der Kompanie während des Zweiten Weltkriegs ging er nach New York und tanzte zunächst bei der Martha Graham Dance Company. Berühmt wurde er durch die Rollen, die er als Mitglied der José Limón Dance Company kreierte (1948-1963). 1961 gründete er seine eigene Kompanie, mit der er in den USA, Kanada und Europa auftrat. Er unterrichtete u.a. an der Juilliard School in New York, der Folkwang Hochschule in Essen, beim Jacob's Pillow Dance Festival und am American Dance Festival und choreografierte für Kompanien weltweit. Von 1971-1978 war er in den Niederlanden künstlerischer Direktor der Rotterdam Dance Academy. 1981 gründete er in San Francisco die Lucas Hoving Performance Group, 1984 trat er mit dem autobiografischen Stück *Growing up in Public* erneut selbst auf.

Ichida, Kyomi
Geboren 1950 in Osaka/Japan, begann ihre Tanzausbildung 1973 in London. Ab 1977 tanzte sie beim Folkwang Tanzstudio in Essen unter Leitung von Susanne Linke. Von 1982 bis 1998 war sie Ensemblemitglied im Tanztheater Wuppertal (und danach als Gast bis 2002). 1998 ging sie zur Compagnie von Thomas Duchatelet (von 1988 bis 1995 ebenfalls Tänzer im Ensemble des Tanztheater Wuppertal) nach Lille/Frankreich.

Iphigenie auf Tauris
Oper in vier Akten von Christoph Willibald Gluck nach Ovids *Metamorphosen*, uraufgeführt 1779 in Paris. Pina Bausch schuf auf dieser Grundlage ihre Tanzoper *Iphigenie auf Tauris*, uraufgeführt 1974 in Wuppertal.

Jooss, Anna (verheiratete Markard)
Geboren 1931 in Essen, gestorben 2010, war die älteste Tochter von Kurt Jooss und seiner Frau, der Tänzerin Aino Siimola. Sie studierte Tanz in London, an der Folkwangschule Essen sowie klassisches Ballett in Paris und war als Tänzerin und Tanzpädagogin tätig; ab 1960 wirkte sie als Dozentin an der Folkwangschule. Seit 1971 war

sie für zahlreiche Einstudierungen des Jooss-Repertoires in aller Welt verantwortlich.

Jooss, Kurt
Geboren 1901 in Wasseralfingen, gestorben 1979 in Heilbronn, war ein deutscher Tänzer, Choreograf, Tanzpädagoge und Mitbegründer der Folkwangschule in Essen. Bis zu seiner Emigration nach England 1933 leitete er die dortige Tanzabteilung, die er 1949 nach der Rückkehr nach Deutschland bis zu seiner Pensionierung 1968 wieder übernahm. Sein pädagogisches Konzept beruhte auf einer Weiterentwicklung der Prinzipien Rudolf von Labans, dessen Assistent er gewesen war. Seine Tanzsprache war zunächst stark vom Expressionismus beeinflusst. Jooss gilt als einer der bedeutendsten deutschen Choreografen und Wegbereiter des Tanztheaters. Zu seinen bekanntesten Stücken zählen *Der grüne Tisch* und *Großstadt*. Beide wurden international mehrere tausend Mal aufgeführt.

Juilliard School of Music
Gegründet 1905 als Institute of Musical Art in New York City. 1951 bzw. 1968 kamen die Abteilungen Tanz und Schauspiel hinzu. Seit 1966 angesiedelt im Lincoln Center in der Upper West Side von Manhatten neben dem Metropolitan Opera House. Die Juilliard School gilt als führendes Konservatorium der USA.

Kay, Ronald
Geboren 1941 als chilenischer Staatsbürger in Blankenese, Hamburg. Der Mann von Pina Bausch und Vater des gemeinsamen Sohnes Rolf Salomon Bausch wohnte mit ihr von 1981 bis zu ihrem Tod 2009 gemeinsam in Wuppertal. Seit 2009 lebt und arbeitet er wieder in Chile.

Kesselheim, Sylvia
Geboren 1942 in Hamburg, gestorben 2009 in Hamburg, erhielt ihre Tanzausbildung an der dortigen Opern-Ballettschule sowie an der Royal Ballet School in London. Sie war u.a. am Hamburger Staatsopernballett, an der Staatsoper Stuttgart und an der Deutschen Oper Berlin engagiert. Von 1978 bis 1986 war sie Tänzerin im Tanztheater Wuppertal. Sie blieb dem Ensemble bis 1996 in mehreren Stücken als ständiger Gast verbunden.

Klett, Renate
Publizistin, Theater- und Tanzkritikerin. Arbeitete als Dramaturgin, als Programmdirektorin/Künstlerische Leiterin für das Festival „Theater der Welt" (Köln, Stuttgart, Hamburg, München) und als Theater-Kulturkorrespondentin in London, Paris, Rom und New York.

Knebel, Hans Dieter
Geboren 1948 in Schwelm, war von 1978 bis 1979 Regieassistent und Schauspieler am Schauspielhaus Bochum. 1979 bis 1981 war er Mitglied beim Tanztheater Wuppertal und kehrte dann bis 1986 ans Schauspielhaus Bochum zurück. Seit 1986 ist er Schauspieler am Wiener Burgtheater. Er wirkte in zahlreichen Film- und Fernsehproduktionen mit.

Koegler, Horst
Geboren 1927 in Neuruppin, gestorben 2012 in Stuttgart, war ein deutscher Tanzkritiker, Publizist und Verfasser mehrerer Ballett-Lexika. Er gilt als der Doyen der deutschen Ballettkritik der Nachkriegszeit. 1992 wurde er mit dem Deutschen Tanzpreis geehrt.

Kreutzberg, Harald
Geboren als Harald Rudolf Gustav Kreuzberg 1902 in Reichenberg/Böhmen, gestorben 1968 in Muri b. Bern/Schweiz, war Tänzer und Choreograf. Der Schüler von Mary Wigman war der berühmteste männliche Protagonist des deutschen Tanzes im 20. Jahrhundert und zählte zu den wichtigsten Vertretern des Ausdruckstanzes. Ab 1929 begeisterte er auf zahlreichen Tourneen auch das Publikum in den USA. Unter der Nazi-Herrschaft wurde er als Repräsentant deutscher Kultur gefeiert

und auf Auslandstourneen geschickt. Nach nur kurzer Unterbrechung konnte er ab 1946 seine Karriere fortsetzen und ging wieder international auf Tournee. 1955 gründete er in Bern eine Tanzakademie. Nach Abschiedstourneen bis 1961 trat er nur noch vereinzelt auf. 1967 verlieh ihm die Bundesrepublik Deutschland den Verdienstorden 1. Klasse.

La Meri
Geboren 1898 als Russel Meriwether Hughes in Louisville/Kentucky (USA), gestorben 1989 in San Antonio/Texas (USA), war eine amerikanische Tänzerin, Choreografin und Tanzpädagogin. Sie galt als Pionierin auf dem Gebiet des ethnischen Tanzes. Auf dem Höhepunkt ihrer Karriere in den 1920er und 1930er Jahren bereiste sie alle Kontinente, studierte die dortigen Tänze und trat selbst auf. 1940 gründete sie mit Ruth St. Denis in New York die „School of Natya" (später umbenannt in „Ethnologic Dance Center"), wo sie ost-indischen Tanz lehrte. Zudem unterrichtete sie an Hochschulen überall in den USA, u.a. an der Juilliard School in New York und beim Jacob's Pillow Dance Festival. Sie ist außerdem Verfasserin von sechs Lyrik-Bänden und fünf Büchern über (ethnischen) Tanz.

Lampedusa, Giuseppe Tomasi di
Geboren 1896 in Palermo/Sizilien (Italien), gestorben 1957 in Rom, war ein italienischer Literaturwissenschaftler und Schriftsteller hochadliger Abstammung, der vor allem durch seinen einzigen Roman *Il Gattopardo* (*Der Leopard*) berühmt wurde. Die Romanverfilmung von Luchino Visconti erlangte noch größere Berühmtheit und wurde 1963 bei den Filmfestspielen in Cannes mit der Goldenen Palme ausgezeichnet.

Lang, Pearl
Geboren als Pearl Lack 1921 in Chicago (USA), gestorben 2009 in New York, war Tänzerin, Choreografin und Tanzpädagogin. Sie studierte Tanz bei Louis Horst und Martha Graham und war 1942 bis 1952 Solistin in Grahams Kompanie. Bis in die späten 1970er Jahre tanzte sie dort als Gast. Martha Graham betraute sie als erste mit der Übernahme ihrer eigenen Rollen. 1952 gründete sie ihre eigene Kompanie (Pearl Lang Dance Theatre). Von 1951 bis 1969 unterrichtete sie an der Juilliard School of Music in New York.

Lasker-Schüler, Else
Geboren 1869 in Elberfeld (heute Wuppertal), gestorben 1945 in Jerusalem, war eine deutsch-jüdische Dichterin. Sie gilt als eine der bedeutendsten deutschsprachigen Lyrikerinnen, trat aber auch als Dramatikerin und Zeichnerin hervor.

Lichtburg
Seit 1978 der Probenraum des Tanztheater Wuppertal in einem ehemaligen Kino aus den 1950er-Jahren in Wuppertal-Barmen.

Limón, José
Geboren 1908 als José Arcadio Limón in Culiacán/Mexiko, gestorben 1972 in Flemington/New Jersey (USA) war Tänzer und Choreograf. 1930-1940 tanzte er in der Kompanie von Doris Humphrey und Charles Weidman, eigene Choreografien entstanden ab 1931. 1946 gründete er seine eigene Kompanie. Er unterrichtete u.a. an der Juilliard School of Music in New York. Limón gilt als einer der bedeutendsten Vertreter des Modern Dance, dessen Stil schulbildend wurde.

Macbeth
Tragödie von William Shakespeare, verfasst um 1606/07, uraufgeführt im Globe Theatre, London, vermutlich 1611. Zu Motiven von Shakespeares *Macbeth* entwickelte Pina Bausch ihr Stück *Er nimmt sie an der Hand und führt sie in das Schloß, die anderen folgen*, Uraufführung 1978, Schauspielhaus Bochum.

Mahler, Gustav
Geboren 1860 in Kalischt/Böhmen, gestorben 1911 in Wien, war Komponist, Operndirektor und einer der berühmtesten Diri-

genten seiner Zeit. Er schuf mehrere Bühnen- sowie zahlreiche Orchesterwerke, Vokal- und Kammermusik und gilt als einer der bedeutendsten Komponisten der Spätromantik. Pina Bausch griff in ihrer ersten Choreografie *Fritz* sowie in *Adagio* (beide 1974) Kompositionen Mahlers auf.

Martin, Anne

Geboren 1953 in Rolle/Schweiz, ist Tänzerin, Musikerin und Tanzpädagogin. Sie studierte Musik am Konservatorium in Lausanne, ihre Tanzausbildung erhielt sie am Centre international de danse Rosella Hightower in Cannes. 1978 bis 1991 war sie Tänzerin beim Tanztheater Wuppertal. Nach 1991 wandte sie sich neben dem Tanz verstärkt der Musik zu. Seit 1998 ist sie als Tanzpädagogin und Choreografin tätig.

Maske in Blau

Operette von Fred Raymond (Texte von Heinz Hentschke und Günther Schwenn), die 1937 am Metropol Theater in Berlin uraufgeführt wurde und große Bekanntheit erlangte. Mehrere Musiknummern daraus wurden zu Gassenhauern. 1943 wurde der Stoff erstmals verfilmt (Regie Paul Martin); 1953 sorgte die Verfilmung mit Marika Rökk und Paul Hubschmid in den Hauptrollen (Regie: Georg Jacoby) für weitere Popularität. Bis heute steht die Operette regelmäßig auf den Spielplänen der deutschsprachiger Bühnen.

Mercy, Dominique

Geboren 1950 in Mauzac/Frankreich, wurde im Alter von 15 Jahren in das Ensemble des Grand Théâtre in Bordeaux aufgenommen. 1968 folgte ein Engagement ans neu gegründete Ballet Théâtre Contemporain in Amiens. Seit 1973 ist er Tänzer im Tanztheater Wuppertal. Zweimal, 1975 und 1979, verließ er die Kompanie, gründete mit Malou Airaudo ein eigenes Ensemble und arbeitete mit Carolyn Carlson an der Pariser Oper. Mit Robert Sturm, Pina Bauschs Regieassistenten, übernahm er nach dem Tod von Pina Bausch 2009 die Künstlerische Leitung des Tanztheater Wuppertal, die er bis 2013 innehatte.

Metropolitan Opera (Met)

Die Metropolitan Opera Company wurde 1880 in New York City/USA gegründet. Bis 1966 hatte sie ihren Sitz in einem vom Architekten J. Cleaveland Cady erbauten Opernhaus am Broadway. 1966 verlegte die Metropolitan Opera Company ihren Sitz an ihren heutigen Standort im Lincoln Center in Manhatten. Die Metropolitan Opera galt und gilt bis heute als eines der führenden Opernhäuser der Welt.

McKayle, Donald

Geboren 1930 in New York, ist ein afroamerikanischer Tänzer und Choreograf. 1951 gründete er seine Kompanie Donald McKayle and Company, die er bis 1969 leitete. Er choreografierte überdies für Musicals, Kinofilme und über 90 Stücke für internationale Tanzkompanien, u.a. für das American Ballet und seit 1995 für die Limón Dance Company. 2001 schuf er die monumentale zehnstündige Produktion *Tantalus*. Seine Werke werden u.a. von Alvin Ailey American Dance Theatre, dem Cleveland San Jose Ballet und dem Los Angeles Contemporary Dance Theatre aufgeführt. Er unterrichtete Tanz am Bennington College, an der Juilliard School, beim Jacob's Pillow Dance Festival und dem American Dance Festival, als Professor an der University of California und in Europa. Er wurde mit vielen Auszeichnungen und Preisen geehrt.

Mille, Agnes de

Geboren 1905 als Agnes George de Mille in New York, gestorben 1993 ebendort, war Tänzerin und Choreografin. 1937 gründete sie gemeinsam mit Paul Taylor das Dance Theatre, 1940 war sie Gründungsmitglied des Ballet Theatre (später American Ballet Theatre) am New Yorker Broadway. 1942 beauftragte das Ballet Russe de Monte Carlo sie mit einer Choreografie. De Mille schuf daraufhin ihr berühmt gewordenes Stück

Rodeo. Sie blieb bis zu ihrem Tod im Alter von 88 Jahren künstlerisch aktiv.

Minarik, Jan
Geboren 1945 in Prag erhielt eine klassische Tanzausbildung am Konservatorium in Prag. Nach einem ersten Engagement am Tiroler Landestheater Innsbruck wechselte er unter Ballettdirektor Ivan Sertic als Solotänzer zum Ballett der Wuppertaler Bühnen, wo er unter dem Künstlernamen Jean Mindo auftrat. Als Pina Bausch 1973 die Leitung des Wuppertaler Balletts übernahm, war er einer der wenigen Tänzer, die im neu formierten Tanztheater Wuppertal verblieben. Neben seiner Arbeit als Tänzer begleitete er als Fotograf das Ensemble während der Probenarbeit und auf Tourneen. Jan Minarik verließ das Ensemble im Jahr 2000 und lebt heute auf seinem Bauernhof in Tschechien.

Mitchell, Arthur
Geboren 1934 in New York, ist ein amerikanischer Tänzer, Choreograf und Ballettdirektor. 1956 wurde er als erster Afroamerikaner in die klassisch ausgerichtete Kompanie des New York City Ballet aufgenommen und stieg rasch zu einem der führenden Tänzer und Solisten auf, für den George Balanchine mehrere Rollen kreierte. 1968 gründete er das Dance Theatre of Harlem, eine Ballettschule für afroamerikanische Tänzer mit eigener Kompanie, für die er zahlreiche Choreografien schuf und die nach ihrem Debut 1971 beim Spoleto-Festival in Italien breite internationale Anerkennung erreichte. Er wurde mit zahlreichen Preisen und mit 13 Ehrendoktorwürden ausgezeichnet, darunter von den Universitäten Harvard und Princeton.

Molière, Jean Baptiste
Geboren 1622 als Jean Baptiste Poquelin in Paris, gestorben 1673 ebenda, gilt als der bedeutendste Dramatiker Frankeichs. Als Sohn eines reichen königlichen Teppichwirkers verzichtete er auf den vom Vater ererbten Posten und begann ein Wanderleben mit einer durchs Land fahrenden Schauspieltruppe. Sein Aufstieg begann 1658, als er die Gunst Ludwigs XIV und seines Bruders, des Herzogs von Orléans, gewann. Zu seinen berühmtesten Werken, die bis heute gespielt werden, zählen u.a. *Die Schule der Frauen*, *Der Misanthrop*, *Der Geizige* und *Tartuffe*. Er starb während einer Vorstellung seines Stücks *Der eingebildete Kranke* auf der Bühne.

Neumeier, John
Geboren 1942 in Milwaukee/Wisconsin (USA) ist ein Tänzer, Choreograf und Ballettdirektor. Er studierte Tanz in Chicago, Kopenhagen und an der Royal Ballet School in London. 1963 kam er als Tänzer zum Stuttgarter Ballett, wo auch seine ersten Choreografien entstanden. 1969-1973 war er Ballettdirektor in Frankfurt/Main, seit 1973 leitet er das Hamburg Ballett und ist seit 1996 Ballettintendant an der Staatsoper in Hamburg, wo er 1978 eine der Kompanie angegliederte Schule gründete. Er gilt als ein bedeutender Vertreter der Neo-Klassik und wurde vielfach ausgezeichnet, u.a. mit dem Deutschen Tanzpreis und dem Kyoto-Preis. Seit 2011 ist er Träger des Großen Bundesverdienstkreuzes.

Nicks, Walter
Geboren 1925 in Pittsburgh/Pennsylvania (USA), gestorben in New York, war ein afroamerikanischer Tänzer, Choreograf und einflussreicher Lehrer von Jazz- und Modern Dance. Er war Assistant Director of Dance an der Katherine Dunham School, tanzte in der Benny Goodman Jazz Review und in Broadway Shows und choreografierte für Harry Belafonte. 1953 gründete er in Mexiko seine erste eigene Company und 1972 das Unternehmen Walter Nicks Dance Theatre Workshop. 1959 führte er bei der International Academy of Dance in Krefeld den Jazztanz-Unterricht in Europa ein. In seiner sechs Jahrzehnte währenden aktiven Zeit unterrichtete er international bei Festivals, Tanzkompanien und Hochschulen u.a. in

Deutschland, Finnland, Frankreich, Italien, Israel, Schweden, Spanien und in den USA; an den Hochschulen Connecticut College, University of Maryland, Bard College, an der Duke University und der University of Nevada war er Fakultätsmitglied bzw. Resident Artist.

Nikolais, Alwin
Geboren 1910 in Southington/Connecticut (USA), gestorben 1993 in Paris, war ein US-amerikanischer Musiker, Komponist, Tänzer, Choreograf und Tanzpädagoge russisch-deutscher Herkunft. Seine Tanzausbildung erhielt er bei Protagonisten des Modern Dance wie u.a. Martha Graham, Doris Humphrey, Louis Horst und Hanya Holm, deren Assistent er wurde. 1948 wurde er Direktor des Henry Street Playhouse in New York, wo er die Playhouse Dance Company aufbaute (später umbenannt in Nikolais Dance Theatre). Nach einem phänomenalen Erfolg an der Pariser Oper 1968 tourte die Kompanie in den folgenden Jahren international. 1978 bis 1981 leitete er in Frankreich das Centre national de danse contemporaine d'Angers. Nikolais gilt als Pionier, der Multi-Media-Elemente in den Modernen Tanz einbrachte und übte damit entscheidenden Einfluss auf nachfolgende Choreografen-Generationen, Künstler und Theaterschaffende aus. Er wurde mit einer Vielzahl an Ehrungen und Preisen bedacht, darunter fünf Ehrendoktorwürden, die National Medal of Arts (USA), der Kennedy-Preis und der französische Kulturorden Officier de l'Ordre des Arts et des Lettres.

Orlando, Leoluca
Geboren 1947 in Palermo/Sizilien (Italien), ist promovierter Jurist, Professor an der Universität Palermo, Politiker und Autor mehrerer Bücher. Er studierte Jura in Palermo und Heidelberg. Von 1985 bis 2000 war er mit kurzer Unterbrechung Bürgermeister von Palermo; seit 2012 bekleidet er dieses Amt erneut. Bekannt wurde er auch über Italien hinaus als engagierter Kämpfer gegen die Mafia.

Orpheus und Eurydike
Oper in 3 Akten von Christoph Willibald Gluck, uraufgeführt 1762 in Wien, Vorlage für die Tanzoper *Orpheus und Eurydike* von Pina Bausch, uraufgeführt 1975 in Wuppertal.

Pabst, Peter
Geboren 1944 in Grodzisk Wielkopolski/Polen, studierte Kostüm und Bühnenbild an den Kölner Werkschulen. Sein erstes Engagement führte ihn zu Peter Zadek ans Schauspielhaus Bochum. Seit 1979 arbeitet er als Bühnen- und Kostümbildner in Schauspiel, Oper, Tanz, Film und Fernsehen. Seine Arbeiten führten ihn in fast alle europäischen Großstädte, nach Amerika und Asien. Seit 1980 bis zu Pina Bauschs Tod 2009 entwarf er 25 Bühnenbilder für die Stücke des Tanztheater Wuppertal. Er wurde u.a. mit der „Kainz-Medaille" der Stadt Wien, dem „Von der Heydt-Preis" der Stadt Wuppertal ausgezeichnet und zum „Chevalier des Arts et des Lettres" ernannt.

Palucca, Gret
Geboren 1902 in München, gestorben 1993 in Dresden, war Tänzerin, Choreografin und Tanzpädagogin. Sie zählte zu Mary Wigmans ersten Schülerinnen in Dresden und wurde 1923 in deren Tanztruppe aufgenommen. 1924 startete sie ihre Karriere als Solistin und eröffnete bereits 1925 ihre eigene Schule in Dresden, die 1939 von den Nationalsozialisten geschlossen wurde. Palucca zählte zur künstlerischen Avantgarde der 1920er Jahre und gilt neben Vera Skoronel und Harald Kreutzberg als virtuoseste deutsche Ausdruckstänzerin. Im Jahr 1949 wurde ihre 1945 wiedereröffnete Schule von der DDR-Führung verstaatlicht, wonach Gret Palucca 1950 zum letzten Mal öffentlich auftrat. Ihre Choreografien werden nicht mehr gespielt, da sie eine Wiederaufführung verweigert hat.

Panadero, Nazareth
Geboren 1955 in Madrid, wo sie eine klassische Ballettausbildung am dortigen Konservatorium absolvierte. 1976 bis 1979 ließ sie

sich bei Peter Goss in Paris weiterbilden, bei gleichzeitigen Engagements in Angers (Théâtre contemporain) und in Grenoble (Ballet de Poche). Seit 1979 gehört sie fast ununterbrochen dem Ensemble des Wuppertaler Tanztheater an und wirkte dort bei 19 Produktionen mit. 2000 wurde sie mit dem „Premio Andorra" und 2014 mit dem spanischen „Premio Nacional de Danza" ausgezeichnet.

Pasolini, Pier Paolo
Geboren 1922 in Bologna/Italien, gestorben 1975 in Ostia/Italien, war Schriftsteller und Filmregisseur. Im Mittelpunkt seiner Romane und Filme standen die Außenseiter und Verlierer der Gesellschaft, die er auf direkte, realistische Weise zeichnete. Pasolinis Werk sorgte international für großes Aufsehen, traf aber im katholisch-konservativen Italien auf heftige Kritik, wobei auch seine Homosexualität eine Rolle spielte. Am 2. November 1975 wurde er am Strand von Ostia tot aufgefunden, ermordet angeblich von einem Prostituierten. Die Umstände seines Todes sind bis heute nicht abschließend geklärt.

Pikon, Helena
Geboren 1956 in Suresnes/Frankreich, begann 1975 zusammen mit Jacques Patarozzi in der Companie La Main zu tanzen. 1977 folgte ihr erster Auftritt mit dem Tanztheater Wuppertal in dem Stück *Renate wandert aus*. Seit 1981 ist sie festes Ensemblemitglied.

Pohl, Trude
geboren 1907, gestorben 1975, war Tänzerin, Choreografin und Tanzpädagogin. Sie studierte Tanz bei Kurt Jooss und Sigurd Leeder an der Folkwangschule in Essen und war Mitglied im Folkwang-Ballett von Kurt Jooss, wo sie u.a. in der Urbesetzung von dessen Ballett *Der grüne Tisch* tanzte. Während Jooss' Zeit im Exil leitete sie ab 1935 bis zu dessen Rückkehr 1949 die Tanzabteilung der Folkwangschule.

Rökk, Marika
Geboren 1913 in Kairo/Ägypten, gestorben 2004 in Baden/Österreich, war eine österreichisch-ungarische Schauspielerin, Sängerin und Tänzerin und wuchs in Budapest auf. In den 1920er Jahren startete sie eine Karriere als Revuetänzerin und schaffte in den 1930er Jahren, als die UFA bereits dem Propagandaministerium von Joseph Goebbels unterstand, ihren Durchbruch als Filmstar. Mit dem populären Schauspieler Johannes Heesters bildete sie in vielen UFA-Produktionen das Traumpaar des deutschen Films. Immer wieder bildeten dabe Tanzszenen die Höhepunkte, auch wurden zahlreiche ihrerSchlager zu Evergreens. In der Bundesrepublik setzte sie ihre Filmkarriere erfolgreich fort und wurde auch im Fernsehen zum Publikumsliebling.

Le Sacre du Printemps
Ballettmusik von Igor Strawinsky mit dem Untertitel *Bilder aus dem heidnischen Russland in zwei Akten*, uraufgeführt 1913 von den Ballets Russes in Paris in der Choreografie von Waslaw Nijinski. Die Uraufführung ging im Tumult unter und sorgte für einen der größten Skandale sowohl in der Tanz- als auch in der Musikgeschichte. In beiden Kunstformen gilt das Werk als Anbruch der Moderne. Seit den 1930er Jahren zählt die Komposition zu den am häufigsten getanzten Partituren.

Sagon, Monika
Geboren 1945 in Dortmund, gestorben 2002 in Wuppertal, erhielt ihre Tanzausbildung an der Folkwang Hochschule in Essen. In der Meisterklasse bei Kurt Jooss lernte sie Pina Bausch kennen und wechselte mit ihr in das Folkwang-Ballett. Gemeinsam waren sie auf Gastspielreise in Salzburg, Schwetzingen und der DDR. 1965 ging sie ans Stadttheater Bielefeld; später arbeitete sie in Basel mit dem Choreografen Vasloav Orlikowsky, in Stockholm mit Birgit Cullberg und für ein Jahr am Staatstheater Gärtnerplatz in München. 1973 holte Pina Bausch sie als Tänzerin zum Tanztheater Wuppertal. Dort tanzte sie bis 1982.

Sanasardo, Paul
Geboren 1928 in Chicago/USA als Sohn einer sizilianischen Familie, ist Tänzer, Choreograf und Tanzpädagoge. Er studierte bei Antony Tudor und Martha Graham. In den 1950er Jahren arbeitete er u.a. mit Anna Sokolow und Pearl Lang, tanzte beim Ballett der New York City Opera und in Broadway-Musicals. 1957 gründete er mit Donya Feuer eine gemeinsame Kompanie und ein Jahr später das Studio for Dance in New York, wo eine radikal-moderne expressionistische Ästhetik gepflegt wurde (später Modern Dance Artists Inc.). Sansardo unterrichtete auch an der Juilliard School in New York. 1977 bis 1981 war er Künstlerischer Direktor der Batsheva Dance Company. 1986 gab er seine eigene Kompanie auf und arbeitete freischaffend als Choreograf und Tanzpädagoge. Seine Stücke werden von diversen Kompanien aufgeführt, u.a. vom Alvin Ailey American Dance Theatre.

Scheich Saadi
Geboren 1190 n.Chr. als Muscharraf du-Din Abdullah in Schiraz/Iran, gestorben 1283 oder 1291 ebendort, war einer der bedeutendsten Dichter und Mystiker des Iran (auch bekannt als Muslich du-Din). Die beiden großen Werke, die im Wesentlichen zu seiner Berühmtheit beigetragen haben, sind die Versdichtung *Bustaan* (Duftgarten) und der *Gulistan* (Rosengarten, auch *Golestan*), ein Werk in gereimter Prosa. In Europa wurde er erstmals durch eine französische Übersetzung von André du Ryer 1634 bekannt. Goethe erwähnt Saadi im *West-östlichen Diwan*.

Schiwa
Auch Shiva, ist einer der höchsten Götter im Hinduismus. Er besitzt vier Arme, auf seiner Stirn befindet sich ein drittes Auge. Shiva (Sanskrit für „Glücksverheißender") verkörpert Schöpfung und Neubeginn sowie Erhaltung und Zerstörung. Als Gott von Fest und des Tanz wird er oft auch tanzend dargestellt.

Schneider, Romy
Geboren 1938 in Wien, gestorben 1982 in Paris, war eine international erfolgreiche Filmschauspielerin. In dem Film *Ludwig II.* von Luchino Visconti (1972) übernahm sie noch einmal die Rolle der Kaiserin Elisabeth von Österreich, mit der sie als junge Schauspielerin in der Sissi-Trilogie (1955 bis 1957, Regie: Ernst Marischka) ihren internationalen Durchbruch erzielt hatte.

Schroeter, Werner
Geboren 1945 in Georgenthal (Thüringen), gestorben 2010 in Kassel, war ein deutscher Film-, Theater- und Opernregisseur und einer der bedeutendsten Vertreter des Autorenfilms und -theaters. Er begann in den 1960er Jahren mit der Arbeit an Experimentalfilmen. Bereits für seinen ersten Langfilm *Eika Katappa* erhielt er 1969 den Josef-Sternberg-Preis der Internationalen Filmwochen Mannheim. In der Folge drehte er zahlreiche weitere Filme, seit den 1990er Jahren konzentrierte er sich zunehmend auf seine Theater- und Opernarbeit. 2008 erhielt er bei den Filmfestspielen in Venedig den Sonderpreis der Jury für sein Lebenswerk. Seit dem Jahr 2000 war er Mitglied der Akademie der Künste, Berlin.

Schwanensee
Ballett zur Musik von Peter I. Tschaikowsky, uraufgeführt 1877 am Bolschoi-Theater in Moskau. *Schwanensee* gehört bis heute zum internationalen Standardrepertoire des klassischen Balletts und wird meist in der Choreografie von Marius Petipa und Lev Iwanow getanzt, uraufgeführt 1895 am Marinski-Theater in St. Petersburg.

Sertic, Ivan
Geboren 1927, war ab der Spielzeit 1965/66 Assistent von Ballettdirektor Alan Carter an den Wuppertaler Bühnen, bevor er dessen Nachfolge antrat. Von der Spielzeit 1968/69 bis 1972/73 hatte er den Posten des Ballettdirektors an den Wuppertaler Bühnen inne. Der unmittelbare Vorgänger von Pina Bausch

pflegte eine klassisch ausgerichtete Ballett-ästhetik. Später war er u.a. Ballettdirektor des Staatstheaters am Gärtnerplatz in München.

Spoerli, Heinz
Geboren 1940 in Basel/Schweiz ist Tänzer, Choreograf und Ballettdirektor. Nach Engagements als Solotänzer in der Schweiz, Deutschland und Kanada wurde er 1973 Chef-Choreograf und Ballettdirektor am Basler Theater, wo er 1987 das Festival „basel tanzt" gründete. 1991 bis 1996 leitete er das Ballett der Deutschen Oper am Rhein Düsseldorf/Duisburg, anschließend ging er als Ballettdirektor ans Opernhaus Zürich (bis 2012). Er gilt als einer der führenden europäischen Choreografen und wurde international mit zahlreichen Preisen ausgezeichnet.

Staatsoper Berlin (Ost)
Die „Königliche Hofoper" wurde von 1741 bis 1743 im Auftrag von Friedrich II. und nach Plänen von Georg Wenzeslaus von Knobelsdorff als damals größtes Operngebäude Europas errichtet. Das Gebäude wurde mehrfach zerstört und wiederaufgebaut. 1918 in „Staatsoper unter den Linden" und 1945 in „Deutsche Staatsoper Berlin" umbenannt, konnte die Staatsoper Berlin auch nach dem Mauerbau ihren Ruf als eines der führenden Opernhäuser der Welt erhalten.

Stein, Peter
Geboren 1937 in Berlin, ist ein bedeutender deutscher Theater-, Opern- und Filmregisseur. Er inszenierte u.a. an den Bühnen in Bremen, Zürich und am Wiener Burgtheater. 1970 bis 1985 leitete er die Berliner Schaubühne, von 1991 bis 1997 war er Schauspieldirektor der Salzburger Festspiele. Er erhielt zahlreiche Ehrungen, darunter das Große Verdienstkreuz mit Stern der Bundesrepublik Deutschland.

Strawinsky, Igor
Geboren 1882 in Oranienbaum bei St. Petersburg/Russland, gestorben 1971 in New York, gilt als einer der bedeutendsten Komponisten des 20. Jahrhunderts. 1934 wurde er französischer Staatsbürger, 1946 nahm er die US-amerikanische Staatsbürgerschaft an. Zu seinem umfangreichen Œuvre zählen auch Ballettmusiken, darunter *Der Feuervogel*, *Petrouschka* und *Le Sacre du Printemps*.

Tankard, Meryl
Geboren 1955 in Darwin/Australien, ist Tänzerin und Choreografin. Nach erstem Tanzunterricht kam sie 1973 zur Australien Ballet School und begann 1975 dort ihre professionelle Tanzkarriere. Von 1978 bis 1984 war sie Mitglied im Tanztheater Wuppertal und tanzte darüber hinaus als Gast im Ensemble. 1989 gründete sie in Canberra/Australien ihre eigene Kompanie. 1993 bis 1999 war sie Artistic Director des Australien Dance Theatre. Seitdem arbeitet sie international als freie Choreografin und zunehmend auch als Filmemacherin. Ein Filmstudium an der Australian Film Television and Radio School schloss sie 2010 ab. Neben vielen weiteren Auszeichnungen wurde sie 2002 mit dem Lifetime Achievement Award der Australian Dance Awards ausgezeichnet.

Tannhäuser
1845 am Königlichen Hoftheater Dresden uraufgeführte Oper von Richard Wagner. Die Anfangsszene im Reich der Liebesgöttin Venus enthält das als Ballett gestaltete, sogenannte Bacchanal. Pina Bausch schuf 1972 im Auftrag der Wuppertaler Bühnen für das *Tannhäuser*-Bacchanal eine Choreografie, die von Mitgliedern des Folkwang Tanzstudios getanzt wurde.

Taylor, Paul
geboren 1930 in Pennsylvania/USA, ist Tänzer, Choreograf und Tanzpädagoge. Unterricht in Modern Dance erhielt er bei Martha Graham, Doris Humphrey, José Limón und Merce Cunningham sowie in Ballett bei Antony Tudor und Margaret Craske an der Juilliard School of Music in New York. 1954 gründete er die

Paul Taylor Dance Company. Die Ausstattung für seine Stücke in den 1950er Jahren schufen die Künstler Ellsworth Kelly und Robert Rauschenberg. Taylor gilt als einer der führenden amerikanischen Choreografen des 20. Jahrhunderts. Seine 142 Choreographien erlangten vor allem kritische Anerkennung durch die Umsetzung kontroverser Themen wie Krieg, Sexualität und Moral. Für sein Werk erhielt er vielfache Auszeichnungen, darunter acht Ehrendoktorwürden amerikanischer Hochschulen.

Tudor, Antony
Geboren 1908 als William Cook in London, gestorben 1987 in New York, war ein britischer Tänzer, Choreograf und Tanzpädagoge. 1938 gründete er seine eigene Kompanie, das London Ballet. Ende 1939 wurde die Kompanie nach New York City eingeladen, um sich dem Ballet Theatre (ab 1956 American Ballet Theatre) anzuschließen. Dort wirkte er bis 1951 als Tänzer und Haus-Choreograf. Im Anschluss choreografierte er u.a. für das New York City Ballet und arbeitete als Choreograf international. Von 1951 bis 1962 war er Direktor der Metropolitan Opera Ballet Company, bis 1963 zugleich Direktor der Ballettschule der Metropolitan Opera in New York. Darüber hinaus unterrichtete er ab 1951 an der Juilliard School of Music.

Vandekeybus, Wim
Geboren 1963 in in Herethout/Belgien, lebt in Brüssel. Nach einem Studium der Psychologie wurde er 1985 vom berühmten belgischen Choreografen Jan Fabre für eine Rolle in The Power Of Theatrical Madness ausgewählt. Nur ein Jahr später gründete er seine Kompanie Ultima Vez, die bis heute zu den international einflussreichsten Gruppen des zeitgenössischen Tanzes gehört.

Visconti, Luchino
Geboren 1906 in Mailand/Italien als Luchino Visconti di Modrone, gestorben 1976 in Rom, war ein bedeutender italienischer Theater-, Opern- und Filmregisseur sowie Drehbuchautor. Er gilt als Begründer des „Neorealismo". 1972 kam sein Film Ludwig II. mit Helmut Berger in der Rolle des Bayernkönigs und Romy Schneider als dessen Cousine, Kaiserin Elisabeth von Österreich, in die Kinos.

Volkova, Vera
Geboren 1904 in St. Petersburg/Russland, gestorben 1975 in Kopenhagen, war eine russische Tänzerin und Ballettlehrerin. Ausgebildet in St. Petersburg unter Agrippina Vaganova wurde sie zur Expertin der von Vaganova gelehrten Tanztechnik und übte einen prägenden Einfluss auf das westliche Ballett-Training aus. 1936 übersiedelte sie nach London, wo sie von 1943 bis 1950 beim Sadler's Wells Ballet und an der Sadler's Wells Ballet School lehrte. Später wurde sie künstlerische Leiterin des Königl. Dänischen Balletts, mit dem sie fast 25 Jahre arbeitete. Lehrtätigkeit in den USA, Australien, Kanada und Südafrika vertieften ihren Einfluss weiter.

Walter, Erich
Geboren 1927 in Fürth, gestorben 1983 in Herdecke, war ab der Spielzeit 1953/54 Ballettdirektor an den Wuppertaler Bühnen. Innerhalb von zehn Jahren schuf er dort 41 Choreografien und verhalf dem Wuppertaler Ballett zu überregionaler Anerkennung. 1964 bis zu seinem Tod 1983 leitete er das Ballett der Deutschen Oper am Rhein in Düsseldorf. Er steht für eine neoklassische Ausrichtung des Balletts.

Waltz, Sasha
Geboren 1963 in Karlsruhe. Von 1983 bis 1987 studierte sie Tanz und Choreografie in Amsterdam und New York. Gemeinsam mit Jochen Sandig gründete sie 1993 die Kompanie Sasha Waltz & Guests und 1996 die Sophiensæle. Von 2000 bis 2004 war sie Mitglied der künstlerischen Leitung der Schaubühne am Lehniner Platz Berlin. Ende

2004 wurde Sasha Waltz & Guests erneut unabhängig. Für ihre Arbeit wurde Sasha Waltz mehrfach ausgezeichnet, unter anderem mit dem französischen Kulturorden Officier de l'Ordre des Arts et des Lettres. 2011 erhielt sie das Bundesverdienstkreuz am Bande der Bundesrepublik Deutschland.

Weill, Kurt
Geboren 1900 in Dessau, gestorben 1950 in New York, war ein deutscher Komponist und Schüler Ferruccio Busonis, von dem er vor allem in seinen Opernkompositionen beeinflusst war. Seit 1927 arbeitete er mit Bertolt Brecht eng zusammen, mit dem er neben Welterfolgen wie *Die Dreigroschenoper*, *Aufstieg und Fall der Stadt Mahagonny* auch das Ballett *Die sieben Todsünden* entwickelte (Uraufführung 1933 im Théatre Champs Elysées, Paris), das Pina Bausch 1976 am Opernhaus Wuppertal in ihrer Version auf die Bühne brachte. 1935 musste Weill emigrieren, ging zunächst nach Frankreich, später in die USA, wo er am Broadway weitere große Erfolge feiern konnte.

West, Mae
Geboren 1893 in New York als Mary Jane West, gestorben 1980 in Los Angeles, war eine US-amerikanische Filmschauspielerin, deren für die Glanzzeit des Kinos sexuell freizügige Rollen ihr weltweiten Ruhm als „Femme fatale" einbrachten. Sie avancierte in den 1930er Jahren zur bestbezahlten Filmschauspielerin Hollywoods, in der Zeit nach dem Zweiten Weltkrieg begann sie auch als Sängerin von sich reden zu machen. Ihr Comeback auf der Leinwand feierte sie in den 1970er Jahren an der Seite von vielen Musik- und Filmberühmtheiten. *Sextette* war 1978 ihr letzter Film.

Wigman, Mary
Geboren 1886 als Karoline Sofie Marie Wiegmann in Hannover, gestorben 1973 in Ascona/Schweiz. Ihre Ausbildung erhielt sie an der Rhythmischen Bildungsanstalt von Emile Jaques-Dalcroze in Hellerau bei Dresden. Am Monte Verità im Tessin nahm sie an Tanzkursen von Rudolf von Laban teil, später wurde sie seine Assistentin in seinen Schulen in Ascona und Zürich. Seit 1918/19 verfolgte sie unter dem Künstlernamen Mary Wigman ihre eigene künstlerische Karriere. Durch ihre Solo-Auftritte, mit Tanzdramen und Operninszenierungen aber auch als Pädagogin und Leiterin einer eigenen Schule mit Filialen im In- und Ausland wurde sie zu einer der führenden Künstlerinnenfiguren des modernen Tanzes der Zwischen- und Nachkriegszeit. Sie wirkte hauptsächlich in Dresden, Leipzig und Berlin.

Williams, Anne
Geboren 1937 als Annie Marie Ferrel in Coolidge/Texas (USA), ist eine afroamerikanische Tänzerin, Choreografin und Tanzpädagogin. Sie nahm Tanzunterricht u.a. bei Edith James, Martha Graham, Doris Humphrey, Charles Weidman und Alvin Ailey. Als erste afroamerikanische Frau erhielt sie 1968 einen M.A. in Tanz an der Texas Women's University. Sie gründete die Dallas Black Dance Academy sowie ihre eigene Tanzkompanie, die ab 1976 unter dem Namen Dallas Black Dance Theatre formierte. 2014 ist sie als deren Künstlerische Leiterin in den Ruhestand getreten. Für ihre Arbeit wurde sie vielfach ausgezeichnet.

Wüstenhöfer, Arno
Geboren 1920 in Karlsruhe, gestorben 2003 in Wuppertal, war Schauspieler, Regisseur und Intendant. Von 1964 bis 1975 war er Generalintendant der Wuppertaler Bühnen, nachdem er zuvor in gleicher Position am Lübecker Theater tätig gewesen war (1959 bis 1964). 1973 holte er Pina Bausch als Ballettdirektorin und Chefchoreografin nach Wuppertal. Von 1978 bis 1985 leitete er als Generalintendant das Bremer Stadttheater, wo er die Choreografen Reinhild Hoffmann und Gerhard Bohner als Direktoren des Bremer Tanztheaters verpflichtete.

Yvonne, Prinzessin von Burgund
Oper von Boris Blacher nach einem Theaterstück von Witold Gombrowitz, uraufgeführt 1973 an den Wuppertaler Bühnen. Dabei tanzte Pina Bausch die Rolle der stummen Titelheldin.

Zadek, Peter
Geboren 1926 in Berlin, gestorben 2009 in Hamburg, war ein deutscher Theaterregisseur, Intendant und Filmregisseur. Er emigrierte 1933 nach London, ab 1958 arbeitete er in der Bundesrepublik Deutschland. 1962 bis 1967 war er Schauspieldirektor in Bremen, 1972 bis 1979 Intendant in Bochum. Weitere Stationen waren das Schauspielhaus Hamburg, das Wiener Burgtheater und das Berliner Ensembles. Er wurde mit vielen Auszeichnungen geehrt, u. a. mit dem Adolf Grimme-Preis in Gold und Silber, Kortner-Preis, Piscator-Preis und Josef-Kainz-Medaille, dem Großen Kunstpreis Berlin und dem Nestroy der Stadt Wien für sein Lebenswerk.

Züllig, Hans
Geboren 1914 in Rorschach/Schweiz, gestorben 1992 in Essen, war Tänzer, Choreograf und Tanzpädagoge. Seine Ausbildung erhielt er u.a. bei Kurt Jooss an der Folkwangschule in Essen. Er tanzte tragende Rollen in zahlreichen Jooss-Stücken, darunter in *Der grüne Tisch* und *Großstadt*. 1968 bis 1983 leitete er die Abteilung Tanz an der Folkwang Hochschule und das Folkwang Tanzstudio. Als Gastlehrer war er international tätig. Von 1973 bis zu seinem Tod war er Trainingsleiter beim Tanztheater Wuppertal.

Editorische Notiz

Pina Bausch hat in allen Phase ihrer Karriere als Choreografin Interviews gegeben – in ihren umstrittenen Anfängen ebenso wie in ihren gefeierten späten Jahren. Sie tat dies zudem in allen Medien – in Zeitungen und Zeitschriften, in Werkstattgesprächen und Radio-Interviews, in Fernsehsendungen und Filmproduktionen – sowie in mehreren Sprachen: auf Deutsch und Englisch. Daneben publizierte sie vereinzelt auch programmatische Statements und Reden.

Aus diesem Material bietet der vorliegende Band eine Auswahl, die das 35 Jahre währendes Wirken von Pina Bausch zeitlich gleichmäßig abzudecken und alle Medien zu berücksichtigen versucht – mit Ausnahme des Radios und englischsprachiger Interviews. Diese sollen zu einem späteren Zeitpunkt in einem Folgeband vorgelegt werden.

Die Texte des vorliegenden Bandes entstammen heterogenen Quellen und sind dementsprechend unterschiedlich autorisiert. Einige von ihnen erschienen zudem in unterschiedlichen Fassungen: zunächst als aktuelles Zeitungsinterview und später als Beitrag in Sammelbänden. Dabei erhielten sie teilweise neue Titel und Kapiteleinteilungen; es wurden Kürzungen rückgängig gemacht und Fehler korrigiert, die den Zwängen des tagesaktuellen Mediums geschuldet waren. Teilweise geschah aber auch das Umgekehrte: Dass in späteren Publikationen Passagen wegfielen, die dem Interviewer im Abstand einiger Jahre offenbar nicht mehr wesentlich erschienen oder die er jetzt aus Platzgründen weglassen musste.

Noch komplexer stellt sich die Überlieferungslage bei audiovisuellen Dokumenten dar. Von den beiden filmischen Interviews des vorliegenden Bandes (vgl. S. 155 ff. u. S. 221 ff.) wurden in den jeweiligen Produktionen nur kurze Sequenzen aus dem Gesamtmaterial verwendet, so dass zahlreiche Aussagen von Pina Bausch im Zusammenschnitt wegfielen, von ihrem spezifischen Duktus des Sprechens und Nachdenkens einmal ganz zu schweigen.

Im besonderen Maß gilt dies für das Werkstattgespräch mit Publikum aus der Akademie der Künste Berlin-Ost vom Jahr 1987 (vgl. S. 91-121). Hier hat Pina Bausch die Publikation einer stark redigierte Druckfassung des Gesprächs zwar gestattet, doch vermittelt das glücklicherweise im Archiv der Akademie der Künste erhalten gebliebene Tonband eine so andere Atmosphäre, dass dieses Dokument des tastenden Suchens nach einer gemeinsamen Sprache mit dem DDR-Publikum hier in Transkription wiedergegeben wird.

Da es im vorliegenden Band aus Umfangsgründen im übrigen nicht möglich war, in allen Fällen die unterschiedlichen medialen Vorlagen und Versionen zu dokumentieren, hat die Pina Bausch Foundation unter editions.pinabausch.org eine eigene Seite auf ihrer Homepage eingerichtet, über die sie weitere Fassungen – insbesondere auch Tonspuren und Videoaufnahmen – der hier vorgelegten Gespräche zugänglich machen wird. Alle übrigen Vorlagen für die Texte dieses Bandes sind zudem im Archiv der Pina Bausch Foundation einsehbar.

Ausgehend von dieser Überlieferungssituation, wurden bei der Textkonstitution der Gespräche folgende Grundsätze befolgt: Originale *Überschriften* sind schwarz gesetzt; feuilletonistische Titel des Herausgebers grau. Falls Erstdrucke ohne Titel bzw. unter bloßen Sachtiteln erschienen ("z.B. "Interview mit Pina Bausch"), im Zweitdruck aber individuelle Überschriften zur Verwendung kamen, so wurden letztere berücksichtigt (und im Quellenachweis vermerkt).

Bei *gedruckten Quellen* wurde der *Wortlaut* der *Erstpublikation* zugrunde gelegt. Inhaltliche Abweichungen in späteren Drucken werden im Quellenverzeichnis dargestellt.

Die *Schreibweisen* entsprechen der Orthographie des Originals. *Offensichtliche Fehler* (Vertipper, falsche Schreibungen von Namen etc.) und Nachlässigkeiten (fehlende Satzzeichen, Wortdreher, Wortdoppelungen etc.) wurden stillschweigend berichtet, da sie nicht auf Pina Bausch zurückgehen, sondern vom Interviewer oder von Drittpersonen stammen, welche zufällig in den Herstellungsprozess der Publikation involviert waren. Gleiches gilt für *fehlerhafte Zeit und Ortsangaben* (z.B. Entstehungsdaten von Stücken, Orte von Aufführungen etc.); hier wurde ebenfalls berichtigend eingegriffen, desgleichen bei fehlerhafter Zeitenfolge, die der realen Chronologie zuwider gelaufen wäre. Abkürzungen wurden generell ausgeschrieben (usw., bzw., etc.), um der wörtlichen Rede zu entsprechen.

Zusätze wurden nur vorgenommen, wenn sie grammatikalisch notwendig waren oder ein unmittelbarer Widerspruch entstanden wäre (z.B. bei fehlenden Negationen); die eingefügten Wörter stehen jeweils in eckigen Klammern [ ].

Gesprochene Sprache unterscheidet sich von geschriebener oder gedruckter Sprache. Wer in einem Gespräch Fragen beantwortet, merkt manchmal erst beim Reden, dass Gedanken die Richtung wechseln oder ein Satz im Nichts zu enden droht – sei es, weil sein Inhalt plötzlich doch nicht mehr so wichtig erscheint, sei es weil er von neuen Einfällen überlagert wird oder mit diesen kollidiert. Die Abschriften, die der vorliegende Band von Filmen und Fernsehbeiträgen enthält, unterscheiden sich deshalb deutlich von den gedruckten Quellen.

Bei der Redaktion dieses Materials wurde mit großer Behutsamkeit verfahren, um voreiligen Interpretationen auszuweichen. Dabei wurde soweit wie möglich der Wortlaut dargestellt, sofern er verständlich oder nachvollziehbar war. Pausen und syntaktische Abbrüche wurden mit drei Punkten … signalisiert, Einschübe mit Gedankenstrichen. Weggelassen wurden lediglich fragmentarische Satz-Anläufe, die von den Sprechern mit einem zweiten oder dritten Versuch gewissermaßen „überschrieben" oder „gestrichen" worden sind. Satzgefüge, bei denen Teile unversehens aus der Neben- in die Hauptsatzform wechseln, wurden hinsichtlich der Stellung des Verbs korrigiert. Weggelassen wurde schließlich ein Teil der Beteuerungs- und Vergewisserungsfüllsel („also", „eigentlich", „ne?", nich?" etc.), die bisweilen einem Automatismus entstammen und in der schriftlichen Form die rhetorische (Beziehungs-) Funktion einbüßen, die sie im mündlichen Gespräch besessen haben mögen. Wenn in den genannten Fällen eingegriffen wurde, so geschah dies, ohne dass sich dabei Sinn, Gehalt oder der Sprachduktus dessen, was Pina Bausch sagen wollte, verändert hat. Vielmehr ging es häufig darum, in der schriftlichen Form den Sinn und die Eindeutigkeit zu erhalten, die in der mündlichen Situation durch Betonung und andere situative Ausdrucksformen gegeben waren.

Bei *Zusätzen* galten die gleichen Grundsätze wie bei den gedruckten Quellen. Da die Transkriptionen eigens für den vorliegenden Band angefertigt wurden, folgen sie der aktuellen Rechtschreibung. Bei zusammengesetzten Verben wurde die bestehende Wahlfreiheit in Sinne der alten Rechtschreibung genutzt, um Doppeldeutigkeiten zu vermeiden. Über spezifische Einzelfälle, zu denen editorische Entscheidungen zu treffen waren, finden sich nähere Informationen unter den jeweiligen bibliographischen Angaben des Quellenverzeichnisses.

Quellenverzeichnis

Adolphe, Jean-Marc
Man weiß gar nicht, wo die Phantasie einen hintreibt; in: Delahaye, Guy: Pina Bausch. Heidelberg; Wachter-Verlag / Edition Braus 2007, S. 25-39
Das Gespräch wurde unter Mitwirkung des Übersetzers Michel Bataillon geführt, der die Beiträge dolmetschte, da Adolphe kein Deutsch und Pina Bausch kein Französisch sprach.

Akademie der Künste Berlin (Ost)
Wenn wir anfangen, gibt es gar nichts außer uns. Werkstattgespräch an der Akademie der Künste, Berlin-Ost, 29. Mai 1987. Transkription der originalen Tonbandaufnahme.
*Eine stark redigierte, thematisch gruppierte und gestraffte Version des Gesprächs wurde seinerzeit publiziert in: Verband der Theaterschaffenden der DDR (Hrsg.): Material zum Theater. 213. Tanztheater international. Akademie-Gespräche 1987 mit Antonio Gades, Maurice Béjart, Pina Bausch, John Neumeier und Patricio Bunster. Berlin, 1988, S. 32-43.
Ein Exemplar liegt im Archiv der Pina Bausch Foundation vor; vgl. editions.pinabausch.org.*

Bausch, Pina
Tanztheater in Wuppertal; in: Vorschau der Wuppertaler Bühnen 1973/74. Wuppertal 1973, S. 13

Bausch, Pina
Was mich bewegt. Rede anlässlich der Kyoto-Preisverleihung, Kyoto, 11. November 2007.
Vollständige Fassung des Redetextes, der bislang nur ausschnittweise gedruckt wurde; vgl. auch die Website der Inamori-Foundation; http://www.inamori-f.or.jp/laureates/k23_c_pina/lct_e.html

Bausch, Pina
Etwas finden, was keiner Frage bedarf. Rede beim „2007 Kyoto Prize Workshop in Arts and Philosophy", Kyoto, 12. November 2007
*Vollständige Fassung des Redetextes, der bislang nur ausschnittweise gedruckt wurde;
vgl. auch die Website der Inamori-Foundation; http://www.inamori-f.or.jp/laureates/k23_c_pina/img/wks_g.pdf*

Gibiec, Christiane
Wir sind uns mit unserem Körper am nächsten; in: Frankfurter Rundschau, 17. Oktober 1998

Deuter, Ulrich / Wilink, Andreas
Ich glaube nur, was ich gesehen habe; in: k.west. Magazin für Kunst, Kultur und Gesellschaft, 2. Jg. (2004), Oktober, S. 5-9

Fischer, Eva-Elisabeth
Das hat nicht aufgehört, mein Tanzen ...; Interview für den gleichnamigen Fernsehfilm von Eva-Elisabeth Fischer und Frieder Käsmann, Bayerischer Rundfunk 1994.
Transkription des ungekürzten originalen Filmmaterials; bislang unveröffentlicht.

Fischer, Eva-Elisabeth
Pina Bausch über Lust; in: Süddeutsche Zeitung, 25./26. September 2004, S. 8

Fuhrig, Dirk
[Interview ohne Titel]; in: ballett-tanz, Nr. 8/9, August/September 2003, S. 14

Gleede, Edmund
„... ich empfinde Menschen sehr stark ".
Edmund Gleede sprach mit der Wuppertaler Ballettchefin Pina Bausch; in: Koegler, Horst (Hrsg.): Ballett 1975. Chronik und Bilanz des Ballettjahres. Seeze-Velber: Friedrich Verlag 1975, S. 27-31
Zu dem Gespräch hatte Gleede ein Vorwort verfasst und darin weitere Gesprächsinformationen verarbeitet. Dem Text hatte Pina Bausch auch autorisiert, doch fiel er – obwohl bereits gesetzt – aus Platzgründen weg. Die originalen Korrekturfahnen liegen im Archiv der Pina Bausch Foundation vor; vgl. editions.pinabausch.org.

Gleede, Edmund
5 Fragen an Pina Bausch zu ihrer Inszenierung von Glucks Orpheus und Eurydike; in: Theaterzettel 4. 1975/76. Wuppertaler Bühnen
Der Text geht auf das Interview zurück, das Gleede für Horst Koeglers Jahrbuch „Ballett 1995" geführt hatte; siehe den vorherigen Titeleintrag.

Gliewe, Gerd
Meine Seele weiß genau, was ich will; in: Abendzeitung, München, 22. Mai 1992

Heynkes, Jörg
[Interview ohne Titel]; in: Dilldop. Herausgeben von der Redaktion der Ev. Jugendzeitungen. Wuppertal 1980, S. 7-10

Locke, Stephen
Eine gewisse Erregung dabei / Bin im Moment bei den Gefühlen; in: tip Berlin, 9, Jg., Nrn. 2 + 3 (Februar + März 1980), S. 32-35 + S. 46-47
Das Interview erschien in zwei Teilen in aufeinander folgenden Nummern des Berliner Veranstaltungsmagazins „Tip". Die Originaltonbänder des Gesprächs haben sich erhalten; das Archiv der Pina Bausch Foundation verfügt über eine Kopie dieses Materials; vgl. editions.pinabausch.org

Meyer, Marion / Scurla, Frank
Ich will immer wieder neue Türen öffnen; in: Westdeutsche Zeitung, Düsseldorf, 10. Oktober 1998
Der Text erschien mit einem Wortdreher im Titel („…wieder immer neue Türen …"), wie die Autorin des Interviews auf Anfrage bestätigte. Der Fehler kam durch einen späteren Eingriff der Redaktion beim Umbau des Seitenlayouts zustande.

Mölter, Veit
Alle meine Informationen entstammen dem Gefühl; in: Westfälische Rundschau, Dortmund, 4. Januar 1990

Mölter, Veit
Die Mauer ist jeden Tag für jeden anders; in: Abendzeitung, München, 12. Februar 1990

Schmid, Eva M. J.
[Interview ohne Titel]; in: Internationales Forum des Jungen Films. Freunde der Deutschen Kinemathek (Hrsg.): Informationsblatt zu *Die Klage der Kaiserin*. 20. Internationales Forums des Jungen Films bei den 40. Internationalen Filmfestspielen, Berlin, 1990.
Das Interview erschien auch im Presseheft der Verleihfirma „Pandora Film"; der Text ist dort leicht gekürzt, enthält an einer Stelle jedoch einen Einwurf der Interviewerin, die das Gespräch auf die Musik lenkt. Da Pina Bauschs anschießende Bemerkungen ohne diesen Passus nicht motiviert sind, wurde die Zwischenfrage im vorliegenden Text wieder eingefügt.

Schmidt, Jochen
Ein Interview. Jochen Schmidt im Gespräch mit Pina Bausch am 9. November 1978; in Müller, Hedwig / Servos, Norbert / Weigelt, Gert (Hrsg.): Pina Bausch – Wuppertaler Tanztheater. Köln: Ballett-Bühnen-Verlag Rolf Garske 1979, S. 5-8.
In späteren Drucken erschien das Interview unter dem Titel: „Nicht wie sich Menschen bewegen, sondern was sie bewegt"; siehe z.B. Servos, Norbert (Hrsg.): Pina Bausch – Wuppertaler Tanztheater oder Die Kunst, einen Goldfisch zu dressieren. Seelze-Velber: Kallmeyer Verlag, S. 291-294. Dieser Titel wurde deshalb auch im vorliegenden Band übernommen.

Schmidt, Jochen
Meine Stücke wachsen von innen nach außen; in: ballett international, Köln, 6. Jg. (1983), S. 10-12

Schmidt, Jochen
Die Dinge, die wir für uns selbst entdecken, sind das Wichtigste; in: Servos, Norbert (Hrsg.): Pina Bausch – Wuppertaler Tanztheater oder Die Kunst, einen Goldfisch zu dressieren. Seelze-Velber: Kallmeyer Verlag 1996, S. 295-296

Schmidt, Jochen
Ich bin immer noch neugierig; in: Servos, Norbert (Hrsg.): Pina Bausch – Wuppertaler Tanztheater oder Die Kunst, einen Goldfisch zu dressieren. Seelze-Velber: Kallmeyer Verlag, 1996, S. 302-303

Schmidt-Mühlisch, Lothar
Der Anfang bin ich; in: Die Welt, Berlin, 5. Mai 2000

Servos, Norbert
Man muß ganz wach, sensibel und empfindsam sein; in: ballett international / tanz aktuell, Berlin, 2. Jg., Nr. 12 (Dez. 1995), S. 37-39
Servos übernahm den Text mit wenigen redaktionellen Änderungen auch in die 3. erweiterte und ergänzte Auflage seines Buches Pina Bausch. Tanztheater *(München: K. Kieser Verlag 2012).*

Servos, Norbert
Tanz ist die einzig wirkliche Sprache; in: Servos, Norbert: Pina Bausch – Wuppertaler Tanztheater oder Die Kunst, einen Goldfisch zu dressieren. Seeze-Velber: Kallmeyer Verlag 1996, S. 304-306; erneut in: *Pina Bausch. Tanztheater*, 3. erweiterte und ergänzte Auflage. München: K. Kieser Verlag 2012.

Servos, Norbert
[Dass man immer wieder Lust hat, das Leben anzupacken]; ohne Überschrift erschienen in: Die Deutsche Bühne, 12/98, S. 16-19.
Servos übernahm den Text mit gerinfügigen redaktionellen Änderungen auch in die 3. erweiterte und ergänzte Auflage seines Buches Pina Bausch. Tanztheater (München: K. Kieser Verlag 2012). Dabei gab er dem Interview eine Überschrift, die hier berücksichtigt wurde.

Seyfarth, Ingrid
Ich bin das Publikum; in: Sonntag, Unabhängige Wochenzeitung für Kunst und modernes Leben. Berlin (Ost), 28. Juni 1987

Sutter, Esther
Lust tanken. In: Musik & Theater, Zürich, 25. Jg. (2004), Nr. 3, S. 15

Wangenheim, Annette von
[Interview mit Pina Bausch, geführt am 4. März 2000 bei den Dreharbeiten für den Fernsehfilm] Kurt Jooss – Tanz als Bekenntnis. WDR, 2001
Für den Film wurden nur kurze Ausschnitte des Interviews verwendet; der vorliegende Text stellt eine wortgetreue Transkription des gesamten Gesprächs dar und ist bislang unveröffentlicht.

Willemsen, Roger
[Interview mit Pina Bausch]; in: Willemsens Woche, NOA NOA/ZDF, Hamburg, 24. April 1998
Transkription der ausgestrahlten Sendung; bislang ungedruckt.

Wohlthat, Martina
Die Lust wird immer aufgetankt und die Neugier. Basler Zeitung, 18. Septembr 2003, S. 36

Die Gesprächspartner

Adolphe, Jean-Marc
Geboren 1958, Kritiker und Essayist, war in den 1980/90er Jahren als künstlerischer Mitarbeiter des Théâtre de la Bastille und als Kritiker der Zeitschrift „L'Humanité" ein wesentlicher Anreger und Promotor des modernen Tanzes in Frankreich; gründete 1993 die spartenübergreifende Keitschrift „Mouvement". Herausgeber der Reihe „Lignes de corps".

Akademie der Künste, Berlin (Ost)
siehe Glossar, S. 350

Deuter, Ulrich
Theaterkritiker u.a. für den „Tagesspiegel", die „Süddeutsche Zeitung", „Die Zeit", den WDR; langjährige Tätigkeit als Nordrhein-Westfalen-Korrespondent für „Theater der Zeit". 2003 Mitbegründer und Ko-Chefredakteur der NRW-Kulturzeitschrift „k.west".

Fischer, Eva-Elisabeth
Geboren 1952, studierte Germanistik und Anglistik, seit 1978 Mitarbeiterin der „Süddeutschen Zeitung", wo sie seit 1985 als Kulturredakteurin mit Schwerpunkt Tanzkritik, Judaika und Literatur wirkt.

Fuhrig, Dirk
Geboren 1965, freier Kulturjournalist, Mitarbeiter von Tageszeitungen, Magazine und des Hörfunks (u.a. Deutschlandradio Kultur).

Gibiec, Christiane
Geboren 1949, Autorin, Wissenschaftsjournalistin in Wuppertal, publizierte Sachbücher und Romane, leitet Schreibwerkstätten und Schulprojekte. In den 1990er Jahren drehte sie einen Film über Pina Bauschs „Entdecker" Arno Wüstenhöfer (*Sir Arno*) und eine Dokumentation zum 25-jährigen Bestehen des Tanztheaters (*Das Tanztheater der Pina Bausch*).

Gleede, Edmund
siehe Glossar, S. 356

Gliewe, Gert
1944-2013, war Journalist mit dem Schwerpunkt Theater und Kunst. Er publizierte u.a. in „Theater heute" und war langjähriger Feuilleton-Chef der Münchner „Abendzeitung", wo er über alle Aspekte des Münchner Kulturlebens berichtete. Außerdem Herausgeber eines Kulturratgebers über München.

Heynkes, Jörg
Geboren 1962, wurde zunächst Fotograf und ist seit 1985 Unternehmer in den Bereichen Multimedia, Marketing und Eventmarketing. Tätigkeiten als Projektentwickler und Berater in den Bereichen Ressourceneffizienz, Energiewirtschaft, Mobilität und Innovation. Daneben vielfältige ehrenamtliche Engagements in politischen und gemeinnützigen Institutionen.

Linsel, Anne
Geboren 1942, Kulturjournalistin und Dokumentarfilmerin, realisierte zahlreiche TV-Kulturdokumentationen u.a. *Pina Bausch* (2006), *Tanzträume – Jugendliche tanzen „Kontakthof" von Pina Bausch* (2009); Buchveröffentlichungen u.a. *Pina Bausch-Bilder eines Lebens* (2013). Mitglied im Internationalen Kunstkritikerverband AICA und im PEN-Zentrum Deutschland.

Locke, Stephen
Geboren in New York, lebt seit den 1960er Jahren in Deutschland. Nach dem Studium war er als Kulturberichterstatter u.a. für den Südwestfunk tätig und arbeitete als freier Theater-, Film- und Kulturkritiker für verschiedene Medien, insbesondere für das „Tip"-Magazin in Berlin. Seit den 1980er Jahren bekleidet er verschiedene Funktionen bei der „Berlinale" und betätigt sich als Übersetzer für Museen.

Meyer, Marion
Geboren 1966, nach dem Studium der Germanistik und Anglistik Tätigkeit als Regieassistentin an den Theatern von Wuppertal und Bochum. Anschließend 14 Jahre lang Redakteurin bei der „Westdeutschen Zeitung", u.a. als Kulturredakteurin in Düsseldorf. Ab 2010 freie journalistische Tätigkeit. 2012 erschien ihre Monografie über Pina Bausch *Tanz kann fast alles sein*. Seit 2013 ist sie für die Presse- und Öffentlichkeitsarbeit des Von der Heydt-Museums Wuppertal verantwortlich.

Mölter, Veit
Journalist und Buchautor, lebt als langjähriger Italien-Korrespondent für verschiedene deutsche Zeitungen in Rom. Publizierte u.a. einen Rom-Reiseführer (1996) und führte Interviews mit zahlreichen Künstlern und Autoren (u.a. Ingeborg Bachmann, Peter Huchel, Joseph Beuys).

Schmid, Eva M. J.
Geboren 1917, begann 1932 zunächst eine Schauspielausbildung und studierte ab 1936 Kunst- und Literaturwissenschaft; kurz vor Kriegende Promotion in Prag. Später Tätigkeit als Filmwissenschaftlerin (Filmtheorie und Filmgeschichte) und Mitbegründerin der Internationalen Kurzfilmtage Oberhausen.

Schmidt, Jochen
1936-2010, Publizist und Tanztheater-Experte, während drei Jahrzehnten Kritiker der „Frankfurter Allgemeinen Zeitung". Von 1984-1994 Leiter des Tanzfestivals Nordrhein-Westfalen. 1998 erschien seine Pina Bausch-Biografie *Tanzen gegen die Angst*, 2002 sein Hauptwerk *Tanzgeschichte des zwanzigsten Jahrhunderts in einem Band*.

Schmidt-Mühlisch, Lothar
1938-2007, Theater- und Literaturkritiker, Kolumnist. Er war lange für den WDR und den Bonner „General-Anzeiger" tätig, ab 1970 für mehrere Jahre Direktor und Regisseur des Theaters im Bonn-Center; anschließend erneut tätig als Journalist, u.a. als Feuilletonchef und Chefkorrespondent der „Welt".

Scurla, Frank
1943-2007, aus Prag stammender Journalist; von 1977 bis 2005 Kulturredakteur der „Westdeutschen Zeitung" in Wuppertal.

Servos, Norbert
Geboren 1956, Mitbegründer des Magazins „Ballett international", Autor zahlreicher Bücher über Tanztheater (Pina Bausch, Reinhild Hoffmann, Susanne Linke) sowie Choreograf von mehr als zwanzig Produktionen im In- und Ausland. Über drei Jahrzehnte enge Kooperation mit Pina Bausch, deren Arbeit er mit wesentlichen publizistischen Beiträgen begleitete und international propagierte. Servos lebt und arbeitet in Berlin und Madrid.

Seyfarth, Ingrid
1948-2013, langjährige Redakteurin und Theaterkritikerin der in Ost-Berlin erscheinenden DDR-Wochenzeitung „Sonntag. Unabhängige Wochenzeitung für Kunst und modernes Leben"; darüberhinaus Beiträge in „Theater der Zeit" sowie Essays zu Literatur und Theater in Aufsatz- und Sammelbänden.

Sutter-Straub, Esther
Geboren 1948, zunächst tätig als Tänzerin (u.a. am Theater Basel und der Deutschen Oper am Rhein, Düsseldorf); danach freie Journalistin für Tanz in der Schweiz; außerdem langjährige dramaturgische Mitarbeiterin des Internationalen Tanzfestivals „Steps", Präsidentin der Jury für die Schweizer Tanzpreise des Bundesamtes für Kultur (Bern). Unterrichtet weiterhin Tanz im Basler „Studio für Tanz und Taiji".

Wangenheim, Annette von
Geboren 1957, Dokumentarfilmerin, studierte Musik-, Theater-, Film- und Fernsehwissenschaften, dissertierte über *Béla Bartók. Der Wunderbare Mandarin. Von der Pantomime zum Tanztheater* (1985). Freiberufliche Tätigkeit im Bereich Musik und Tanz für den WDR, 3sat und ARTE; erhielt für ihre Produktionen zahlreiche internationale Preise und Auszeichnungen.

Wilink, Andreas
Geboren 1957 in Bocholt, Studium der Geisteswissenschaften, danach Tätigkeit als Kulturjournalist und Autor u.a. für die „Westdeutsche Zeitung", „Süddeutsche Zeitung", den WDR und Deutschlandfunk, „Theater heute" und „nachtkritik". Mehrere Jahre Jury-Mitglied des Berliner Theatertreffens. 2003 Mitbegründer des NRW-Kulturmagazin „k.west", das er als Chefredakteur leitet.

Willemsen, Roger
Geboren 1955 in Bonn, gestorben 2016 in Hamburg, war zunächst tätig als Autor, Universitätsdozent, Übersetzer, Herausgeber und Korrespondent; ab 1991 Fernsehjournalist, Moderator und Produzent, vornehmlich als Interviewer internationaler Gäste aus Politik, Kultur und Showbusiness in seiner Sendung „Willemsens Woche". Daneben zahlreiche Auftritte als Kabarettist und Bestseller-Erfolge mit verschiedenen Büchern (zuletzt *Das Hohe Haus*, 2014). Erhielt für sein Schaffen verschiedene bedeutende Auszeichnungen (u.a. Grimme-Preis in Gold, Bayerischer Fernsehpreis).

Wohlthat, Martina
geboren 1960, studierte Musikwissenschaft und Germanistik; journalistische Tätigkeit für die „Basler Zeitung", das Schweizer Radio DRS und die „Neue Zürcher Zeitung". Ab 2006 Ausbildung zur Papierrestauratorin; seit 2008 wissenschaftliche Mitarbeiterin für Alte Drucke und Rara in der Vera Oeri-Bibliothek der Musik-Akademie Basel.

Abbildungsnachweis

S. 12 / 17
Aus: Vorschau der Wuppertaler Bühnen 1973/74 © Wuppertaler Bühnen

S. 48 / 49
Aus: tip Berlin, 2/80 © tip Berlin GCM Go City Media. Foto: Ulli Weiss © Pina Bausch Foundation

S. 62 / 63
Pina Bausch beim Interview mit der Jugendzeitschrift „Dilldop". Foto © Jörg Heynkes

S. 158 / 159
Screenshot aus: Ein Interview für: „Das hat nicht aufgehört mein Tanzen …" Ein Film von Eva-Elisabeth Fischer und Frieder Käsmann. © Bayerischer Rundfunk (BR). Kamera Interview: Massimo Monico

S. 187
Screenshot aus: „Willemsens Woche". Zweites Deutsches Fernsehen (ZDF) 24.04.1998 © NOA NOA Fernsehproduktion

S. 207
Westdeutsche Zeitung, 10.10.1998 © Westdeutsche Zeitung

S. 229
Screenshot aus: Ein Interview für: „Kurt Jooss – Tanz als Bekenntnis". Ein Film von Annette von Wangenheim. © Westdeutscher Rundfunk (WDR). Kamera: Ulrich Prinz

S. 254
k.west, Oktober 2004 © K.WEST

S. 264
Süddeutsche Zeitung, 25. / 26.09.2004 © Süddeutsche Zeitung

S. 298
Screenshot aus: Pina Bausch bei der Rede aus Anlass der Verleihung des „Kyoto-Preises" am 11. November 2007 in Kyoto © Inamori Foundation

Index

Verzeichnet werden erwähnte Personen, Orte, Werktitel, Publikationsmedien sowie ausgewählte Ensembles, Institutionen und Spielstätten.

1980 siehe unter Bausch, Pina, Stücke

Abendzeitung München S. 133, 151, 375, 376
Adagio siehe unter Bausch, Pina, Choreografien
Adagio siehe unter Mahler, Gustav
Adolphe, Jean-Marc S. 272, 273-291, 374, 378
Água siehe unter Bausch, Pina, Stücke
Ahnen siehe unter Bausch, Pina, Stücke
Ailey, Alvin S. 227, 348, 357, 361, 365, 368
Airaudo, Malou S. 28, 176, 278, 323, 348, 361
Akademie der Künste der DDR S. 90, 91, 340, 342, 348, 365, 371, 375,
Aktionen für Tänzer siehe unter Bausch, Pina, Choreografien
Alkestis, (Alceste) siehe unter Gluck, Christoph Willibald
Alt, Marlis S. 28, 281, 323, 348
Alum, Manuel S. 277, 348
Amerika (USA) S. 39, 193, 206, 212, 223, 302, 303, 304, 306, 319, 321, 323, 349, 363
Amsterdam S. 341
Arien siehe unter Bausch, Pina, Stücke
arte, Fernsehsender S. 7, 220, 380
Asien S. 70, 358, 363
Auf dem Gebirge hat man ein Geschrei gehört siehe unter Bausch, Pina, Stücke
Austin (Texas) S. 343
Australien S. 70, 99, 353, 358, 366, 367

Bachelet, Michelle S. 346
Bajew, Elena S. 28
Balanchine, George S. 218, 304, 319, 320, 348, 349, 353, 362
Ballet Russe de Monte Carlo S. 348, 349, 352, 353, 361
„**Ballett international**" S. 73, 136, 175, 376
„**ballett-tanz**" S. 241, 375
„**Ballett**" S. 19, 375
Bamboo Blues siehe unter Bausch, Pina, Stücke
Bandoneon siehe unter Bausch, Pina, Stücke
Barcelona S. 64, 135
Bartabas S. 289, 349
Bartók, Béla S. 44, 279, 337, 339, 345, 349, 380
 Herzog Blaubarts Burg S. 345
Basel S. 61, 244, 245, 247, 248, 251, 364, 366, 380
basel tanzt, Festival S. 244, 248, 251, 366
„**Basler Zeitung**" S. 245, 377
Bataillon, Michel S. 272, 374
Bausch, Pina
 Choreografien
 Adagio (Kindertotenlieder) – Fünf Lieder von Gustav Mahler S. (19), 20, (23), 282, 337, 361
 Aktionen für Tänzer S. 14, 280, 293, 337
 Das Frühlingsopfer/ Le Sacre du printemps S. 90, 110, 112, 156, 167, 199, 203, 219, 251, 258, 282, 284, 307, 308, 310, 322, 324, 339, 343
 Fragment S. 278, 279, 321, 337
 Im Wind der Zeit S. 278, 321, 336, 337

Iphigenie auf Tauris. Tanzoper von Pina Bausch S. 17, 19, 21, 28, 167, 172, 176, 199, 205, 206, 307, 324, 337, 356, 358
Mädchen aus der großen Stadt S. 335
Nachnull S. 280, 337
Orpheus und Eurydike. Tanzoper von Pina Bausch S. 28, 29, 31, 282, 309, 322, 324, 339, 345, 356, 363, 375
Philips 836 887 D.S.Y. S. 293, 337
Tannhäuser-Bacchanal S. 14, 19, 337, 366
Wiegenlied S. 280, 293, 337
Zwei Krawatten, Musical von Georg Kaiser und Mischa Spolianski S. 337

Film
Die Klage der Kaiserin S. 142, 143-149

Stücke
1980 – Ein Stück von Pina Bausch S. 69, 90, 116, 122, 125, 150, 154, 288, 310, 311, 327, 339
Água. Ein Stück von Pina Bausch S. 345
Ahnen. Ein Stück von Pina Bausch S. 182, 341
Arien. Ein Stück von Pina Bausch S. 180, 182, 206, 284, 285, 310, 322, 331, 339
Auf dem Gebirge hat man ein Geschrei gehört. Ein Stück von Pina Bausch S. 341
Bamboo Blues. Ein Stück von Pina Bausch S. 347
Bandoneon. Ein Stück von Pina Bausch S. 66, 67, 69, 179, 339

Blaubart. Beim Anhören einer Tonbandaufnahme von Béla Bartóks Oper „Herzog Blaubarts Burg". Ein Stück von Pina Bausch S. 44, 57, 58, 59, 67, 81, 119, 167, 177, 280, 282, 293, 308, 310, 339, 345, 348
"... Como el musguito en la piedra, ay si, si, si ..." Ein Stück von Pina Bausch S. 347
Die sieben Todsünden der Kleinbürger / Fürchtet euch nicht. Tanzabend von Pina Bausch S. 167, 177, 293, 308, 310, 339, 356, 368
Café Müller. Ein Stück von Pina Bausch S. 90, 168, 191, 192, 215, 251, 287, 288, 293, 339, 342
Danzón. Ein Stück von Pina Bausch S. 215, 343
Das Stück mit dem Schiff. Ein Stück von Pina Bausch S. 177, 343
Der Fensterputzer. Ein Stück von Pina Bausch S. (217), 242, 244, 245, 246, 248, 313, 343
Ein Trauerspiel. Ein Stück von Pina Bausch S. 343
Er nimmt sie an der Hand und führt sie in das Schloß, die anderen folgen. Ein Stück von Pina Bausch S. 9, 184, 283, 309, 324, 339, 360
Fritz. Tanzabend von Pina Bausch S. 14, 17, 167, 197, 206, 224, 281, 282, 307, 323, 324, 337, 361
Für die Kinder von gestern, heute und morgen. Ein Stück von Pina Bausch S. 345

Ich bring dich um die Ecke. Schlagerballett von Pina Bausch S. 22, 197, 282, 324, 337
Keuschheitslegende. Ein Stück von Pina Bausch S. 44, 47, 57, 198, 293, 310, 323, 339
Komm tanz mit mir. Ein Stück von Pina Bausch S. 308, 310, 322, 339,
Kontakthof. Ein Stück von Pina Bausch S. 181, 251, 289, 290, 339
Kontakthof. Mit Damen und Herren ab ´65`. Ein Stück von Pina Bausch S. 289, 290, 345, 350, 354
Kontakthof. Mit Teenagern ab ´14`. Ein Stück von Pina Bausch S. 347, 350, 354, 379
Masurca Fogo. Ein Stück von Pina Bausch S. 345
Nefés. Ein Stück von Pina Bausch S. 240, 345
Nelken. Ein Stück von Pina Bausch S. 66, 72, 182, 341, 346, 350
Nur Du. Ein Stück von Pina Bausch S. 120, 193, 343
O Dido. Ein Stück von Pina Bausch S. 345
Palermo Palermo. Ein Stück von Pina Bausch S. 128, 129, 130, 132, 133, 134, 135, 249, 285, 286, 287, 341
Renate wandert aus. Operette von Pina Bausch S. 198, 280, 308, 322, 339, 364
Rough Cut. Ein Stück von Pina Bausch S. 345
'Sweet Mambo'. Ein Stück von Pina Bausch S. 347
Tanzabend II. Ein Stück von Pina Bausch S. 177, 343
Ten Chi. Ein Stück von Pina Bausch S. 262, 345
Two Cigarettes in the Dark. Ein Stück von Pina Bausch S. 341
Viktor. Ein Stück von Pina Bausch S. 128, 154, 172, 255, 287, 312, 330, 341
Vollmond. Ein Stück von Pina Bausch S. 347
Walzer. Ein Stück von Pina Bausch S. 66, 72, 74, 75, 80, 341
Wiesenland. Ein Stück von Pina Bausch S. 345
Bausch, Rolf Salomon S. 66, 75, 150, 175, 313, 338, 340, 349, 359

Bayerische Staatsoper S. 39, 351, 356
Bayerischer Rundfunk S. 375
BBC S. 220, 292, 351,
Becker, Günter S. 293, 337
Béjart, Maurice S. 90, 127, 157, 282, 349, 374
Belgien S. 252
Bentivoglio, Leonetta S. 349
Berghaus, Ruth S. 90, 91-121, 350, 374, 378
Bergisches Land S. 39
Berlin S. 44, 45, 55, 57, 90, 91, 122, 123, 130, 133, 142, 143, 239, 253, 285, 327, 340, 341, 342, 348, 350, 351, 352, 353, 356, 359, 358, 361, 365, 366, 367, 368, 369, 371, 374, 375, 376, 377, 379, 380
Berliner Ensemble S. 90, 350, 351, 369
Berlin, Staatsoper S. 90, 327, 366,
Billiet, Bénédicte S. 350, 354
Bizet, Georges
  Carmen. Oper S. 320, 356
Blacher, Boris S. 336, 350, 369
  Yvonne, Prinzessin von Burgund S. 336, 350, 369
Blanck, Hiltrud S. 281, 350
Blaubart. Beim Anhören einer Tonbandaufnahme von Béla Bartóks Oper „Herzog Blaubarts Burg" siehe unter Bausch, Pina, Stücke
Bochum S. 74, 177, 184, 283, 309, 324, 339, 350, 356, 359, 363, 360, 369, 379
Bogdan, Lew S. 283, 350
Bologna S. 344
Borzik, Rolf S. 8, 50, 69, 150, 181, 284, 285, 287, 308, 309, 310, 322, 327, 336, 338, 351, 352
Boulez, Pierre S. 282, 288, 308, 345, 351
Brasilien S. 255, 312, 330, 345
Brecht, Bertolt S. 30, 167, 177, 308, 339, 350, 351, 356, 368
Brecht-Weill-Abend siehe unter Bausch, Pina, Stücke *Die sieben Todsünden*
Bredeney (Ortsteil von Essen) S. 232
Budapest S. 312, 330, 345, 354, 364
Buenos Aires S. 249, 356
Bunster, Patricio S. 90, 351, 375
Burkert, Matthias S. 117, 179, 330, 351, 354

Café Müller siehe unter Bausch, Pina, Stücke
Callas, Maria S. 278, 305, 320, 351

Carmen siehe unter Bizet, Georges
Carter, Alan S. 20, 351, 365,
Castor und Pollux siehe unter Rameau, Jean-Philippe
Cavalieri, Emilio de S. 293
Cébron, Jean S. 24, 89, 93, 163, 225, 227, 278, 279, 292, 293, 319, 321, 334, 352
Chausson, Ernest S. 292
Chicago S. 305, 360, 362, 365
China S. 245, 350
Choreutik S. 222, 352, 354
Christus S. 33
Christmann, Günter S. 336
Cito, Marion S. 116, 181, 327, 338, 352
"... *Como el musguito en la piedra, ay si, si, si ...*" siehe unter Bausch, Pina, Stücke
Corvino, Alfred S. 277, 304, 320, 334, 352,
Craske, Margaret S. 277, 304, 320, 334, 352, 366
Cunningham, Merce S. 304, 319, 353
Cuxhaven S. 303

Dalinova, Alexandra S. 320, 353
Dance Festival Connecticut S. 293, 337
Dance Festival Saratoga S. 293
Danzón siehe unter Bausch, Pina, Stücke
Das Frühlingsopfer/ Le Sacre du printemps siehe unter Bausch, Pina, Choreografien
Das Stück mit dem Schiff siehe unter Bausch, Pina, Stücke
DDR S. 90, 91, 123, 349, 350, 363, 364, 371, 374, 380
Delahaye, Guy S. 273, 374
Delhi S. 11
Der Fensterputzer siehe unter Bausch, Pina, Stücke
Der grüne Tisch siehe unter Jooss, Kurt
Der Leopard siehe unter Lampedusa, Giuseppe
Deuter, Ulrich S. 253-261, 374, 378
Deutschland S. 74, 164 , 193, 220, 252, 279, 286, 293, 301, 319, 342, 349, 350, 356, 359, 360, 363, 366, 368, 369, 379
Dido und Aeneas siehe unter Purcell, Henry
„Die Deutsche Bühne" S. 197, 377
Die Feenkönigin siehe unter Purcell, Henry
Die Klage der Kaiserin siehe unter Bausch, Pina, Film

Die sieben Todsünden / Fürchtet Euch nicht siehe unter Bausch, Pina, Stücke
„Die Welt" S. 235, 376
„Die Zeit" S. 142, 244, 378
„Dilldop", Jugendmagazin S. 60, 61, 375
Dominique siehe Mercy, Dominique
Don Juan S. 29
Dorner, Mirko S. 337
Dornröschen siehe unter Tschaikowsky, Peter
Dresden S. 90, 122, 350, 351, 363, 366, 368
Dumb Type S. 259, 260, 353
Duncan, Isadora S. 26, 127, 353
Düsseldorf S. 56, 125, 223, 225, 247, 252, 275, 342, 357, 358, 366, 367, 376, 379, 380

E la nave va siehe unter Fellini, Federico
Edinburgh S. 342
Eika Katappa siehe unter Schroeter, Werner
Ein Trauerspiel siehe unter Bausch, Pina, Stücke
Eisenschneider, Andreas S. 330, 351, 354
Endicott, Josephine Ann S. 54, 182, 323, 350, 353, 354
England S. 220, 252, 275, 286, 352, 358, 359
Er nimmt sie an der Hand und führt sie in das Schloß, die anderen folgen siehe unter Bausch, Pina, Stücke
Essen S. 8, 14, 18, 39, 52, 54, 61, 84, 88, 89, 163, 220, 224, 227, (232), 233, 252, 258, 274, 275, 278, 302, 303, 306, 309, 318, 321, 322, 334, 337, 348, 351, 352, 354, 355, 358, 359, 364, 369
Esterházy, Péter S. 253, 354
Eukinetik S. 222, 352, 354
Eurydike siehe unter Gluck, Christoph Willibald

Fairy Queen siehe unter Purcell, Henry
Fassbinder, Rainer Werner S. 58, 354
Fellini, Federico S. 72, 73, 74, 109, 287, 288, 340, 354
  E la nave va S. 72, 287, 340, 354
Festival delle due Mondi S. 292
Feuer, Donya S. 277, 292, 304, 320, 334, 354, 355, 365
Fischer, Eva-Elisabeth S. 154, 155-173, 262, 263-271, 375, 378

385

Folkwang Hochschule S. 18, S. 84, 88, 336, 340, 348, 351, 352, 355, 358, 364, 369
Folkwang Tanzinstitut *siehe unter* Folkwangschule
Folkwang Tanzstudio S. 197, 223, 233, 278, 292, 306, 321, 336, 337, 340, 349, 355, 358, 366, 369
Folkwang-Ballett S. 14, 220, 293, 306, 321, 334, 337, 350, 352, 355, 364
Folkwangschule S. 8, 38, 52, 112, 163, 206, 217, 218, 220, 222, 226, 233, 274, 302, 309, 318, 334, 355, 358, 359, 364, 369
Förster, Lutz S. 111, 355
Fragment siehe unter Bausch, Pina, Choreografien
Frankfurt/Main S. 125, 346, 350, 356, 362
„Frankfurter Allgemeine Zeitung" S. 7, 34
„Frankfurter Rundschau" S. 211, 374
Frankreich S. 95, 142, 193, 252, 275, 279, 283, 363, 368, 378
Fritz siehe unter Bausch, Pina, Stücke
Für die Kinder von gestern, heute und morgen siehe unter Bausch, Pina, Stücke
Fuhrig, Dirk S. 241-243, 375, 378

Gades, Antonio S. 90, 355, 374
Gardel, Carlos S. 179, 356
Genf, Grand Théâtre S. 251
Gera S. 90, 122
Gershwin, George S. 335
Gibiec, Christiane S. 210, 211-219, 374, 378
Gleede, Edmund S. 18, 19-27, 28, 29-33, 356, 375, 379
Gliewe, Gert S. 150, 151-153, 375, 378
Gluck, Christoph Willibald S. 17, 19, 21, 28, 29, 30, 167, 168, 324, 337, 339, 356, 358, 363, 375
   Alceste. Oper von Christoph Willibald Gluck S. 320
   Iphigenie auf Tauris. Oper S. 17, 19, 21, 28, 167, 172, 176, 199, 205, 206, 307, 324, 337, 356, 358
   Orpheus und Eurydike, Oper S. 356, 363
Goethe-Institut Budapest S. 345
Goethe-Institut Chile S. 347
Goethe-Institut Hongkong S. 343
Goethe-Institute Indien S. 347

Goethe-Institut Lissabon S. 345
Goethe-Institut Paris S. 293
Goethe-Institut São Paulo S. 345
Goethe-Institut Seoul S. 345
Graham, Martha S. 24, 26, 127, 275, 279, 304, 319, 348, 353, 355, 356, 357, 358, 360, 363, 365, 366, 368
Grenoble S. 364
Griechenland S. 173, 317
Grimm, Jacob und Wilhelm S. 356
   Grimms Märchen S. 149, 281, 293
Grönemeyer, Herbert S. 184, 185, 192, 194, 195, 356
Großmann, Mechthild S. 54, 111, 149, 356
Großstadt, Ballett *siehe unter* Jooss, Kurt
Grütters, Monika S. 4-5

Hafis S. 149, 357
Heine, Heinrich S. 149, 357
Henry, Pierre S. 293, 337
Herzog Blaubarts Burg siehe unter Bartók, Béla
Heynkes, Jörg S. 60, 61-65, 375, 378
Hinkson, Mary S. 320, 334, 357
Hoffmann, Reinhild S. 368, 380
Hoghe, Raimund S. 149, 358
Holland S. 80, 125, 341
Hongkong S. 193, 213, 217, 245, 312, 330, 343
Hongkong Arts Festival S. 343
Horn, Henrietta S. 233, 358
Horst, Louis S. 320, 334, 357, 360, 363
Hoving, Lucas S. 24, 227, 275, 276, 278, 303, 304, 319, 321, 334, 358

I wandered lonely as a cloud siehe unter Bausch, Pina, Choreografien *Im Wind der Zeit*
Ich bring dich um die Ecke siehe unter Bausch, Pina, Stücke
Ichida, Kyomi S. 273, 358
Im Wind der Zeit siehe unter Bausch, Pina, Choreografien
Inamori Foundation S. 346, 374
Indien S. 252, 347
Internationale Filmfestspiele Berlin S. 142, 143, 341, 376
Iphigenie auf Tauris siehe unter Bausch, Pina, Choreografien

Iphigenie auf Tauris siehe unter Gluck, Christoph Willibald
Istanbul S. 205, 240, 241, 242, 312, 330, 344, 345, 351
Italien S. 95, 128, 213, 283, 338, 340, 342, 344, 349, 362, 363, 364, 367, 379

Jacob's Pillow, Festival S. 293, 353, 358, 360, 361
Japan S. 202, 243, 252, 255, 259, 263, 267, 294, 330, 340, 344, 346, 351, 353, 358
Jooss, Anna S. 230, 358, 359
Jooss, Kurt S. 8, 10, 17, 23, 24, 93, 127, 163, 165, 206, 218, 220, 221, 222, 223, 224, 225, 226, 227, 228, 230, 231, 232, 233, 274, 275, 278, 279, 280, 281, 286, 292, 293, 302, 306, 319, 321, 322, 323, 334, 350, 351, 352, 354, 355, 357, 358, 359, 364, 369, 377
  Der Grüne Tisch, Ballett von Kurt Jooss S. 17, 220, 223, 224, 228, 278, 281, 286, 321, 323, 357, 359, 364, 369
  Großstadt, Ballett von Kurt Jooss S. 23, 224, 357, 359, 369
Juilliard School S. 275, 276, 277, 304, 319, 320, 334, 346, 352, 354, 355, 357, 358, 359, 360, 361, 365, 366, 367

„k.west" S. 253, 374, 378, 380
Kalifornien S. 193
Käsmann, Frieder S. 155, 375
Kaiser, Georg S. 337
Kay, Ronald S. 312, 338, 349, 359
Kesselheim, Sylvia S. 111, 359
Keuschheitslegende siehe unter Bausch, Pina, Stücke
Kindertotenlieder siehe unter Bausch, Pina, Choreografien, *Adagio*
Klett, Renate S. 50, 359
Knebel, Hans Dieter S. 53, 54, 285, 359
Koegeler, Horst S. 19, 25, 55, 359, 375
Köln S. 68, 125, 336, 340, 351, 358, 357, 358, 359, 363
Komm tanz mit mir siehe unter Bausch, Pina, Stücke
Kontakthof siehe unter Bausch, Pina, Stücke
Kontakthof. Mit Damen und Herren ab ´65` siehe unter Bausch, Pina, Stücke

Kontakthof. Mit Teenagern ab ´14` siehe unter Bausch, Pina, Stücke
Korea S. 252, 344, 345
Kreutzberg, Harald S. 228, 280, 359, 363
Krüger, Ingeborg S. 28
Kyoto S. 294, 295, 317, 353, 374
Kyoto-Preis S. 294, 295, 317, 346, 349, 351, 362, 374

La Gioconda siehe unter Ponchielli, Amicare
La Meri S. 334, 360
Lampedusa, Giuseppe Tomasi di S. 129, 360
  Der Leopard S. 129, 360
Lang, Jack S. 342
Lang, Pearl S. 227, 275, 319, 360, 365
Lasker-Schüler, Else S. 56, 360
Lateinamerika siehe Südamerika
Le Sacre du Printemps siehe unter Strawinsky, Igor
Le Sacre du printemps siehe unter Bausch, Pina, Choreografien
Libanon S. 146
Lichtburg S. 313, 360
Lilac Garden siehe unter Tudor, Antony
Lille S. 358
Limón, José S. 24, 163, 275, 276, 304, 319, 334, 355, 358, 360, 361, 366
Linsel, Anne S. 7-11, 379
  Tanzträume – Jugendliche tanzen „Kontakthof" von Pina Bausch (Dokumentarfilm) S. 379
Lissabon S. 11, 213, 345
Locke, Stephen S. 44, 45-59, 375, 379
Los Angeles S. 193, 340, 343, 361, 368
Lyon S. 350

Macbeth siehe unter Shakespeare, William
Macbeth-Projekt siehe unter Bausch, Pina, Stücke *Er nimmt sie an der Hand und führt sie in das Schloß, die anderen folgen*
Madrid S. 152, 164, 193, 343, 380
Mädchen aus der großen Stadt siehe unter Bausch, Pina, Choreografien
Mahler, Gustav S. 19, 20, 21, 23, 28, 282, 337, 360, 361
Maikäfer flieg siehe unter Bausch, Pina, Choreografien, *Wiegenlied*

Malec, Ivo S. 293, 337
Malou *siehe* Airaudo, Malou
Markard, Anna *siehe* Jooss, Anna
Martin, Anne S. 287, 361
Martin, Paul S. 361
Maske in Blau siehe unter Reymond, Fred
Masurca Fogo siehe unter Bausch, Pina, Stücke
McGhee, Helen S. 334
McKayle, Donald S. 320, 361
Menotti, Gian Carlo S. 292
Mercy, Dominique S. 22, 28, 172, 176, 258, 278, 284, 285, 323, 361
Metropol-Theater, Berlin S. 90, 123, 361
Metropolitan Ballet Opera School S. 352
Metropolitan Opera (Met) S. 277, 278, 305, 320, 334, 351, 352, 359, 361, 367
Meyer, Marion S. 205-209, 376, 379
Michaelis, Rolf S. 142
Mille, Agnes de S. 17, 224, 281, 323, 361, 362
  Rodeo, Ballett S. 17, 224, 281, 323, 362
Minarik, Jan S. 80, 160, 177, 288, 323, 362, 376
Mitchell, Arthur S. 320, 362
Molière, Jean-Baptiste S. 149, 362
Mölter, Veit S. 128, 129-131, 132, 133-135
Monte Carlo S. 344, 348, 349, 352, 353, 361
Müller, Hedwig S. 35, 376
München S. 39, 133, 151, 154, 293, 323, 337, 351, 354, 359, 364, 366, 378
Münchner Ballettwoche S. 151
„Musik & Theater" S. 249, 377

Nachnull siehe unter Bausch, Pina, Choreografien
Nancy, Festival de S. 283, 350
Nefés siehe unter Bausch, Pina, Stücke
Nelken siehe unter Bausch, Pina, Stücke
Neumann, Andres S. 341, 345, 347
Neumeier, John S. 29, 90, 356, 362, 374
New York S. 10, 39, 54, 61, 64, 163, 212, 218, 224, 259, 275, 276, 277, 303, 304, 305, 306, 319, 320, 334, 336, 340, 344, 346, 348, 349, 351, 352, 353, 355, 356, 357, 358, 359, 360, 361, 362, 363, 365, 366, 367, 368
Nicks, Walter S. 227, 362
Nikolais, Alwin S. 227, 275, 319, 363
Nur Du siehe unter Bausch, Pina, Stücke

O Dido siehe unter Bausch, Pina, Stücke
Orlando, Leoluca S. 130, 363
Orpheus und Eurydike siehe unter Bausch, Pina, Choreografien
Orpheus und Eurydike siehe unter Gluck, Christoph Willibald

Pabst, Peter S. 283, 310, 311, 327, 338, 363
Palermo S. 128, 129, 130, 132, 134, 135, 152, 164, 193, 286, 312, 330, 341, 363
Palermo Palermo siehe unter Bausch, Pina, Stücke
Palucca, Gret S. 90, 351, 363
Paris S. 64, 203, 218, 259, 273, 280, 283, 289, 283, 342, 343, 344, 345, 349, 350, 352, 353, 357, 358, 359, 361, 363, 364, 368
Pasolini, Pier Paolo S. 149, 364
Petipa, Marius S. 353, 365
Philips 836887 D.S.Y. siehe unter Bausch, Pina, Choreografien
Pikon, Helena S. 258, 364
Pohl, Trude S. 163, 364
Ponchielli, Amicare
  La Gioconda, Oper S. 320
Portugal S. 255
Positano S. 342
Puccini, Giacomo
  Turandot. Oper S. 320
Purcell, Henry S. 278, 292, 321, 339, 353, 354
  Dido und Aeneas S. 226, 278, 292, 321, 353
  The Fairy Queen (Die Feenkönigin), Oper S. 278, 279, 292, 293, 321, 354

Raben, Peer S. 339
Rameau, Jean-Philippe S. 292, 321, 352
  Castor und Pollux, Oper S. 226, 278, 292, 321, 352
Rau, Johannes S. 340
Renate wandert aus siehe unter Bausch, Pina, Stücke
Reymond, Fred S. 361
  Maske in Blau S. 297, 318, 361
Rodeo, Ballett *siehe unter* Mille, Agnes de
Rökk, Marika S. 297, 361, 364
Rom S. 73, 79, 128, 152, 164, 193, 255, 312, 330, 340, 341, 342, 345, 346, 349, 352, 354, 359, 360, 367, 379

Romeo und Julia siehe unter Shakespeare, William
Ronsdorf (Stadtteil von Wuppertal) S. 56
Ross, Herbert S. 334
Rotterdam Danscentrum S. 293, 336, 358
Rough Cut siehe unter Bausch, Pina, Stücke
Ruhrgebiet S. 39, 54, 55

Sagon, Monika S. 323, 364
Saitama (Japan) S. 262, 345
Salzburger Festspiele S. 293, 351, 366
Sanasardo, Paul S. 24, 277, 293, 304, 320, 334, 336, 348, 355, 365
Santiago de Chile S. 312
Scheich Saadi S. 149, 365
Schiwa S. 149, 365
Schmid, Eva M. J. S. 142, 143-149, 376, 379
Schmidt-Mühlisch, Lothar S. 235-239, 376, 380
Schmidt, Jochen S. 34, 35-43, 66, 67-71, 72, 73-83, 84, 85-89, 376, 379
Schneider, Romy S. 25, 365, 367
Schönenberg, Detlef S. 336
Schroeter, Werner S. 146, 365
  Eika Katappa S. 146, 365
Schwanensee, Ballett siehe unter Tschaikowsky, Peter I.
Schweiz S. 244, 248, 251, 348, 366, 380
Schweizer Radio S. 244, 380
Schwetzingen S. 226, 233, 292, 364
Scurla, Frank S. 205-209, 376, 380
Sertic, Ivan S. 14, 20, 362, 365
Servos, Norbert S. 35, 67, 85, 136, 137-141, 174, 175-183, 196, 197-203, 376, 377, 380
Seyfarth, Ingrid S. 122, 123-127, 377, 380
Shakespeare, William S. 9, 283, 284, 354, 360
  Macbeth S. 9, 74, 177, 178, 184, 195, 283, 309, 324, 360
  Romeo und Julia S. 32
Sizilien S. 128, 129, 130, 134, 146, 286,
Solingen S. 52, 54, 61, 84, 295, 296, 301, 334
„Solinger Tageblatt" S. 297, 318
„Sonntag. Unabhängige Wochenzeitung für Kunst und modernes Leben" (Berlin-Ost) S. 122, 123, 377, 380

Spanien S. 213, 355, 363
Spoerli, Heinz S. 247, 366
Spoleto S. 278, 292, 362
Spolianski, Mischa S. 337
Stein, Peter S. 55, 366
Strawinsky, Igor S. 57, 282, 339, 364, 366
  Le Sacre du Printemps (Frühlingsopfer), Ballettmusik S. 57, 282, 364, 366
Suares, Mário S. 342
Südamerika S. 70, 249, 338, 352, 358
„Süddeutsche Zeitung" S. 154, 262, 263, 375, 378, 380
Suisse Romande S. 251
Sutter, Esther S. 248, 249-251, 377, 380
'Sweet Mambo' siehe unter Bausch, Pina, Stücke

Tablet siehe unter Taylor, Paul,
Tango S. 144, 263, 265, 356
Tankard, Meryl S. 54, 366
Tannhäuser siehe unter Wagner, Richard
Tannhäuser-Bacchanal siehe unter Bausch, Pina, Choreografien
„tanz aktuell" S. 175, 376
Tanzabend II. siehe unter Bausch, Pina, Stücke
Tanzträume – Jugendliche tanzen Kontakthof von Pina Bausch siehe unter Linsel, Anne
Taormina S. 277, 292
Taylor, Paul S. 24, 304, 320, 334, 361, 366, 367
  Tablet, Choreografie S. 320
Teatro Argentina, Rom S. 312, 330, 341, 345
Teatro Biondo, Palermo S. 128, 132, 341
Teatro La Fenice, Venedig S. 154
Ten Chi siehe unter Bausch, Pina, Stücke
Texas S. 193, 343, 369
Theater der Welt, Festival S. 68, 340, 359
Théâtre de la Ville, Paris S. 279, 280, 283, 286, 293, 345
„tip" Berlin S. 44, 45, 375, 379
Tokio S. 262
Toronto S. 305, 344
Treviso S. 342
Tristan und Isolde siehe unter Wagner, Richard
Tschaikowsky, Peter I. S. 353, 365
  Dornröschen, Ballett S. 40, 353
  Schwanensee, Ballett S. 56, 365

389

Tudor, Antony S. 163, 218, 227, 275, 277, 278, 292, 304, 305, 319, 320, 321, 334, 352, 365, 366, 367
  Lilac Garden, Choreografie S. 278, 321
Turandot siehe unter Puccini, Giacomo
Türkei S. 241, 255, 317
Two Cigarettes in the Dark siehe unter Bausch, Pina, Stücke

USA *siehe* Amerika (USA)

Valldigna S. 344
Vandekeybus, Wim S. 260, 367
Venedig S. 11, 154, 346, 353, 365,
Viktor siehe unter Bausch, Pina, Stücke
Visconti, Luchino S. 25, 360, 365, 367
Vohwinkel (Ortsteil von Wuppertal) S. 56
Volkova, Vera S. 227, 275, 319, 367
Vollmond siehe unter Bausch, Pina, Stücke

Wagner, Richard S. 366
  Tannhäuser S. 14, 19, 320, 337, 366
  Tristan und Isolde S. 32
Walter, Erich S. 20, 367
Waltz, Sasha S. 260, 367, 368
Walzer siehe unter Bausch, Pina Stücke
Wangenheim, Annette von S. 220, 221-233, 377, 380
WDR S. 220, 377, 378, 380
Weigelt, Gert S. 35, 376
Weill, Kurt S. 30, 167, 177, 308, 339, 356, 368
Weizsäcker, Richard von S. 340
West, Mae S. 26, 368
„Westfälische Rundschau" S. 129, 376
White, Lois S. 28
Wiegenlied siehe unter Bausch, Pina, Stücke
Wien S. 193, 343, 363, 366, 369
Wiener Burgtheater S. 359, 366, 369
Wiener Festwochen S. 343
Wiesenland siehe unter Bausch, Pina, Stücke
Wigman, Mary S. 127, 228, 230, 279, 280, 359, 363, 368
Wilink, Andreas S. 253-261, 372, 380
Willemsen, Roger S. 10, 184, 185-195, 377, 380
Williams, Ann S. 227, 368
Winter, Ethel S. 334

Wohlthat, Martina S. 244, 245-247, 377, 380
Wuppertal S. 4, 5, 8, 9, 11, 14, 15, 17, 18, 20, 28, 29, 34, 35, 39, 44, 51, 54, 55, 56, 60, 61, 64, 65, 66, 67, 70, 71, 80, 81, 83, 84, 85, 86, 87, 88, 89, 90, 107, 122, 124, 125, 128, 130, 134, 136, 137, 138, 140, 150, 152, 154, 164, 167, 173, 174, 184, 193, 196, 197, 202, 204, 205, 209, 210, 211, 212, 213, 215, 224, 233, 235, 236, 239, 240, 241, 244, 245, 246, 247, 248, 250, 251, 252, 256, 259, 262, 267, 268, 269, 272, 273, 280, 281, 282, 283, 284, 286, 289, 292, 293, 294, 306, 307, 309, 313, 317, 322, 323, 324, 336, 337, 338, 340, 342, 344, 346, 348, 349, 350, 351, 352, 354, 355, 356, 358, 359, 360, 361, 362, 363, 364, 365, 366, 367, 368, 369, 374, 375, 376, 377, 378, 379, 380
Wuppertal, Tanztheater S. 5, 28, 34, 35, 51, 67, 70, 85, 86, 87, 122, 136, 137, 140, 150, 152, 154, 174, 196, 205, 210, 211, 224, 235, 244, 248, 250, 251, 252, 262, 293, 294, 336, 344, 348, 350, 351, 352, 354, 355, 358, 359, 360, 361, 362, 363, 364, 366, 369, 374, 376
Wuppertal, Opernhaus S. 4, 368
Wuppertaler Bühnen S. 14, 18, 28, 29, 44, 61, 185, 244, 292, 293, 306, 322, 323, 336, 337, 356, 365, 366, 367, 368, 369, 374, 375
Wüstenhöfer, Arno S. 8, 14, 61, 124, 125, 211, 244, 247, 306, 322, 323, 368, 378

Yvonne, Prinzessin von Burgund siehe unter Blacher, Boris

Zadek, Peter S. 283, 285, 350, 356, 363, 369
ZDF S. 142, 185, 292, 377
Züllig, Hans S. 24, 88, 93, 163, 225, 230, 280, 319, 321, 322, 334, 335, 369

Dank

Unser Dank für die Unterstützung dieser Publikation an:

Abendzeitung München,
Actes Sud,
Akademie der Künste Berlin, und alle namentlich nicht bekannten Besucher des dortigen Werkstattgesprächs von 1987
Archiv der Folkwang Universität der Künste,
Roman Arndt,
Axel Springer SE,
Basler Zeitung,
Bayerischer Rundfunk,
Deutsches Rundfunkarchiv,
Deutsches Tanzarchiv Köln,
Ismaël Dia,
Stefanie Dörre,
Stephan Dörschel,
Martin Eifler
Stefan Frank,
Max Christian Graeff,
Frank Hardt,
Werner Heegewaldt,
Sabine Hesseling,
Haiko Hübner,
Inamori Foundation,
Internationale Filmfestspiele Berlin,
Dr. Klaus Kieser,
Prof. Dr. Gabriele Klein,
Rudi Kliege,
K. Kieser Verlag,
Christian Koch,
k.west,
Anja Lösel,
Dorit Loock,
Thomas Mau,
Dr. Ulrike Möhlenbeck,
Musik & Theater Somedia,
Noa Noa Fernsehproduktion,
Gabriele Ruiz,
Maria Schmidt,
Süddeutsche Zeitung,
Tanzarchiv Leipzig,
Tanztheater Wuppertal Pina Bausch,
Birol Teke,
Thomas Thorausch,
tip Berlin GCM Go City Media,
Wachter-Verlag / Edition Braus,
Dr. Marc Wagenbach,
Westdeutsche Zeitung,
Westdeutscher Rundfunk,
Westfälische Rundschau,
Julia Wittgens,
Wuppertaler Bühnen,
Zweites Deutsches Fernsehen

Der vorliegende Band wurde gefördert durch die Beauftragte der Bundesregierung für Kultur und Medien, das Ministerium für Familie, Kinder, Jugend, Kultur und Sport des Landes Nordrhein-Westfalen, die Dr. Werner Jackstädt-Stiftung und die Stadtsparkasse Wuppertal.

 Die Beauftragte der Bundesregierung für Kultur und Medien

Ministerium für Familie, Kinder, Jugend, Kultur und Sport des Landes Nordrhein-Westfalen

Inhalt

4	Prof. Monika Grütters: Grußwort	395

7   Anne Linsel: Pina Bausch als Gesprächspartnerin

15   Pina Bausch: Tanztheater in Wuppertal (1973)

19   … ich empfinde Menschen sehr stark
     Gespräch mit Edmund Gleede (1975)

29   5 Fragen an Pina Bausch zu ihrer Inszenierung von
     Glucks *Orpheus und Eurydike*
     Auszug aus einem Gespräch mit Edmund Gleede (1975)

35   Nicht wie sich Menschen bewegen, sondern was sie bewegt
     Gespräch mit Jochen Schmidt (1978)

45   Eine gewisse Erregung dabei /
     Bin im Moment bei den Gefühlen
     Gespräch mit Stephen Locke (1979)

61   Mit dem Theater wollte ich eigentlich nie etwas zu tun haben
     Gespräch mit Jörg Heynkes (1980)

67   Die Dinge, die wir für uns selbst entdecken,
     sind das Wichtigste
     Gespräch mit Jochen Schmidt (1982)

73   Meine Stücke wachsen von innen nach außen
     Gespräch mit Jochen Schmidt (1982)

85   Ich bin immer noch neugierig
     Gespräch mit Jochen Schmidt (1983)

91   Wenn wir anfangen, gibt es gar nichts außer uns
     *Werkstattgespräch in der Akademie der Künste,
     Berlin (Ost), 1987*

123 Ich bin das Publikum
     Gespräch mit Ingrid Seyfarth (1987)

	129	Alle meine Informationen entstammen dem Gefühl
Gespräch mit Veit Mölter (1990)
	133	Die Mauer ist jeden Tag für jeden anders
Gespräch mit Veit Mölter (1990)
	137	Tanz ist die einzig wirkliche Sprache
Gespräch mit Norbert Servos (1990)
	143	Ich wollte Bilder, die ich sah, die ich fühlte, die ich fühlen wollte
Gespräch mit Eva M. J. Schmid (1990)
	151	Meine Seele weiß genau, was ich will
Gespräch mit Gert Gliewe (1992)
	155	Das hat nicht aufgehört mein Tanzen
Gespäch mit Eva-Elisabeth Fischer (1992)
	175	Man muß ganz wach, sensibel und empfindsam sein
Gespäch mit Norbert Servos (1995)
	185	Wenn ich mir ganz genau zuhöre, macht sich das Stück selber
Gespräch mit Roger Willemsen (1998)
	197	Dass man wieder Lust hat, das Leben anzupacken
Gespräch mit Norbert Servos (1998)
	205	Ich will immer wieder neue Türen öffnen
Gespräch mit Marion Meyer und Frank Scurla (1998)
	211	Wir sind uns mit unserem Körper am nächsten
Gespräch mit Christiane Gibiec (1998)
	221	Und alle nannten ihn Papa Jooss
Gespräch mit Annette von Wangenheim (2000)
	235	Der Anfang bin ich
Gespräch mit Lothar Schmidt-Mühlisch (2000)

241　Ganz außergewöhnlich wunderbar
　　　Gespräch mit Dirk Fuhrig (2003)

245　Die Lust wird immer aufgetankt und die Neugier
　　　Gespräch mit Martina Wohlthat (2003)

249　Lust tanken
　　　Gespräch mit Esther Sutter (2003)

253　Ich glaube nur, was ich gesehen habe
　　　Gespräch Ulrich Deuter und Andreas Wilink (2004)

263　Pina Bausch über Lust
　　　Gespräch mit Eva Elisabeth Fischer (2004)

273　Man weiß gar nicht, wo die Phantasie einen hintreibt
　　　Gespräch mit Jean-Marc Adolphe (2007)

295　Pina Bausch: Was mich bewegt
　　　*Rede aus Anlass der Verleihung des „Kyoto-Preises"
　　　am 11. November 2007 in Kyoto*

317　Pina Bausch: Etwas finden, was keiner Frage bedarf
　　　*Rede beim „2007 Kyoto Prize Workshop in Arts and
　　　Philosophy" am 12. November 2007 in Kyoto*

397

Anhang

334　Chronik
348　Glossar
370　Editorische Notiz
374　Quellenverzeichnis
378　Die Gesprächspartner
381　Abbildungsnachweis
382　Index
392　Dank
399　Impressum

Impressum

Herausgeber
Stefan Koldehoff
Pina Bausch Foundation

Redaktion
Magdalene Zuther

Chronik und Glossar
Anne-Kathrin Reif

Transkriptionen
Alexander Wagner, Magdalene Zuther,
Stefan Koldehoff, Nora Koldehoff

Lektorat
Bernhard Echte

Korrektorat
Christian Koch, Anne-Kathrin Reif,
Magdalene Zuther

Reprofotografie
Sala Seddiki

Gestaltung Einband
Konstantin Koewius

Illustrationskonzept
Nataly Walter-Bausch

Satz und Layout
Team NIMBUS. Kunst und Bücher AG

Schriften
Milo Serif OT, Milo OT

Papier
Libretto 80 g/m² FSC

Druck
Gulde Druck GmbH, Tübingen

Bindung
Lachenmaier GmbH, Reutlingen

Konzept Pina Bausch Editions
Nataly Walter-Bausch, Salomon Bausch

PINA BAUSCH EDITIONS 01

O-Ton Pina Bausch
Interviews und Reden
Herausgegeben von Stefan Koldehoff
und der Pina Bausch Foundation

editions.pinabausch.org

Hinweis: Sollte trotz umfangreicher Nachforschungen ein Urheber des hier verwendeten Quellenmaterials nicht identifiziert und um eine Abdruckgenehmigung ersucht worden sein, wird um schriftliche Mitteilung an die Pina Bausch Foundation gebeten.

© 2016 Pina Bausch Foundation

Alle Rechte vorbehalten durch
NIMBUS. Kunst und Bücher AG
Villa zum Abendstern, Bürglistrasse 37
CH 8820 Wädenswil, Schweiz

Sämtliche Texte und Bilder in diesem Band sind urheberrechtlich geschützt. Eine Nutzung ohne schriftliche Zustimmung der jeweiligen Rechteinhaber ist urheberrechtswidrig und strafbar. Das gilt auch für Vervielfältigungen, Übersetzungen, Mikroverfilmungen und für die Verarbeitung mit elektronischen Systemen.

2. Auflage 2016

www.nimbusbooks.ch

ISBN 978-3-03850-021-6
Printed in Germany